GUIDE PRATIQUE DES ÉTUDES COLLÉGIALES AU QUÉBEC

2014

32e édition

Plus de 140 programmes d'étu...

- ...les
- taux d'admission
- distribution des programmes
- statistiques de placement
- salaires et commentaires
- alternance travail-études

78 établissements au Québec

- cégeps
- collèges privés
- conservatoires
- instituts

Explorer avant de choisir

Avertissement

Ce livre contient des statistiques d'admission et de placement tirées des documents officiels les plus récents.

Ces statistiques doivent cependant être considérées avec prudence et jugement.

Ces statistiques présentent des taux globaux; ces taux peuvent varier selon les années et selon les régions.

Les futurs candidats aux études collégiales sont donc invités à rencontrer leurs éducateurs qui pourront nuancer ces statistiques du passé qui ne sont qu'un indice pour l'avenir.

Les statistiques d'admission regroupent 32 établissements membres du SRAM et concernent la session AUTOMNE 2013.

Les statistiques de placement regroupent 51 établissements collégiaux du Québec et cumulent les sortants se destinant à l'emploi qui ont répondu à une RELANCE effectuée en 2012-2013 auprès des sortants de mai 2012.

Note : Dans le présent ouvrage, le genre masculin est utilisé sans aucune discrimination et uniquement dans le but d'alléger le texte.

Édité par le Service régional d'admission du Montréal métropolitain
C.P. 11028, succursale Centre-ville
Montréal (Québec)   H3C 4W9
Tél. : 514.271.1124
www.sram.qc.ca

Tous droits réservés

Dépôt légal : 3e trimestre 2013
Bibliothèque nationale du Québec
Bibliothèque nationale du Canada
ISBN-13 : 978-2-921667-48-7

Introduction

Voici la 32ᵉ édition du GUIDE PRATIQUE DES ÉTUDES COLLÉGIA-LES AU QUÉBEC. Il s'agit d'un livre qui rassemble diverses informations pour présenter une synthèse des programmes collégiaux aux étudiants inscrits en 3ᵉ, 4ᵉ et 5ᵉ du secondaire.

Ces informations ont été cueillies dans une quarantaine de documents officiels qui ne sont pas toujours accessibles aux futurs candidats aux études collégiales. Cette cueillette et cette synthèse permettent aux jeunes d'**explorer** facilement les différents programmes d'études collégiales offerts dans les cégeps, dans les collèges privés subventionnés par le ministère de l'Énseignement supérieur, de la Recherche et de la Science et de la Technologie, dans les conservatoires et instituts relevant d'autres ministères. Ce GUIDE PRATIQUE comprend plus de 160 programmes d'études collégiales offerts par 78 établissements situés au Québec. Tous les programmes répertoriés sont offerts à l'enseignement régulier et conduisent à l'obtention du diplôme d'études collégiales (DEC).

Pour chaque programme offert, on trouvera le nom et le numéro du programme, les préalables, les buts visés par la formation, les perspectives professionnelles, les taux d'admission ainsi que la liste des établissements offrant le programme. Pour les programmes de formation technique, on trouvera également les statistiques de placement des diplômés, les types d'emplois qu'ils occupent et les salaires.

Cet ouvrage est un outil d'**exploration** que tous les finissants du secondaire devraient avoir en poche. Avant de faire un choix de carrière, il convient d'explorer et de considérer différentes possibilités.

L'étudiant qui voudra approfondir certaines informations pourra alors consulter les sources de ce guide. La bibliographie de la page 368 énumère ces sources. Les conseillers d'orientation, les professeurs et conseillers en information scolaire et professionnelle oeuvrant dans la plupart des établissements scolaires sont également très bien placés pour aider les jeunes dans leurs démarches d'orientation et d'admission. Ces éducateurs pourront aussi nuancer les taux d'admission et de placement publiés dans ce livre; car ces taux peuvent varier selon les années et selon les régions.

Cet ouvrage a été réalisé par le **Service régional d'admission du Montréal métropolitain** (SRAM) avec des données disponibles en juin 2013.

SECONDAIRE V
DES ou DEP

(Incluant les cours requis pour être admis au collégial)[*]

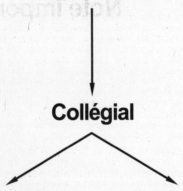

Collégial

Programmes de formation préuniversitaire

2 ans ou 4 sessions

DEC

Programmes de formation technique

3 ans ou 6 sessions

DEC

Université

Marché du travail

DES   signifie Diplôme d'études secondaires

DEP   signifie Diplôme d'études professionnelles

DEC   signifie Diplôme d'études collégiales

[*] Voir à la page 361 les conditions d'admission 2014.

Note importante

Depuis juin 2010, les diplômés du secondaire au secteur des jeunes ont été formés dans le cadre du nouveau *Programme de formation de l'école québécoise*. Afin de s'adapter aux réalités de ce nouveau programme tout en continuant à offrir des informations pertinentes à tous les candidats à l'admission collégiale (dont plusieurs sont diplômés des régimes d'études précédents ou du secondaire au secteur des adultes), le SRAM a modifié son *Guide pratique des études collégiales*. Ainsi, afin de permettre à tous d'identifier s'ils répondent aux conditions d'admission dans le programme d'études collégiales de leur choix, on trouve dans ce guide les cours préalables spécifiques du secondaire exprimés avec les nouveaux et les anciens cours du secondaire.

Les **récents diplômés du secteur des jeunes** (régime d'études J5) doivent répondre à des exigences de diplomation qui sont différentes du régime précédent et de celui du secondaire au secteur des adultes. Ils auront normalement suivi les nouveaux cours au secondaire (secteur des jeunes) et ils devraient respecter les préalables spécifiques de programme exprimés avec ces nouveaux cours du secondaire.

Cependant, les **nouveaux diplômés du secteur des adultes** et tous les **anciens diplômés** (secteur des jeunes ou des adultes) auront suivi les anciens cours du secondaire. Les préalables de programme exprimés avec les anciens cours du secondaire demeurent donc valables.

Les cours développés dans le cadre du *Programme de formation de l'école québécoise* s'inscrivent dans une nouvelle approche pédagogique. De plus, les contenus disciplinaires ont été revus et les séquences d'apprentissage ont été modifiées. Il n'est donc pas possible d'établir d'équivalence entre les nouveaux et les anciens cours du secondaire. Puisque le cheminement des candidats qui se destinent aux études collégiales n'est pas toujours linéaire et que le passage au collégial ne s'effectue pas toujours directement après la 5e secondaire, il est nécessaire de présenter les préalables de programme de façon à informer toutes les clientèles.

Dans le présent ouvrage, les préalables de programme sont présentés par matière. Le nouveau cours du secondaire et l'ancien cours qui respectent le préalable sont indiqués. L'un ou l'autre sont acceptés. Il demeure important de **ne pas établir d'équivalence entre les anciens et les nouveaux cours**. Ainsi, il est possible que, pour deux programmes qui exigeaient un même ancien cours de mathématiques, on retrouve deux nouveaux cours différents.

Les préalables de programme qui font référence aux nouveaux cours du secondaire (secteur des jeunes) indiqués dans le présent Guide sont ceux qui correspondent aux dernières informations disponibles en date du 17 juin 2013.

Voici les abréviations utilisées pour désigner les nouveaux cours de mathématiques et de sciences au secondaire auxquels le présent Guide fait référence au chapitre des préalables de programme :

Mathématiques :

- CST 4e : Culture, société et technique de la 4e secondaire
- CST 5e : Culture, société et technique de la 5e secondaire
- TS 4e : Technico-sciences de la 4e secondaire
- TS 5e : Technico-sciences de la 5e secondaire
- SN 4e : Sciences naturelles de la 4e secondaire
- SN 5e : Sciences naturelles de la 5e secondaire

Sciences :

- ST 4e : Science et technologie de la 4e secondaire
- ATS 4^e : Applications technologiques et scientifiques de la 4e secondaire
- STE 4e ou SE 4e :
  Combinaison des cours
  Science et technologie
  ou
  Applications technologiques et scientifiques de la 4e secondaire
  ET
  Science et technologie de l'environnement
  ou
  Science et environnement de la 4e secondaire

Les programmes d'études collégiales

Tout programme d'études préuniversitaires ou techniques comprend :

1. une composante de formation générale commune à tous les programmes

2. une composante de formation générale propre au programme

3. une composante de formation générale complémentaire

4. une composante de formation spécifique au programme

N.B. : ci-après, 1 unité = 45 heures d'activités d'apprentissage (cours, travaux, laboratoires, etc.)

1. Formation générale commune
   - langue d'enseignement et littérature : 7 1/3 unités
   - langue seconde : 2 unités
   - philosophie ou «humanities» : 4 1/3 unités
   - éducation physique : 3 unités

2. Formation générale propre au programme
   - langue d'enseignement et littérature : 2 unités
   - langue seconde : 2 unités
   - philosophie ou «humanities» : 2 unités

3. Formation générale complémentaire
   - 4 unités dans un **ou** deux des domaines suivants, complémentaires à la formation spécifique : sciences humaines, culture scientifique et technologique, langue moderne, langage mathématique et informatique, art et esthétique, problématique contemporaine

4. Formation spécifique
   - 28 à 32 unités au secteur préuniversitaire
   - 45 à 65 unités au secteur technique

Exemple de cheminement

Formation générale			
Français commun	Français commun	Français commun	Français propre au programme
Philosophie commune	Philosophie commune	Philosophie propre au programme	Anglais propre au programme
Éducation physique	Éducation physique	Éducation physique	
Anglais commun	Complémentaire	Complémentaire	
Formation spécifique au programme			
Secteur préuniversitaire		Secteur technique	
4 sessions		6 sessions	

Les programmes de formation technique

N.B. Les programmes d'études collégiales ont été l'objet d'une révision au cours des dix dernières années. Par conséquent, le numéro et parfois le titre le programmes ont changé. Nous utilisons dans cet ouvrage les nouveaux titres et numéros de programmes. Vous trouverez à la page 383 une table de correspondance entre les numéros des nouveaux et des anciens programmes.

Les programmes de formation technique

(durée habituelle des programmes : 3 ans ou 6 sessions)
(1 unité = 45 heures d'activités d'apprentissage)

Formation générale commune	Formation générale propre au programme	Formation générale complémentaire	Formation spécifique
—langue d'enseignement et littérature : 7 1/3 unités —langue seconde : 2 unités —philosophie ou «humanities» : 4 1/3 unités —éducation physique : 3 unités	—langue d'enseignement et littérature : 2 unités —langue seconde : 2 unités —philosophie ou «humanities» : 2 unités	4 unités dans 1 ou 2 des domaines suivants complémentaires à la formation spécifique : —sciences humaines —culture scientifique et technologique —langue moderne —langage mathématique et informatique —art et esthétique —problématique contemporaine	45 à 65 unités au secteur technique

Diplôme d'études collégiales (DEC)

entrée sur le marché du travail
ou
accès à l'université

N.B. Les pages qui suivent indiquent les préalables officiels de l'automne 2013 tels que connus le 17 juin 2013 et sans anticipation sur les révisions en cours. Les adultes trouveront les préalables les concernant aux pages 343 à 345.

N.B. Certains programmes de formation technique ont un **tronc commun** qui mène à différentes voies de sortie en 2e ou 3e année.

N.B. Le DEC en formation technique prépare à entrer sur le marché du travail sans pour autant fermer les portes des universités dont la principale condition d'admission est le DEC assorti cependant de certains préalables, dans certains cas.

LA FORMATION TECHNIQUE AU CÉGEP

Le **DIPLÔME D'ÉTUDES COLLÉGIALES (DEC)**
en formation technique exige généralement 3 ans d'études.
Les cégeps offrent 130 programmes de formation technique,
dans les 5 grands domaines suivants :

- techniques biologiques et technologies agroalimentaires

- techniques physiques

- techniques humaines

- techniques de l'administration

- arts et communications graphiques

Les programmes de formation technique des cégeps ne forment pas
des ouvriers spécialisés ni des hommes ou des femmes de métier. Ces
programmes collégiaux forment plutôt des techniciens ou des technologues, c'est-à-dire des personnes qui ont acquis la connaissance pratique d'un art ou d'une science.

LA FORMATION TECHNIQUE AU CÉGEP

Accès au marché du travail

Les titulaires d'un **DEC** en formation technique s'ouvrent plusieurs portes.

D'abord, ils ont **ACCÈS** au **MARCHÉ DU TRAVAIL**. Les statistiques confirment que le diplômé du collégial a généralement plus de chances de trouver un emploi qu'un jeune qui n'a en poche qu'un diplôme du secondaire; l'avancement dans l'entreprise est également plus rapide et les salaires augmentent en conséquence; la formation générale qui s'ajoute à la formation technique forge des jeunes spécialistes plus polyvalents, plus complets, plus mobiles, qui sont mieux préparés à l'embauche et aux promotions.

Des statistiques précises sur le placement des diplômés sont présentées dans les pages qui suivent.

Accès aux ordres professionnels

Ensuite, ils ont **ACCÈS** à plusieurs **ORDRES PROFESSIONNELS**, par exemple, dans le domaine de la santé : Ordre des denturologistes du Québec, Ordre des technologues en imagerie médicale, en radio-oncologie et en électrophysiologie médicale du Québec, Ordre des infirmières et infirmiers du Québec.

Autre exemple, l'Ordre des technologues professionnels du Québec accueille en ses rangs les finissants d'une soixantaine de programmes collégiaux en techniques biologiques, en techniques physiques, en techniques de l'administration et en technologie agroalimentaire.

L'appartenance à de tels ordres constitue une reconnaissance de la compétence.

LA FORMATION TECHNIQUE AU CÉGEP

Accès à l'université

Les études faites dans des programmes de formation technique au cégep **DONNENT AUSSI ACCÈS À L'UNIVERSITÉ,** aux études régulières à temps plein ou à temps partiel. Par exemple, les facultés d'administration reçoivent volontiers les diplômés en techniques administratives. Plusieurs programmes universitaires accueillent directement les diplômés des techniques collégiales, sans autre préalable, sans autre cours d'appoint.

Certains programmes universitaires sont même conçus exclusivement à l'intention des titulaires d'un Diplôme d'études collégiales (DEC) en formation technique. C'est le cas des programmes de baccalauréat en génie offerts par l'École de technologie supérieure, où sont admis, **SANS AUTRE CONDITION SUPPLÉMENTAIRE**, les détenteurs d'un DEC dans la majorité des programmes en techniques physiques; on peut donc devenir ingénieur en passant par le secteur technique collégial. Plusieurs universités accueillent aussi des titulaires d'un DEC techniques.

Plusieurs autres programmes admettent les sortants du secteur technique des cégeps, moyennant quelques cours d'appoint.

Près de 25 % des titulaires d'un DEC en formation technique poursuivent des études universitaires.

Ce cheminement vers l'université, par les techniques plutôt que par les programmes préuniversitaires, prend évidement un an de plus au cégep. Cependant, les avantages sont nombreux : des études collégiales plus pratiques, plus appliquées, plus expérimentales (apprentissage du «comment» avant le «pourquoi»); compétence technique après trois ans d'études; possibilités d'emplois à temps partiel ou d'emplois d'été mieux rémunérés et plus intéressants; possibilité d'interruption momentanée des études, avec une spécialité, entre le cégep et l'université; possibilité d'études universitaires à temps partiel, tout en ayant une spécialité collégiale permettant de bien gagner sa vie, plus tôt. **C'EST À CONSIDÉRER!**

Accès à la compétence

Ajoutons que les programmes de formation technique des cégeps sont périodiquement mis à jour. Plusieurs programmes prévoient, en outre, des stages en milieu de travail. L'enseignement coopératif en alternance travail-études se développe. Si bien que les diplômés répondent aux véritables besoins du marché du travail. La très grande majorité des employeurs et des collègues de travail en entreprise reconnaissent et requièrent la compétence des diplômés des cégeps. Bref, la réputation des jeunes qui ont reçu une formation collégiale technique est excellente. Les jeunes qui le désirent et qui font preuve d'entrepreneuriat peuvent également fonder leur propre entreprise dans plusieurs domaines. Leur âge, leur formation fondamentale et leur compétence technique leur ouvrent plusieurs horizons.

COMMENT COMPRENDRE LES STATISTIQUES SUR LE PLACEMENT DES SORTANTS DE CES PROGRAMMES DE FORMATION TECHNIQUE?

Les pages qui suivent présentent des statistiques factuelles sur le placement des sortants des programmes collégiaux de formation technique. Ce ne sont que des INDICES pour l'avenir. Il faut donc être prudent dans l'interprétation de ces statistiques sur les sortants de mai 2012. Quelle sera la situation après 3 années d'études? Quelle sera la situation dans telle région? Bref, il faut être prudent et consulter les éducateurs qui pourront nuancer ces statistiques.

La relance des sortants de mai 2012 a été effectuée à la fin de 2012 et au début de 2013 par des conseillers en emploi sur les campus des collèges et par des responsables du placement. Les données de 56 collèges ont été compilées; 7 639 sortants se destinant à l'emploi ont été rejoints. Cela permet de dégager un indice valable et des commentaires pertinents sur l'intégration au marché du travail, pour chaque programme collégial de formation technique.

Dans les pages qui suivent, les termes sont ainsi définis :

– Cégeps répondants :
Nombre d'établissements ayant participé à la relance, pour ce programme.

– Sortants répondants se destinant à l'emploi :
Nombre de sortants qui ont répondu à la relance et qui sont disponibles à l'emploi, à la fin de leurs études collégiales. Ce nombre constitue notre base de calcul (100 %) à partir de laquelle tous les autres pourcentages de placement sont établis. Ce nombre inclut les sortants avec ou sans DEC, mais il exclut les sortants qui poursuivent des études collégiales ou universitaires à temps plein. Les sortants non rejoints par la relance dont le statut est inconnu ne sont pas considérés.

– Emploi relié, total :
Nombre et pourcentage de sortants qui ont obtenu un emploi (à temps plein ou partiel ou occasionnel) dans un domaine relié à leurs études collégiales.

– Emploi relié, temps plein (quel que soit le statut, permanent ou temporaire) :
Nombre et pourcentage de sortants qui ont obtenu un emploi d'environ 6 mois et de 30 heures et plus par semaine dans un domaine relié à leurs études collégiales.

– Emploi relié, temps partiel ou occasionnel :
Nombre et pourcentage de sortants qui ont obtenu un emploi de moins de 6 mois ou de moins de 30 heures par semaine, dans un domaine relié à leurs études collégiales.

– Emploi non relié :
Nombre et pourcentage de sortants qui ont obtenu un emploi dans un domaine non relié à leurs études collégiales.

– Sans emploi :
Nombre et pourcentage de sortants qui n'ont pas obtenu d'emploi, six mois après la fin de leurs études collégiales.

– Salaire initial moyen :
Moyenne des salaires horaires offerts aux sortants de ce programme en début d'emploi. Il s'agit ici des salaires initiaux, en emploi relié, à temps plein, quel que soit le statut.

– Salaire initial supérieur :
Moyenne de quelques salaires horaires supérieurs offerts à quelques sortants de ce programme en début d'emploi. Il s'agit ici des salaires initiaux, en emploi relié, à temps plein, quel que soit le statut.

– Postes offerts :
Inventaire partiel des principaux postes occupés par les sortants de ce programme.

– Milieux de travail :
Inventaire partiel des principaux types d'entreprises où l'on retrouve les sortants de ce programme.

– Exigences du marché :
Inventaire partiel des exigences auxquelles les sortants de ce programme devraient répondre pour accéder plus facilement au marché du travail.

– Commentaires :
Analyse sommaire de la situation du marché du travail et des perspectives d'emploi lorsque c'est possible.

– N. D. :
Donnée non disponible.

N.B. Lorsque le nombre de sortants répondants est minime, il convient d'être très prudent dans l'interprétation des pourcentages.

Cette relance des sortants collégiaux de mai 2012 a rejoint 7 639 sortants se destinant à l'emploi. 93 % ont trouvé un emploi et 7 % étaient sans emploi dans les six mois après la fin de leurs études.

Pour relativiser ces taux ponctuels, nous avons établi un indicateur qui cumule les données des relances 2007 à 2012. Une moyenne de 6 ans favorise une plus juste perception de la situation de l'emploi. Il faut cependant être prudent avec cet indicateur qui inclut tous les sortants en emploi, qu'il s'agisse d'un emploi relié ou non relié, à temps plein ou à temps partiel ou occasionnel, permanent ou temporaire.

Indicateur du placement 2007 à 2012

Sortants répondants se destinant à l'emploi : (tous les programmes)	47 545	
Total des répondants en emploi : (dans les 6 mois après la fin des études)	44 783	94 %

Cet indicateur est également établi et publié, pour chaque famille de programmes et pour chaque programme technique, dans les pages qui suivent.

> **Les personnes en phase d'orientation professionnelle qui ont accès à ces statistiques doivent prendre en considération que ces données et indicateurs sont importants dans l'évaluation de leur choix de programme, MAIS que leurs intérêts, leurs aptitudes, leurs valeurs et leurs qualités personnelles devraient être priorisés dans leur choix de carrière.**

Les carrières de l'avenir, pour les jeunes qui ont présentement moins de 25 ans, seront probablement MOINS PRÉCAIRES que les carrières de ceux qui ont aujourd'hui entre 25 et 45 ans; elles seront aussi probablement MOINS STABLES que les carrières de ceux qui ont aujourd'hui plus de 45 ans. Des facteurs démographiques, entre autres, expliquent ces profils de carrière différents selon les générations. La jeune génération (5 à 25 ans) est beaucoup moins nombreuse (370 000 Québécois de moins) que la génération précédente (25 à 45 ans). Le futur marché du travail absorbera plus facilement les jeunes diplômés. Il est faux de prétendre que nous allons vers la FIN DU TRAVAIL ou la FIN DE L'EMPLOI ou vers l'horreur économique. Nous allons plutôt vers la FIN DE LA ROUTINE : les emplois garantis à vie, à plein temps, directement reliés à la formation dès le départ seront de plus en plus rares. La meilleure stratégie des étudiants d'aujourd'hui est d'acquérir une bonne formation et une bonne compétence dans un domaine qui leur plaît, pour mettre le « pied à l'étrier » dans un emploi parfois indirectement relié, parfois à temps partiel, pour amorcer une carrière pleine d'imprévus, mais aussi pleine de promesses. La vie offre peu de certitudes, ce qui n'empêche pas les jeunes d'être confiants.

UNE FOIS DE PLUS …

Encore une fois, et ce malgré une année scolaire éprouvante en raison du conflit étudiant du printemps 2012[1], les sortants du secteur technique au cégep en 2012, se placent facilement sur le marché du travail. La tendance se maintient et le taux de placement se situe à un niveau stable depuis quelques années. Les statistiques démontrent une fois de plus que les compétences des diplômés détenant un DEC sont recherchées sur le marché de l'emploi.

En 2012, 83 % de nos sortants du secteur technique ont trouvé un emploi relié à leurs études. On remarque toutefois une légère augmentation du travail à temps partiel (parfois un choix du candidat) au détriment du travail à temps plein. Mais dans l'ensemble, malgré le contexte économique mondial, nos sortants s'en tirent très bien, car seulement 7 % d'entre eux sont sans emploi 6 mois après la fin de leur DEC. Le salaire horaire moyen quant à lui s'est bonifié de 0,70 $ se situant maintenant à 18,50 $.

Au fil des années, les sortants des cégeps se trouvent toujours en position avantageuse par rapport à la population globale. Pour apprécier la stabilité de leur embauche, jetez un coup d'œil aux indicateurs de placement à long terme (de 2007 à 2012) que vous retrouverez en bas de page impaire pour chacun des programmes techniques dans la section « marché du travail 2012 » de ce *Guide pratique des études collégiales au Québec*. Vous constaterez que malgré les hauts et les bas de l'économie, nos sortants trouvent aisément de l'emploi.

Les grands domaines
Dans le domaine de la santé, la main-d'œuvre est rare et les emplois variés. Le vieillissement de la population entraîne une croissance des besoins dans ce secteur. Un étudiant qui termine un DEC dans l'une des techniques de la santé se déniche donc aisément un emploi relié à son domaine d'études. Les récentes statistiques d'embauche le confirment. Les techniques de l'administration et les techniques physiques tirent encore bien leur épingle du jeu. Le domaine du multimédia a quant à lui un peu ralenti.

L'obtention d'un diplôme augmente les chances d'emploi
Bien sûr, le marché de l'emploi est accueillant, mais n'allez pas pour autant négliger tous ces emplois connexes ou petits contrats, reliés ou non, qui demeurent souvent des emplois de qualité. On a beau étudier dans un programme menant à une profession bien précise, il faut parfois faire preuve de souplesse dans son choix de carrière. Le DEC technique, tout en étant spécialisé, demeure une formation de base. Jumelé à votre personnalité et à votre dynamisme, il vous donne accès à une multitude d'emplois jusque-là insoupçonnés. Voyez grand!

Les employeurs sont nombreux et toujours à l'affût de bons candidats formés dans les cégeps. En fait, les employeurs sont plutôt assoiffés et leur approche auprès des sortants est de plus en plus soutenue. Les employeurs sont de toute évidence préoccupés par la relève. Plusieurs offrent même des formations complémentaires. La possibilité d'accueillir des stagiaires est grandement appréciée. La présence accrue des employeurs sur les campus lors de campagnes de recrutement porte fruit rapidement. Les détenteurs d'un DEC, plus que jamais, sont sollicités et

---

[1] En raison du conflit étudiant, 14 cégeps ont dû modifier leur calendrier scolaire de manière importante, faisant en sorte que les finissants ont pu terminer leur programme d'études seulement à l'automne 2012. En raison de cette situation extraordinaire, une analyse particulière a été effectuée quant aux performances de placement dans les programmes offerts par ces cégeps, car seulement quelques mois se sont écoulés entre la fin des études et la réalisation de l'enquête. Malgré cela, on n'a pu observer aucune fluctuation dans les statistiques de placement, ce qui ne fait que confirmer l'excellente employabilité des finissants des programmes techniques.

de nombreux emplois sont disponibles, mais le DEC demeure la clé d'entrée sur le marché du travail, car les employeurs l'exigent dans plusieurs domaines. L'obtention du DEC est aussi requise par plusieurs ordres professionnels.

De plus en plus de cégeps offrent des programmes en alternance travail-études (ATÉ). Les sortants de ces programmes accèdent encore plus aisément au marché du travail et sont davantage recherchés par les employeurs. Les sortants des programmes ATÉ trouvent de l'emploi plus rapidement, ont une intégration plus naturelle à leur milieu de travail et développent un sentiment d'appartenance à la profession plus marqué. Les futurs cégépiens devraient jeter un sérieux coup d'œil à ces programmes.

Plusieurs programmes techniques permettent de se spécialiser à l'université ou d'agrandir son champ de compétences. Les détenteurs d'un DEC technique ont l'avantage de pouvoir poursuivre des études universitaires tout en ayant, grâce à leur formation collégiale, la possibilité de travailler à temps partiel dans leur domaine de formation. C'est une avenue intéressante à considérer au moment du choix des études collégiales. De plus en plus d'universités admettent des diplômés du secteur technique en créditant parfois jusqu'à dix cours, notamment dans les domaines liés aux techniques physiques, humaines et administratives.

Un nombre croissant d'étudiants profite de la possibilité de poursuivre des études universitaires selon la formule DEC-BAC, une avenue de plus en plus offerte par les universités. Une solide formation technique, à laquelle s'ajoute un baccalauréat, devient alors un atout considérable sur le marché du travail. Par ailleurs, on remarque aussi une demande croissante des employeurs pour des sortants désireux de poursuivre une actualisation continuelle de leurs connaissances et cela pratiquement dans tous les domaines. Une formation continue permet aux candidats d'accroître leur polyvalence et de dénicher des emplois de plus en plus intéressants.

Pour plus de choix
Les candidats bilingues augmentent grandement leurs probabilités d'emploi. L'anglais est essentiel dans plusieurs domaines. Mais, il ne faut pas non plus oublier que la qualité du français demeure un critère fort apprécié des employeurs. La mobilité des candidats constitue aussi un avantage marqué pour ceux qui désirent dénicher rapidement un emploi. On retrouve de bons emplois partout au Québec, au Canada et même outre frontière dans certains domaines. Agrandissez votre rayon d'action.

D'autres qualités facilitent l'intégration au marché du travail. On devra ainsi acquérir de l'expérience en emploi relié à la formation (exemple : stage en entreprise durant les études, travail d'été). L'informatique étant devenue incontournable sur le marché du travail, il faudra être capable d'utiliser les ordinateurs, explorer les nouveaux logiciels, se familiariser avec le multimédia, naviguer sur Internet. Il est profitable aussi de s'impliquer dans diverses activités parascolaires, de se faire valoir par un curriculum vitæ complet et lors d'une entrevue, d'avoir une bonne connaissance du secteur relié à ses études (produits, concurrence, marché, milieu de travail). N'oubliez pas, un curriculum vitæ complet ne fait pas nécessairement l'étalage de toutes vos expériences, mais vise plutôt à bien cibler les compétences exigées par le poste à combler.

Il convient aussi de bien se préparer, dès le début de ses études techniques, à sa demande d'emploi et ne pas attendre à la dernière minute. Finalement, il est fortement recommandé d'explorer les différentes entreprises oeuvrant dans le secteur de ses études et les différentes fonctions reliées ou connexes à sa formation.

Pour nuancer les statistiques

Pour bien mettre en lumière la signification des taux de placement des divers programmes, il est fortement conseillé de lire attentivement les commentaires inscrits en bas de rubrique de chacun des programmes, dans le *Guide pratique des études collégiales au Québec*. Ces commentaires vous éclaireront et vous donneront un point de vue réaliste du marché du travail. Enfin, n'hésitez surtout pas à consulter les conseillers en placement des cégeps, car ce sont vos meilleurs guides pour trouver un emploi à votre mesure.

Le SRAM remercie les directeurs des études et les directeurs des services aux étudiants des cégeps, les responsables du placement sur campus, les sortants répondants. Il tient à souligner le travail de mesdames Slyvie Bélanger (Cégep Marie-Victorin), Caroline Hamel (Cégep de Trois-Rivières) et Johanne Tremblay (Cégep de Jonquière) et de monsieur Luc Thomas (Cégep Montmorency), membres du comité, qui ont collaboré à l'analyse de cette RELANCE des sortants de mai 2012.

Les techniques biologiques et les technologies agroalimentaires

110.A0	Techniques de prothèses dentaires
110.B0	Techniques de denturologie
111.A0	Techniques d'hygiène dentaire
112.A0	Acupuncture
120.A0	Techniques de diététique
140.A0	Techniques d'électrophysiologie médicale
140.B0	Technologie d'analyses biomédicales
141.A0	Techniques d'inhalothérapie
142.A0	Technologie de radiodiagnostic
142.B0	Technologie de médecine nucléaire
142.C0	Technologie de radio-oncologie
144.A0	Techniques de réadaptation physique
144.B0	Techniques d'orthèses et de prothèses orthopédiques
145.A0	Techniques de santé animale
145.B0	Techniques d'aménagement cynégétique et halieutique
145.C0	Techniques de bioécologie
147.AA	Techniques du milieu naturel : Aménagement de la ressource forestière
147.AB	Techniques du milieu naturel : Aménagement de la faune
147.AC	Techniques du milieu naturel : Aménagement et interprétation du patrimoine naturel
147.AD	Techniques du milieu naturel : Protection de l'environnement
152.A0	Gestion et exploitation d'entreprise agricole
153.A0	Technologie des productions animales
153.B0	Technologie de la production horticole et de l'environnement
153.C0	Paysage et commercialisation en horticulture ornementale
153.D0	Technologie du génie agromécanique
154.A0	Technologie des procédés et de la qualité des aliments
155.A0	Techniques équines
160.A0	Techniques d'orthèses visuelles
160.B0	Audioprothèse
171.A0	Techniques de thanatologie
180.A0	Soins infirmiers
180.B0	Soins infirmiers (5 sessions)
181.A0	Soins préhospitaliers d'urgence
190.A0	Technologie de la transformation des produits forestiers
190.B0	Technologie forestière

Indicateur du placement 2007 à 2012

Sortants répondants se destinant à l'emploi :	14 234	
Total des répondants en emploi :	13 781	97 %

110.A0 Techniques de prothèses dentaires

Objectifs du programme
Ce programme vise à former des techniciens qui conçoivent, fabriquent ou réparent des prothèses dentaires fixes, des prothèses dentaires complètes et partielles amovibles, des pièces squelettiques, des appareils d'orthodontie, des prothèses sur implants et des appareils spécialisés. Le technicien dentaire travaille à partir d'une ordonnance fournie par un dentiste, un denturologiste ou un médecin.

Le technicien dentaire est également appelé à informer et à conseiller le dentiste, le denturologiste ou le médecin sur la faisabilité technique de la prothèse, sur les procédés et les matériaux utilisés. Il peut avoir à travailler avec un personnel auxiliaire qui effectue certaines sous-opérations. Il est alors appelé à former ce personnel auxiliaire et à superviser son travail. Le technicien dentaire qui est propriétaire de son propre laboratoire prend la responsabilité de l'encadrement des employés relativement à la conformité du produit avec l'ordonnance et au respect des échanges selon les ententes avec les clients.

Principales tâches
- Prendre connaissance de l'ordonnance et en faire l'analyse
- Planifier la confection du produit
- Appliquer les mesures d'asepsie
- Procéder à la confection du produit
- Vérifier la confection du produit
- Effectuer la tenue de dossiers, la facturation et la livraison

Perspectives professionnelles
Les principaux débouchés sont : propriétaire ou employé d'un laboratoire dentaire. Le technicien dentaire peut également être appelé à diriger et superviser le travail de personnel auxiliaire. Le titulaire d'un DEC en techniques de prothèses dentaires peut devenir membre de l'Ordre des techniciens et des techniciennes dentaires du Québec.

Préalable du secondaire
Sciences : ST 4e ou ATS 4e ou Sciences physiques 436

Cégep offrant le programme
Édouard-Montpetit

Admissions/SRAM 2013 :   demandes au 1er tour :   63
admis au 1er tour :   52
total des admis aux 3 tours :   55

110.A0 Techniques de prothèses dentaires

Marché du travail 2012

Cégeps répondants : 1

Sortants répondants se destinant à l'emploi	Nombre	%
	13	100

Placement

Emploi relié total, 6 mois après la fin des études	11	85
Emploi relié, temps plein	10	76
Emploi relié, temps partiel ou occasionnel	1	8
Emploi non relié	1	8
Sans emploi	1	8

Salaire
Initial moyen : 10,50 $ / heure
Initial supérieur : 19,20 $ / heure

Postes offerts
Technicien dentaire
Technicien en prothèse amovible et fixe
Technicien en orthodontie
Technicien en prothèse squelettique

Milieux de travail
Laboratoire dentaire
Laboratoire d'université et centre hospitalier
Bureau de dentiste
Bureau de denturologiste
À son compte

Exigences du marché
Bonne dextérité manuelle
Membre de l'Ordre des techniciens et techniciennes dentaires du Québec (recommandé)
Mobilité

Commentaires
Bon placement

Indicateur du placement 2007 à 2012

Sortants répondants se destinant à l'emploi :	64	
Total des répondants en emploi :	61	95 %

110.B0 Techniques de denturologie

Buts du programme

Ce programme vise à former des personnes aptes à exercer la profession de denturologiste. Le travail de ces personnes consiste essentiellement à concevoir et fabriquer des prothèses amovibles adaptées pour des patients qui présentent une édentation complète ou partielle, à partir de données et d'observations qu'elles recueillent elles-mêmes, au moment des actes posés à la chaise. De ce fait, le travail des denturologistes se caractérise par une alternance des actes posés à la chaise et des opérations de fabrication réalisées en laboratoire, de l'établissement du plan de traitement à la mise en bouche des prothèses. Leur niveau de responsabilité est important dans la mesure où les décisions prises ont une incidence sur la santé de leurs patients.

Principales tâches

- Recevoir des patients à son cabinet de consultation. Analyser et évaluer les besoins fonctionnels et esthétiques des patients.
- Établir des plans de traitements. Prendre des empreintes et des articulés nécessaires à la fabrication d'une prothèse dentaire amovible. Procéder à l'essai en bouche de prothèses dentaires (vérifier l'aspect esthétique, fonctionnel et phonétique).
- Procéder à la fabrication et à la réparation de prothèses dentaires amovibles. Couler des modèles. Effectuer la mise en bouche et l'ajustement de prothèses dentaires amovibles.
- Fabriquer des porte-empreintes individuels.
- Concevoir, réparer et ajuster des pièces squelettiques pour prothèses amovibles.
- Effectuer toutes les tâches laboratoires liées à la fabrication de prothèses dentaires. Stériliser ses instruments dentaires et entretenir l'équipement dentaire. Effectuer des regarnissages, rebasages et des réparations de prothèses dentaires.
- Peut mettre sur pied et gérer sa propre clinique de denturologie.

Perspectives professionnelles

Le denturologiste exerce sa profession de façon autonome auprès d'une clientèle majoritairement adulte. Il est amené à travailler en collaboration avec d'autres professionnels de la santé : dentiste, hygiéniste dentaire, chirurgien buccal, technicien dentaire, médecin...Il pratique en cabinet privé, en association avec d'autres denturologistes, en polyclinique ou en établissement public.

Pour exercer sa profession, le denturologiste doit être membre de l'Ordre des denturologistes du Québec.

Préalable du secondaire
Physique : 5e ou 534

Cégep offrant le programme
Édouard-Montpetit

Admissions/SRAM 2013 :	demandes au 1er tour :	94
	admis au 1er tour :	39
	total des admis aux 3 tours :	39

110.B0 Techniques de denturologie

Marché du travail 2012

Cégeps répondants : 1

Sortants répondants se destinant à l'emploi	Nombre	%
	16	100

Placement

Emploi relié total, 6 mois après la fin des études	15	94
Emploi relié, temps plein	13	81
Emploi relié, temps partiel ou occasionnel	2	13
Emploi non relié	0	0
Sans emploi	1	6

Salaire
Initial moyen : 16 $ / heure
Initial supérieur : 25 $ / heure

Postes offerts
Denturologue
Denturologiste

Milieux de travail
Laboratoire
Clinique de denturologie et dentaire
À son compte

Exigences du marché
Entregent
Patience et dextérité manuelle
Membre de l'Ordre des denturologistes du Québec
Cotisation annuelle exigée
Capital de départ nécessaire pour partir à son compte
Mobilité
Travail à la commission lorsque employé par d'autres denturologistes
Longues heures de travail

Commentaires
Augmentation de la moyenne salariale

Indicateur du placement 2007 à 2012

Sortants répondants se destinant à l'emploi :	89	
Total des répondants en emploi :	87	98 %

111.A0 Techniques d'hygiène dentaire

Exerçant une profession reconnue, l'hygiéniste dentaire diplômé est à la fois éducateur et praticien en matière de santé buccale. Il collabore avec le dentiste en intervenant par diverses mesures préventives, éducatives et thérapeutiques destinées à lutter contre les affections orales et à promouvoir la bonne santé bucco-dentaire auprès des individus et des groupes.

Ses tâches habituelles comprennent notamment la prise de radiographies, le détartrage, le polissage des dents et certains autres actes et soins permis par la loi.

L'hygiéniste recevra une formation en sociologie, en psychologie, en biologie; il devra apprendre les rudiments d'une saine nutrition, connaître les différents matériaux utilisés en dentisterie, participer à divers laboratoires, dont ceux de radiologie et d'hygiène dentaire.

L'hygiéniste dentaire a de l'entregent, du tact, une bonne santé et devra bien s'entendre avec ses confrères de travail. De plus, il devra avoir une motricité fine très développée et une bonne vue.

La gratuité de certains soins dentaires aux enfants et les multiples programmes de prévention amènent les hygiénistes dentaires à soigner et éduquer une très vaste clientèle fréquentant les CLSC, les centres hospitaliers et les nombreux bureaux privés.

Pour exercer la profession d'hygiéniste dentaire, le titulaire du DEC en techniques d'hygiène dentaire devra être membre de l'Ordre des hygiénistes dentaires du Québec.

Préalables du secondaire
Physique : STE 4e ou SE 4e ou 534
Chimie : 5e ou 534

Cégeps offrant le programme
Chicoutimi, Édouard-Montpetit, Garneau, John Abbott, Lanaudière à Terrebonne, Maisonneuve, Outaouais, Saint-Hyacinthe, Trois-Rivières

Admissions/SRAM 2013 :	demandes au 1er tour :	620
	admis au 1er tour :	265
	total des admis aux 3 tours :	280

28

111.A0 Techniques d'hygiène dentaire

Marché du travail 2012

Cégeps répondants : 7

Sortants répondants se destinant à l'emploi	Nombre	%
	173	100

Placement

Emploi relié total, 6 mois après la fin des études	163	94
Emploi relié, temps plein	120	69
Emploi relié, temps partiel ou occasionnel	43	25
Emploi non relié	5	3
Sans emploi	5	3

Salaire
Initial moyen : 22,70 $ / heure
Initial supérieur : 28,70$ / heure

Postes offerts
Hygiéniste dentaire
Représentant des ventes

Milieux de travail

Bureau de dentiste	CSSS
Bureau d'orthodontiste	Distributeur
Clinique dentaire	Centre hospitalier
Centre d'implantologie	

Exigences du marché

Membre de l'Ordre des hygiénistes dentaires du Québec (OHDQ)	Bonne dextérité manuelle
	Travail en équipe
	Bilinguisme un atout
Entregent	Bonne condition physique nécessaire
Horaires variables	
Travail parfois le soir et le samedi	

Commentaires
Possibilités d'emploi hors Québec et même hors Canada
Mobilité pour les sortants de certaines régions
Certaines cliniques demandent aux hygiénistes de faire la promotion de la vente de traitement

Indicateur du placement 2007 à 2012

Sortants répondants se destinant à l'emploi :	977	
Total des répondants en emploi :	961	98 %

112.A0   Acupuncture

Objectifs du programme

Ce programme a pour objectif de former des personnes aspirant à exercer la profession d'acupuncteur conformément aux lois professionnelles en vigueur au Québec.

Il vise à former des thérapeutes autonomes aptes à intervenir en première ligne, à évaluer l'état énergétique de la personne selon la médecine traditionnelle orientale et à appliquer des traitements d'acupuncture dans le but d'améliorer la santé ou de soulager la douleur chez les patients. Dans l'exercice de sa profession, l'acupuncteur accueille des personnes qui le consultent pour divers problèmes de santé. Il prend connaissance du dossier médical du patient et évalue son état énergétique. Il prépare un plan d'intervention, l'applique et en fait le suivi. Il rédige et tient à jour un dossier clinique pour chacun des patients reçus en consultation. Il intègre dans sa pratique les notions de biologie, de pathologie et de pharmacologie occidentales nécessaires tant pour comprendre les antécédents médicaux des patients que pour travailler en équipe multidisciplinaire ou pour adresser un patient, au besoin, à d'autres professionnels de la santé. L'acupuncteur doit agir en respectant les règles d'hygiène, de sécurité et d'éthique professionnelle tout en tenant compte du cadre juridique dans lequel doit s'exercer la profession.
Il travaille généralement dans un bureau privé et en assume la gestion.

La pratique de l'acupuncture est régie par l'Ordre des acupuncteurs du Québec. Le diplôme d'études collégiales en *Acupuncture* permet aux candidats acupuncteurs québécois de se présenter aux examens de l'Ordre des acupuncteurs en vue de l'obtention du permis de pratique de l'acupuncture au Québec.

Préalable du secondaire

Sciences : STE 4e ou SE 4e ou Sciences physiques 436

Cégep offrant le programme

Rosemont

Admissions/SRAM 2013 :	demandes au 1er tour :	179
	admis au 1er tour :	62
	total des admis aux 3 tours :	64

112.A0 Acupuncture

Marché du travail 2012

Cégeps répondants : 1

Sortants répondants se destinant à l'emploi	Nombre	%
	28	100

Placement

Emploi relié total, 6 mois après la fin des études	27	96
Emploi relié, temps plein	7	25
Emploi relié, temps partiel ou occasionnel	20	71
Emploi non relié	1	4
Sans emploi	0	0

Salaire
Initial moyen : n. d.
Initial supérieur : n. d.

Postes offerts
Acupuncteur
Assistant acupuncteur

Milieux de travail
À son compte
Clinique multidisciplinaire (médecine alternative)
Clinique de physiothérapie
Clinique d'ostéopathie
Centre d'accueil
Centre de réadaptation physique

Exigences du marché
Travail avec le public
Sens des responsabilités
Membre de l'Ordre des acupuncteurs du Québec
Compétences entrepreneuriales
Dextérité
Formation continue

Commentaires
Principalement des emplois à temps partiel dans le but de démarrer son entreprise. L'acupuncteur a souvent plus d'un lieu de pratique.
Le tarif moyen des sortants en acupuncture est de 58 $ par consultation

---

Indicateur du placement 2007 à 2012

Sortants répondants se destinant à l'emploi :	151	
Total des répondants en emploi :	151	100 %

120.A0 Techniques de diététique

Le technicien en diététique est un spécialiste de l'alimentation humaine et de sa gestion. Le programme Techniques de diététique vise à former des techniciens aptes à travailler dans les domaines de la nutrition clinique et communautaire, de la gestion de services alimentaires, du contrôle de la qualité des aliments et de la conception de produits alimentaires.

Perspectives professionnelles

La profession s'exerce dans les secteurs public et privé : les établissements du réseau de la santé et de soins de longue durée, les organismes communautaires, les cafétérias, les centres de la petite enfance, les fournisseurs de services alimentaires, l'industrie alimentaire et les organismes gouvernementaux de santé publique.

Gestion des services alimentaires
Ils pourront devenir responsables de toutes les opérations relatives à la gestion d'un service alimentaire : gérer du personnel, contrôler des coûts, coordonner la production et la distribution des aliments, travailler à la gestion des réserves.

Industrie agroalimentaire
Dans un département de contrôle de qualité, ils pourront identifier les propriétés physiques, chimiques, biochimiques et organoleptiques des aliments et des produits alimentaires. De plus, dans certaines industries alimentaires, ils pourront participer à l'expérimentation, au développement et à la mise en marché de produits alimentaires.

Service à la clientèle
Dans les établissements de santé, en collaboration avec les diététiciens, ils pourront voir à l'application de la prescription diététique et à l'éducation en matière de nutrition. Dans le domaine de la consommation, ils pourront aussi travailler à la diffusion d'information pour promouvoir un produit alimentaire, une pièce d'équipement, une méthode de travail, de saines habitudes alimentaires.

Inspection
Dans le cadre de certains programmes fédéraux, provinciaux ou municipaux, ils pourront appliquer ou faire appliquer les normes de salubrité et de sécurité pour promouvoir la salubrité alimentaire, la sécurité au travail et le respect des lois spécifiques dans le domaine de la qualité des services alimentaires.

Préalable du secondaire
Sciences : STE 4e ou SE 4e ou Sciences physiques 436

Cégeps offrant le programme
Chicoutimi, Limoilou, Maisonneuve, Montmorency*, Rimouski, Saint-Hyacinthe*, Trois-Rivières
*Voir alternance travail-études, p. 293

Admissions/SRAM 2013 :	demandes au 1er tour :	324
	admis au 1er tour :	277
	total des admis aux 3 tours :	317

120.A0 Techniques de diététique

Marché du travail 2012

Cégeps répondants : 6

Sortants répondants se destinant à l'emploi	Nombre	%
	109	100

Placement

Emploi relié total, 6 mois après la fin des études	91	83
Emploi relié, temps plein	66	60
Emploi relié, temps partiel ou occasionnel	25	23
Emploi non relié	12	11
Sans emploi	6	6

Salaire
Initial moyen : 17,70 $ / heure
Initial supérieur : 21,80 $ / heure

Postes offerts
Technicien en diététique, en contrôle de la qualité, recherche, analyse, production
Technicien en gestion de services alimentaires
Inspecteur en alimentation
Traiteur, inspecteur en salubrité
Superviseur en alimentation

Milieux de travail
Industrie de transformation de produits alimentaires
Abattoir
Centre d'accueil et hospitalier
Centre de la petite enfance
Cafétéria, traiteur, commerce et restaurant
Centre de conditionnement physique
Ministère
Marché d'alimentation
Organisme communautaire
Centre de détention
Maison d'enseignement

Exigences du marché
Aptitudes en gestion, supervision et communication
Polyvalence et mobilité
Utilisation de logiciels spécialisés
Production en cuisine exigée dans certains milieux
Connaissance des normes d'hygiène industrielle

Commentaires
Horaires de travail variables, et parfois à temps partiel. Salaire plus élevé dans les grands centres. Candidature masculine en demande. Grande demande en contrôle de la qualité
Plusieurs emplois en industrie alimentaire.

Indicateur du placement 2007 à 2012

Sortants répondants se destinant à l'emploi :	662	
Total des répondants en emploi :	628	95%

140.A0 Techniques d'électrophysiologie médicale

Buts du programme

Ce programme vise à former des personnes de façon à les rendre aptes à travailler dans chacun des domaines suivants :

l'électrophysiologie cérébrale, l'électrophysiologie cardiaque, l'électrophysiologie cardiaque, l'électrophysiologie labyrinthique, l'électrophysiologie neuromusculaire, les potentiels évoqués, la polysomnographie et certaines techniques connexes.

La fonction de technicien en électrophysiologie médicale consiste à procéder à différents examens à la suite d'une requête médicale. Il s'agit notamment de préparer le patient de façon appropriée, d'effectuer le captage, l'enregistrement, le traitement et l'analyse des données bioélectriques et de consigner les résultats dans un rapport technique descriptif.

Ce rapport est transmis, avec les données pertinentes, au médecin qui en fait l'interprétation médicale en vue d'établir un diagnostic ou de déterminer un traitement.

Les techniciens doivent fréquemment adapter le processus d'examen en fonction, notamment, des conditions d'exécution, du patient et de la pathologie soupçonnée. Ils doivent aussi mettre en oeuvre les moyens appropriés pour que l'examen soit effectué exactement comme il se doit.

Cette fonction de travail n'est pas globalement régie par le code des professions. Toutefois, certains actes faits par le personnel technique sont prévus dans ce code, dans les lois et les règlements ainsi que dans les règles de la pratique professionnelle. Le travail s'effectue principalement dans les hôpitaux, les cliniques médicales et les laboratoires de recherche (hôpitaux et universités).

Le technicien en électrophysiologie doit être membre de l'Ordre des technologues en imagerie médicale, en radio-oncologie et en électrophysiologie médicale du Québec.

Préalables du secondaire
Mathématiques : CST 4e ou 436
Physique : STE 4e ou SE 4e ou 534

Cégep offrant le programme
Ahuntsic, Ellis campus Trois-Rivières, Lévis-Lauzon

Admissions/SRAM 2013 :   demandes au 1er tour :   130
                         admis au 1er tour :   56
                         total des admis aux 3 tours :   56

140.A0 Techniques d'électrophysiologie médicale

Marché du travail 2012

Cégeps répondants : 1

Sortants répondants se destinant à l'emploi	Nombre	%
	30	100

Placement

Emploi relié total, 6 mois après la fin des études	28	93
Emploi relié, temps plein	17	56
Emploi relié, temps partiel ou occasionnel	11	37
Emploi non relié	0	0
Sans emploi	2	7

Salaire
Initial moyen : 20,80 $ / heure
Initial supérieur : 20,80 $ / heure

Postes offerts
Technicien en électrophysiologie médicale
Technicien en cardiologie
Technicien en polysomnographie
Technicien en neurologie

Milieux de travail
Centre hospitalier
Clinique privée
Institut de neurologie
Cabinet privé de spécialistes
CSSS
Fabricant d'appareillage et de logiciels spécialisés
Maison d'enseignement
Centre de recherche

Exigences du marché
Horaire de travail 7 jours : jour / soir / nuit
Membre de l'Ordre des technologues en imagerie médicale, en radio-oncologie et en électrophysiologie médicale du Québec

Commentaires
En début de carrière on cumule parfois des emplois à temps partiel pour combler un temps plein
Pénurie de finissants

Indicateur du placement 2007 à 2012

Sortants répondants se destinant à l'emploi :	136	
Total des répondants en emploi :	130	96 %

140.B0   Technologie d'analyses biomédicales

Buts du programme

Ce programme vise à former des techniciens aptes à effectuer des analyses ou des travaux à caractère technique et à collaborer à des travaux de recherche et de développement; les données ou les interprétations fournies contribuent à la prévention, au diagnostic et au traitement des maladies.

Ces techniciens pourront travailler dans un établissement de santé, dans un centre de santé publique, dans un laboratoire privé ou dans un centre de recherche. Ils seront capables de réaliser des analyses biochimiques, microbiologiques, immunohématologiques, hématologiques, hémostatiques et des analyses hors laboratoire. De plus, ils pourront effectuer divers prélèvements et travailler à la préparation de tissus et à la préparation de produits sanguins.

La majorité des tâches accomplies par les techniciens d'analyses biomédicales s'inscrivent dans un processus de travail bien défini : planifier le travail, préparer les produits, le matériel et l'équipement, préparer les échantillons, effectuer les analyses, interpréter et communiquer les résultats.

À la fin de leurs études, les techniciens d'analyses biomédicales auront acquis les attitudes essentielles à l'exercice de leur profession, soit le sens des responsabilités, la capacité à gérer son stress, le souci de la précision et le respect de l'éthique professionnelle. De plus, leur formation permettra de :

- favoriser le développement de comportements et d'attitudes reflétant l'application constante des principes d'assurance-qualité;
- développer des habiletés d'intervention auprès de la clientèle;
- travailler en collaboration avec les autres professionnels de la santé;
- favoriser l'adaptation aux changements technologiques.

Au terme de leur formation, les diplômés pourront devenir membres de l'Ordre des technologistes médicaux du Québec et de la Société canadienne des sciences de laboratoire médical.

N.B.   Ce programme donne également accès à une attestation d'études collégiales en cytotechnologie (une année d'étude supplémentaire).

Préalables du secondaire

Mathématiques : TS 4e ou SN 4e ou 526
Physique : STE 4e ou SE 4e ou 534
Chimie : 5e ou 534

Cégeps offrant le programme

Chicoutimi, Dawson, Outaouais, Rimouski, Rosemont, Sainte-Foy, Shawinigan, Sherbrooke, Saint-Hyacinthe, Saint-Jean-sur-Richelieu, Saint-Jérôme

Admissions/SRAM 2013 :	demandes au 1er tour :	638
	admis au 1er tour :	385
	total des admis aux 3 tours :	417

140.B0 Technologie d'analyses biomédicales

Marché du travail 2012

Cégeps répondants : 9

Sortants répondants se destinant à l'emploi	Nombre	%
	179	100

Placement

Emploi relié total, 6 mois après la fin des études	176	98
Emploi relié, temps plein	138	77
Emploi relié, temps partiel ou occasionnel	38	21
Emploi non relié	0	0
Sans emploi	3	2

Salaire
Initial moyen : 20,70 $ / heure
Initial supérieur : 26,30 $ / heure

Postes offerts
Technologiste en laboratoire médical, en recherche, privé et public
Technicien en santé communautaire
Technicien en hématologie, histologie

Milieux de travail
Centre hospitalier
CLSC, pharmacie
Laboratoire médical privé
Entreprise pharmaceutique, de produit chimique
Laboratoire de génie sanitaire et de l'environnement
Clinique médicale
Forces armées canadiennes
Centre de recherche
Industrie agroalimentaire
Laboratoire de médecine vétérinaire
Gouvernement
MAPAQ

Exigences du marché
Horaires variés / 7 jours surtout en milieu hospitalier
Réussite de l'examen de l'Association canadienne des techniciens de laboratoire exigée en milieu hospitalier
Membre de l'Ordre des technologues en imagerie médicale, en radio-oncologie et en électrophysiologie médicale du Québec
Bilinguisme un atout

Commentaires
Emplois surtout concentrés dans les grands centres
Horaires variés
Pénurie de finissants
Mobilité

Indicateur du placement 2007 à 2012

Sortants répondants se destinant à l'emploi :	991	
Total des répondants en emploi :	975	98 %

141.A0 Techniques d'inhalothérapie

Buts du programme

Ce programme rend la personne apte à exercer la profession d'inhalothérapeute. Les diplômés peuvent devenir membres de l'Ordre professionnel des inhalothérapeutes du Québec.

Ce programme vise à familiariser les personnes avec tous les champs d'intervention de la profession soit l'inhalothérapie, l'anesthésie et la fonction cardiorespiratoire. Les diplômés pourront exercer leurs fonctions en soins respiratoires, en soins d'urgence et intensifs, en épreuves d'évaluation de la fonction cardiorespiratoire et en anesthésie, tant auprès d'adultes que d'enfants et de nouveau-nés.

Conformément aux buts généraux de la formation technique, la composante de formation spécifique du programme Techniques d'inhalothérapie vise :
- à rendre la personne compétente dans l'exercice de sa profession, c'est-à-dire à lui permettre d'exécuter correctement et en obtenant des résultats acceptables dès l'entrée sur le marché du travail, les tâches et les activités s'y rapportant;
- à assurer l'intégration de la personne à la vie professionnelle, notamment par la connaissance du marché du travail en général et celle du contexte particulier de la profession choisie;
- à favoriser l'évolution et l'approfondissement de savoirs professionnels chez la personne;
- à favoriser la mobilité professionnelle de la personne en lui permettant, entre autres choses, de se donner des moyens pour gérer sa carrière.

Les diplômés sont appelés à travailler généralement de jour, mais aussi de soir et de nuit dans les différents centres du réseau des Affaires sociales (centres hospitaliers, centres d'accueil, centres locaux de services communautaires...) et à domicile. Les possibilités d'avancement sont bonnes.

Préalables du secondaire
Mathématiques : TS 4e ou SN 4e ou 436
Chimie : 5e ou 534

Cégeps offrant le programme
Chicoutimi, Ellis campus Trois-Rivières (installations de Longueuil), Outaouais, Rosemont, Sainte-Foy, Sherbrooke, Valleyfield, Vanier

Admissions/SRAM 2013 :	demandes au 1er tour :	403
	admis au 1er tour :	203
	total des admis aux 3 tours :	223

141.A0 Techniques d'inhalothérapie

Marché du travail 2012

Cégeps répondants : 6

	Nombre	%
Sortants répondants se destinant à l'emploi	153	100

Placement

	Nombre	%
Emploi relié total, 6 mois après la fin des études	148	97
Emploi relié, temps plein	62	41
Emploi relié, temps partiel ou occasionnel	86	56
Emploi non relié	0	0
Sans emploi	5	3

Salaire
Initial moyen : 21,40 $ / heure
Initial supérieur : 23,50 $ / heure

Postes offerts
Inhalothérapeute
Technicien en anesthésie
Thérapeute respiratoire
Technicien en inhalothérapie
Représentant

Milieux de travail
Centre hospitalier
CSSS
Institut de recherche
Clinique médicale privée
Résidence pour personnes âgées
Distributeur d'appareils respiratoires
Clinique du sommeil

Exigences du marché
Horaire de travail 7 jours : jour / soir / nuit et sur appel
Certification nationale pour les postes à l'extérieur du Québec exigée
Membre de l'Ordre professionnel des inhalothérapeutes du Québec
Mobilité

Commentaires
Emplois surtout concentrés dans les grands centres

Indicateur du placement 2007 à 2012

Sortants répondants se destinant à l'emploi :	685	
Total des répondants en emploi :	677	99 %

142.A0 Technologie de radiodiagnostic

Buts du programme
On vise par ce programme à former des personnes qui seront en mesure d'assumer les responsabilités inhérentes à l'exécution des tâches que comporte la profession de technologue en radiodiagnostic.

Au terme de sa formation, le technologue pourra, après avoir bien analysé une situation donnée, prendre les décisions qui s'imposent, poser les actes professionnels appropriés, assumer les conséquences de ses gestes, communiquer efficacement avec les autres spécialistes et témoigner de l'empathie et du respect aux patients.

Dès l'entrée sur le marché du travail, les personnes diplômées de ce programme effectuent de façon autonome et professionnelle l'ensemble des tâches liées à l'examen radiologique de tous les systèmes anatomiques du corps humain, et ce pour tous les groupes d'âge. Pour ce qui est de l'investigation par angioradiologie, échographie, tomodensitométrie et imagerie par résonance magnétique (IRM), les technologues appliquent les techniques de base.

Les technologues en radiodiagnostic exercent leur profession exclusivement en milieu hospitalier ou dans les cliniques privées et les CLSC qui offrent le service de radiodiagnostic, au sein d'une équipe professionnelle multidisciplinaire formée de médecins et de personnel paramédical. Les conditions d'exécution des tâches varient selon la situation. D'une part, les technologues exécutent leurs tâches en équipe ou individuellement, le jour, le soir, la nuit ou la fin de semaine; d'autre part, ils effectuent des examens dans le service de radiologie, au chevet de patients, en salle d'urgence ou en salle d'opération.

Les technologues en radiodiagnostic doivent aussi avoir des habiletés et des comportements appropriés au milieu hospitalier : faire preuve de précision dans les gestes liés aux techniques, communiquer avec les collègues, observer les règles de santé et sécurité au travail, utiliser judicieusement la radiation, être autonome, faire preuve de conscience professionnelle et avoir de l'initiative et l'esprit d'équipe. À ces quelques caractéristiques particulières, il faut ajouter la capacité à gérer le stress inhérent à l'exercice de la profession ainsi que le souci de toujours donner la priorité au patient.

Pour obtenir leur permis d'exercice professionnel, les diplômés doivent satisfaire aux critères de l'Ordre des technologues en imagerie médicale, en radio-oncologie et en électrophysiologie médicale du Québec.

Préalables du secondaire
Mathématiques : TS 4e ou SN 4e ou 436
Sciences : STE 4e ou SE 4e ou Sciences physiques 436

Cégeps offrant le programme
Ahuntsic, Dawson, Édouard-Montpetit, Laflèche, Rimouski, Sainte-Foy

---

Admissions/SRAM 2013 :

demandes au 1er tour :	569
admis au 1er tour :	188
total des admis aux 3 tours :	189

142.A0 Technologie de radiodiagnostic

Marché du travail 2012

Cégeps répondants : 4

Sortants répondants se destinant à l'emploi	Nombre	%
	146	100

Placement

Emploi relié total, 6 mois après la fin des études	134	92
Emploi relié, temps plein	97	67
Emploi relié, temps partiel ou occasionnel	37	25
Emploi non relié	7	5
Sans emploi	5	3

Salaire
Initial moyen : 20,60 $ / heure
Initial supérieur : 26,40 $ / heure

Postes offerts
Technologue en radiodiagnostic, en radiologie
Représentant technique
Technicien en imagerie par résonance magnétique

Milieux de travail
Centre hospitalier, CLSC, CSSS
Clinique médicale
Clinique de radiologie
Clinique chiropratique
Forces armées canadiennes
Centre de recherche

Exigences du marché
Ordre des technologues en imagerie médicale, en radio-oncologie et en électrophysiologie médicale du Québec
Mobilité essentielle
Horaire de travail 7 jours : jour / soir / nuit et sur appel

Commentaires
Candidats en demande

Indicateur du placement 2007 à 2012		
Sortants répondants se destinant à l'emploi :	843	
Total des répondants en emploi :	825	98 %

142.B0 Technologie de médecine nucléaire

Buts du programme
On vise par ce programme à former des technologues compétents dans l'accomplissement de leurs fonctions de travail, c'est-à-dire des personnes capables de maîtriser les techniques de travail, de prendre des décisions éclairées, d'établir une communication harmonieuse et bénéfique avec les patients et les collègues, d'évoluer dans leur champ d'activité et d'assumer consciencieusement leurs responsabilités professionnelles.

Ces compétences se manifestent principalement lorsque les technologues sont appelés à effectuer des examens de médecine nucléaire in vivo, c'est-à-dire auprès des patients des centres hospitaliers du réseau de la santé et des services sociaux. Différents aspects de ces compétences sont également mis à profit dans l'accomplissement des autres tâches : l'organisation du travail, la préparation et le contrôle de la qualité des produits radiopharmaceutiques et des appareils, la gestion du matériel et des stocks, l'élaboration des techniques d'examen ainsi que la formation des stagiaires et du personnel hospitalier.

La maîtrise de tous les aspects de la profession permet à certains technologues d'orienter leur carrière vers les secteurs de la vente, du service à la clientèle et de la mise au point de nouveaux produits pour des fabricants d'équipement et d'appareils de médecine nucléaire.

Le programme de formation permet au diplômé de répondre aux exigences de l'Ordre des technologues en imagerie médicale, en radio-oncologie et en électrophysiologie médicale du Québec, qui régit la pratique de la profession. Il permet de répondre aux besoins des centres hospitaliers situés en régions «intermédiaires» ou «éloignées» où l'insuffisance des ressources entraîne un alourdissement des tâches et un accroissement des responsabilités et exige des technologues une très grande autonomie professionnelle. Les technologues travaillent selon une ordonnance écrite et sous surveillance d'un médecin.

Le programme vise l'acquisition progressive d'un savoir cohérent, fondé sur la maîtrise initiale des assises scientifiques et technologiques. Celles-ci devront ensuite être intégrées à l'apprentissage des techniques d'examen entre autres moyens par les stages de formation en milieu clinique. Ces stages, qui vont permettre un contact précoce de l'étudiant avec le milieu du travail, ont pour objet de parfaire l'acquisition des compétences associées à la passation d'examens de médecine nucléaire, de plus en plus complexes.

Préalables du secondaire
Mathématiques : TS 5e ou SN 5e ou 526
Chimie : STE 4e ou SE 4e ou 534

Cégep offrant le programme
Ahuntsic

Admissions/SRAM 2013 :	demandes au 1er tour :	70
	admis au 1er tour :	42
	total des admis aux 3 tours :	42

142.B0 Technologie de médecine nucléaire

Marché du travail 2012

Cégeps répondants : 1

Sortants répondants se destinant à l'emploi	Nombre	%
	32	100

Placement

Emploi relié total, 6 mois après la fin des études	27	84
Emploi relié, temps plein	24	76
Emploi relié, temps partiel ou occasionnel	3	9
Emploi non relié	2	6
Sans emploi	3	9

Salaire
Initial moyen : 20,50 $ / heure
Initial supérieur : 21,30 $ / heure

Postes offerts
Technologue en médecine nucléaire
Représentant technique et technicien d'application dans les compagnies spécialisées dans le domaine

Milieux de travail
Centre de recherche
Centre hospitalier
Industrie de produits radioactifs
Entreprise privée
CSSS

Exigences du marché
Membre de l'Ordre des technologues en imagerie médicale, en radio-oncologie et en électrophysiologie médicale du Québec

Commentaires
Mobilité essentielle
Bonne perspective d'emploi

Indicateur du placement 2007 à 2012

Sortants répondants se destinant à l'emploi :	134	
Total des répondants en emploi :	130	97 %

142.C0 Technologie de radio-oncologie

Buts du programme

On vise par ce programme à former des technologues aptes à exercer leur profession, c'est-à-dire des personnes capables d'effectuer correctement les actes techniques, de prendre des décisions éclairées et appropriées, d'établir et d'entretenir des relations harmonieuses et pertinentes avec les patients et les membres de l'équipe de travail, d'évoluer dans leur champ d'activité et d'assumer consciencieusement leurs responsabilités professionnelles.

Dès l'entrée sur le marché du travail, les personnes diplômées en Technologie de radio-oncologie effectuent avec compétence et professionnalisme l'ensemble des tâches liées aux traitements de radiothérapie. De plus, pour ce qui touche la mise en pratique des compétences rattachées à la planification des traitements, elles appliquent les techniques de base de simulation et de dosimétrie.

Ces technologues exercent leurs professions exclusivement en milieu hospitalier, à l'intérieur d'une équipe professionnelle multidisciplinaire. Pour obtenir leur permis d'exercice professionnel, les personnes diplômées doivent satisfaire aux conditions émises par l'Ordre des technologues en imagerie médicale, en radio-oncologie et en électrophysiologie médicale du Québec.

À l'important aspect scientifique et technique, où la précision des gestes et l'exactitude des calculs sont primordiales, s'ajoutent les relations humaines particulières à créer et à entretenir avec les personnes atteintes de cancer durant toute la durée de leur traitement.

Note : Loi sur les techniciens en radiologie

Actes constituant l'exercice
Constitue l'exercice de la profession de technicien en radiologie tout acte qui a pour objet d'exécuter un travail technique comportant l'utilisation de rayons X ou de radio éléments sur un être vivant à des fins thérapeutiques ou diagnostiques (1993, c. 47, a. 7).

Ordonnance obligatoire
Un technicien en radiologie ne peut poser un acte décrit à l'article 7 pour des fins thérapeutiques que selon ordonnance écrite et sous surveillance d'un médecin. Il ne peut poser un acte décrit à l'article 7 pour des fins diagnostiques que selon ordonnance écrite et sous surveillance d'un médecin, d'un médecin vétérinaire, d'un dentiste ou d'une personne détenant un permis visé à l'article 186 du Code des professions (1973, c. 47, a. 8).

Préalables du secondaire
Mathématiques : TS 5e ou SN 5e ou 526
Sciences : STE 4e ou SE 4e ou Sciences physiques 436

Cégeps offrant le programme
Ahuntsic, Dawson, Sainte-Foy

Admissions/SRAM 2013 :	demandes au 1er tour :	144
	admis au 1er tour :	72
	total des admis aux 3 tours :	72

142.C0 Technologie de radio-oncologie

Marché du travail 2012

Cégeps répondants : 2

Sortants répondants se destinant à l'emploi	Nombre	%
	32	100

Placement

	Nombre	%
Emploi relié total, 6 mois après la fin des études	30	94
Emploi relié, temps plein	28	88
Emploi relié, temps partiel ou occasionnel	2	6
Emploi non relié	1	3
Sans emploi	1	3

Salaire
Initial moyen : 20,30 $ / heure
Initial supérieur : 20,90 $ / heure

Postes offerts
Technicien en radio-oncologie
Technicien en radiothérapie

Milieux de travail
CSSS
Centre hospitalier

Exigences du marché
Mobilité augmente les chances d'emploi
Horaire de travail 7 jours : jour / soir / nuit
Membre de l'Ordre des technologues en imagerie médicale, en radio-oncologie et en électrophysiologie médicale du Québec
Possibilité d'emplois hors Québec

Commentaires
Excellente perspective d'emploi

Indicateur du placement 2007 à 2012

Sortants répondants se destinant à l'emploi :	140	
Total des répondants en emploi :	136	97 %

144.A0 Techniques de réadaptation physique

Buts du programme

Ce programme vise à former des thérapeutes en réadaptation physique qui seront aptes à prendre connaissance des renseignements inscrits dans le dossier de l'usager, à procéder à la collecte de données évaluatives, à établir un plan de traitement, à appliquer ce plan, à modifier le traitement en fonction de la situation, à tenir à jour le dossier et à collaborer avec d'autres personnes-ressources.

Les domaines couverts par le programme sont l'orthopédie, la rhumatologie, la gériatrie, la neurologie, la pneumologie et les problèmes vasculaires périphériques. Lorsque les thérapeutes en réadaptation physique exercent dans un établissement du réseau de la santé, leur niveau de responsabilité dans l'exécution des étapes d'intervention varie en fonction du type d'atteinte.

Le travail des thérapeutes requiert : une connaissance approfondie de l'anatomie et de la physiologie humaines, et plus particulièrement celle de l'appareil locomoteur; une connaissance de la psychologie humaine générale et celle des handicapés; une connaissance des processus pathologiques et des effets thérapeutiques se rapportant à l'exercice physique, aux agents physiques et mécaniques; la capacité d'utiliser les techniques spécifiques à la réadaptation.

Perspectives professionnelles

Le futur gradué de ce programme de formation se verra offrir les débouchés suivants : Actuels : les hôpitaux généraux, les centres de réadaptation, les maisons de convalescence, les hôpitaux pour malades chroniques, les hôpitaux pour enfants, les centres médicaux (pour malades externes), les écoles pour handicapés, les services à domicile. Éventuels : les hôpitaux psychiatriques, les établissements ou institutions d'enseignement, les grandes industries (dans le but de hâter le retour au travail), les soins des blessures d'origine sportive et les centres médicaux multidisciplinaires. Pour pratiquer en tant que thérapeute en réadaptation physique, il faut détenir un permis et être membre de l'Ordre professionnel de la physiothérapie du Québec.

Préalables du secondaire

Mathématiques : CST 4e ou 436
Physique : 5e ou 534

Cégeps offrant le programme

Centre matapédien d'études collégiales, Montmorency*, Chicoutimi, Beauce-Appalaches, Dawson, Ellis campus Trois-Rivières, Garneau, Marie-Victorin, Sherbrooke

*Voir alternance travail-études, p. 293

Admissions/SRAM 2013 :		
demandes au 1er tour :		607
admis au 1er tour :		244
total des admis aux 3 tours :		245

144.A0 Techniques de réadaptation physique

Marché du travail 2012

Cégeps répondants : 4

Sortants répondants se destinant à l'emploi	Nombre	%
	104	100

Placement

	Nombre	%
Emploi relié total, 6 mois après la fin des études	90	87
Emploi relié, temps plein	65	62
Emploi relié, temps partiel ou occasionnel	25	24
Emploi non relié	11	11
Sans emploi	3	3

Salaire
Initial moyen : 20,60 $ / heure
Initial supérieur : 23,20 $ / heure

Postes offerts
Thérapeute en réadaptation physique
Entraîneur
Technicien en santé et sécurité
Conseiller en matériel orthopédique
Examinateur en invalidité

Milieux de travail
Centre hospitalier
CLSC
Clinique privée
Centre de réadaptation
Centre de conditionnement physique
CSSS
CHSLD
Clinique de chiropratique
Polyclinique
Clinique sportive

Exigences du marché
Bonne condition physique nécessaire
Habileté en relations interpersonnelles
Membre de l'Ordre professionnel de la physiothérapie du Québec
Formation continue nécessaire.

Commentaires
Davantage d'emplois au secteur privé
Population vieillissante amène de nouveaux emplois

Indicateur du placement 2007 à 2012

Sortants répondants se destinant à l'emploi :	599	
Total des répondants en emploi :	574	96 %

144.B0 Techniques d'orthèses et de prothèses orthopédiques

Buts du programme
Les techniciens en orthèses et prothèses travaillent surtout dans les établissements publics du réseau de la santé et des services sociaux, dans les laboratoires privés d'orthèses et de prothèses ou encore dans les laboratoires d'orthèses du pied. Leur fonction de travail consiste principalement à évaluer les besoins relatifs à l'appareillage en orthèses et prothèses de personnes ayant une ou des déficiences physiques, à concevoir les appareils, à les fabriquer, les adapter, les modifier ou les ajuster et à procéder aux essayages et à la livraison.

L'exercice de la fonction de travail exige plusieurs aptitudes différentes :

– des habiletés en communication et en relation d'aide, pour être en mesure de travailler avec des personnes ayant des déficiences physiques et, parfois, de lourds handicaps;
– la capacité de résoudre des problèmes, d'entrevoir des solutions, d'inventer et de créer (conception des appareils);
– une bonne dextérité manuelle permettant la précision, le fini et l'esthétique voulus;
– une habileté mnémotechnique pour la fabrication de l'appareil.

Le technicien en orthèses et en prothèses peut, après avoir acquis l'expérience nécessaire, accéder à un poste de directeur de laboratoire ou fonder son propre laboratoire.

Après avoir obtenu leur diplôme d'études collégiales, les techniciens en orthèses et en prothèses pourront se spécialiser dans un champ particulier des orthèses et des prothèses. De plus, ils pourront éventuellement poursuivre des études postcollégiales ou universitaires notamment en bionique, en génie biomédical, en réadaptation ou dans des secteurs connexes.

Préalable du secondaire
Aucun cours spécifique, voir page 361

Cégeps offrant le programme
Mérici*, Montmorency*

*Voir alternance travail-études, p. 293

Admissions/SRAM 2013 :   demandes au 1er tour :   102
                         admis au 1er tour :   56
                         total des admis aux 3 tours :   56

144.B0 Techniques d'orthèses et de prothèses orthopédiques

Marché du travail 2012

Cégeps répondants : 2

Sortants répondants se destinant à l'emploi	Nombre	%
	26	100

Placement

Emploi relié total, 6 mois après la fin des études	23	88
Emploi relié, temps plein	21	80
Emploi relié, temps partiel ou occasionnel	2	8
Emploi non relié	2	8
Sans emploi	1	4

Salaire
Initial moyen : 17,20 $ / heure
Initial supérieur : 19,70 $ / heure

Postes offerts
Technicien et mécanicien en orthèses-prothèses
Clinicien en orthèses-prothèses
Orthésiste
Prothésiste
Thérapeute en orthèses et prothèses

Milieux de travail
Centre hospitalier
Centre de réadaptation
Laboratoire de fabrication d'orthèses et prothèses
Clinique de podiatrie
Centre orthopédique
À son compte

Exigences du marché
Mobilité essentielle
Bilinguisme un atout
Formation continue nécessaire

Commentaires
Bonnes perspectives d'emploi
Les diplômés qui ont cumulé 3 années d'expérience peuvent se présenter aux examens du Conseil canadien de la certification des prothésistes et orthésistes, leur permettant ainsi de partir à leur propre compte.
Davantage d'emplois au secteur privé

Indicateur du placement 2007 à 2012

Sortants répondants se destinant à l'emploi :	178	
Total des répondants en emploi :	177	99 %

145.A0   Techniques de santé animale

Buts du programme

Ce programme vise à former des personnes aptes à exercer la profession de technicien en santé animale, principalement dans les secteurs cliniques et de la recherche.

Le travail de ces techniciens consiste à seconder des vétérinaires dans l'exercice de leurs fonctions ou des chercheurs en expérimentation animale. Dans les deux cas, ils sont appelés à effectuer des épreuves sur des animaux, à leur prodiguer des soins et à mettre en place des systèmes propices à la réalisation des aspects techniques des services de santé animale. Par ailleurs, chacune des deux fonctions exige la maîtrise de compétences plus particulières, par exemple, assurer des services à la clientèle dans les cliniques vétérinaires et mettre en pratique des habiletés techniques de laboratoire en expérimentation animale.

Les compétences acquises par les techniciens en santé animale leur permettent d'exercer leur profession partout où des soins doivent être donnés à des animaux. Ainsi, on peut les trouver dans différents types d'organismes : cliniques et hôpitaux vétérinaires, centres de recherche gouvernementaux ou privés, centres de recherche en milieu hospitalier ou universitaire, laboratoires d'enseignement ou laboratoires d'analyse de prélèvements, gouvernements fédéral et provincial, municipalités et service d'inspection des aliments; industrie pharmaceutique, sociétés protectrices des animaux, jardins zoologiques, animaleries commerciales, entreprises agricoles et meuneries.

La profession permet d'accéder aux titres d'emploi suivants :

- technicien en santé animale;
- préposé aux soins aux animaux;
- gardien d'animaux;
- aide-vétérinaire;
- animalier;
- réceptionniste en clinique vétérinaire;
- technicien de laboratoire;
- représentant des ventes.

Après avoir acquis de l'expérience, les techniciens en santé animale peuvent accéder aux titres de chef d'équipe, superviseur ou directeur.

N. B.   Les allergies aux animaux pourraient nuire à la poursuite des études.

Préalable du secondaire

Mathématiques : CST 4e ou 514
Sciences : STE 4e ou SE 4e ou Sciences physiques 436

Cégeps offrant le programme

Laflèche, La Pocatière, Lionel-Groulx*, Saint-Félicien*, Saint-Hyacinthe*, Sherbrooke*, Vanier

*Voir alternance travail-études, p. 293

Admissions/SRAM 2013 :

demandes au 1er tour :	769
admis au 1er tour :	270
total des admis aux 3 tours :	276

145.A0 Techniques de santé animale

Marché du travail 2012

Cégeps répondants : 6

Sortants répondants se destinant à l'emploi	Nombre	%
	144	100

Placement

Emploi relié total, 6 mois après la fin des études	125	87
Emploi relié, temps plein	109	76
Emploi relié, temps partiel ou occasionnel	16	11
Emploi non relié	14	10
Sans emploi	5	3

Salaire

Initial moyen : 13,90 $ / heure
Initial supérieur : 16,60 $ / heure

Postes offerts

Technicien en santé animale
Assistant vétérinaire
Technicien en laboratoire
Représentant
Gérant de ferme
Inséminateur
Technicien en toxicologie
Éleveur
Assistant de recherche
Gardiens de zoo
Propriétaires d'animalerie

Milieux de travail

Clinique vétérinaire
Société protectrice des animaux
Laboratoire de recherche pharmaceutique
Laboratoire universitaire
Gouvernement
Centre de pathologie
Jardin zoologique
Maison d'enseignement
Commerce de nutrition animale
Ferme d'élevage de bétail
Animalerie
Producteur de spectacles animaliers

Exigences du marché

Bonne connaissance de l'anglais
Mobilité géographique
Disponibilité
Les allergies aux animaux pourraient nuire à l'obtention de certains emplois
Travail d'équipe

Commentaires

Les conditions d'emploi et le salaire sont meilleurs dans le secteur de la recherche

---

Indicateur du placement 2007 à 2012

Sortants répondants se destinant à l'emploi :	1033	
Total des répondants en emploi :	1006	97 %

145.B0 Techniques d'aménagement cynégétique et halieutique

Objectifs du programme
Il s'agit d'un programme d'études unique au Québec dont le but est de former des techniciens en aménagement et en exploitation rationnelle des ressources fauniques, notamment au niveau de la chasse et de la pêche. Le technicien occupera un rôle d'intermédiaire entre le public et les ressources cynégétiques et halieutiques. Ce rôle l'amènera à exercer des fonctions reliées à l'information, à l'exploitation et à la protection des ressources fauniques et des ressources du milieu naturel.

La formation comprend des cours de biologie, d'administration, de plein air et de gestion d'équipements. L'intégration, tout au long du programme, d'activités pratiques se déroulant sur le territoire faunique de la région, sur les lacs et les rivières et au Centre d'études et de recherche Manicouagan, permet aux étudiants de développer les habiletés et les connaissances nécessaires pour l'exercice de leur futur travail.

Mentionnons, de plus, que les nouvelles technologies s'appliquent dans ce domaine, tels l'ordinateur et l'acquisiteur de données.

Perspectives professionnelles
De même que les étudiants proviennent de toutes les régions, on les retrouve, une fois diplômés, à la grandeur du Québec dans des endroits très variés. Le gouvernement du Québec (Loisirs, Chasse et Pêche; Environnement; Agriculture, Pêcheries et Alimentation), et celui du Canada (Parcs Canada; Affaires indiennes; Pêches et Océans), les ZEC, les pourvoiries, les bases de plein air, les associations touristiques régionales et d'autres entreprises reliées aux loisirs.

Ces personnes occupent des fonctions de techniciens en aménagement et en conservation de la faune, de techniciens en environnement, d'interprètes de la nature, de directeurs de projet, de techniciens en recherche et en études d'impacts, de techniciens en aménagement cynégétique et halieutique.

Préalables du secondaire
Mathématiques : TS 4e ou SN 4e ou CST 5e ou 426

Cégep offrant le programme
Baie-Comeau*

*Voir alternance travail-études, p. 293

Admissions/SRAM 2013 : demandes au 1er tour :   n. d.
admis au 1er tour :   n. d.
total des admis aux 3 tours :   n. d.

145.B0 Techniques d'aménagement cynégétique et halieutique

Marché du travail 2012

Cégeps répondants : 1

Sortants répondants se destinant à l'emploi	Nombre	%
	14	100

Placement

Emploi relié total, 6 mois après la fin des études	13	93
Emploi relié, temps plein	9	64
Emploi relié, temps partiel ou occasionnel	4	29
Emploi non relié	1	7
Sans emploi	0	0

Salaire
Initial moyen : 16 $ / heure
Initial supérieur : 22 $ / heure

Postes offerts

Inspecteur en environnement
Agent de sensibilisation dans refuge faunique
Assistant protection de la faune
Agent d'assainissement de la faune
Technicien en aménagement
Technicien de la faune
Guide de chasse et pêche
Guide interprète
Technicien forestier
Technicien en écologie aquatique
Gardien de parc

Milieux de travail

Parc national
Réserve faunique
Firme-conseil en génie de l'environnement
Pourvoirie
Gouvernement
Entreprise forestière
Conseil de bassin de rivières
Société des établissements de plein air du Québec (SÉPAQ)
Zec

Exigences du marché
Mobilité et polyvalence. Bonne connaissance des logiciels spécialisés
Connaissances spécialisées en loisirs et en géomatique
Anglais de plus en plus exigé

Commentaires
Marché accueillant

Indicateur du placement 2007 à 2012

Sortants répondants se destinant à l'emploi :	64	
Total des répondants en emploi :	64	100%

145.C0 Techniques de bioécologie

Buts du programme

Ce programme vise à former des techniciens travaillant principalement dans les domaines de la recherche, de l'aménagement et de l'éducation en milieu naturel. Les finalités poursuivies par ces praticiens s'inscrivent dans une volonté de conservation des ressources naturelles, d'exploitation rationnelle et durable de celles-ci de même que de gestion saine et intégrée des milieux naturels et de la biodiversité qui s'y trouve. Le concept de milieu naturel, qui constitue l'un des axes principaux du présent programme, est défini comme comprenant les écosystèmes terrestres, aquatiques et humides d'un territoire ainsi que l'ensemble des ressources reliées à l'eau, à l'air, au sol, à la flore et à la faune.

Les domaines d'intervention du technicien de bioécologie sont variés. L'un des principaux est celui de la recherche. Intégrés au sein d'une équipe multidisciplinaire, sous la supervision d'un chercheur, les techniciens travaillent à titre d'assistants responsables, entre autres, des inventaires en milieu naturel, de l'organisation et de la gestion de la logistique des travaux, autant sur le terrain qu'en laboratoire, de certains travaux d'analyse en laboratoire et de travaux d'aménagement effectués à des fins d'expérimentation.

L'ensemble des activités de recherche a pour objet l'utilisation rationnelle des ressources naturelles d'un territoire. Ce territoire peut comprendre des zones protégées, des zones d'activités récréotouristiques, des zones d'activités agricoles, des zones d'activités forestières, des zones urbaines et des zones périurbaines. Ces zones constituent autant de lieux possibles d'intervention du technicien.

Les techniciens de bioécologie peuvent travailler dans des domaines très variés : protection environnementale; conservation et protection des ressources naturelles; gestion intégrée d'un territoire.

Préalables du secondaire
Mathématiques : TS 5e ou SN 5e ou 436
Chimie : 5e ou 534

Cégeps offrant le programme
La Pocatière, Sainte-Foy, Saint-Laurent, Sherbrooke, Vanier

Admissions/SRAM 2013 :   demandes au 1er tour :   147
                                    admis au 1er tour :   100
                                    total des admis aux 3 tours :   123

145.C0 Techniques de bioécologie

Marché du travail 2012

Cégeps répondants : 3

Sortants répondants se destinant à l'emploi	Nombre	%
	27	100
Placement		
Emploi relié total, 6 mois après la fin des études	14	52
Emploi relié, temps plein	12	45
Emploi relié, temps partiel ou occasionnel	2	7
Emploi non relié	7	26
Sans emploi	6	22

Salaire
Initial moyen : 15,80 $ / heure
Initial supérieur : 18,10 $ / heure

Postes offerts

Technicien en aménagement de la faune
Technicien en environnement et en écologie
Technicien en toxicologie
Guide naturaliste
Guide interprète
Technicien en biologie
Technicien en recherche
Inspecteur en environnement

Milieux de travail

Organisme gouvernemental et parapublic
Firme de consultants
Firme d'ensemencement des lacs et d'analyse de l'eau
Entreprise de dépollution
Centre éducatif et forestier, pourvoirie et parc
Centre de recherche
Jardin zoologique
Firme de production fruitière
Pisciculture

Exigences du marché
Bilinguisme un atout
Travail saisonnier et à contrat
Mobilité géographique très importante
Travail à l'extérieur

Commentaires
Emplois saisonniers principalement
Plusieurs poursuivent des études universitaires
Marché difficile

Indicateur du placement 2007 à 2012

Sortants répondants se destinant à l'emploi :	265	
Total des répondants en emploi :	221	83 %

147.AA Techniques du milieu naturel :

Aménagement de la ressource forestière

Buts du programme

Ce programme vise à former des personnes aptes à exercer la profession de technicien en milieu naturel, notamment dans les domaines de l'aménagement et de l'utilisation rationnelle des ressources ainsi que de la mise en valeur, de l'interprétation, de l'information, de l'éducation, de la protection, de la surveillance, de la restauration et de la conservation en ce qui concerne le milieu naturel. Ici, le milieu naturel est défini comme comprenant les écosystèmes terrestres, aquatiques et humides d'un territoire ainsi que l'ensemble des ressources reliées à l'eau, à l'air, au sol, à la flore et à la faune.

Le technicien en *aménagement de la ressource forestière* collabore à la mise en valeur de la ressource forestière et réalise divers travaux ayant trait à la gestion, à la planification, à la conservation, à la recherche ou à l'utilisation rationnelle des forêts. Il est appelé à collaborer à l'élaboration des plans et des rapports d'aménagement; à coordonner et à contrôler des travaux sylvicoles; à planifier la récolte et le transport; à planifier la construction et l'entretien d'infrastructures; à effectuer des inventaires relatifs aux milieux forestier et environnemental; à superviser la production de plans d'utilisation de la ressource forestière; à participer à des travaux de recherche en foresterie; à effectuer des travaux de cartographie forestière et à participer à la protection des forêts.

Ce technicien travaille dans un contexte relativement exigeant où, aux données forestières d'hier, s'ajoutent maintenant des données relatives à la faune et aux écosystèmes, l'introduction de guides portant sur les saines pratiques et les normes environnementales dans l'aménagement forestier, l'amélioration des plans de gestion et l'introduction de plans multiressources. Le travail s'effectue également en étroite collaboration avec les divers utilisateurs des territoires et dans le respect des besoins des communautés présentes dans le milieu.

Outre la voie de spécialisation *Aménagement de la ressource forestière*, il y a trois autres voies décrites dans les pages suivantes : voie B, *Aménagement de la faune*, voie C, *Aménagement et interprétation du patrimoine naturel*, voie D, *Protection de l'environnement*.

Préalables du secondaire
Mathématiques : CST 4e ou 426
Sciences : STE 4e ou SE 4e ou Sciences physiques 436

Cégep offrant le programme
Saint-Félicien*
*Voir alternance travail-études, p. 293

Admissions/SRAM 2013 :

demandes au 1er tour :		n. d.
admis au 1er tour :		n. d.
total des admis aux 3 tours :		n. d.

147.AA Techniques du milieu naturel :
Aménagement de la ressource forestière

Marché du travail 2012

Cégeps répondants : 1

Sortants répondants se destinant à l'emploi	Nombre	%
	7	100

Placement

	Nombre	%
Emploi relié total, 6 mois après la fin des études	7	100
Emploi relié, temps plein	7	100
Emploi relié, temps partiel ou occasionnel	0	0
Emploi non relié	0	0
Sans emploi	0	0

Salaire
Initial moyen : 20,30 $ / heure
Initial supérieur : 25 $ / heure

Postes offerts
Technicien en aménagement de la ressource forestière
Technicien en géomatique
Contremaître forestier
Technicien forestier
Technicien en inventaire
Superviseur des travaux sylvicoles

Milieux de travail
Gouvernement
Centre de recherche, protection de l'environnement
Firme de génie-conseil
Compagnie forestière
Société de protection des forêts contre les insectes et les incendies
Pépinière
Coopérative forestière

Exigences du marché
Mobilité, plusieurs emplois saisonniers selon les disciplines
Bonne condition physique
Permis de conduire souvent exigé

Commentaires
Évaluation du marché difficile compte tenu du faible nombre de sortants
Améliorations des conditions salariales

Indicateur du placement 2007 à 2012
Sortants répondants se destinant à l'emploi : 7
Total des répondants en emploi : 7 100 %

147.AB Techniques du milieu naturel :

Aménagement de la faune

Buts du programme

Ce programme vise à former des personnes aptes à exercer la profession de technicien en milieu naturel, notamment dans les domaines de l'aménagement et de l'utilisation rationnelle des ressources ainsi que de la mise en valeur, de l'interprétation, de l'information, de l'éducation, de la protection, de la surveillance, de la restauration et de la conservation en ce qui concerne le milieu naturel. Ici, le milieu naturel est défini comme comprenant les écosystèmes terrestres, aquatiques et humides d'un territoire ainsi que l'ensemble des ressources reliées à l'eau, à l'air, au sol, à la flore et à la faune.

Le travail du technicien en *aménagement de la faune* est en rapport avec les activités d'exploitation et d'aménagement de la ressource faunique terrestre, aérienne et aquatique. Il est appelé à dresser des inventaires de populations et d'habitats dans différents milieux; à collaborer à la production de plans de conservation, d'aménagement et de mise en valeur de la faune; à effectuer des activités d'aménagement de l'habitat et de la ressource faunique; à faire le suivi de l'exploitation de la ressource; à concevoir des projets; à participer à des travaux de recherche; à gérer des projets et à éduquer les utilisateurs des territoires.

Dans une perspective de développement durable, l'atteinte des objectifs associés à la gestion intégrée d'un territoire exige de prendre en considération à la fois l'intégrité des écosystèmes, du territoire, des ressources et des différents utilisateurs du territoire. Dans le cadre de son travail, le technicien en aménagement de la faune se doit donc de prendre la mesure des impacts, sur la faune, des pratiques liées à l'exploitation des autres ressources du territoire. Les données n'étant plus strictement fauniques, le technicien réalise des plans d'aménagement multiressources.

Outre la voie de spécialisation *Aménagement de la faune,* il y a trois autres voies décrites dans les pages précédentes ou suivantes : voie A, *Aménagement de la ressource forestière,* voie C, *Aménagement et interprétation du patrimoine naturel,* voie D, *Protection de l'environnement.*

Préalables du secondaire
Mathématiques : CST 4e ou 426
Sciences : STE 4e ou SE 4e ou Sciences physiques 436

Cégep offrant le programme
Saint-Félicien*

*Voir alternance travail-études, p. 293

Admissions/SRAM 2013 :

demandes au 1er tour :		n. d.
admis au 1er tour :		n. d.
total des admis aux 3 tours :		n. d.

147.AB Techniques du milieu naturel :

Aménagement de la faune

Marché du travail 2012

Cégeps répondants : 1

Sortants répondants se destinant à l'emploi	Nombre	%
	12	100

Placement

Emploi relié total, 6 mois après la fin des études	5	42
Emploi relié, temps plein	5	42
Emploi relié, temps partiel ou occasionnel	0	0
Emploi non relié	6	50
Sans emploi	1	8

Salaire
Initial moyen : 15 $ / heure
Initial supérieur : 16,20 $ / heure

Postes offerts
Technicien en milieu naturel
Technicien de la faune agricole

Technicien en aménagement de la faune

Assistant à la protection de la faune

Milieux de travail
Gouvernement
Pourvoirie
ZEC
Firme de génie-conseil
Compagnie forestière
Société des établissements de plein air du Québec (SÉPAQ)
Pisciculture
Jardin zoologique
Organisme de protection de l'environnement

Exigences du marché
Mobilité, plusieurs emplois saisonniers
Permis de conduire souvent exigé
Bonne condition physique

Commentaires
Marché difficile

Indicateur du placement 2007 à 2012

Sortants répondants se destinant à l'emploi :	50	
Total des répondants en emploi :	48	96 %

147.AC Techniques du milieu naturel :

Aménagement et interprétation du patrimoine naturel

Buts du programme

Ce programme vise à former des personnes aptes à exercer la profession de technicien en milieu naturel, notamment dans les domaines de l'aménagement et de l'utilisation rationnelle des ressources ainsi que de la mise en valeur, de l'interprétation, de l'information, de l'éducation, de la protection, de la surveillance, de la restauration et de la conservation en ce qui concerne le milieu naturel. Ici, le milieu naturel est défini comme comprenant les écosystèmes terrestres, aquatiques et humides d'un territoire ainsi que l'ensemble des ressources reliées à l'eau, à l'air, au sol, à la flore et à la faune.

En *aménagement et en interprétation du patrimoine naturel*, le technicien travaille dans le domaine de l'écotourisme, dans le cadre d'activités liées à l'aménagement du patrimoine naturel et culturel ainsi qu'au développement et à l'animation d'activités portant sur ce même patrimoine. Il collabore aussi à des travaux ayant trait à la recherche, à la gestion, à la planification et à la conservation du milieu naturel. Ce technicien est appelé à effectuer des inventaires de ressources biologiques, physiques et socioculturelles; à caractériser des sites à des fins de mise en valeur du patrimoine, au moyen d'activités d'aména–gement et d'interprétation de ce dernier; à produire du matériel et de l'équipement d'interprétation; à promouvoir et à animer des activités d'interprétation; à assurer le fonctionnement du matériel et de l'équipement; à gérer des projets de mise en valeur du patrimoine naturel et culturel d'un site; à aménager des infrastructures écotouristiques et à faire respecter la réglementation en vigueur sur le site.

Au regard du développement durable, ce technicien joue un rôle d'agent de sensibilisation capable d'expliquer au public la dualité entre l'accessibilité à un site et le respect de l'intégrité du territoire. Les activités d'interprétation visent, au-delà de la simple sensibilisation du public à cette problématique, à susciter une adhésion personnelle à cette valeur que représente le développement durable.

Outre la voie de spécialisation *Aménagement et interprétation du patrimoine naturel*, il y a trois autres voies décrites dans les pages précédentes ou suivantes : voie A, *Aménagement de la ressource forestière*, voie B, *Aménagement de la faune* et voie D, *Protection de l'environnement*.

Préalables du secondaire
Mathématiques : CST 4e ou 426
Sciences : STE 4e ou SE 4e ou Sciences physiques 436

Cégep offrant le programme
Saint-Félicien*
*Voir alternance travail-études, p. 293

Admissions/SRAM 2013 :   demandes au 1er tour :   n. d.
                             admis au 1er tour :   n. d.
                             total des admis aux 3 tours :   n. d.

147.AC Techniques du milieu naturel :

Aménagement et interprétation du patrimoine naturel

Marché du travail 2012

Cégeps répondants : 1

Sortants répondants se destinant à l'emploi	Nombre	%
	3	100

Placement

	Nombre	%
Emploi relié total, 6 mois après la fin des études	1	33
Emploi relié, temps plein	1	33
Emploi relié, temps partiel ou occasionnel	0	0
Emploi non relié	2	67
Sans emploi	0	0

Salaire
Initial moyen : 15 $ / heure
Initial supérieur : 15 $ / heure

Postes offerts
Technicien en aménagement et interprétation du patrimoine naturel
Guide naturaliste
Gardien de parc
Guide aventure

Milieux de travail
Gouvernement
Pourvoirie, ZEC
Firme de génie-conseil, compagnies forestières
Parc, base de plein air
Société des établissements de plein air du Québec (SÉPAQ)
Centre d'interprétation
Écotourisme
Firme en écotourisme
Jardin zoologique

Exigences du marché
Connaissance de plusieurs langues un atout
Mobilité, plusieurs emplois saisonniers selon les disciplines
Bonne condition physique
Bon communicateur et vulgarisateur

Commentaires
Évaluation du marché difficile compte tenu du faible nombre de sortants

---

Indicateur du placement 2007 à 2012

Sortants répondants se destinant à l'emploi :	19	
Total des répondants en emploi :	15	79 %

147.AD Techniques du milieu naturel :
Protection de l'environnement

Buts du programme

Ce programme vise à former des personnes aptes à exercer la profession de technicien en milieu naturel, notamment dans les domaines de l'aménagement et de l'utilisation rationnelle des ressources ainsi que de la mise en valeur, de l'interprétation, de l'information, de l'éducation, de la protection, de la surveillance, de la restauration et de la conservation en ce qui concerne le milieu naturel. Ici, le milieu naturel est défini comme comprenant les écosystèmes terrestres, aquatiques et humides d'un territoire ainsi que l'ensemble des ressources reliées à l'eau, à l'air, au sol, à la flore et à la faune.

Le travail du technicien en protection de l'environnement est lié aux études d'impact, à la caractérisation de sites, à la gestion des déchets, à la décontamination ainsi qu'à la mise en œuvre de mesures de restauration, d'atténuation et de protection du milieu. Il doit faire preuve d'une préoccupation constante des lois et des règlements sur l'environnement. Dans le cadre de son travail, ce technicien en protection de l'environnement est appelé à caractériser des milieux naturels ou perturbés à des fins de diagnostic; à proposer des mesures d'intervention; à appliquer des programmes de suivi; à offrir du soutien technique en matière de protection de l'environnement; à communiquer avec divers intervenants; à assurer la disponibilité et le fonctionnement du matériel; à gérer des projets d'inventaire et d'intervention en environnement; à répondre à des plaintes et à rédiger des rapports.

L'analyse d'une problématique environnementale au regard du développement durable exige la collecte d'informations variées, le prélèvement d'échantillons de toutes sortes et un rôle conseil auprès du client dans la recherche de solutions ou le développement de nouvelles technologies et dans le respect des impératifs économiques et réglementaires. Le technicien contribue à l'élaboration de plans de développement durable et de gestion environnementale. Sa connaissance des lois et des règlements en la matière fait qu'il peut jouer aussi un rôle d'agent de changement proactif à l'égard de la question environnementale.

Outre la voie de spécialisation *Protection de l'environnement,* il y a trois autres voies décrites dans les pages précédentes : voie A, *Aménagement de la ressource forestière*, voie B, *Aménagement de la faune* et voie C, *Aménagement et protection du patrimoine naturel.*

Préalables du secondaire
Mathématiques : CST 4e ou 426
Sciences : STE 4e ou SE 4e ou Sciences physiques 436

Cégep offrant le programme
Saint-Félicien*
*Voir alternance travail-études, p. 293

Admissions/SRAM 2013 : demandes au 1er tour : n. d.

admis au 1er tour : n. d.

total des admis aux 3 tours : n. d.

147.AD Techniques du milieu naturel :

Protection de l'environnement

Marché du travail 2012

Cégeps répondants : 1

Sortants répondants se destinant à l'emploi	Nombre	%
	11	100

Placement

Emploi relié total, 6 mois après la fin des études	11	100
Emploi relié, temps plein	9	82
Emploi relié, temps partiel ou occasionnel	2	18
Emploi non relié	0	0
Sans emploi	0	0

Salaire
Initial moyen : 18,80 $ / heure
Initial supérieur : 20,70 $ / heure

Postes offerts

Inspecteur en environnement	Technicien en laboratoire
Technicien en environnement	Technicien en décontamination

Milieux de travail
Gouvernement, pourvoirie, ZEC
Centre de recherche, protection de l'environnement
Firme de génie-conseil en environnement, en gestion des déchets et décontamination
Compagnie forestière
Laboratoire environnemental

Exigences du marché
Bonne condition physique
Mobilité
Capacité à communiquer avec le public

Commentaires
Amélioration des conditions salariales
Bonne intégration au marché de l'emploi

Indicateur du placement 2007 à 2012

Sortants répondants se destinant à l'emploi :	51	
Total des répondants en emploi :	50	98 %

152.A0   Gestion et exploitation d'entreprise agricole

Ce programme a pour but de former des personnes aptes à exploiter et à gérer une entreprise agricole, à titre de propriétaires ou de gérants. Les producteurs agricoles assument des responsabilités liées à l'exploitation et à la gestion d'une entreprise agricole en réalisant des tâches de planification du développement et du fonctionnement d'une entreprise, d'organisation des ressources, de direction, de production et d'évaluation des résultats dans un ou plusieurs domaines de production animale et/ou végétale.

Voie de spécialisation A : le secteur animal couvre les productions suivantes : laitière, bovine, porcine, ovine et caprine, avicole (oeufs et volaille) et autres productions animales.

Voie de spécialisation B : le secteur végétal couvre les productions horticoles en plein champ ou en culture abritée (fruits, légumes, plantes ornementales) et les grandes cultures (céréales, maïs, fourrages, plantes oléagineuses et autres productions végétales).

L'évolution constante de la profession, c'est-à-dire la mondialisation des marchés, l'adaptation aux besoins croissants et diversifiés des consommateurs, l'émergence de nouvelles techniques de production et la diversification de la production à la ferme exigent la formation de personnes compétentes et polyvalentes dans l'exercice de leurs fonctions.

Certains établissements développent des spécialités (agriculture durable, serriculture, culture biologique de fruits et légumes à Victoriaville seulement, etc.) : informez-vous au collège pour les connaître. L'harmonisation de la formation a établi une correspondance et une continuité entre les programmes du Diplôme d'études professionnelles (DEP) en production laitière, en production bovine, en production porcine et en production horticole et celui du Diplôme d'études collégiales (DEC) en Gestion et exploitation d'entreprise agricole. Cela a pour effet de raccourcir de façon significative la durée des études pour les détenteurs de ce DEP.

Préalable du secondaire
Aucun cours spécifique voir page 361
À Sherbrooke, ce programme s'adresse uniquement aux personnes détentrices d'un DEP en production laitière, bovine, porcine ou horticole. À Lionel-Groulx, ce programme s'adresse uniquement aux personnes détentrices d'un DEP en production bovine ou porcine ou horticole.

Cégeps offrant le programme
Alma*, Institut de technologie agroalimentaire, campus de La Pocatière, Institut de technologie agroalimentaire, campus de Saint-Hyacinthe*, Lanaudière à Joliette*, Lévis-Lauzon*, Lionel-Groulx*, Macdonald College, Saint-Jean-sur-Richelieu*, Sherbrooke, Victoriaville

*Voir alternance travail-études, p. 293

Admissions/SRAM 2013 :   demandes au 1er tour :   143
admis au 1er tour :   129
total des admis aux 3 tours :   152

152.A0 Gestion et exploitation d'entreprise agricole

Marché du travail 2012

Cégeps répondants : 10

Sortants répondants se destinant à l'emploi	Nombre	%
	82	100

Placement

Emploi relié total, 6 mois après la fin des études	80	98
Emploi relié, temps plein	75	92
Emploi relié, temps partiel ou occasionnel	5	6
Emploi non relié	1	1
Sans emploi	1	1

Salaire
Initial moyen : 13,10 $ / heure
Initial supérieur : 18,20 $ / heure

Postes offerts

Exploitant et ouvrier agricole
Gérant de ferme
Contrôleur laitier
Agriculteur
Technicien en production végétale
Inséminateur

Milieux de travail

Ferme laitière, de production animale, céréalière, maraîchère et biologique
Pépinière
Groupe conseils agricoles
Financière agricole
Centre d'expertise en production laitière du Québec (VALACTA)
Coopérative agricole
Entreprise en biotourisme
Érablière
MAPAQ

Exigences du marché
Connaissances en gestion informatisée
Longues heures de travail et bonne endurance physique
Avantage aux diplômés issus du milieu agricole
Espagnol un atout
Connaissances en mécanique, un atout
Compétences entrepreneuriales

Commentaires
L'obtention d'un DEC facilite le financement et permet l'obtention de la prime maximale à l'établissement. Pénurie de finissants
Une grande majorité des diplômés retourne à l'entreprise familiale
La relève est attendue
Salaires souvent hebdomadaires incluant parfois hébergement et repas

Indicateur du placement 2007 à 2012

Sortants répondants se destinant à l'emploi :	493	
Total des répondants en emploi :	483	98 %

153.A0 Technologie des productions animales

Buts du programme

Ce programme vise à former des personnes aptes à exercer la profession de technologiste dans le secteur des services à la production agricole en production animale dans les domaines suivants :

- soutien technique
- représentation commerciale
- gestion d'une équipe de travail.

Comme soutien technique, le diplômé pourra intervenir auprès des producteurs agricoles au regard des différentes productions animales telles la production laitière, la production porcine, la production avicole et la production des autres polygastriques aux plans de l'alimentation, de la régie et de l'amélioration animale. Ces technologistes interviendront également à titre de soutien technique au regard de la production végétale destinée aux besoins de la production animale. À ce chapitre, ils pourront intervenir autant quant au programme de culture que de la régie des cultures. À titre de promoteurs de nouvelles technologies, les technologistes seront des agents de changement.

En représentation commerciale, ces technologistes pourront agir dans les domaines de leur spécialisation grâce à leurs compétences en économie, en productions animales, en productions végétales et en commercialisation.

La gestion d'une équipe de travail pourra se faire tant dans le domaine des productions animales, des productions végétales, grâce aux compétences en gestion et en communication acquises dans le programme.

Préalables du secondaire
Mathématiques : CST 4e ou 514

Cégeps offrant le programme
Institut de technologie agroalimentaire, campus de La Pocatière, Institut de technologie agroalimentaire, campus de Saint-Hyacinthe

Admissions/SRAM 2013 :   demandes au 1er tour :   49
                                      admis au 1er tour :   49
                                      total des admis aux 3 tours :   61

153.A0 Technologie des productions animales

Marché du travail 2012

Cégeps répondants : 2

Sortants répondants se destinant à l'emploi	Nombre	%
	24	100

Placement

	Nombre	%
Emploi relié total, 6 mois après la fin des études	23	96
Emploi relié, temps plein	23	96
Emploi relié, temps partiel ou occasionnel	0	0
Emploi non relié	1	4
Sans emploi	0	0

Salaire
Initial moyen : 14,60 $ / heure
Initial supérieur : 22 $ / heure

Postes offerts
Contrôleur laitier
Représentant technique
Technologiste en production animale
Gérant de ferme
Inspecteur
Conseiller en assurance agricole et en financement agricole
Conseiller technique en gestion agricole

Milieux de travail
Coopérative agricole
Financière agricole du Québec
Ferme spécialisée
Centre d'insémination artificielle
Société de financement agricole
Laboratoire de recherche
Entreprise d'alimentation animale
Entreprise de services agricoles
Service gouvernemental et parapublic
Meunerie
Centre d'expertise en production laitière du Québec (VALACTA)

Exigences du marché
Mobilité, entregent
Permis de conduire
Talent de vulgarisateur
Polyvalence
Bonne connaissance du milieu agricole

Commentaires
Intérêt pour la gestion
Excellent placement

Indicateur du placement 2007 à 2012

Sortants répondants se destinant à l'emploi :	181	
Total des répondants en emploi :	179	99 %

153.B0 Technologie de la production horticole et de l'environnement

Buts du programme
Ce programme vise à former des personnes capables de répondre aux besoins du milieu dans le secteur des services à la production végétale et de l'environnement : préparation et conservation des sols, gestion des ressources agro-environnementales, représentation commerciale, gestion technicoéconomique et gestion d'équipes de travail.
Le programme offre quatre voies de spécialisation :

Voie A : Cultures légumières, fruitières et industrielles
Ce technologue intervient dans tout de qui touche la régie des cultures légumières, fruitières et industrielles en champ; des cultures de primeur; des cultures légumières en serre. Les interventions touchent autant l'élaboration de programmes d'implantation de ces cultures que de programmes d'entretien et de récolte.

Voie B : Cultures de plantes ornementales
Ce technologue intervient dans tout ce qui touche la régie des cultures des plantes ornementales en serre ainsi que de culture des plants de pépinières en pleine terre et en contenants. Il touche également la protection des cultures et de l'environnement ainsi que la gestion des équipements, des installations et des équipes de travail.

Voie C : Cultures horticoles, légumières, fruitières et ornementales en serre et en champ
Ce technologue intervient auprès des producteurs de ces différentes cultures dans tout ce qui touche la fertilisation, l'implantation, l'entretien, la récolte ainsi que la conservation de ces productions en serre et en champ : élaboration et application de programmes de culture et régie technique de ces productions.

Voie D : Environnement
Ce technologue élabore des programmes d'amendement et de fertilisation des sols, intervient dans la décontamination du sol et de l'eau, dans les aspects techniques propres aux travaux d'aménagement d'installations agricoles et l'élaboration de programmes de conservation des ressources.

Préalable du secondaire
Mathématiques : CST 4e ou 514
À Lionel-Groulx, ce programme s'adresse uniquement aux personnes détentrices d'un DEP en production horticole

Cégeps offrant le programme selon les voies
Institut de technologie agroalimentaire campus de Saint-Hyacinthe A et B; Institut de technologie agroalimentaire campus de La Pocatière A et D; Lanaudière à Joliette B*; Lionel-Groulx* C

*Voir alternance travail-études, p. 293

Admissions/SRAM 2013 :   demandes au 1er tour :   41
                             admis au 1er tour :   40
                             total des admis aux 3 tours :   84

153.B0 Technologie de la production horticole et de l'environnement

Marché du travail 2012

Cégeps répondants : 4

Sortants répondants se destinant à l'emploi	Nombre	%
	13	100

Placement

Emploi relié total, 6 mois après la fin des études	11	85
Emploi relié, temps plein	11	84
Emploi relié, temps partiel ou occasionnel	0	0
Emploi non relié	1	8
Sans emploi	1	8

Salaire
Initial moyen : 11,90 $ / heure
Initial supérieur : 16,30 $ / heure

Postes offerts
Gérant de production
Conseiller technique et horticole
Serriculteur
Technicien des sols
Dépisteur (insectes/maladies)
Pépiniériste
Technicien agricole
Conseiller technique en assurance-récolte, en régie de production
Producteur de fruits et légumes
Représentant technique et commercial
Inspecteur en produits végétaux
Assistant de recherche

Milieux de travail
Coopérative
Financière agricole du Québec
Entreprise de production horticole
Tourbière et pépinière
Centre de recherche
Club conseil en agriculture et en agroenvironnement
Fabricant et distributeurs d'engrais, semences et produits phytosanitaires
Organisme gouvernemental et parapublic
Firme-conseil en environnement
À son compte
Jardin botanique

Exigences du marché
Mobilité essentielle
Emplois saisonniers
Horaires variables

Commentaires
Marché accueillant

Indicateur du placement 2007 à 2012

Sortants répondants se destinant à l'emploi :	139	
Total des répondants en emploi :	126	91 %

153.C0 Paysage et commercialisation en horticulture ornementale

Buts du programme

Ce programme vise à former des personnes aptes à exercer la profession de technologiste dans le secteur des services en horticulture ornementale dans les domaines suivants :
– Paysage : aménagement paysager ou espaces verts (municipalités, golfs, parcs et jardins);
– Commercialisation des produits et des services horticoles.

• **Voies A ou B dans le domaine du Paysage**
– **Voie A** : Aménagement paysager
   Les diplômés de cette voie de spécialisation sont préparés à intervenir plus particulièrement dans tout ce qui concerne la planification d'un projet d'aménagement paysager et de son entretien.

– **Voie B** : Espaces verts
   Les diplômés de cette voie de spécialisation sont préparés à intervenir dans tout ce qui concerne la planification d'un projet d'espace vert, de son développement et de son entretien.

Les compétences associées au domaine du paysage touchent également la production de représentations graphiques d'aménagements paysagers, la production de documents relatifs à des projets horticoles et la réalisation des travaux d'aménagements paysagers.

• **Voie C : Commercialisation des produits et des services horticoles**
   Les diplômés de cette voie de spécialisation sont préparés à intervenir sur tout ce qui touche la planification d'un projet de commercialisation de produits et de services horticoles.

Les compétences associées à ce domaine touchent également à la production de croquis d'aménagements paysagers, à l'élaboration d'opérations de mise en marché et le conseil technique à la clientèle.

Préalable du secondaire
Mathématiques : CST 4e ou 514

Cégeps offrant le programme
Institut de technologie agroalimentaire, campus de Saint-Hyacinthe voies A, B et C, Montmorency* voies A, B et C

*Voir alternance travail-études, p. 293

Admissions/SRAM 2013 : demandes au 1er tour : 43
                            admis au 1er tour : 41
                            total des admis aux 3 tours : 73

70

153.C0 Paysage et commercialisation en horticulture ornementale

Marché du travail 2012

Cégeps répondants : 2

Sortants répondants se destinant à l'emploi	Nombre	%
	5	100

Placement

Emploi relié total, 6 mois après la fin des études	5	100
Emploi relié, temps plein	5	100
Emploi relié, temps partiel ou occasionnel	0	0
Emploi non relié	0	0
Sans emploi	0	0

Salaire
Initial moyen : 14 $ / heure
Initial supérieur : 24,90 $ / heure

Postes offerts

Concepteur de plan d'aménagement paysager
Gérant de centre jardin
Conseiller technique à la clientèle
Contremaître d'entretien
Guide animateur horticole
Gérant de projet
Responsable de l'entretien des parcs et des terrains de golf
Représentant technique
Entrepreneur
Chef d'équipe

Milieux de travail

Centre de jardin
Terrain de golf
Entrepreneur
Distributeur
À son compte
Entreprise d'entretien d'aménagement paysager
Gouvernement
Municipalité
Jardin botanique

Exigences du marché
Travail physique souvent à l'extérieur
Compétences entrepreneuriales

Commentaires
Longues heures de travail
Travail saisonnier (7 à 9 mois)
Pénurie

Indicateur du placement 2007 à 2012

Sortants répondants se destinant à l'emploi :	91	
Total des répondants en emploi :	91	100 %

153.D0   Technologie du génie agromécanique

Buts du programme
Ce programme vise à former des technologistes capables de répondre aux besoins techniques de la clientèle dans les domaines suivants : les machineries agricoles et les équipements de ferme.

Perspectives professionnelles
Ces technologistes travaillent dans les domaines de la machinerie agricole et des équipements de ferme. Ils seront appelés à occuper des fonctions de travail dans les domaines suivants :

–   Soutien technique

Ils pourront intervenir à titre de conseillers techniques auprès des producteurs agricoles en ce qui a trait aux besoins d'équipement liés soit à la production animale, soit à la production végétale.

Ces technologues interviendront également à titre de conseillers techniques pour des entreprises de leur domaine. Sur ce chapitre, ils pourront agir à titre de technicien pour diagnostiquer et résoudre des problèmes techniques, de conseiller technique pour les compagnies de distribution, ou encore de formateur d'équipes.

–   Représentation commerciale

Les diplômés pourront également intervenir à titre de représentants commerciaux dans le domaine de leur spécialisation. Grâce à leurs compétences en économie, en production agricole animale ou végétale et en commercialisation, ils pourront offrir un service de représentation.

–   Direction d'une équipe de travail

Les compétences acquises dans les domaines de la gestion, de la production animale ou végétale, du génie rural et des communications permettront aux diplômés de ce programme de travailler comme dirigeant d'une équipe de travail.

–   Supervision de travaux d'installation de machines et d'équipement

Les technologues auront à superviser des travaux d'installation de machines et d'équipement agricole, principalement chez des producteurs agricoles. Ils devront alors adapter les plans et devis standard aux installations existantes, planifier le travail et voir à son exécution par l'équipe technique.

–   Organisation et direction d'un service de pièces

Pour optimiser le rendement du service des pièces, il faut : faire la mise à jour de l'inventaire et voir à l'établissement et au développement de liens privilégiés avec la clientèle venant du monde agricole qui recourt à ce service.

Préalable du secondaire
Mathématiques : CST 4e ou 514

Cégep offrant le programme
Institut de technologie agroalimentaire, campus de Saint-Hyacinthe*
*Voir alternance travail-études, p. 293

*Voir alternance travail-études, p. 293

Admissions/SRAM 2013 :   demandes au 1er tour :   8
admis au 1er tour :   8
total des admis aux 3 tours :   11

153.D0 Technologie du génie agromécanique

Marché du travail 2012

Cégeps répondants : 1

	Nombre	%
Sortants répondants se destinant à l'emploi	3	100

Placement

Emploi relié total, 6 mois après la fin des études	3	100
Emploi relié, temps plein	3	100
Emploi relié, temps partiel ou occasionnel	0	0
Emploi non relié	0	0
Sans emploi	0	0

Salaire
Initial moyen : 13 $ / heure
Initial supérieur : 15 $ / heure

Postes offerts
Technicien d'équipements agromécaniques
Représentant en machinerie agricole
Superviseur de travaux techniques
Gérant (pièces et atelier)

Milieux de travail
Entreprise agricole
Entreprise de vente et de service en équipements agricoles
Fabricant d'équipements agricoles
Distributeur d'équipements agricoles
Meunerie
Entreprise de drainage
Firme d'ingénieurs-conseils

Exigences du marché
Mobilité
Bonne connaissance de l'anglais

Commentaires
L'interprétation de la statistique est difficile compte tenu du petit nombre de sortants
Bon placement
Manque de sortants pour répondre aux besoins du marché

Indicateur du placement 2007 à 2012

Sortants répondants se destinant à l'emploi :	33	
Total des répondants en emploi :	33	100 %

154.A0 Technologie des procédés et de la qualité des aliments

Buts du programme

Ce programme vise à former des personnes aptes à exercer la profession de technologue en transformation des aliments.

Dans les entreprises agroalimentaires, ces technologues travaillent à la conception, à la fabrication, à la formulation et au contrôle des produits alimentaires. Ils maîtrisent les techniques et les procédés utilisés dans la fabrication et assurent la qualité des produits en exerçant un contrôle rigoureux à chacune des étapes de la fabrication.

Les champs d'activité ouverts à ces spécialistes sont les suivants :
- contrôle de la qualité;
- contrôle des procédés;
- assurance de la qualité;
- fabrication fromagère;
- représentation technique;
- mise au point de produits.

Pour les désigner, plusieurs appellations d'emploi sont utilisées, notamment :
- technologue en contrôle de la qualité;
- inspecteur en contrôle de la qualité ou en assurance de la qualité;
- technologue de laboratoire;
- technologue en contrôle microbiologique;
- conseiller technique auprès de la clientèle;
- coordonnateur à l'entretien sanitaire;
- coordonnateur de production;
- technologue en amélioration des procédés;
- technologiste au développement des produits;
- technologue opérateur d'équipement spécialisé;
- technologue en lavage et assainissement;
- responsable de fabrication;
- fabricant spécialisé (produits fromagers, produits laitiers, etc.).

Les technologues sont embauchés par différents types d'entreprises de transformation des aliments des secteurs suivants : viandes et volailles; produits laitiers; fruits et légumes; boulangerie et autres produits céréaliers; autres produits alimentaires incluant les boissons.

Préalables du secondaire

Mathématiques : TS 4e ou SN 4e ou 436
Sciences : STE 4e ou SE 4e ou Sciences physiques 436

Cégeps offrant le programme

Institut de technologie agroalimentaire, campus La Pocatière*, Institut de technologie agroalimentaire, campus Saint-Hyacinthe, Lanaudière à Joliette*

*Voir alternance travail-études, p. 293

*Voir alternance travail-études, p. 293

Admissions/SRAM 2013 :

demandes au 1er tour :	42
admis au 1er tour :	41
total des admis aux 3 tours :	56

154.A0 Technologie des procédés et de la qualité des aliments

Marché du travail 2012

Cégeps répondants : 3

Sortants répondants se destinant à l'emploi	Nombre	%
	34	100

Placement

	Nombre	%
Emploi relié total, 6 mois après la fin des études	29	85
Emploi relié, temps plein	29	85
Emploi relié, temps partiel ou occasionnel	0	0
Emploi non relié	1	3
Sans emploi	4	12

Salaire
Initial moyen : 17,30 $ / heure
Initial supérieur : 25,20 $ / heure

Postes offerts
Inspecteur d'usine et de produits alimentaires
Technicien en recherche et contrôle de la qualité
Contremaître de production
Représentant technique
Technologue en procédé de fabrication
Responsable de la pasteurisation
Fromager

Milieux de travail
Industrie de transformation de produits alimentaires
Service d'inspection et laboratoire alimentaire
Fournisseur d'équipements alimentaires
Firme de consultants
Coopérative agricole
Agence gouvernementale

Exigences du marché
Connaissance de l'anglais
Horaire de travail varié
Bonne perception sensorielle

Commentaires
Possibilités d'accéder à des postes supérieurs
Compétition avec les sortants de *Techniques de diététique* et de *Gestion d'un établissement de restauration*
Augmentation de la moyenne salariale

Indicateur du placement 2007 à 2012

Sortants répondants se destinant à l'emploi :	207	
Total des répondants en emploi :	198	96 %

155.A0   Techniques équines

Buts du programme

Ce programme répond à deux exigences de la formation, soit la polyvalence dans le domaine équin et la spécialisation dans les secteurs de l'équitation western, de l'équitation classique, des courses attelées ou de la randonnée équestre. La polyvalence des étudiants est assurée dans ce programme par les compétences de formation générale ainsi que par un tronc commun de 16 compétences portant sur les différents aspects de l'élevage, sur la régie, sur la gestion et sur la commercialisation dans le domaine équin. La spécialisation nécessaire à l'intégration au marché du travail est assurée par l'acquisition de compétences particulières liées aux tâches pertinentes dans l'une des quatre voies de spécialisation suivantes :

Équitation western

Sur le marché du travail, les personnes diplômées dans cette voie de spécialisation pourront remplir les fonctions d'entraîneurs de chevaux de compétition, de cavaliers, de moniteurs d'équitation western ou de directeurs de centre hippique (écurie d'élevage, école d'équitation, etc.).

Équitation classique

Sur le marché du travail, les personnes diplômées dans cette voie de spécialisation pourront remplir les fonctions d'entraîneurs de chevaux de compétition, de cavaliers, de moniteurs d'équitation classique et de directeurs de centre hippique (écurie d'élevage, école d'équitation, etc.).

Randonnées équestres

Sur le marché du travail, les personnes diplômées dans cette voie de spécialisation pourront agir à titre de guides de randonnée, de directeurs de centre de loisirs équestre, de moniteurs d'équitation et d'entraîneurs de chevaux.

Préalable du secondaire

Aucun cours spécifique voir page 361

Cégep offrant le programme

Institut de technologie agroalimentaire, campus de La Pocatière

Admissions/SRAM 2013 :   demandes au 1er tour :   n. d.
admis au 1er tour :   n. d.
total des admis aux 3 tours :   n. d.

155.A0   Techniques équines

Marché du travail 2012

Cégeps répondants : 1

Sortants répondants se destinant à l'emploi	Nombre	%
	17	100

Placement

Emploi relié total, 6 mois après la fin des études	12	71
Emploi relié, temps plein	12	71
Emploi relié, temps partiel ou occasionnel	0	0
Emploi non relié	0	0
Sans emploi	5	29

Salaire
Initial moyen : n.d.
Initial supérieur : n.d.

Postes offerts
Éleveur, entraîneur, moniteur
Gérant d'entreprise
Responsable de centre équestre
Instructeur
Palefrenier
Guide de tourisme équestre

Milieux de travail
Centre équestre
Ferme d'élevage
Base de plein air
Hippodrome
Station touristique
Centre de randonnée

Exigences du marché
L'obtention de brevets décernés par les diverses associations augmente les chances de trouver un emploi
Mobilité
Emplois disponibles à l'extérieur du Québec
Bonne capacité physique
Disponibilité : horaires de travail variés
Travail avec groupe
Connaissance de l'anglais, un atout
Salaire difficile à évaluer, car certains postes incluent une pension
Intégration difficile au marché de l'emploi

Indicateur du placement 2007 à 2012

Sortants répondants se destinant à l'emploi :	82	
Total des répondants en emploi :	59	72 %

160.A0 Techniques d'orthèses visuelles

Objectifs du programme

Ce programme vise à former des opticiens d'ordonnances. L'étudiant y apprendra l'art de la lunetterie, l'ajustement de lentilles cornéennes, la physiologie de l'œil, les techniques de vente et de communication, les notions de physique et chimie reliées à la discipline, la gestion.

Pour professer, le finissant devra réussir l'examen de l'Ordre des opticiens d'ordonnances du Québec. L'intégration au marché du travail se fait aisément et les emplois sont permanents et principalement à temps plein. Il y a un potentiel de développement dans les petits centres urbains pour les entrepreneurs.

Principales tâches

- Analyser l'ordonnance
- Conseiller le client sur le choix d'une monture
- Proposer au client le verre correcteur approprié
- Prendre les mesures nécessaires
- Tailler, polir et biseauter les lentilles avant de les insérer dans les montures
- Procéder à l'ajustement des lunettes
- Proposer au client le type de lentilles cornéennes approprié et prendre les mesures nécessaires
- Procéder à l'essai des lentilles cornéennes
- Enseigner au client comment poser, enlever, entretenir ses lentilles cornéennes
- Assumer la gestion d'un bureau

Perspectives professionnelles

Le principal débouché pour les finissants du programme est d'être à l'emploi d'un bureau d'opticien ou d'optométriste. L'opticien d'ordonnances peut également être appelé à superviser le travail de personnel auxiliaire.

Préalables du secondaire

Mathématiques : TS 5e ou SN 5e ou 436
Physique : 5e ou 534
Chimie : STE 4e ou SE 4e ou 534

Cégep offrant le programme

Édouard-Montpetit*, Garneau*

*Voir alternance travail-études, p. 293

Admissions/SRAM 2013 :

demandes au 1er tour :		64
admis au 1er tour :		51
total des admis aux 3 tours :		52

160.A0 Techniques d'orthèses visuelles

Marché du travail 2012

Cégeps répondants : 1

Sortants répondants se destinant à l'emploi	Nombre	%
	26	100

Placement

Emploi relié total, 6 mois après la fin des études	26	100
Emploi relié, temps plein	23	88
Emploi relié, temps partiel ou occasionnel	3	12
Emploi non relié	0	0
Sans emploi	0	0

Salaire
Initial moyen : 17 $ / heure
Initial supérieur : 24 $ / heure

Postes offerts
Opticien d'ordonnance

Milieux de travail
Bureau d'opticien d'ordonnances
Clinique d'optique
Lunetterie

Exigences du marché
Entregent
Membre de l'Ordre des opticiens d'ordonnances du Québec
Horaires variés
Mobilité
Bilinguisme un atout

Commentaires
Marché accueillant
Augmentation de la moyenne salariale

Indicateur du placement 2007 à 2012

Sortants répondants se destinant à l'emploi :	161	
Total des répondants en emploi :	158	98 %

160.B0   Audioprothèse

Buts du programme

Les audioprothésistes mettent leurs compétences en pratique principalement en accueillant les personnes présentant des problèmes d'audition, en les informant et en les conseillant quant à l'appareillage dont elles ont besoin, en effectuant l'appareillage et en faisant toutes les mises au point et les réparations nécessaires. Ils exécutent ces tâches sur présentation d'un certificat attestant la nécessité d'une prothèse auditive. Enfin, la formation les rend en mesure de participer à la gestion d'une entreprise ou de gérer leur propre entreprise.

Le programme a pour objectif principal de former des audioprothésistes aptes à remplir les fonctions suivantes :

- accueillir les clients;
- exécuter les opérations entourant la pose, l'ajustement, le remplacement et la vente des prothèses auditives;
- assurer le suivi systématique de ses clients;
- assumer les responsabilités de gestion inhérentes à l'exercice de sa fonction;
- travailler en étroite collaboration avec les médecins, les orthophonistes ou les audiologistes qui émettent à leurs clients le certificat attestant la nécessité de la prothèse.

Perspectives professionnelles

Après avoir réussi les examens de l'Ordre des audioprothésistes du Québec, l'étudiant détenteur d'un DEC dans cette spécialité se voit décerner le droit de pratique.

Ce professionnel oeuvre actuellement dans le secteur privé; il travaille à son compte ou en collaboration avec d'autres collègues. La majeure partie du temps, il travaille à son bureau. Il fait à l'occasion des visites à domicile et dans les institutions pour personnes âgées.

Tous les finissants diplômés ont trouvé un emploi à brève échéance et les perspectives d'avenir nous laissent entrevoir une diversification possible des débouchés futurs.

Préalables du secondaire
Mathématiques : TS 5e ou SN 5e ou 536
Physique : 5e ou 534

Cégep offrant le programme
La Pocatière, Rosemont

Admissions/SRAM 2013 :	demandes au 1er tour :	77
	admis au 1er tour :	37
	total des admis aux 3 tours :	37

160.B0   Audioprothèse

Marché du travail 2012

Cégeps répondants : 1

Sortants répondants se destinant à l'emploi	Nombre	%
	14	100

Placement

Emploi relié total, 6 mois après la fin des études	13	93
Emploi relié, temps plein	12	86
Emploi relié, temps partiel ou occasionnel	1	7
Emploi non relié	1	7
Sans emploi	0	0

Salaire
Initial moyen : 18,70 $ / heure
Initial supérieur : 23,50 $ / heure

Poste offert
Audioprothésiste

Milieux de travail
Clinique privée

Exigences du marché
Audition claire et normale à au moins une oreille
Habiletés en relations interpersonnelles
Membre de l'Ordre des audioprothésistes du Québec
Travail en collaboration avec d'autres professionnels de la santé
Mobilité
Aptitudes pour la vente
Bilinguisme un atout

Commentaires
Excellente intégration au marché du travail
Salaire parfois bonifié par une commission sur les ventes

Indicateur du placement 2007 à 2012

Sortants répondants se destinant à l'emploi :	70	
Total des répondants en emploi :	68	97 %

171.A0 Techniques de thanatologie

Buts du programme

Le programme *Techniques de thanatologie* vise à former des personnes aptes à exercer la fonction de thanatologue dans le domaine des services funéraires. De plus, il permet de satisfaire aux conditions d'obtention d'un permis d'exercice de la thanatopraxie au Québec, permis délivré par le ministère de la Santé et des Services sociaux.

Les thanatologues rendent des services funéraires qui répondent aux besoins de personnes ou de familles ayant perdu un proche. Les principales dimensions du travail d'un thanatologue touchent à deux aspects : la direction des funérailles et la thanatopraxie (embaumement).

D'une part, la tâche de directeur de funérailles consiste à accueillir les endeuillés, à les informer, à les conseiller dans la planification des funérailles ainsi qu'à organiser et coordonner l'ensemble des rites funéraires. Il accompagne généralement les endeuillés durant tout le processus des funérailles et dans l'accomplissement des formalités successorales urgentes. Le transport des personnes décédées, des lieux de décès vers les établissements funéraires ou d'expertise judiciaire, leur est aussi confié. D'autre part, la tâche de thanatopracteur consiste à exécuter les thanatopraxies et à préparer les personnes décédées pour la présentation.

La fonction de thanatologue est exercée dans les divers établissements funéraires de la province. Si les tâches confiées à ces spécialistes varient selon la structure et la taille des entreprises, elles sont également marquées par la composition variable des équipes, ce qui exige une grande polyvalence et une grande souplesse. C'est ainsi que les thanatologues peuvent collaborer de près à la gestion courante des activités de l'entreprise ou prendre la relève de la direction d'une entreprise familiale. En raison du contexte d'exercice de la profession, ils doivent s'adapter à des lieux variés et à une organisation du travail non conventionnelle. La maîtrise d'équipements et d'instruments spécialisés fait partie des exigences de la fonction.

Le thanatologue est amené à interagir avec des personnes de divers milieux, cultures et religions dans un moment très éprouvant et unique de leur vie et alors qu'elles sont particulièrement vulnérables. Sa responsabilité sociale est donc importante. Il a également l'obligation de protéger la santé publique par la manipulation et le traitement appropriés des dépouilles humaines et, d'autre part, de respecter les nombreuses lois auxquelles l'exercice de la profession est soumis. Le finissant en Techniques de thanatologie peut devenir membre de la Corporation des thanatologues du Québec.

Préalable du secondaire
Sciences : STE 4e ou SE 4e ou Sciences physiques 436

Cégep offrant le programme
Rosemont

Admissions/SRAM 2013 :

demandes au 1er tour :		98
admis au 1er tour :		45
total des admis aux 3 tours :		45

171.A0   Techniques de thanatologie

Marché du travail 2012

Cégeps répondants : 1

Sortants répondants se destinant à l'emploi	Nombre	%
	11	100

Placement

Emploi relié total, 6 mois après la fin des études	10	91
Emploi relié, temps plein	8	73
Emploi relié, temps partiel ou occasionnel	2	18
Emploi non relié	1	9
Sans emploi	0	0

Salaire
Initial moyen : 18,40 $ / heure
Initial supérieur : 27,60 $ / heure

Postes offerts
Thanatologue
Thanatopraticien
Technicien à la morgue
Administrateur ou directeur de salon funéraire
Conseiller auprès des familles et en préarrangement
Embaumeur
Préposé à la crémation

Milieux de travail
Entreprise funéraire et crématorium
Centre hospitalier
Département d'anatomie des facultés de médecine
Distributeur d'équipement et de matériel spécialisé

Exigences du marché
Horaire de travail irrégulier
Les sortants de ce programme doivent se procurer un permis de pratiquer auprès du ministère de la Santé et des Services sociaux
Membre de la Corporation des thanatologues du Québec
Sensibilité, tact et empathie, mobilité
Ouverture aux rites des différentes cultures

Commentaires
Pénurie de sortants à l'extérieur des grands centres.
Bon placement

Indicateur du placement 2007 à 2012

Sortants répondants se destinant à l'emploi :	71	
Total des répondants en emploi :	69	97 %

180.A0   Soins infirmiers

Objectifs du programme

Ce programme vise à former des personnes aptes à exercer la profession d'infirmière ou d'infirmier. Les diplômées et diplômés du programme doivent également, pour obtenir le droit de pratique, réussir l'examen préalable à l'obtention du permis d'exercice délivré par l'Ordre des infirmières et infirmiers du Québec (OIIQ).

La *Loi sur les infirmières et infirmiers* (2002) définit de la façon suivante l'exercice de la profession :

« L'exercice infirmier consiste à évaluer l'état de santé d'une personne, à déterminer et à assurer la réalisation du plan de soins et de traitements infirmiers, à prodiguer les soins et traitements infirmiers et médicaux dans les buts de maintenir la santé, de la rétablir et de prévenir la maladie ainsi qu'à fournir les soins palliatifs. »

La conception de la profession véhiculée dans le programme est encadrée par cette loi et rend compte des nouvelles réalités en matière de santé et de soins. Elle est aussi tributaire de la philosophie des soins de santé primaires préconisée par l'Organisation mondiale de la santé. Enfin, le programme s'inspire des concepts intégrateurs (personne, santé, environnement, soin), des croyances et des postulats retenus par l'OIIQ comme assises de l'exercice de la profession.

À leur entrée sur le marché du travail, l'infirmière et l'infirmier formés à l'ordre d'enseignement collégial exerceront leur rôle professionnel auprès de personnes, de leur famille et de leurs proches, en centres hospitaliers, centres de réadaptation, centres hospitaliers de soins de longue durée et en établissements privés certifiés. Elles ou ils pourront intervenir, dans le contexte de soins de courte et de longue durée, auprès d'une clientèle en périnatalité, auprès d'enfants, d'adolescents, d'adultes et de personnes âgées.

Leur action s'inscrit dans chacune des étapes du continuum de soins en vue de la promotion de la santé, de la prévention de la maladie, du traitement, de la réadaptation et des soins palliatifs. Pour ce faire, elles ou ils devront évaluer l'état de la personne, assurer une surveillance clinique et identifier ses besoins de soins, déterminer et ajuster le plan thérapeutique et en planifier la réalisation, organiser le travail, mettre en oeuvre les interventions, évaluer les interventions et appliquer les mesures visant la continuité des soins et du suivi.

Préalable du secondaire

Sciences : STE 4e ou SE 4e ou Sciences physiques 436
Chimie : 5e ou 534 (Cette condition particulière d'admission sera en vigueur à compter de l'automne 2018. Entre-temps, pour les élèves qui ne rempliront pas cette condition, les collèges offriront une formation en chimie adaptée aux besoins du programme d'études.)

Cégeps offrant le programme

Voir la page 337

Admissions/SRAM 2013 :   demandes au 1er tour :   3 998
admis au 1er tour :   2 144
total des admis aux 3 tours :   2 508

180.A0 Soins infirmiers

Marché du travail 2012

Cégeps répondants : 36

Sortants répondants se destinant à l'emploi	Nombre	%
	761	100

Placement

Emploi relié total, 6 mois après la fin des études	723	95
Emploi relié, temps plein	443	58
Emploi relié, temps partiel ou occasionnel	280	37
Emploi non relié	6	1
Sans emploi	32	4

Salaire
Initial moyen : 21,10 $ / heure
Initial supérieur : 25,70 $ / heure

Postes offerts

Infirmière (infirmier)
Gérant de résidence

Directeur d'agence de soins
  infirmiers

Milieux de travail

Centre hospitalier, CLSC, clinique
Centre d'accueil
Agence de placement et de
  service à domicile
À son compte
Entreprise pharmaceutique
Milieu carcéral

Organisme communautaire
Service de santé scolaire et
  industriel
Centre de désintoxication
Coopération et développement
  international

Exigences du marché

Membre de l'OIIQ
Horaire 7 jours; jour / soir / nuit
Mobilité
Autonomie et résistance au stress
Peut être appelé à faire des
  heures supplémentaires

Les soins à domicile exigent une
  automobile
Rapidité de prise de décision et
  d'exécution
Aptitudes au travail d'équipe

Commentaires

Pénurie de diplômés : très forte demande dans les hôpitaux
Le travail à temps partiel et sur appel est encore une réalité
La majorité des sortants qui occupent des postes à temps partiel le font
par choix
Possibilités de cumul d'emplois à temps partiel ou de poursuite d'études
universitaires

Indicateur du placement 2007 à 2012

Sortants répondants se destinant à l'emploi :	4 968	
Total des répondants en emploi :	4 848	98 %

180.B0 Soins infirmiers (5 sessions)

Les objectifs et les perspectives professionnelles de ce programme sont les mêmes que ceux du programme 180.A0.

Ce programme s'adresse aux diplômés du secondaire qui ont acquis une formation professionnelle dans ce domaine (DEP en santé, assistance et soins infirmiers) et qui respectent les conditions générales d'admission au collégial.

Préalable du secondaire
DEP en santé, assistance et soins infirmiers
Sciences : STE 4e ou SE 4e ou Sciences physiques 436
Chimie : 5e ou 534 (Cette condition particulière d'admission sera en vigueur à compter de l'automne 2018. Entre-temps, pour les élèves qui ne rempliront pas cette condition, les collèges offriront une formation en chimie adaptée aux besoins du programme d'études.)

Cégeps offrant le programme
Bois-de-Boulogne, Chicoutimi, Drummondville, John Abbott (6 sessions) Lanaudière à Joliette, Limoilou, Matane, Saint-Jérôme

---

Admissions/SRAM 2013 : demandes au 1er tour : 377
admis au 1er tour : 141
total des admis aux 3 tours : 145

180.B0   Soins infirmiers (5 sessions)

Marché du travail 2012

Cégeps répondants : 1

Sortants répondants se destinant à l'emploi	Nombre	%
	20	100

Placement

	Nombre	%
Emploi relié total, 6 mois après la fin des études	20	100
Emploi relié, temps plein	17	85
Emploi relié, temps partiel ou occasionnel	3	15
Emploi non relié	0	0
Sans emploi	0	0

Salaire
Initial moyen : n.d.
Initial supérieur : n.d.

Postes offerts
Voir 180.A0

Milieux de travail
Voir 180.A0

Exigences du marché
Réussir les examens de l'ordre (O.I.I.Q.)
Mobilité / responsabilité
Grande disponibilité
Aptitudes de travail en équipe
Horaire de 7 jours; jour / soir / nuit

Commentaires
Même situation que les infirmiers et infirmières au programme 180.A0
Les critères d'admission et la durée du programme sont différents
Les auxiliaires qui terminent ce programme d'études demeurent habituellement chez leur ancien employeur
Salaire variable selon l'ancienneté
Possibilités de cumul d'emplois à temps partiel ou de poursuite d'études universitaires

Indicateur du placement 2007 à 2012

Sortants répondants se destinant à l'emploi :	90	
Total des répondants en emploi :	89	99 %

181.A0 Soins préhospitaliers d'urgence

Buts du programme
Ce programme vise à former des personnes aptes à exercer la profession de technicien ambulancier.

Les techniciens ambulanciers interviennent auprès de personnes de tous âges et de toutes conditions, faisant appel aux services préhospitaliers d'urgence dans le but de réduire leur morbidité et leur mortalité. Leurs interventions se situent au niveau des soins primaires de nature médicale, traumatique, comportementale ou encore, de nature multiple. Ces soins comportent des actes médicaux partageables identifiés dans le règlement sur les activités professionnelles pouvant être exercées dans le cadre des services préhospitaliers d'urgence. Les techniciens ambulanciers sont également aptes à intervenir sur les lieux d'un sinistre, d'un acte antisocial ou lors de situations particulières.

Dans le cadre de leurs interventions, les techniciennes ambulancières et les techniciens ambulanciers apprécient la condition clinique des personnes et appliquent des protocoles afin de prévenir la détérioration de leur état. De plus, ils les transportent avec diligence vers des centres receveurs appropriés.

Les techniciens ambulanciers travaillent en équipe et avec d'autres intervenants. Ils doivent faire preuve d'habiletés en communication, de jugement, d'initiative, d'empathie, de sang-froid ainsi que d'une capacité à réagir rapidement et adéquatement aux situations.

Notons que la profession s'inscrit dans un contexte de révision des niveaux de soins qui impliquera, au cours des prochaines années, un accroissement des responsabilités attribuées aux techniciens ambulanciers. On observera un rehaussement de l'appréciation de la condition clinique et du niveau des soins qu'ils seront appelés à prodiguer. Les techniciens ambulanciers seront également davantage intégrés au réseau de santé québécois.

Afin de répondre à ces nouvelles exigences, les techniciens ambulanciers devront faire preuve d'un jugement clinique basé sur des habiletés de résolution de problèmes et de pensée critique. Ils devront également développer une vision systémique de l'appréciation de la condition clinique et démontrer des habiletés intellectuelles liées, notamment, à la physiopathologie, à l'immunologie et à la pharmacologie.

Préalable du secondaire
Aucun cours spécifique voir page 361

Cégeps offrant le programme
Abitibi-Témiscamingue, Ahuntsic, Campus Notre-Dame-de-Foy, Chicoutimi, Ellis campus de Drummondville, John Abbott, Outaouais, Rivière-du-Loup, Sainte-Foy, Saint-Hyacinthe, Shawinigan

---

Admissions/SRAM 2013 :	demandes au 1er tour :	875
	admis au 1er tour :	344
	total des admis aux 3 tours :	361

181.A0   Soins préhospitaliers d'urgence

Marché du travail 2012

Cégeps répondants : 6

Sortants répondants se destinant à l'emploi	Nombre	%
	109	100

Placement

Emploi relié total, 6 mois après la fin des études	79	72
Emploi relié, temps plein	34	31
Emploi relié, temps partiel ou occasionnel	45	42
Emploi non relié	20	18
Sans emploi	10	9

Salaire
Initial moyen : 20,30 $ / heure
Initial supérieur : 21,30 $ / heure

Postes offerts
Ambulancier
Para-médic
Technicien en soins préhospitaliers d'urgence

Milieux de travail
Entreprise ambulancière
Forces armées canadiennes
Organisme à but non lucratif

Exigences du marché
Travail exigeant sur le plan physique et psychologique
Bilinguisme souvent exigé
Grande disponibilité
Posséder une carte d'identification et d'attestation de conformité
Permis de conduire de classe 4A
Pour travailler en Ontario : il faut réussir l'examen d'autorisation
    provincial, administré par le ministère de la Santé de l'Ontario,
    Services d'urgence

Commentaires
Marché de l'emploi plutôt stable

Indicateur du placement 2008 à 2012

Sortants répondants se destinant à l'emploi :	323	
Total des répondants en emploi :	286	89 %

190.A0 Technologie de la transformation des produits forestiers

Objectifs du programme

Ce programme vise à former des technologues aptes à travailler au sein de l'industrie de la transformation primaire de la matière ligneuse.

Les diplômés de ce programme pourront exercer leur fonction de travail dans des usines utilisant des procédés de sciage de bois résineux ou feuillus, de déroulage, de fabrication de panneaux agglomérés, de traitement des bois, de séchage, de rabotage, de collage et de fabrication de bardeaux. Les compétences acquises leur permettront de s'adapter à d'autres procédés moins fréquents au Québec (tranchage, fabrication de contreplaqués, etc.)

De manière générale, cette fonction de technologue consiste à appliquer des procédés et à les contrôler de façon à optimiser l'utilisation de la matière ligneuse et à assurer la qualité de la production tout en veillant à la santé et à la sécurité du personnel. Les tâches de ces technologues s'insèrent à toutes les étapes des procédés à partir de l'approvisionnement de l'unité de production jusqu'à l'expédition des produits finis. Dans la majorité des tâches à accomplir, le travail du technologue respecte un processus qui peut se résumer ainsi : interpréter des directives ou les demandes des clients, planifier le travail, analyser le procédé, contrôler la qualité des opérations, effectuer le suivi et communiquer l'information aux personnes intéressées.

Conformément aux buts généraux de la formation technique, ce programme vise à : rendre la personne compétente dans l'exercice de sa profession; favoriser son intégration à la vie professionnelle; favoriser l'évolution et l'approfondissement de savoirs professionnels; rendre possible la mobilité professionnelle des technologues de même que leur adaptation aux changements technologiques.

Les buts particuliers visés sont de : familiariser la personne avec les techniques d'analyse et de résolution de problèmes en vue d'une utilisation optimale de la ressource ligneuse dans un contexte général de gestion de la qualité totale; favoriser le développement de comportements et l'acquisition d'habiletés propres au maintien de relations harmonieuses et efficaces au sein d'un groupe de travail; favoriser chez la personne le développement d'un esprit entrepreneurial.

Préalable du secondaire

Mathématiques : CST 4e ou 514

Cégeps offrant le programme

Centre matapédien d'études collégiales* (Rimouski), Sainte-Foy*, Saint-Félicien*

*Voir alternance travail-études, p. 293

Admissions/SRAM 2013 :   demandes au 1er tour :   n. d.
admis au 1er tour :   n. d.
total des admis aux 3 tours :   n. d.

190.A0 Technologie de la transformation des produits forestiers

Marché du travail 2012

Cégeps répondants : 1

Sortants répondants se destinant à l'emploi	Nombre	%
	2	100

Placement

Emploi relié total, 6 mois après la fin des études	2	100
Emploi relié, temps plein	1	50
Emploi relié, temps partiel ou occasionnel	1	50
Emploi non relié	0	0
Sans emploi	0	0

Salaire
Initial moyen : 20 $ / heure
Initial supérieur : 20 $ / heure

Postes offerts
Technicien forestier en transfor-
   mation et/ou aménagement et
   exploitation et en laboratoire
Directeur de production
Classeur-mesureur

Contremaître
Technicien en séchage du bois
Contrôleur de la qualité et
   optimisation
Classificateur

Milieux de travail
Compagnie forestière
Ministère des Ressources naturelles et de la Faune
Usine de sciage, de transformation
Service d'ingénieur en foresterie
Compagnie d'électricité
Centre de recherche

Exigences du marché
Mobilité
Connaissance de l'informatique et de la géomatique

Commentaires
Le placement varie selon les régions
Évaluation du marché difficile compte tenu du petit nombre de sortants

---

Indicateur du placement 2007 à 2012

Sortants répondants se destinant à l'emploi :	28	
Total des répondants en emploi :	27	96 %

190.B0 Technologie forestière

Buts du programme
Ce programme vise à former des technologues en foresterie aptes à travailler à l'application et au développement de techniques relatives à l'aménagement durable de la forêt et à la récolte de matière ligneuse.

Les diplômés de ce programme pourront travailler au sein d'entreprises dont les principales activités ont trait à la planification et à la réalisation des travaux relatifs à la récolte de la matière ligneuse, à la remise en production des aires exploitées, à l'application des traitements sylvicoles nécessaires à la culture des peuplements forestiers d'origine naturelle ou artificielle, à la mise en place et à l'entretien d'infrastructures ainsi qu'à la protection et à la conservation des ressources des écosystèmes du milieu forestier.

La nature et l'éventail des tâches du technologue en foresterie varient en fonction du type et de la taille de l'organisation pour laquelle il travaille. De manière générale, ces tâches sont liées aux diverses étapes des travaux, plus particulièrement à leur planification, à leur exécution, à leur supervision et à leur contrôle, de même qu'à l'application des normes et des règles en matière de protection de l'environnement et de santé et sécurité au travail.

La majorité des tâches accomplies par le technologue en foresterie respectent un processus qui peut se résumer ainsi : planifier le travail, effectuer le travail, contrôler la qualité du travail, synthétiser des données, analyser des résultats et rédiger des rapports.

Les technologues forestiers exercent leur fonction en lien avec les ingénieurs forestiers qui établissent les techniques de travail à utiliser et qui ont à superviser directement ou à valider des travaux exécutés par les techniciens.

Les buts particuliers visés sont de :
– favoriser la participation de la personne à l'aménagement durable des ressources des forêts publiques et privées du territoire québécois;
– rendre la personne apte à coordonner les travaux relatifs à la connaissance et à l'utilisation harmonieuse et optimale des ressources du milieu forestier, dans le respect de la santé et de la sécurité des travailleurs.

Préalable du secondaire
Aucun cours spécifique voir page 361

Cégeps offrant le programme
Abitibi-Témiscamingue*, Baie-Comeau*, Chicoutimi*, Gaspésie et des Iles à Gaspé*, Rimouski*, Sainte-Foy*

*Voir alternance travail-études, p. 293

Admissions/SRAM 2013 :	demandes au 1er tour :	7
	admis au 1er tour :	6
	total des admis aux 3 tours :	12

190.B0   Technologie forestière

Marché du travail 2012

Cégeps répondants : 3

Sortants répondants se destinant à l'emploi	Nombre	%
	12	100

Placement

Emploi relié total, 6 mois après la fin des études	10	83
Emploi relié, temps plein	10	84
Emploi relié, temps partiel ou occasionnel	0	0
Emploi non relié	1	8
Sans emploi	1	8

Salaire
Initial moyen : 21,80 $ / heure
Initial supérieur : 27,60 $ / heure

Postes offerts

Technologiste forestier	Contrôleur de qualité
Inspecteur en environnement	Inspecteur, mesureur
Technicien en aménagement	Responsable de chantier
Contremaître de coupe	Responsable de l'inventaire
Cartographe	Reboiseur

Milieux de travail

Coopérative	Scierie
Ministère des Ressources naturelles et de la Faune	Service canadien des forêts
	Groupement forestier
Société de génie-conseil en foresterie	Industrie du bois, pépinière et plantation, minière
Arpenteur-géomètre	Municipalité régionale de comté
Société d'exploitation	Parc national

Exigences du marché
Mobilité obligatoire, régions éloignées
Travail saisonnier qui déborde la période estivale
Bonne résistance physique
Connaissance de la géomatique et de logiciels spécialisés un atout
Posséder permis de conduire et automobile
Carte de mesureur de bois et permis d'utilisation de pesticides un atout

Commentaires
Marché accueillant
Emplois saisonniers intensifs

Indicateur du placement 2007 à 2012

Sortants répondants se destinant à l'emploi :	159	
Total des répondants en emploi :	144	91 %

Les techniques physiques

210.AA	Techniques de laboratoire : Biotechnologies
210.AB	Techniques de laboratoire : Chimie analytique
210.B0	Techniques de procédés chimiques
210.C0	Techniques de génie chimique
221.A0	Technologie de l'architecture
221.B0	Technologie du génie civil
221.C0	Technologie de la mécanique du bâtiment
221.D0	Technologie de l'estimation et de l'évaluation en bâtiment
222.A0	Techniques d'aménagement et d'urbanisme
230.AA	Technologie de la géomatique : Cartographie
230.AB	Technologie de la géomatique : Géodésie
231.A0	Techniques d'aquaculture
231.B0	Transformation des produits aquatiques
232.A0	Procédés et valorisation (Tech. des pâtes et papiers)
233.B0	Techniques du meuble et d'ébénisterie
235.B0	Technologie du génie industriel
235.C0	Technologie de la production pharmaceutique
241.A0	Techniques de génie mécanique
241.C0	Techniques de transformation des matériaux composites
241.D0	Technologie de maintenance industrielle
241.12	Techniques de la plasturgie
243.A0	Technologie de systèmes ordinés
243.B0	Technologie de l'électronique
243.C0	Technologie de l'électronique industrielle
244.A0	Technologie physique
248.A0	Technologie de l'architecture navale
248.B0	Navigation
248.C0	Techniques de génie mécanique de marine
260.A0	Assainissement de l'eau
260.B0	Environnement, hygiène et sécurité au travail
270.AA	Technologie du génie métallurgique : Procédés de transformation
270.AB	Technologie du génie métallurgique : Fabrication mécanosoudée
270.AC	Technologie du génie métallurgique : Contrôle des matériaux
271.AA	Technologie minérale : Géologie
271.AB	Technologie minérale : Exploitation
271.AC	Technologie minérale : Minéralurgie
280.A0	Techniques de pilotage d'aéronefs
280.B0	Techniques de construction aéronautique
280.C0	Techniques de maintenance d'aéronefs
280.D0	Techniques d'avionique

Indicateur du placement 2007 à 2012

Sortants répondants se destinant à l'emploi :	7 704	
Total des répondants en emploi :	7 256	94 %

210.AA Techniques de laboratoire : Biotechnologies

Buts du programme
Ce programme vise à former des techniciens aptes à travailler dans les laboratoires des entreprises manufacturières, principalement celles des secteurs agroalimentaire et pharmaceutique, et dans les laboratoires spécialisés en environnement. De plus, ces personnes seront en mesure de travailler dans les laboratoires des entreprises spécialisées en biotechnologies ou dans les laboratoires des entreprises des secteurs de la chimie industrielle, des mines et de la métallurgie, de la pétrochimie, des matériaux et des pâtes et papiers.

Les techniciens de laboratoire seront capables de prélever des échantillons, d'effectuer des analyses de chimie organique et de biochimie en utilisant certaines méthodes d'analyse instrumentale, de compiler et de traiter les données, de rédiger des rapports et de transmettre les résultats, en respectant les règles de santé et de sécurité ainsi que les bonnes pratiques de laboratoire et de fabrication.

Voie de spécialisation A : Biotechnologies
Les techniciens spécialisés en biotechnologies seront capables d'utiliser des micro-organismes et des cellules; de réaliser des analyses biochimiques, microbiologiques, immunologiques; de mener des activités liées au génie génétique et d'effectuer des tests de toxicité et d'écotoxicité visant le contrôle de la qualité, la recherche et le développement ainsi que la production.

Ce programme vise à développer chez l'étudiant le sens des responsabilités, le sens de l'observation, le souci de la précision et la capacité à travailler en équipe.

Note : La voie de spécialisation *B Chimie analytique* est décrite dans les pages suivantes.

Préalables du secondaire
Mathématiques : TS 5e ou SN 5e ou 526
Physique : STE 4e ou SE 4e ou 534
Chimie : 5e ou 534

Cégeps offrant le programme
Ahuntsic, Lévis-Lauzon*, Outaouais*, Saint-Hyacinthe*, Shawinigan*, Sherbrooke*

*Voir alternance travail-études, p. 293

Admissions/SRAM 2013 :		
demandes au 1er tour :		156
admis au 1er tour :		148
total des admis aux 3 tours :		185

210.AA Techniques de laboratoire : Biotechnologies

Marché du travail 2012

Cégeps répondants : 6

Sortants répondants se destinant à l'emploi	Nombre	%
	43	100

Placement

	Nombre	%
Emploi relié total, 6 mois après la fin des études	31	72
Emploi relié, temps plein	26	60
Emploi relié, temps partiel ou occasionnel	5	12
Emploi non relié	8	19
Sans emploi	4	9

Salaire
Initial moyen : 17,70 $ / heure
Initial supérieur : 22,20 $ / heure

Postes offerts

Technicien en chimie-biologie
Technicien en contrôle de qualité
Technicien en diagnostic moléculaire
Technicien de laboratoire
Technicien en toxicologie
Technicien en microbiologie
Technicien d'instrumentation et d'analyse
Technicien en immunologie
Technicien en travaux pratiques
Technicien en recherche et développement
Technicien en pathologie

Milieux de travail
Laboratoire de recherche
Laboratoire d'analyse
Centre hospitalier
Industrie cosmétique, pharmaceutique, alimentaire et biotechnologique
Maison d'enseignement
Fabricant d'équipements médicaux
Gouvernement

Exigences du marché
Horaires variables (jour, soir, nuit)
Bilinguisme un atout
Mobilité vers les grands centres

Commentaires
Augmentation de la moyenne salariale
Plusieurs poursuivent des études à l'université

Indicateur du placement 2007 à 2012

Sortants répondants se destinant à l'emploi :	264	
Total des répondants en emploi :	250	95 %

210.AB Techniques de laboratoire : Chimie analytique

Buts du programme
Ce programme vise à former des techniciens aptes à travailler dans les laboratoires des entreprises manufacturières, principalement celles des secteurs agroalimentaire et pharmaceutique, et dans les laboratoires spécialisés en environnement. De plus, ces personnes seront en mesure de travailler dans les laboratoires des entreprises spécialisées en biotechnologies ou dans les laboratoires des entreprises des secteurs de la chimie industrielle, des mines et de la métallurgie, de la pétrochimie, des matériaux et des pâtes et papiers.

Les techniciens de laboratoire seront capables de prélever des échantillons, d'effectuer des analyses de chimie organique et de biochimie en utilisant certaines méthodes d'analyse instrumentale, de compiler et de traiter les données, de rédiger des rapports et de transmettre les résultats, en respectant les règles de santé et de sécurité ainsi que les bonnes pratiques de laboratoire et de fabrication.

Voie de spécialisation B : Chimie analytique
Les techniciens spécialisés en chimie analytique seront capables de réaliser des analyses de chimie inorganique et organique et de participer à la mise au point de méthodes originales d'analyse visant le contrôle de la qualité, la recherche et le développement ainsi que la production.

Ce programme vise à développer chez l'étudiant le sens des responsabilités, le sens de l'observation, le souci de la précision et la capacité à travailler en équipe.

Note : La voie de spécialisation *A Biotechnologies* est décrite dans les pages précédentes.

Préalables du secondaire
Mathématiques : TS 5e ou SN 5e ou 526
Physique : STE 4e ou SE 4e ou 534
Chimie : 5e ou 534

Cégeps offrant le programme
Ahuntsic, Dawson, Jonquière*, Lévis-Lauzon*, Shawinigan*, Valleyfield*

*Voir alternance travail-études, p. 293

Admissions/SRAM 2013 :	demandes au 1er tour :	52
	admis au 1er tour :	49
	total des admis aux 3 tours :	70

210.AB Techniques de laboratoire : Chimie analytique

Marché du travail 2012

Cégeps répondants : 6

Sortants répondants se destinant à l'emploi	Nombre	%
	30	100

Placement

	Nombre	%
Emploi relié total, 6 mois après la fin des études	27	90
Emploi relié, temps plein	24	80
Emploi relié, temps partiel ou occasionnel	3	10
Emploi non relié	1	3
Sans emploi	2	7

Salaire
Initial moyen : 17,50 $ / heure
Initial supérieur : 21 $ / heure

Postes offerts
Technicien en chimie analytique
Technicien en laboratoire de recherche
Technicien en minéralurgie
Technicien en contrôle de qualité
Technicien en environnement
Représentant

Milieux de travail
Centre de recherche, firme de consultants
Laboratoire d'analyse environnementale, pharmaceutique
Service préclinique
Industrie chimique, pharmaceutique, alimentaire, cosmétique, pétrolière, plastique et matériaux de construction
Gouvernement
Usine de traitement de déchets industriels
Mine et fonderie
Cimenterie

Exigences du marché
Bilinguisme un atout
Mobilité
Bonne perception sensorielle
Travail d'équipe
Absence d'allergies
Travail parfois avec matières dangereuses

Commentaires
Bon placement

Indicateur du placement 2007 à 2012

Sortants répondants se destinant à l'emploi :	190	
Total des répondants en emploi :	180	95 %

210.B0 Techniques de procédés chimiques

Buts du programme

Ce programme vise à former des personnes aptes à exercer la profession de techniciens en procédés chimiques.

Les techniciens en procédés chimiques travaillent dans l'ensemble de l'industrie chimique : industrie du raffinage et de la transformation de produits pétrochimiques; industrie d'électrochimie et d'électrolyse; industrie de la polymérisation; et industrie des bioprocédés (incluant le traitement des rejets). L'ensemble de ces procédés fonctionne en mode continu ou discontinu.

On retrouve ces techniciens dans les petites, les moyennes et les grandes entreprises. Ils sont responsables de la conduite et de la bonne marche des appareils et des équipements du procédé ainsi que l'optimisation de la production. Ils analysent l'information recueillie par les instruments de mesure, effectuent des analyses de laboratoire, s'assurent du bon fonctionnement des équipements de production, règlent les débits, les températures, les pressions et les niveaux et procèdent à l'arrêt et au départ d'appareils et d'équipements. Ils doivent, de plus, effectuer l'entretien préventif et des réparations mineures sur des appareils. L'ensemble des activités de travail doit être fait de façon efficace et sécuritaire et dans le respect des normes environnementales et des normes de qualité.

Le travail de ces techniciens s'effectue en équipe la plupart du temps. Selon le type d'entreprise, ils peuvent être sous la supervision des directeurs de production, des superviseurs de jour, des directeurs d'usine, des chefs techniciens ainsi que des chefs d'équipe. Dans certains milieux, le travail est confié à des équipes autonomes.

Les compétences particulières de ce programme mettent les étudiants en contact avec les principales familles de procédés présentes au Québec et assurent la polyvalence des diplômés. Les compétences générales visent, entre autres, la maîtrise des différents appareils et équipements et favorisent de ce fait l'adaptation de la personne aux différentes technologies.

Le programme vise à développer l'autonomie, le sens des responsabilités, le sens de l'observation et la capacité de résolution de problèmes.

Préalables du secondaire
Mathématiques : TS 4e ou SN 4e ou 436
Sciences : STE 4e ou SE 4e ou Sciences physiques 436

Cégep offrant le programme
Maisonneuve

210.B0 Techniques de procédés chimiques

Marché du travail 2012

Cégeps répondants : 1

	Nombre	%
Sortants répondants se destinant à l'emploi	1	100

Placement

Emploi relié total, 6 mois après la fin des études	1	100
Emploi relié, temps plein	1	100
Emploi relié, temps partiel ou occasionnel	0	0
Emploi non relié	0	0
Sans emploi	0	0

Salaire
Initial moyen : 28,20 $ / heure
Initial supérieur : 28,20 $ / heure

Postes offerts
Opérateur de procédés
Technicien au pompage et expédition
Représentant
Fabricant de cuvée
Technicien de laboratoire
Technicien au contrôle de la qualité
Conducteur d'installation de traitement chimique

Milieux de travail
Entreprise de transformation de produits chimiques et agroalimentaires
Raffinerie de pétrole
Aluminerie
Commission scolaire
Industrie pharmaceutique
Usine de traitement des eaux
Entreprise d'équipements industriels
Entreprise de pâtes et papiers

Exigences du marché
Capacité de travailler sous pression
Sens du travail d'équipe
Quarts de travail (horaire en rotation)
Bonne santé, absence d'allergies
Excellente perception sensorielle
Travail à l'extérieur et à l'intérieur

Commentaires
Évaluation du marché difficile compte tenu du petit nombre de sortants
L'interprétation de la moyenne salariale est basée sur un petit nombre de finissants

---

Indicateur du placement 2007 à 2012

Sortants répondants se destinant à l'emploi :	50	
Total des répondants en emploi :	45	90 %

210.C0 Techniques de génie chimique

Objectifs du programme

Au terme de leur formation, les sortants de ce programme devront avoir acquis les connaissances et les habiletés leur permettant de connaître et comprendre les principes qui expliquent le fonctionnement des principales techniques utilisées dans l'industrie chimique ou dans les industries connexes : appliquer les techniques propres à l'industrie chimique; participer à la mise au point de méthodes de fabrication; identifier et corriger, le cas échéant, les défauts mineurs dans les appareils de mesure; calibrer les instruments de contrôle; maîtriser le déroulement d'un procédé; effectuer une évaluation critique sur la bonne marche des travaux qu'ils exécutent, et, enfin, rédiger des rapports clairs et concis pouvant faire l'objet d'exposés oraux. Le programme entend aussi développer le sens de la responsabilité de l'étudiant notamment en ce qui regarde l'application des règles de santé et sécurité au travail.

Perspectives professionnelles

Le champ d'activités des techniciens en chimie industrielle, option génie chimique, est largement répandu dans le monde industriel.

L'application des procédés de fabrication en technique du génie chimique s'effectue dans divers secteurs : les industries de produits chimiques minéraux et organiques; les industries de la pétrochimie, telles les usines de raffinerie, de transformation des matières plastiques, de production des peintures et du caoutchouc, etc.; les industries de la fermentation, de traitement des eaux, des pâtes et papiers, etc.

Les techniciens peuvent faire carrière dans les laboratoires de recherche et de contrôle, des industries manufacturières ainsi que dans des usines où ils oeuvrent surtout à la supervision du bon fonctionnement des procédés et des instruments de contrôle. Ils sont aussi appelés à participer à la mise au point de nouveaux procédés de fabrication et de contrôle. La vente ou la représentation, pour le compte des industries chimiques, offre de plus une perspective professionnelle intéressante. Les techniciens oeuvrent habituellement sous la direction d'une personne détenant un permis d'exercice.

Préalables du secondaire

Mathématiques : TS 5e ou SN 5e ou 526
Physique : 5e ou 534
Chimie : 5e ou 534

Cégeps offrant le programme

Jonquière*, Lévis-Lauzon*

*Voir alternance travail-études, p. 293

Admissions/SRAM 2013 :	demandes au 1er tour :	n. d.
	admis au 1er tour :	n. d.
	total des admis aux 3 tours :	n. d.

210.C0 Techniques de génie chimique

Marché du travail 2012

Cégeps répondants : 2

Sortants répondants se destinant à l'emploi	Nombre	%
	5	100

Placement

Emploi relié total, 6 mois après la fin des études	4	80
Emploi relié, temps plein	4	80
Emploi relié, temps partiel ou occasionnel	0	0
Emploi non relié	0	0
Sans emploi	1	20

Salaire
Initial moyen : 22,20 $ / heure
Initial supérieur : 22,50 $ / heure

Postes offerts
Technicien en ressources minérales
Technicien en laboratoire chimique, contrôle de la qualité, production, recherche et services techniques
Opérateur en industrie chimique, technicien en environnement et salubrité
Technicien de procédés, en hygiène industrielle
Représentant technique

Milieux de travail
Centre de recherche et de technologie
Entreprise manufacturière de produits chimiques synthétiques
Laboratoire
Aluminerie, firme de consultants
Usine de traitement des eaux et des sols
Papetière, industrie alimentaire
Compagnie de produits pharmaceutiques, fibre optique, composantes informatiques
Entreprise de recyclage et récupération
Fabricant d'enduits d'asphalte
Maison d'enseignement

Exigences du marché
Anglais atout important
Aptitudes au travail en équipe
Mobilité
Horaire 7 jours : jour / soir / nuit

Commentaires
Marché accueillant
Évaluation du marché difficile compte tenu du petit nombre de sortants

Indicateur du placement 2007 à 2012		
Sortants répondants se destinant à l'emploi :	10	
Total des répondants en emploi :	9	90 %

221.A0 Technologie de l'architecture

Buts du programme

Ce programme vise à former des technologues capables d'exercer leur profession dans des bureaux d'architectes ou de technologues, des firmes d'ingénieurs, des entreprises de construction et des organismes gouvernementaux.

Ces personnes contribuent à la réalisation d'un projet d'architecture ou le réalisent, et ce, dans les limites de la *Loi sur les architectes,* de la *Loi sur les ingénieurs,* de la *Loi concernant la sécurité dans les édifices publics* et du *Code des professions.*

Ainsi, ces technologues peuvent produire des dessins et du matériel de promotion, concevoir des détails de construction, rédiger des cahiers de charges, estimer le coût des travaux, coordonner des travaux de construction, constater l'état d'un bâtiment, vérifier la conformité d'un bâtiment aux lois, aux normes et au *Code de construction* et contribuer à la qualité du patrimoine architectural. L'importance et la fréquence des tâches varient en fonction des entreprises et du type de travail.

Dans l'exercice de leur travail, ces technologues doivent effectuer des recherches d'informations, s'assurer de la concordance des documents de projets, communiquer régulièrement avec leurs partenaires et prendre des décisions.

Ce programme permet de concilier deux exigences de la formation : la polyvalence et la spécialisation. La polyvalence est assurée par l'acquisition des compétences générales qui permettent aux technologues en architecture de faire preuve d'autonomie dans l'accomplissement de leurs fonctions. De plus, cette acquisition facilite leur adaptation à de nouveaux contextes de travail.

Préalables du secondaire
Mathématiques : TS 4e ou SN 4e ou 436
Sciences : ST 4e ou ATS 4e ou Sciences physiques 436

Cégeps offrant le programme
André-Laurendeau, Chicoutimi*, Lévis-Lauzon*, Montmorency*, Rimouski*, Saint-Laurent*, Séminaire de Sherbrooke, Trois-Rivières, Vanier, Vieux-Montréal

*Voir alternance travail-études, p. 293

Admissions/SRAM 2013 :	demandes au 1er tour :	745
	admis au 1er tour :	499
	total des admis aux 3 tours :	573

221.A0 Technologie de l'architecture

Marché du travail 2012

Cégeps répondants : 9

Sortants répondants se destinant à l'emploi	Nombre	%
	163	100

Placement

	Nombre	%
Emploi relié total, 6 mois après la fin des études	140	86
Emploi relié, temps plein	132	81
Emploi relié, temps partiel ou occasionnel	8	5
Emploi non relié	6	4
Sans emploi	17	10

Salaire
Initial moyen : 16,70 $ / heure
Initial supérieur : 22,50 $ / heure

Postes offerts

Technologue en architecture
Estimateur, maquettiste
Coordonnateur de chantier
Inspecteur de bâtiment
Représentant technique
Conseiller en matériaux
Évaluateur, acheteur
Dessinateur
Technicien de structure
Chargé de projet

Milieux de travail
Bureau d'architectes, ingénieurs, urbanistes, dessinateurs
Fabricant de produits de construction, entrepreneur
Municipalité, gouvernement, firme d'évaluation immobilière
Compagnie ou centre de rénovation, de décoration, de meubles
Fabricant de maisons préusinées, structures d'acier, toitures, fenêtres
Vitreries

Exigences du marché
Mobilité
Notions de construction et carte de santé et sécurité au travail
Connaissance des systèmes métrique et impérial
Excellente maîtrise du dessin assisté par ordinateur (DAO)

Commentaires
Connaissance de l'anglais requise pour certains postes en vente et représentation notamment
Travail varié offert
Plusieurs poursuivent des études universitaires

Indicateur du placement 2007 à 2012

Sortants répondants se destinant à l'emploi :	926	
Total des répondants en emploi :	872	94 %

221.B0 Technologie du génie civil

Buts du programme

Ce programme vise à former des personnes aptes à exercer la profession de technicien en génie civil.

Le champ d'activité de ces spécialistes s'inscrit dans le génie des structures, le génie municipal, le génie routier, le génie géotechnique et l'environnement. On les retrouve, notamment, dans les firmes d'ingénieurs-conseils, les laboratoires d'essais, les services gouvernementaux, les municipalités et les MRC, les entreprises de fabrication de matériaux ou de produits de construction et chez les entrepreneurs en construction.

Les techniciens en génie civil sont appelés à effectuer des travaux d'arpentage et des analyses de sols et de matériaux; à participer à la conception technique de projets de construction ou de réfection de structure et d'infrastructure ainsi qu'à l'organisation de travaux de chantier; à assurer le suivi des travaux de construction ou de réfection; à inspecter des ouvrages de génie civil et à adapter des méthodes de fabrication de matériaux de construction. Leurs travaux sont soumis aux dispositions législatives et réglementaires en matière de construction, de réfection, de protection de l'environnement, de santé et de sécurité au travail.

Le travail des techniciens en génie civil s'effectue en équipe multidisciplinaire et dans le cadre du champ de compétence reconnu par les lois et les règlements en matière d'exercice professionnel. Selon le type d'entreprise, les techniciens travaillent avec des ingénieurs, des entrepreneurs ou encore avec des personnes du domaine municipal ou manufacturier. Ils peuvent également être des travailleurs autonomes.

Le programme répond au besoin de formation pour la conception et l'exécution de travaux de construction et de réfection. Afin de s'ajuster aux nouvelles exigences du marché du travail, il a aussi été conçu de façon à inclure les considérations environnementales.

Préalables du secondaire
Mathématiques : TS 5e ou SN 5e ou 526
Sciences : STE 4e ou SE 4e ou Sciences physiques 436

Cégeps offrant le programme
Abitibi-Témiscamingue*, Ahuntsic*, André-Laurendeau*, Baie-Comeau*, Beauce-Appalaches, Chicoutimi*, Dawson, Lanaudière à Joliette*, Limoilou*, Montmorency*, Outaouais, Rimouski*, Sherbrooke, Trois-Rivières

*Voir alternance travail-études, p. 293

Admissions/SRAM 2013 :		
demandes au 1er tour :		601
admis au 1er tour :		456
total des admis aux 3 tours :		516

221.B0 Technologie du génie civil

Marché du travail 2012

Cégeps répondants : 14

Sortants répondants se destinant à l'emploi	Nombre	%
	200	100

Placement

Emploi relié total, 6 mois après la fin des études	188	94
Emploi relié, temps plein	177	87
Emploi relié, temps partiel ou occasionnel	11	6
Emploi non relié	7	4
Sans emploi	5	3

Salaire
Initial moyen : 20,20 $ / heure
Initial supérieur : 26,90 $ / heure

Postes offerts
Technologue en génie civil
Évaluateur, estimateur
Dessinateur, concepteur
Chargé de projet
Surveillant de chantier
Technicien en contrôle de qualité
Technicien en structure
Technicien en arpentage
Technicien de laboratoire
Inspecteur
Technicien en génie municipal
Technicien en environnement
Technicien en travaux publics

Milieux de travail
Entrepreneur en construction
Firme de génie-conseil
Manufacturier de matériaux
Fabricant de structures d'acier
Raffineries
Industrie minière
Cimenterie et compagnie de pavage
Bureau d'arpenteurs
Laboratoire d'inspection et d'essais
Société de transport
Gouvernement et municipalité
Entreprise spécialisée en projets énergétiques

Exigences du marché
Mobilité
Permis de conduire et automobile souhaités
Carte de santé et sécurité au travail
Bilinguisme un atout

Commentaires
Plusieurs sortants poursuivent des études universitaires en génie notamment, pénurie de candidats
Investissements massifs dans les infrastructures routières et municipales ont créé de l'emploi
Longues heures de travail en période de pointe

Indicateur du placement 2007 à 2012

Sortants répondants se destinant à l'emploi :	1063	
Total des répondants en emploi :	1035	97 %

221.C0 Technologie de la mécanique du bâtiment

Buts du programme

Ce programme vise à former des techniciens aptes à assurer le bon fonctionnement des systèmes mécaniques et à gérer la dépense énergétique des bâtiments. Ces personnes peuvent travailler sur des systèmes de plomberie, de chauffage, de ventilation, de climatisation, de réfrigération et de protection contre les incendies. Certains de ces systèmes sont munis de commandes électriques ainsi que de circuits de régulation automatique.

Les activités de ces techniciens varient en fonction de la taille des bâtiments, des systèmes mécaniques et du travail à effectuer. Ces spécialistes peuvent exercer une ou plusieurs fonctions de travail, ils peuvent travailler seuls, en équipe et en collaboration avec des personnes-ressources spécialisées. Ils peuvent être appelés à exécuter des dessins techniques, à contribuer à la conception des systèmes mécaniques et à préparer les plans, les devis et les soumissions, selon le cas. Ils peuvent assumer des fonctions telles que vérifier le fonctionnement des systèmes mécaniques et en superviser la maintenance; inspecter les systèmes et vérifier leur conformité avec la réglementation; faire de la représentation technique et assurer l'optimisation des systèmes et la gestion énergétique des bâtiments. L'importance et la fréquence des tâches varient en fonction des entreprises et du type de travail : travailleur salarié ou autonome.

Ces techniciens peuvent se voir confier des projets de faible envergure durant les cinq premières années de leur carrière. Ainsi, ils peuvent être appelés à surveiller un chantier et à coordonner un projet d'installation de système mécanique.

Les diplômés pourront exercer leurs fonctions dans des bureaux d'experts-conseils ou de conseillers en gestion énergétique, chez des entrepreneurs, des agents de manufacturiers et des grossistes, dans des municipalités et des services publics et parapublics ainsi que dans l'industrie manufacturière.

Ils doivent se conformer en tout temps aux normes du bâtiment.

Préalables du secondaire
Mathématiques : TS 4e ou SN 4e ou 436
Sciences : STE 4e ou SE 4e ou Sciences physiques 436

Cégeps offrant le programme
Ahuntsic*, Jonquière*, Limoilou, Outaouais*, Rimouski*, Saint-Hyacinthe*, Trois-Rivières, Vanier

*Voir alternance travail-études, p. 293

*Voir alternance travail-études, p. 293

Admissions/SRAM 2013 :	demandes au 1er tour :	158
	admis au 1er tour :	140
	total des admis aux 3 tours :	173

221.C0 Technologie de la mécanique du bâtiment

Marché du travail 2012

Cégeps répondants : 8

Sortants répondants se destinant à l'emploi	Nombre	%
	77	100

Placement

	Nombre	%
Emploi relié total, 6 mois après la fin des études	67	87
Emploi relié, temps plein	65	84
Emploi relié, temps partiel ou occasionnel	2	3
Emploi non relié	3	4
Sans emploi	7	9

Salaire
Initial moyen : 19,20 $ / heure
Initial supérieur : 22,60 $ / heure

Postes offerts

Technologue en mécanique du bâtiment
Estimateur, acheteur
Technicien en réfrigération
Technicien en régulation et contrôle, ventilation, plomberie chauffage
Surintendant
Technicien en efficacité énergétique
Dessinateur, concepteur, chargé de projet
Représentant technique
Gérant d'édifices publics
Entreprises spécialisées en projets énergétiques

Milieux de travail

Firme de génie-conseil
Entrepreneur en réfrigération, chauffage, climatisation, ventilation et plomberie
Société immobilière
Centre hospitalier
Manufacturier et distributeur d'équipement
Grand édifice privé et public
Maison d'enseignement
Gouvernement

Exigences du marché
Connaissance en conception et dessin assisté par ordinateur (CAO et DAO)

Commentaires
Plusieurs possibilités d'emploi en estimation et représentation
Pénurie de sortants
Les politiques d'économie d'énergie pourraient favoriser l'emploi.

Indicateur du placement 2007 à 2012

Sortants répondants se destinant à l'emploi :	475	
Total des répondants en emploi :	456	96 %

221.D0 Technologie de l'estimation et de l'évaluation en bâtiment

Ce programme vise à former des diplômés pouvant jouer un double rôle, soit celui d'estimateur en construction et celui de collaborateur de l'évaluateur agréé, le spécialiste en évaluation immobilière.

Leur rôle en tant qu'estimateur consiste à faire une étude détaillée d'un projet de construction à partir de plans et devis. Il devra donc relever les quantités de matériaux qui seront utilisés dans le projet de construction, en estimer les coûts, estimer les coûts de la main-d'œuvre, de la machinerie et autres coûts inhérents au projet.

Leur rôle en tant que technicien en évaluation immobilière consiste à rechercher la valeur marchande d'une propriété. Ce travail se fait en collaboration avec l'évaluateur agréé. Cette évaluation peut être faite pour des fins d'hypothèque, de taxation municipale, d'expropriation, d'assurance, etc.

Objectifs généraux
Au terme de ses études, l'étudiant formé en estimation sera en mesure : de différencier les matériaux de construction; d'évaluer les techniques de construction à prendre; d'estimer les quantités de matériaux néces-saires; d'estimer les coûts des matériaux; d'estimer le temps nécessaire à la réalisation du projet; d'estimer les coûts de la main-d'œuvre; de planifier les étapes d'un estimé; de fermer une soumission; de planifier les étapes de réalisation d'un chantier; de surveiller la bonne marche du chantier de construction.

Au terme de ses études, l'étudiant formé en évaluation immobilière sera en mesure : d'effectuer des relevés lors d'inspection de bâtiments; de calculer le coût de remplacement déprécié d'une bâtisse; de calculer la dépréciation applicable au bâtiment; de faire des recherches au Bureau de publicité des droits; de monter des tableaux de ventes; d'appliquer la méthode de comparaison (terrain-bâtiment); de faire des analyses afin d'établir un multiplicateur du revenu brut (MRB); de confectionner un rapport d'évaluation; de maîtriser le vocabulaire propre à sa discipline.

Préalables du secondaire
Mathématiques : CST 4e ou 436
Sciences : STE 4e ou SE 4e ou Sciences physiques 436

Cégeps offrant le programme
Campus Notre-Dame-de-Foy, Drummondville*, Institut Grasset, Montmorency*, Séminaire de Sherbrooke

*Voir alternance travail-études, p. 293

110

221.D0 Technologie de l'estimation et de l'évaluation en bâtiment

Marché du travail 2012

Cégeps répondants : 2

Sortants répondants se destinant à l'emploi	Nombre	%
	26	100

Placement

Emploi relié total, 6 mois après la fin des études	25	96
Emploi relié, temps plein	25	96
Emploi relié, temps partiel ou occasionnel	0	0
Emploi non relié	0	0
Sans emploi	1	4

Salaire
Initial moyen : 19,10 $ / heure
Initial supérieur : 24,60 $ / heure

Postes offerts
Estimateur, technicien en évaluation et en inspection
Gérant de projet
Représentant commercial
Technicien en estimation foncière

Milieux de travail
Bureau d'évaluation
Bureau d'architectes
Municipalité
Compagnie d'assurance
Institution financière
Commission scolaire

Exigences du marché
Mobilité
Disponibilité de travail en soirée et en fin de semaine
Permis de conduire souhaité pour déplacements fréquents
Anglais un atout

Commentaires
Pénurie de sortants

Indicateur du placement 2007 à 2012

Sortants répondants se destinant à l'emploi :	98	
Total des répondants en emploi :	96	98 %

222.A0 Techniques d'aménagement et d'urbanisme

Buts du programme
Ce programme vise à former des personnes aptes à exercer la profession de technicien en aménagement du territoire et celle d'inspecteur municipal.

Le technicien en aménagement du territoire exécute différentes tâches techniques relatives à l'aménagement du territoire urbain ou rural. Il participe à la planification et au contrôle des milieux résidentiels, commerciaux, industriels, récréatifs, agricoles, naturels et autres, qui composent ce territoire. Il travaille au sein d'organismes publics et parapublics ou d'entreprises privées. Il collabore avec les urbanistes, les architectes, les ingénieurs et les arpenteurs-géomètres à la planification d'interventions sur le territoire. Il effectue des relevés sur le terrain, recueille, analyse et pondère les données utiles à la prise de décision et conçoit, confectionne et présente des plans et des esquisses d'aménagement.

L'inspecteur municipal travaille dans les municipalités locales ou régionales. Dans une petite municipalité, il est la seule personne dont le travail englobe l'ensemble des tâches et il doit en assumer tous les aspects. Il s'assure aussi que les lois et règlements municipaux sont respectés, informe les citoyens et les membres du conseil municipal sur les questions concernant l'urbanisme et l'aménagement du territoire. Il émet les permis et certificats, conformément aux dispositions des règlements d'urbanisme et il inspecte le territoire et relève les infractions. Il rend compte au conseil des infractions et il assure le suivi des dossiers. Dans une municipalité plus grande, les tâches de l'inspecteur sont plus spécialisées et elles n'englobent qu'une partie des énoncés précédents.

Ce programme d'études assure la polyvalence par un ensemble de compétences générales axées sur : la communication et la capacité d'interagir avec les personnes (citoyens, élus et clients), les équipes de travail et les autres spécialistes; l'adaptation aux personnes, aux situations, aux contextes d'intervention et aux environnements de travail; l'analyse et l'interprétation basées sur l'application et la mise en relation de connaissances multidisciplinaires; la résolution de problème et la prise de décision menant à des actions pertinentes, efficaces et bien fondées.

Préalable du secondaire
Mathématiques : TS 4e ou SN 4e ou CST 5e ou 426

Cégeps offrant le programme
Jonquière, Matane*, Rosemont
*Voir alternance travail-études, p. 293

Admissions/SRAM 2013 :	demandes au 1er tour :	32
	admis au 1er tour :	27
	total des admis aux 3 tours :	37

222.A0 Techniques d'aménagement et d'urbanisme

Marché du travail 2012

Cégeps répondants : 2

Sortants répondants se destinant à l'emploi	Nombre	%
	13	100

Placement

	Nombre	%
Emploi relié total, 6 mois après la fin des études	13	100
Emploi relié, temps plein	12	92
Emploi relié, temps partiel ou occasionnel	1	8
Emploi non relié	0	0
Sans emploi	0	0

Salaire
Initial moyen : 20,30 $ / heure
Initial supérieur : 22,70 $ / heure

Postes offerts
Technicien en aménagement
Inspecteur municipal en bâtiment, voirie et environnement
Dessinateur
Cartographe
Technicien en urbanisme
Technicien en arpentage
Technicien en géomatique municipale
Technicien en circulation et transport

Milieux de travail
Municipalité
Gouvernement
Consultant en urbanisme et en aménagement
Compagnie minière
Société de développement municipal
Bureau d'évaluateurs agréés

Exigences du marché
Permis de conduire souvent demandé
Mobilité
Connaissance de la géomatique et des logiciels spécialisés

Commentaires
Augmentation de la moyenne salariale
Davantage d'emplois mieux rémunérés dans le secteur public
Pénurie de finissants

Indicateur du placement 2007 à 2012

Sortants répondants se destinant à l'emploi :	94	
Total des répondants en emploi :	92	98 %

230.AA Technologie de la géomatique : Cartographie

Buts du programme
Ce programme vise à former des personnes aptes à exercer la profession de technicien en géomatique. Ces techniciens procèdent à l'acquisition, au stockage, au traitement, à la production et à la diffusion de données à référence spatiale ou géographique. Ils travaillent dans les petites et grandes entreprises de géomatique ou de cartographie des secteurs privé, public et parapublic. Les bureaux d'arpentage ont aussi recours à leurs services ainsi que les entreprises qui doivent gérer une information à caractère géographique ou réaliser des produits géomatiques, des cartes et des plans.

Les tâches accomplies par les techniciens en géomatique sont la production de documents liés à la gestion du territoire municipal, la production de cartes thématiques, l'élaboration de systèmes d'information géographique, le développement d'applications de la géomatique et enfin, la diffusion de produits géomatiques.

Voie de spécialisation A : Cartographie
Les tâches des techniciens comprennent de plus la production d'images numériques géoréférencées, la création d'images fonctionnelles et esthétiques, la préparation de la publication de documents cartographiques, le traitement et l'interprétation d'images de télédétection ainsi que la production de cartes de base.

Le programme *Technologie de la géomatique* favorise le développement de l'autonomie, de la capacité de résoudre des problèmes, de la rigueur, de la minutie et des habiletés en création et en esthétisme.

Le programme comporte aussi la voie de spécialisation *B* en *Géodésie* décrite dans les pages suivantes.

Préalable du secondaire
Mathématiques : TS 4e ou SN 4e ou 436

Cégeps offrant le programme dans cette voie
Limoilou*, Outaouais*

*Voir alternance travail-études, p. 293

Admissions/SRAM 2013

demandes au 1er tour :		12
admis au 1er tour :		12
total des admis aux 3 tours :		20

230.AA Technologie de la géomatique : Cartographie

Marché du travail 2012

Cégeps répondants : 2

Sortants répondants se destinant à l'emploi	Nombre	%
	13	100

Placement

	Nombre	%
Emploi relié total, 6 mois après la fin des études	12	92
Emploi relié, temps plein	12	92
Emploi relié, temps partiel ou occasionnel	0	0
Emploi non relié	1	8
Sans emploi	0	0

Salaire
Initial moyen : 20,40 $ / heure
Initial supérieur : 25,70 $ / heure

Postes offerts
Technicien en arpentage
Technicien en géomatique
Technicien en cartographie
Technicien en photogrammétrie
Technicien en vidéogrammétrie
Conseiller technique
Responsable de la géoréférence
Technicien en travaux publics
Technicien en rénovation cadastrale

Milieux de travail

Gouvernement	Municipalité
Firme d'arpenteurs-géomètres	Laboratoire photographique
Bureau de cartographes	Firme de génie-conseil
Consultant en environnement	Entreprise forestière
Société de transport	Centre de recherche
Firme de télécommunication	Maison d'enseignement

Exigences du marché
Mobilité
Bonne connaissance des logiciels spécialisés

Commentaires
Augmentation de la moyenne salariale
Meilleurs salaires au secteur public
Marché accueillant

Indicateur du placement 2007 à 2012

Sortants répondants se destinant à l'emploi :	76	
Total des répondants en emploi :	74	97 %

230.AB Technologie de la géomatique : Géodésie

Buts du programme
Ce programme vise à former des personnes aptes à exercer la profession de technicien en géomatique. Ces techniciens procèdent à l'acquisition, au stockage, au traitement, à la production et à la diffusion de données à référence spatiale ou géographique. Ils travaillent dans les petites et grandes entreprises de géomatique ou de cartographie des secteurs privé, public et parapublic. Les bureaux d'arpentage ont aussi recours à leurs services ainsi que les entreprises qui doivent gérer une information à caractère géographique ou réaliser des produits géomatiques, des cartes et des plans.

Les tâches accomplies par les techniciens en géomatique sont la production de documents liés à la gestion du territoire municipal, la production de cartes thématiques, l'élaboration de systèmes d'information géographique, le développement d'applications de la géomatique et enfin, la diffusion de produits géomatiques.

Voie de spécialisation B : Géodésie
Les tâches des techniciens comprennent aussi les calculs de données de levés de terrain, la production de documents liés aux opérations cadastrales, la réalisation d'implantations, la production de documents à caractère foncier et légal ainsi que l'établissement de réseaux géodésiques ou de canevas de points de contrôle photogrammétrique. Les techniciens en géomatique font partie, la plupart du temps, d'équipes supervisées par des personnes de formations différentes : géomaticiens, géographes, ingénieurs, arpenteurs-géomètres, urbanistes, environnementalistes, informaticiens. Il leur arrive aussi de rencontrer des clients ou des usagers. Des habiletés en communication, en travail d'équipe et en relations interpersonnelles sont donc nécessaires à l'exercice de la profession.

Le programme *Technologie de la géomatique* favorise le développement de l'autonomie, de la capacité de résoudre des problèmes, de la rigueur, de la minutie et des habiletés en création et en esthétisme.

Le programme comporte aussi la voie de spécialisation *A* en *Cartographie* décrite dans les pages précédentes.

Préalable du secondaire
Mathématiques : TS 4e ou SN 4e ou 436

Cégeps offrant le programme dans cette voie
Ahuntsic*, Limoilou*

*Voir alternance travail-études, p. 293

Admissions/SRAM 2013 :   demandes au 1er tour :   57

admis au 1er tour :   56

total des admis aux 3 tours :   76

230.AB Technologie de la géomatique : Géodésie

Marché du travail 2012

Cégeps répondants : 2

	Nombre	%
Sortants répondants **se destinant à l'emploi**	23	100

Placement

Emploi relié total, 6 mois après la fin des études	20	87
Emploi relié, temps plein	20	87
Emploi relié, temps partiel ou occasionnel	0	0
Emploi non relié	1	4
Sans emploi	2	9

Salaire
Initial moyen : 19,70 $ / heure
Initial supérieur : 25,40 $ / heure

Postes offerts
Technicien en relevé de terrains
Technicien en travaux publics
Technicien en géomatique
Technicien en géodésie
Dessinateur
Technicien en aménagement
Technicien en arpentage
Technicien en photogrammétrie

Milieux de travail
Gouvernement
Municipalité
Firme d'arpenteurs-géomètres
Firme de génie-conseil
Entreprise de drainage
Fabricant de matériaux de construction
Distributeur de gaz naturel
Entrepreneur en construction
Entreprise de télécommunication et de géomatique

Exigences du marché
Excellente maîtrise des logiciels spécialisés
Mobilité

Indicateur du placement 2007 à 2012

Sortants répondants se destinant à l'emploi :	102	
Total des répondants en emploi :	96	94 %

231.A0 Techniques d'aquaculture

Buts du programme
Ce programme vise à former des personnes aptes à exercer la profession de technicien, particulièrement spécialisé en mariculture. Ces personnes peuvent travailler comme propriétaires exploitants, mais elles peuvent aussi agir comme consultants, techniciens en recherche et exploitants. Les milieux de travail sont variés : instituts de recherche, services gouvernementaux, stations piscicoles, fermes aquicoles, écloseries-nurseries, fermes de services-conseils et centres d'exposition (aquariums).

Le technicien en aquaculture est appelé à gérer l'ensemble des activités d'un établissement piscicole ou aquicole. Il détermine les besoins des espèces à élever, et les lieux propices à l'élevage, conçoit les installations, participe à leur mise en place et maximise les rendements de production. De plus, il doit contrôler la qualité de l'eau, remédier à des problèmes de santé, entretenir l'équipement et manœuvrer des structures en mer. Devant maximiser les rendements, il doit pouvoir analyser les résultats obtenus, gérer les stocks, coordonner les activités et établir les besoins en matériel.

Préalables du secondaire
Mathématiques : CST 4e ou 426
Sciences : STE 4e ou SE 4e ou Sciences physiques 436

Cégep offrant le programme
Centre d'études collégiales des Îles, École des pêches et de l'aquaculture du Québec (Grande-Rivière)

Admissions/SRAM 2013
demandes au 1er tour : n. d.
admis au 1er tour : n. d.
total des admis aux 3 tours : n. d.

231.A0 Techniques d'aquaculture

Marché du travail 2012

Cégeps répondants : 0

Sortants répondants se destinant à l'emploi	Nombre	%
	n. d.	100

Placement

Emploi relié total, 6 mois après la fin des études	n. d.	n. d.
Emploi relié, temps plein	n. d.	n. d.
Emploi relié, temps partiel ou occasionnel	n. d.	n. d.
Emploi non relié	n. d.	n. d.
Sans emploi	n. d.	n. d.

Salaire
Initial moyen : n. d.
Initial supérieur : n. d.

Postes offerts
Exploitant d'un navire de pêche
Agent de recherche et développement
Agent des pêches
Observateur en mer
Technicien des pêches
Pêcheur professionnel
Technicien aquacole
Technicien en travaux pratiques

Milieux de travail
Navire de pêche en mer
Gouvernement
Institut de recherche
Ministère de l'Agriculture, des Pêcheries et de l'Alimentation du Québec (MAPAQ)
Municipalité

Exigences du marché
Mobilité
DEC obligatoire

Commentaires
Évaluation du marché du travail difficile compte tenu du petit nombre de sortants
Emplois saisonniers

Indicateur du placement 2007 à 2012

Sortants répondants se destinant à l'emploi :	n.d.	
Total des répondants en emploi :	n.d.	n.d.

231.B0 Transformation des produits aquatiques

Objectifs du programme

Ce programme vise à former des personnes aptes à exercer la profession de technicien en transformation des produits de la mer. Les milieux de travail sont variés et comprennent les établissements de transformation des produits de la mer (poissons, mollusques, crustacés, échinodermes et algues), les services gouvernementaux, les centres de recherche, les laboratoires d'analyse alimentaire et d'analyse d'eaux, les établissements de dépuration de coquillages et les bureaux de services-conseils.

Le technicien est appelé à gérer l'ensemble des activités de production et de gestion de la qualité dans un établissement de transformation des produits de la mer. Il supervise le personnel d'usine ainsi que les opérations liées à l'assainissement et à l'entretien de l'équipement, de l'outillage et du matériel. Il surveille la transformation du produit et coordonne les activités des travailleurs. Il exécute également certaines opérations de transformation des produits. Il applique les normes de contrôle de la qualité du poisson et les règlements relatifs à la salubrité. Il participe aussi au développement de nouveaux produits ou procédés, ainsi qu'à la commercialisation des produits marins. Enfin, il effectue des analyses organoleptiques, physicochimiques et bactériologiques liées au contrôle et à la vérification de la qualité.

Perspectives professionnelles

Après leurs études, les diplômés en transformation des produits aquatiques peuvent travailler comme préposé à la transformation des produits, vérificateur, contrôleur ou responsable de la qualité, inspecteur des produits de la mer, préposé aux analyses de laboratoire ou technicien en recherche et développement de produits ou de procédés. Par la suite, après avoir acquis de l'expérience, elles pourront occuper les fonctions de conseiller technique, directeur, gérant, superviseur ou contremaître de production.

Préalables du secondaire

Mathématiques : TS 4e ou SN 4e ou 426
Sciences : STE 4e ou SE 4e ou Sciences physiques 436

Cégep offrant le programme

École des pêches et de l'aquaculture du Québec (Grande-Rivière)

Admissions/SRAM 2013 :	demandes au 1er tour :	n. d.
	admis au 1er tour :	n. d.
	total des admis aux 3 tours :	n. d.

120

231.B0 Transformation des produits aquatiques

Marché du travail 2012

Cégeps répondants : 0

Sortants répondants se destinant à l'emploi	Nombre	%
	n. d.	100

Placement

	Nombre	%
Emploi relié total, 6 mois après la fin des études	n. d.	n. d.
Emploi relié, temps plein	n. d.	n. d.
Emploi relié, temps partiel ou occasionnel	n. d.	n. d.
Emploi non relié	n. d.	n. d.
Sans emploi	n. d.	n. d.

Salaire
Initial moyen : n. d.
Initial supérieur : n. d.

Postes offerts
Technicien en usine de transformation des produits de la mer
Technicien de laboratoire et en recherche et développement
Contrôle de la qualité

Milieux de travail
Usine de traitement du poisson

Commentaires
Évaluation du marché du travail difficile comte tenu du faible nombre de sortants

---

Indicateur du placement 2007 à 2012

Sortants répondants se destinant à l'emploi :	n.d.	
Total des répondants en emploi :	n.d.	n.d.

232.A0 Procédés et valorisation
(Technologies des pâtes et papiers)

Buts du programme

Ce programme vise à former des techniciens aptes à intervenir aux différentes étapes de la production des pâtes, des papiers et des cartons.

Le travail de ces techniciens consiste principalement à effectuer le contrôle de la qualité associé aux divers aspects de la production, à assurer le fonctionnement des unités de production, à collaborer à des travaux relatifs au suivi environnemental de la production, à la résolution des problèmes de production ainsi qu'à l'optimisation des procédés, et à fournir une assistance technique aux équipes de travail.

Ces techniciens pourront occuper des emplois dans différentes usines de pâtes, de papier et de carton utilisant une diversité de procédés de production, notamment au sein des départements responsables des services techniques ou du contrôle de la qualité ou encore à titre d'opérateurs d'unités de production. Ils pourront également agir comme conseillers techniques pour le compte d'entreprises offrant des biens et des services aux entreprises de pâtes et papiers. Enfin, ils pourront s'intégrer à des équipes de travail spécialisées en recherche et développement, dans des centres de recherche.

Les tâches des techniciens englobent des tests et des analyses permettant, entre autres, de déterminer l'état des matières, de mesurer les effets des charges et des additifs, d'évaluer le rendement ou l'efficacité des procédés et de déterminer la qualité des produits, aux différentes phases des processus de production. L'interprétation juste des données et des résultats de ces tests et analyses est requise afin d'expliquer certains phénomènes observés dans les procédés, de définir les causes des problèmes, de suggérer des actions à entreprendre et, ainsi, d'orienter les interventions effectuées du point de vue des procédés.

De façon générale, le travail des techniciens s'effectue en équipe, selon une approche fournisseur client. L'appropriation des objectifs et des directives de travail, la collecte et l'analyse d'information, la réalisation de divers types d'interventions, l'interprétation des résultats, la rédaction de rapports techniques ainsi que leur diffusion constituent le travail usuel des techniciens.

Préalables du secondaire
Mathématiques : TS 5e ou SN 5e ou 526
Physique : 5e ou 534
Chimie : 5e ou 534

Cégep offrant le programme
Trois-Rivières*

*Voir alternance travail-études, p. 293

232.A0 Procédés et valorisation
(Technologies des pâtes et papiers)

Marché du travail 2012

Cégeps répondants : 0

Sortants répondants se destinant à l'emploi	Nombre	%
	n.d	100

Placement

	Nombre	%
Emploi relié total, 6 mois après la fin des études	n.d.	n.d.
Emploi relié, temps plein	n.d.	n.d.
Emploi relié, temps partiel ou occasionnel	n.d.	n.d.
Emploi non relié	n.d.	n.d.
Sans emploi	n.d.	n.d.

Salaire
Initial moyen : n.d.
Initial supérieur : n.d.

Postes offerts

Technicien en pâtes et papiers	Technicien de procédés
Représentant technique	Réserviste
Technicien en laboratoire	Superviseur des opérations
Opérateur de machine à papier	

Milieux de travail
Usine de pâtes et papiers
Centre de recherche
Fabricant d'équipements spécialisés
Usine de désencrage
Fournisseur de produits chimiques

Exigences du marché
Mobilité
Bonne connaissance de l'anglais un atout important
Habileté en gestion dans certains postes
Les postes en représentation exigent des connaissances en chimie.

Commentaires
Les sortants peuvent débuter leur carrière comme opérateur
Bonne perspective d'avancement
L'industrie offre de bons salaires
Évaluation du marché difficile compte tenu du petit nombre de sortants
Industrie en mutation

Indicateur du placement 2007 à 2012

Sortants répondants se destinant à l'emploi :	n.d.	
Total des répondants en emploi :	n.d.	n.d.

233.B0 Techniques du meuble et d'ébénisterie

Buts du programme

Les diplômés seront préparés à assumer des tâches de dessin conception, de gestion de la production et de supervision dans le domaine de l'ameublement et de la menuiserie architecturale. Ils pourront exercer leur profession dans la petite, la moyenne ou la grande entreprise tout aussi bien en ébénisterie industrielle, commerciale, qu'en ébénisterie de conception et en fabrication d'ameublement d'intérieur et d'extérieur.

Les domaines où ils peuvent œuvrer sont très variés et vont de l'ameublement de bois à l'ornementation du meuble de métal en passant par la fabrication d'intérieur de commerces, de restaurants, de condominiums, de salles de spectacles, d'intérieurs haut de gamme personnalisés (avions, bateaux et véhicules motorisés) et bien d'autres.

Compétences professionnelles selon les profils

Voie de spécialisation A, production sérielle : les personnes qui compléteront ce profil seront en mesure de dessiner des meubles, des gabarits et des outils de coupe, d'exploiter le potentiel de l'équipement et de programmer des machines à commande numérique, d'estimer des coûts et de superviser du personnel. Elles contribueront à l'optimisation de la production par la planification, le contrôle de la qualité, les diverses méthodes associées à la gestion de la production. Elles pourront être appelées à collaborer à des travaux de recherche et de développement ainsi qu'à l'organisation d'une production en grande série. Elles seront préparées à la production de meubles en bois massif, de produits en panneaux, de meubles rembourrés, de portes et de fenêtres.

Voie de spécialisation B, menuiserie architecturale : les personnes qui compléteront ce profil seront également en mesure de dessiner, d'estimer des coûts, de programmer des machines à commande numérique et de superviser du personnel. Par ailleurs, elles se spécialiseront davantage dans la conception technique et la fabrication des éléments d'un projet de fabrication sur mesure. Elles seront habilitées à coordonner un tel projet à travers ses différentes étapes de production, soit la conception, la planification, la fabrication et le contrôle de la qualité.

Préalables du secondaire
Mathématiques : CST 4e ou 514

Cégeps offrant le programme selon les voies
École nationale du meuble et de l'ébénisterie à Victoriaville : voies A* et B*; École nationale du meuble et de l'ébénisterie à Montréal : voie B*.

*Voir alternance travail-études, p. 293

Admissions/SRAM 2013 : demandes au 1er tour : n.d.
admis au 1er tour : n.d.
total des admis aux 3 tours : n.d.

233.B0 Techniques du meuble et d'ébénisterie

Marché du travail 2012

Cégeps répondants : 1

Sortants répondants se destinant à l'emploi	Nombre	%
	18	100

Placement

Emploi relié total, 6 mois après la fin des études	17	94
Emploi relié, temps plein	16	88
Emploi relié, temps partiel ou occasionnel	1	6
Emploi non relié	1	6
Sans emploi	0	0

Salaire
Initial moyen : 19,40 $ / heure
Initial maximal : 22,70 $ / heure

Postes offerts

Maquettiste
Agent de méthodes
Technicien en recherche et développement
Contremaître d'atelier
Inspecteur-ébéniste
Peintre-ébéniste
Dessinateur/concepteur
Ébéniste
Programmeur de machines à bois à contrôle numérique
Technicien en mise en production
Finisseur
Responsable de la production et de la gestion de la qualité

Milieux de travail

Fabricant de meubles, portes, armoires, fenêtres, meubles commerciaux et cercueils
À son compte
Fabricant d'avions
Restauration d'instruments de musique et de meubles
Maison d'enseignement

Exigences du marché

Acuité visuelle et perception spatiale
Créativité
Compétences entrepreneuriales
Bonne connaissance des logiciels spécialisés

Commentaires

Possibilité de créer une entreprise
Mobilité
Anglais un atout
Polyvalence requise en petites entreprises
Nette augmentation de la moyenne salariale

Indicateur du placement 2007 à 2012

Sortants répondants se destinant à l'emploi :	112	
Total des répondants en emploi :	110	98 %

235.B0 Technologie du génie industriel

Buts du programme

Ce programme vise à former des techniciens aptes à participer activement à l'optimisation de la production de biens ou de services au sein de divers secteurs d'activité économique. La contribution de ces personnes permet d'accroître la compétitivité des entreprises par une amélioration continue de la productivité, de l'efficacité et de la rentabilité. Ces personnes doivent répondre aux besoins de leur entreprise concernant l'analyse, l'implantation, la régulation, le contrôle et l'amélioration continue des méthodes, des procédés et des processus qui influent sur la production. Leurs services sont requis tant pour les travaux de production que ceux d'ingénierie.

Dans le but d'optimiser la production, les techniciens peuvent être appelés à participer à la planification et au lancement de la production, au contrôle de la qualité, à la supervision et à l'entretien, ainsi qu'à la résolution de problèmes. Ils peuvent également apporter un soutien technique pour la mise au point de gammes de fabrication.

Par ailleurs, les techniciens sont également appelés à intervenir directement avec l'équipe d'ingénierie pour analyser le processus de production et proposer de nouvelles méthodes et technologies ou pour contribuer à la recherche et au développement. Ces interventions ont pour objet de répondre aux exigences de la clientèle, d'augmenter la qualité des produits, d'accroître la productivité, de diminuer les coûts de production et de satisfaire aux normes environnementales et autres. À échéance plus ou moins brève, on confiera aux techniciens, la responsabilité de projets d'étude ou d'implantation notamment pour l'assurance qualité, la santé et la sécurité au travail et la productivité.

Les techniciens travaillent dans des entreprises de différentes tailles. Ils peuvent être en relation avec l'ensemble des personnes qui, à l'interne et à l'externe, interviennent dans les différents projets.

Préalables du secondaire
Mathématiques : TS 4e ou SN 4e ou 436

Cégeps offrant le programme
Ahuntsic, Beauce-Appalaches*, Granby-Haute-Yamaska*, Jonquière*, Limoilou*, Lionel-Groulx*, Trois-Rivières*

*Voir alternance travail-études, p. 293

235.B0 Technologie du génie industriel

Marché du travail 2012

Cégeps répondants : 5

	Nombre	%
Sortants répondants **se destinant à l'emploi**	18	100

Placement

Emploi relié total, 6 mois après la fin des études	12	67
Emploi relié, temps plein	12	67
Emploi relié, temps partiel ou occasionnel	0	0
Emploi non relié	4	22
Sans emploi	2	11

Salaire
Initial moyen : 18,60 $ / heure
Initial maximal : 19,80 $ / heure

Postes offerts

Technicien en génie industriel
Technicien en assurance qualité
Technicien en méthodes de travail
Technicien en réaménagement
Planificateur de production
Technicien en amélioration continue
Acheteur
Chargé de projets
Technicien en amélioration continue

Milieux de travail

Entreprise manufacturière
Entreprise de télécommunication
Bureau de consultants
Entreprise de transport
Entreprise de service
Organisme public et parapublic
Industrie aéronautique
Entrepôt de distribution

Exigences du marché

Travail d'équipe
Habiletés interpersonnelles
Mobilité
Bilinguisme un atout
Maturité
Connaissance des normes ISO (qualité totale)

Commentaires
Le phénomène de la qualité totale joue un rôle important dans l'embauche des sortants
Plusieurs poursuivent des études universitaires
Intégration lente au marché du travail

Indicateur du placement 2007 à 2012

Sortants répondants se destinant à l'emploi :	119	
Total des répondants en emploi :	113	95 %

235.C0 Technologie de la production pharmaceutique

Buts du programme

Ce programme vise à former des personnes aptes à exercer la profession de technicien en production pharmaceutique. Il a pour objectif de préparer ces futurs techniciens à réaliser de façon autonome et sous la supervision d'un directeur de production, la mise en course des différents procédés de production impliqués dans la fabrication de médicaments, de produits stériles, d'aérosols, de pommades et de shampoings. Ils sauront ainsi :

- analyser les procédés de fabrication de formes diverses à l'aide de la documentation;
- organiser l'aménagement des lieux de production tout en respectant les normes préétablies;
- procéder à la mise en course des procédés de fabrication des formes sèches (*comprimés, capsules*), des formes humides (*crèmes, onguents, pommades et liquides*), des produits stériles (*gouttes ophtalmiques, perfusions*) et des bioprocédés (*vaccins*);
- assurer le contrôle de la production (*échantillonnage et tests*), le suivi de la documentation et la qualité des procédés;
- analyser les situations non conformes aux Bonnes Pratiques de Fabrication, documenter les écarts et produire des rapports de suivi.

Les diplômés de ce programme sont généralement employés par les entreprises du secteur pharmaceutique, dit traditionnel, ainsi que du secteur des biotechnologies. De plus, ces diplômés seront en mesure de travailler également dans le secteur des produits cosmétiques et des produits de santé naturels.

Les techniciens en technologie pharmaceutique sont appelés à participer à la planification de la production et à assurer la mise en course des procédés de production de formes galéniques variées. Ils devront de plus, procéder au suivi qualité des lots de production en cours de fabrication et intervenir en cas de situations d'urgence.

Le travail des techniciens en technologie pharmaceutique s'effectue en équipe multidisciplinaire, et ce, dans le cadre très réglementé des Bonnes Pratiques de Fabrication de Santé Canada et des CGMP (Current Good Manufacturing Practices) de la Food and Drug Administration. Selon le type d'entreprise (innovatrice ou générique), les techniciens travaillent sous la supervision d'un superviseur de production, d'un directeur d'usine ou d'un directeur de production.

Préalables du secondaire
Mathématiques : TS 4e ou SN 4e ou 436

Cégeps offrant le programme
Gérald-Godin, John Abbott

Admissions/SRAM 2013 :   demandes au 1er tour :   62
                               admis au 1er tour :   50
                               total des admis aux 3 tours :   82

235.C0 Technologie de la production pharmaceutique

Marché du travail 2012

Cégeps répondants : 1

Sortants répondants se destinant à l'emploi	Nombre	%
	4	100

Placement

Emploi relié total, 6 mois après la fin des études	4	100
Emploi relié, temps plein	3	75
Emploi relié, temps partiel ou occasionnel	1	25
Emploi non relié	0	0
Sans emploi	0	0

Salaire
Initial moyen : 15 $ / heure
Initial maximal : 22$ / heure

Postes offerts
Aide à la fabrication
Opérateur
Échantillonneur microbiologique

Milieux de travail
Industrie pharmaceutique
Industrie biotechnologique
Industrie cosmétique
Industrie de produits de santé naturels
Fournisseur de matières premières (chimiques)
Fournisseur d'équipements de production pharmaceutique

Exigences du marché
Bilinguisme un atout
Travail debout
Absence d'allergies (solvant, latex et autres produits chimiques)
Capacité de travailler dans un environnement extrêmement réglementé

Commentaires
L'interprétation de la statistique est difficile compte tenu du petit nombre de sortants.

Indicateur du placement

Sortants répondants se destinant à l'emploi :	4	
Total des répondants en emploi :	4	100 %

241.A0 Techniques de génie mécanique

Ce programme vise à rendre les techniciens aptes à effectuer la conception de divers composants mécaniques, à planifier leur fabrication et à veiller au contrôle de leur qualité. La formation vise également à développer chez l'étudiant le sens de la mécanique, l'esprit d'analyse et de synthèse ainsi que la capacité de gérer de l'information. L'étudiant devra constamment s'enquérir des nouveautés qu'entraîne l'évolution constante et rapide de la technologie. Il sera amené à travailler avec de la documentation technique rédigée en anglais autant qu'en français.

Les tâches de ce technicien dépendent du type d'entreprise qui embauche. La personne peut être affectée à des travaux d'usinage, à l'élaboration des gammes de production, à la programmation des machines à commande numérique, à la production de l'outillage, à la fabrication de prototypes, au contrôle de la qualité, à la planification et à l'entretien de la machinerie ainsi qu'à l'organisation du travail de production et à la coordination de certains travaux. Par ailleurs, le technicien en génie mécanique pourra contribuer aux activités de recherche et de développement de l'entreprise.

Préalables du secondaire
Mathématiques : TS 4e ou SN 4e ou 526
Physique : 5e ou 534
À Drummondville, les détenteurs d'un DEP en *Techniques d'usinage* (5223) ont aussi accès à un programme d'une durée de 2½ années. Pour ces candidats, l'application des conditions générales d'admission fait l'objet de mesures d'exception.

Cégeps offrant le programme
Dawson, Drummondville*, Jonquière, Lévis-Lauzon*, Limoilou*, Outaouais, Rimouski*, Saint-Jean-sur-Richelieu*, Saint-Jérôme*, Saint-Laurent*, Shawinigan*, Sherbrooke*, Sorel-Tracy*, Thetford*, Trois-Rivières, Valleyfield*, Vieux-Montréal

*Voir alternance travail-études, p. 293

Admissions/SRAM 2013 :	demandes au 1er tour :	447
	admis au 1er tour :	368
	total des admis aux 3 tours :	447

241.A0   Techniques de génie mécanique

Marché du travail 2012

Cégeps répondants : 17

Sortants répondants se destinant à l'emploi	Nombre	%
	145	100

Placement

Emploi relié total, 6 mois après la fin des études	120	83
Emploi relié, temps plein	113	78
Emploi relié, temps partiel ou occasionnel	7	5
Emploi non relié	13	9
Sans emploi	12	8

Salaire
Initial moyen : 18,20 $ / heure
Initial supérieur : 22,70 $ / heure

Postes offerts
Technicien en fabrication mécanique, contrôle de qualité, méthode et planification, recherche et développement
Technicien en robotique
Représentant technique
Technicien en hydraulique
Technicien d'assemblage
Mécanicien d'entretien
Inspecteur
Chargé de projet
Rédacteur technique, mécanicien d'entretien, magasinier
Dessinateur concepteur
Opérateur, programmeur de machine industrielle et à commande numérique
Machiniste
Technicien en calibration

Milieux de travail
Fabricant d'équipement
Industrie manufacturière
Centre de recherche
Industrie aéronautique
Fonderie
Bureau de consultants et génie-conseil
Atelier d'usinage
Scierie

Exigences du marché
Anglais un atout important
Connaissance des techniques de soudage
Capacité de visualiser en 3D
Mobilité
Longues heures de travail devant ordinateur (conception)
Polyvalence

Commentaires
Plusieurs sortants poursuivent des études universitaires en génie

---

Indicateur du placement 2007 à 2012

Sortants répondants se destinant à l'emploi :	895	
Total des répondants en emploi :	833	93 %

241.C0 Techniques de transformation des matériaux composites

Buts du programme

Ce programme vise à former des techniciens qui travailleront dans l'industrie des matériaux composites. Ces personnes effectueront des tâches de planification, de coordination et d'optimisation de la production, de conception et de fabrication d'outillage, de contrôle de la qualité et de soutien technique.

Ces techniciens sont en mesure de déterminer les méthodes de fabrication, de mettre au point de l'outillage et des gabarits ainsi que de fabriquer des moules et des prototypes dans un contexte de préproduction. Ils contribuent au développement de nouveaux procédés, formulations et produits. Ils collaborent également à l'implantation des programmes d'assurance qualité et à leur suivi, effectuent des essais et des études et produisent des rapports concernant les résultats de leurs travaux.

Les techniciens en transformation des matériaux composites sont employés en majorité par des entreprises de production manufacturière, des centres de recherche et de développement, des sociétés d'aéronautique et des fournisseurs de matières premières. Ils effectuent la majorité de leur travail en association avec la direction de l'entreprise, les membres du bureau d'études et les autres groupes de travailleurs. Ils entretiennent aussi des liens avec la clientèle et les fournisseurs.

Dans le contexte du respect des normes et des nouvelles tendances relatives à l'environnement, à la santé et sécurité au travail, à la mondialisation des marchés et à l'amélioration de la qualité, ce programme contribuera à faire acquérir ou développer des qualités ou attitudes telles que :
– le souci du détail, la rigueur, la précision et la minutie;
– l'autonomie, la créativité, l'initiative et le sens des responsabilités;
– la volonté de respecter les normes environnementales, ainsi que de santé et de sécurité au travail;
– la capacité à résoudre des problèmes et à suggérer des idées innovatrices pour l'amélioration de la production;
– le souci de consigner l'information technique.

Préalables du secondaire
Mathématiques : TS 4e ou SN 4e ou 426

Cégep offrant le programme
Saint-Jérôme*
*Voir alternance travail-études, p. 293

Admissions/SRAM 2013 :   demandes au 1er tour :   39
admis au 1er tour :   28
total des admis aux 3 tours :   41

241.C0 Techniques de transformation des matériaux composites

Marché du travail 2012

Cégeps répondants : 1

Sortants répondants se destinant à l'emploi	Nombre	%
	5	100

Placement

Emploi relié total, 6 mois après la fin des études	1	20
Emploi relié, temps plein	1	20
Emploi relié, temps partiel ou occasionnel	0	0
Emploi non relié	0	0
Sans emploi	4	80

Salaire
Initial moyen : 15,40$
Initial supérieur : n. d.

Postes offerts
Technicien en matériaux composites
Responsable du contrôle de qualité
Coordonnateur de production
Dessinateur
Technicien de laboratoire
Représentant
Technicien en recherche et développement
Outilleur

Milieux de travail
Industrie manufacturière
  diverse
Industrie du transport
Fabricant de moules

Fabricant de produits récréatifs

Firme de génie-conseil
Centre de recherche

Exigences
Connaissance en conception et fabrication assistées par ordinateur
  (CAO / FAO)
Mobilité
Anglais un atout

Commentaires
Évaluation du marché et l'interprétation de la statistique difficile compte tenu du petit nombre de sortants.

Indicateur du placement 2007 à 2012

Sortants répondants se destinant à l'emploi :	22	
Total des répondants en emploi :	17	77 %

241.D0 Technologie de maintenance industrielle

Buts du programme

On vise par ce programme à former des techniciens aptes à exercer leur fonction de travail dans l'ensemble des entreprises des secteurs industriels : papier, extraction des métaux, première transformation et fabrication de produits métalliques, alimentation, bois, pétrochimie, matériel de transport aïnsi que dans les entreprises offrant en sous-traitance des services de maintenance. En fait, il est possible de trouver des techniciens de maintenance industrielle dans tous les secteurs industriels de même que dans la construction.

Les tâches de ces techniciens consistent principalement à vérifier la conformité des installations et de l'équipement aux normes et aux plans, à repérer et à analyser les problèmes de fonctionnement de l'équipement, à participer à la conception, la fabrication et l'optimisation de l'équipement, à concevoir et mettre en œuvre les programmes d'entretien préventif prévisionnel, à coordonner et contrôler des activités de maintenance, à fournir de l'assistance technique en entreprise et à résoudre différents problèmes de maintenance et de rendement de l'équipement.

Préalables du secondaire
Mathématiques : TS 4e ou SN 4e ou 526
Physique : 5e ou 534

Cégeps offrant le programme
Abitibi-Témiscamingue*, Gaspésie et des Îles à Gaspé*, Lévis-Lauzon*, Rimouski*, Sept-Îles*, Sherbrooke*, Trois-Rivières, Vieux-Montréal

*Voir alternance travail-études, p. 293

Admissions/SRAM 2013 :   demandes au 1er tour :   51
admis au 1er tour :   45
total des admis aux 3 tours :   54

241.D0 Technologie de maintenance industrielle

Marché du travail 2012

Cégeps répondants : 7

Sortants répondants se destinant à l'emploi	Nombre	%
	31	100

Placement

	Nombre	%
Emploi relié total, 6 mois après la fin des études	27	87
Emploi relié, temps plein	25	81
Emploi relié, temps partiel ou occasionnel	2	6
Emploi non relié	1	3
Sans emploi	3	10

Salaire
Initial moyen : 21,40 $ / heure
Initial supérieur : 26,60 $ / heure

Postes offerts
Technicien de ligne
Technicien en maintenance industrielle
Électromécanicien, mécanicien d'entretien
Technicien en entretien mécanique, technicien en contrôle de qualité, technicien en machinerie automatisée et en hydraulique
Technicien en éolienne

Milieux de travail
Industrie manufacturière
Entreprise de haute technologie, d'ingénierie
Service d'entretien industriel
Mine, fonderie, aluminerie, industrie forestière
Manufacturier et grossiste d'équipement spécialisé
Laboratoire
Scierie
Entreprise de gestion de parc éolien
Entreprise de service

Exigences du marché
Polyvalence
Connaissance de l'anglais
Horaires variables
Tests d'aptitude souvent exigés
Autonomie
Mobilité

Commentaires
Marché accueillant
Augmentation de la moyenne salariale

Indicateur du placement 2007 à 2012

	Nombre	%
Sortants répondants se destinant à l'emploi :	245	
Total des répondants en emploi :	223	91 %

241.12 Techniques de la plasturgie

De plus en plus les polymères sont des matériaux de choix pour les manufacturiers et c'est dans des milliers de produits présents dans notre vie quotidienne que nous les retrouvons.

La formation que recevront les techniciens en plasturgie a pour but de les préparer à exécuter des tâches à caractère technique dans l'une ou l'autre des spécialités de transformation des plastiques (thermoplastiques, thermodurcissables, élastomères). Ces tâches sont nombreuses et varient en fonction des secteurs de l'entreprise où les techniciens seront appelés à travailler (production, bureau d'études, contrôles et essais).

Les techniciens en plasturgie sont appelés à travailler en grande partie dans la petite et moyenne entreprise de transformation où la main-d'œuvre spécialisée de niveau technique est plutôt limitée et a le plus souvent été formée sur le tas. Certaines de ces entreprises ont une production très spécialisée quant au produit, au procédé ou au matériau; d'autres offrent une plus grande variété à ces divers égards. La formation générale acquise par les techniciens leur permettra d'exercer la majorité des tâches techniques rencontrées dans ces industries. Leurs connaissances leur permettront d'assurer ces diverses fonctions sous le contrôle d'un ingénieur dans un grand établissement ou bien sous leur seule responsabilité dans un établissement de moindre importance.

Après quelques années d'expérience, et suivant leurs intérêts, ils pourraient jouer un rôle important au bureau d'étude, tout comme la formation récurrente et le perfectionnement pourraient augmenter leurs chances d'accès à des promotions éventuelles.

Par ailleurs, les centres de recherches gouvernementaux offrent également des possibilités d'emploi de plus en plus grandes dans notre province.

Préalables du secondaire
Mathématiques : TS 4e ou SN 4e ou 426
Physique : STE 4e ou SE 4e ou 436

Cégep offrant le programme
Thetford*

*Voir alternance travail-études, p. 293

Admissions/SRAM 2013 :	demandes au 1er tour :	n. d.
	admis au 1er tour :	n. d.
	total des admis aux 3 tours :	n. d.

241.12 Techniques de la plasturgie

Marché du travail 2012

Cégeps répondants : n.d.

Sortants répondants se destinant à l'emploi	Nombre	%
	n.d.	100

Placement

	Nombre	%
Emploi relié total, 6 mois après la fin des études	n.d.	n.d.
Emploi relié, temps plein	n.d.	n.d.
Emploi relié, temps partiel ou occasionnel	n.d.	n.d.
Emploi non relié	n.d.	n.d.
Sans emploi	n.d.	n.d.

Salaire
Initial moyen : n.d.
Initial supérieur : n. d.

Postes offerts
Technicien en transformation des matières plastiques
Technicien en contrôle de qualité
Technicien en production
Technicien en recherche et développement
Contremaître

Milieux de travail
Industrie de transformation
Laboratoire de recherche
Industrie spécialisée dans la résine et le caoutchouc
Fabricant de moules
Industrie aéronautique et navale

Exigences du marché
Connaissance du DAO
Horaire 7 jours : jour / soir / nuit

Commentaires
Évaluation du marché difficile compte tenu du petit nombre de sortants.

Indicateur du placement 2007 à 2012

Sortants répondants se destinant à l'emploi :	n.d.	
Total des répondants en emploi :	n.d.	n.d.

243.A0 Technologie de systèmes ordinés

Les diplômés de ce programme exercent leurs tâches dans des entreprises qui ont des activités de production, de soutien technique et de recherche liées aux systèmes ordinés; il s'agit surtout d'entreprises manufacturières, mais les technologues en systèmes ordinés peuvent également être à l'emploi de firmes de services-conseils ou de laboratoires de recherche. Les principales tâches exécutées sont la participation à l'analyse de problèmes et de situations, la participation à l'élaboration d'un projet de conception, la réalisation d'un projet, la rédaction de documentation technique, la programmation et le codage des systèmes, l'exécution d'essais et le soutien technique.

Dans l'exercice de leur profession, les technologues en systèmes ordinés travaillent surtout avec des micro-ordinateurs et des ordinateurs, des logiciels, des réseaux informatisés, des interfaces périphériques, des composants électroniques, des circuits imprimés, des cartes d'ordinateurs, des produits et des composants mécaniques, de l'équipement électronique, des systèmes ordinés et de la documentation technique.

Dans leur milieu professionnel, les technologues en systèmes ordinés peuvent travailler en collaboration avec des ingénieurs, d'autres techniciens, des opérateurs, des assembleurs, des clients et d'autres personnes exerçant des tâches administratives.

Préalables du secondaire
Mathématiques : TS 4e ou SN 4e ou 436
Sciences : STE 4e ou SE 4e ou Sciences physiques 436

Cégeps offrant le programme
Gérald-Godin*, Institut Teccart, Limoilou*, Lionel-Groulx*, Maisonneuve, Outaouais, Sherbrooke*, Trois-Rivières, Vanier

*Voir alternance travail-études, p. 293

Admissions/SRAM 2013 :	demandes au 1er tour :	120
	admis au 1er tour :	92
	total des admis aux 3 tours :	123

243.A0 Technologie de systèmes ordinés

Marché du travail 2012

Cégeps répondants : 6

	Nombre	%
Sortants répondants se destinant à l'emploi	10	100

Placement

Emploi relié total, 6 mois après la fin des études	8	80
Emploi relié, temps plein	5	50
Emploi relié, temps partiel ou occasionnel	3	30
Emploi non relié	1	10
Sans emploi	1	10

Salaire
Initial moyen : 16,30 $ / heure
Initial supérieur : 17,70 $ / heure

Postes offerts
Technologue de systèmes ordinés, recherche et développement
Représentant technique
Technicien en appareils biomédicaux
Consultant
Concepteur et programmeur d'équipements industriels
Technicien d'installation et de service
Administrateur de réseaux

Milieux de travail
Industrie manufacturière et distributeur d'équipement
Commerce d'ordinateur
Laboratoire de recherche et développement
Maison d'enseignement
Gouvernement
Distributeur de service Internet
Institution financière
Firme de génie-conseil
Centre hospitalier
Entreprise de télécommunication

Exigences du marché
Anglais un atout
Certains emplois exigent des déplacements chez les clients
Formation continue
Mobilité
Permis de conduire
Bonne perception des couleurs

Commentaires
Plusieurs sortants poursuivent des études universitaires

Indicateur du placement 2007 à 2012

Sortants répondants se destinant à l'emploi :	90	
Total des répondants en emploi :	79	88 %

243.B0 Technologie de l'électronique

Buts du programme

Voie de spécialisation Ordinateurs et réseaux (243.BB) : Les principales tâches exécutées par ce technologue sont, *pour la partie électronique* : l'installation, l'entretien, la maintenance, la réparation et la modification d'équipements électroniques et informatiques. *Pour la partie ordinateur :* l'installation de matériel et de logiciels, l'entretien, la maintenance, la réparation et le service à la clientèle. *Pour la partie réseau :* l'installation, l'entretien, la maintenance et l'activité fonctionnelle du réseau et de ses équipements.

Voie de spécialisation Télécommunication (243.BA) : Les principales activités et tâches de ce technologue sont l'installation et la mise en service, l'entretien, la maintenance, la réparation et la modification ou mise à niveau de systèmes de télécommunication; l'assistance technique; le contrôle de la qualité durant les travaux de montage et d'assemblage de matériel, d'équipement et de systèmes (incluant la calibration); et le soutien à la conception de systèmes. Les technologues en télécommunication travaillent sur le matériel, l'équipement et les différents systèmes qui transportent des signaux, quel que soit le mode de transmission, pour des fonctions d'accès au réseau, de communication et de transport de signaux de télécommunication.

Voie de spécialisation Audio-visuel (243.BC) : Dans le milieu des spectacles et événements, ces technologues assument des tâches d'éclairagiste, de technicien de son, de technicien d'entretien de même que de nombreuses tâches contribuant à la réussite du spectacle ou de l'événement (installation, fonctionnement et démontage d'équipements tels que des projecteurs, des magnétoscopes, des caméras, etc.) Dans des musées, dans les services audiovisuels d'établissements scolaires, de centres de recherche et dans d'autres types d'institutions, ces personnes sont considérées comme des « généralistes » qui contribuent à la réalisation de projets; conception, avis sur la faisabilité technique, participation à la planification des travaux, achats, installation d'équipement, elles réalisent l'éclairage, la prise de son, la prise de vue, le montage, etc. et assurent la maintenance de l'équipement audiovisuel. Dans des stations de radio, ces personnes sont des techniciens aux opérations et à la mise en ondes et des techniciens d'entretien. Dans les stations de télévision et les entreprises de production télévisuelle, ces technologues peuvent travailler au service de maintenance ou effectuer des activités en lien avec l'installation, le fonctionnement et le démontage de l'équipement, incluant la résolution de problèmes techniques variés.

Préalables du secondaire
Mathématiques : TS 4e ou SN 4e ou 436
Sciences : ST 4e ou ATS 4e ou Sciences physiques 436

Cégeps offrant le programme
Voir la page 337

Admissions/SRAM 2013 : demandes au 1er tour : 297
admis au 1er tour : 226
total des admis aux 3 tours : 347

243.B0   Technologie de l'électronique

Marché du travail 2012

Cégeps répondants : 17

Sortants répondants se destinant à l'emploi	Nombre	%
	91	100

Placement

Emploi relié total, 6 mois après la fin des études	75	82
Emploi relié, temps plein	67	73
Emploi relié, temps partiel ou occasionnel	8	9
Emploi non relié	8	9
Sans emploi	8	9

Salaire
Initial moyen : 19,80 $ / heure
Initial supérieur : 21,70 $ / heure

Postes offerts
Technicien en électronique, ordinateur, télécommunication, audiovisuel, alarme, service, contrôle de qualité
Cadreur-éclairagiste
Technicien de mise en ondes, Concepteur de circuits
Technicien en maintenance de production
Monteur, réparateur, assembleur
Représentant technique, électro-technicien
Technicien en câblodistribution et en téléphonie
Concepteur de réseaux
Gestionnaire de réseaux

Milieux de travail
Industrie manufacturière, distributeur et entreprise de service
Compagnie de télécommunication
Gouvernement
Forces armées canadiennes
Institution bancaire
Compagnie de systèmes de protection
Entreprise de gestion en contrôle aérien
Média électronique

Exigences du marché
Avoir un permis de conduire, travail fréquent sur la route
Connaissance de l'anglais
Mobilité
Service à la clientèle
Horaires variés
Dextérité manuelle
Mise à jour fréquente des innovations techniques
Bonne perception des couleurs

Commentaires
Plusieurs poursuivent leurs études à l'université en génie électrique
Plusieurs emplois dans le domaine de la téléphonie et des télécommunications

---

Indicateur du placement 2007 à 2012

Sortants répondants se destinant à l'emploi :	670	
Total des répondants en emploi :	611	91 %

243. C0 Technologie de l'électronique industrielle

Buts du programme

Ce programme vise à former des personnes aptes à exercer la profession de technologue en électronique industrielle. Ces technologues travaillent au sein d'entreprises des secteurs primaire, secondaire et tertiaire, dans les domaines de la première transformation des métaux, de la foresterie et du papier, de la chimie, des matières plastiques, de la pharmaceutique, de l'alimentation et des boissons, de la fabrication d'équipements de transport ou de matériel électrique, de l'imprimerie, etc. On les trouve également dans le secteur des services, comme la distribution de l'énergie (gaz et électricité) et le génie-conseil.

Les principales tâches de ces technologues sont le dépannage, l'entretien préventif, l'installation et la mise en route d'appareils dans les systèmes de contrôle-commande. En collaboration avec des ingénieurs, ils participent également à la conception ou à la modification d'un système automatisé ou d'une installation électrique. Enfin, ils sont responsables de l'achat de matériel à l'intérieur des limites du budget alloué.

Les technologues en électronique industrielle ont un rôle crucial lors d'une panne de procédé. Ils ont la responsabilité de remettre rapidement en état de fonctionnement les appareils défectueux tels les capteurs et les conditionneurs, les automates et les contrôleurs, les moteurs, les entraînements, les systèmes de distribution électrique, mais également les éléments mécaniques en panne tels les vannes, les vérins pneumatiques et hydrauliques, etc.

L'environnement technologique de ces technologues se compose de systèmes distribués et ordinés ainsi que d'équipements de contrôle et de commande industrielle, comme des appareils de mesure, des capteurs, des automates programmables, des contrôleurs électroniques, des réseaux de contrôle, des vannes, des variateurs de vitesse, etc. Cet environnement technologique est en évolution constante.

Préalables du secondaire

Mathématiques : TS 4e ou SN 4e ou 436
Sciences : STE 4e ou SE 4e ou Sciences physiques 436

Cégeps offrant le programme

Abitibi-Témiscamingue, Ahuntsic*, André-Laurendeau, Baie-Comeau*, Chicoutimi*, Gaspésie et des Iles à Gaspé*, Granby-Haute-Yamaska*, Institut Teccart, Jonquière, Lanaudière à Terrebonne, Lévis-Lauzon*, Limoilou*, Matane, Montmorency*, Rivière-du-Loup, Sept-Îles*, Sherbrooke*, Sorel-Tracy*, Thetford*, Trois-Rivières, Valleyfield*, Vanier, Victoriaville*, Vieux-Montréal.
*Voir alternance travail-études, p. 293

Admissions/SRAM 2013 :	demandes au 1er tour :	278
	admis au 1er tour :	221
	total des admis aux 3 tours :	325

243. C0 Technologie de l'électronique industrielle

Marché du travail 2012

Cégeps répondants : 21

Sortants répondants se destinant à l'emploi	Nombre	%
	150	100

Placement

	Nombre	%
Emploi relié total, 6 mois après la fin des études	132	88
Emploi relié, temps plein	127	85
Emploi relié, temps partiel ou occasionnel	5	3
Emploi non relié	12	8
Sans emploi	6	4

Salaire
Initial moyen : 22,30 $ / heure
Initial supérieur : 26,40 $ / heure

Postes offerts

Technicien en electrodynamique, en groupe électrogène
Technicien en instrumentation et automatisation
Dessinateur/concepteur
Estimateur
Électricien d'entretien
Programmeur d'automate
Technicien en électromécanique
Représentant technique
Monteur assembleur
Technicien d'installation et de service
Technicien en réparation et maintenance

Milieux de travail

Industrie manufacturière, distributeur et grossiste d'équipement électrique et électronique
Compagnie de téléphone, câble, gaz ou électricité
Centrale électrique, nucléaire
Entreprise minière
Gouvernement
Aéroport
Scierie
Firme de génie-conseil
Industrie du transport
Entrepreneur de service
Commerce de détail
Industrie des pâtes et papiers
Industrie de l'automobile

Exigences du marché

Formation continue
Service à la clientèle
Mobilité
Bonne perception des couleurs
Certificat compagnon électricien hors construction souvent demandé

Commentaires
Plusieurs diplômés poursuivent des études universitaires en génie
Augmentation de la moyenne salariale

Indicateur du placement 2007 à 2012		
Sortants répondants se destinant à l'emploi :	1 217	
Total des répondants en emploi :	1 155	95 %

244.A0 Technologie physique

Buts du programme

Ce programme vise à former des personnes aptes à exercer la fonction de travail de technologue en physique appliquée.

Les technologues en physique appliquée travaillent dans les domaines de la conception et du développement dans des laboratoires de recherche privés ou gouvernementaux, au sein d'entreprises de production de composants ou d'appareils de haute technologie, dans des firmes de génie-conseil et de consultants et dans des laboratoires d'universités.

Les principales tâches des technologues sont la participation à la conception et au développement de prototypes de composants et d'appareils de physique appliquée, l'exécution d'essais de caractérisation et la participation à l'amélioration de procédés de fabrication, la gestion et l'aménagement de laboratoires et de locaux de production. Ces technologues offrent aussi du soutien technique à du personnel de production, à des clients et à des étudiants.

Les technologues en physique appliquée travaillent dans les domaines de la physique appliquée tels que : l'optique, la photonique, l'acoustique, les techniques du vide, la fabrication de composants en micro-électronique et en optique intégrée, les essais non destructifs et dans le domaine de la physique des matériaux. Ce sont des spécialistes de la mesure des grandeurs physiques.

Les technologues en physique appliquée utilisent notamment des lasers, des montages optiques, des spectromètres, des sources et des détecteurs de rayonnement, de la fibre optique, des composants d'optique intégrée, des fusionneuses, des systèmes à vide, des graveurs, des systèmes à micropositionnement, des sonomètres et des analyseurs de spectre. De plus, l'électronique et l'informatique sont des outils indispensables que les technologues utilisent quotidiennement.

Ces technologues travaillent en étroite collaboration avec les chercheurs, les ingénieurs, les physiciens et d'autres technologues. En outre, ils peuvent avoir sous leur supervision des technologues, des techniciens ou des ouvriers spécialisés.

Au terme de leur formation, les finissants auront une formation solide en physique et dans les technologies qui y sont liées ainsi qu'en électronique de traitements des signaux et en programmation.

Préalables du secondaire

Mathématiques : TS 5e ou SN 5e ou 526
Physique : STE 4e ou SE 4e ou 534

Cégeps offrant le programme

André-Laurendeau*, John Abbott, La Pocatière.

*Voir alternance travail-études, p. 293

Admissions/SRAM 2013 :   demandes au 1er tour :   61
                         admis au 1er tour :   42
                         total des admis aux 3 tours :   58

244.A0 Technologie physique

Marché du travail 2012

Cégeps répondants : 2

Sortants répondants se destinant à l'emploi	Nombre	%
	6	100

Placement

Emploi relié total, 6 mois après la fin des études	3	50
Emploi relié, temps plein	2	33
Emploi relié, temps partiel ou occasionnel	1	17
Emploi non relié	2	33
Sans emploi	1	17

Salaire
Initial moyen : 18,20 $ / heure
Initial supérieur : 18,20 $ / heure

Postes offerts
Technologue en physique, technicien en conception
Technicien en photonique, en recherche
Technicien en optique et laser, électronique, acoustique, de laboratoire, automatisation, contrôle et entretien, technicien en énergie, représentant technique en automate programmable
Technicien en production
Technicien en simulation

Milieux de travail
Centre d'optique et photonique
Institut de recherche : Institut national de recherche scientifique, Institut national d'optique
Entreprise de haute technologie
Firme de consultants en acoustique
Centre hospitalier
Fabricant de produits et d'appareils électroniques

Exigences du marché
Bonne maîtrise de l'anglais
Mobilité
Travail d'équipe
Bonne perception des couleurs
Certains emplois exigent des déplacements chez les clients

Commentaires
La majorité des sortants poursuivent des études universitaires
Évaluation du marché difficile compte tenu du petit nombre de sortants

---

Indicateur du placement 2007 à 2012

Sortants répondants se destinant à l'emploi :	46	
Total des répondants en emploi :	36	78 %

248.A0 Technologie d'architecture navale

Les élèves diplômés en Technologie de l'architecture navale sont en mesure de participer aux différentes étapes de conception, de modification ou de réparation des divers types de structures flottantes, fixes ou mobiles (navires, voiliers, plateformes de forage, etc.), ce qui implique de comprendre les aspects relatifs à la structure, à la stabilité, à la dynamique et aux systèmes mécaniques et électriques d'une structure marine.

Un technologue en architecture navale doit, entre autres, savoir :

- dessiner des plans de structure et de mécanique à partir de spécifications et de normes et déterminer leur conformité;
- évaluer la stabilité et le comportement dynamique d'une structure flottante;
- développer les installations d'équipements mécaniques et électriques selon les contraintes architecturales de la structure flottante;
- établir la liste des matériaux requis pour un projet donné;
- planifier les différentes étapes de construction ou de réparation et superviser les travaux;
- vérifier la qualité des systèmes installés par des essais et déterminer leur conformité;
- estimer les coûts et effectuer divers suivis sur les chantiers.

Il travaille à la planification d'un projet, au dessin des plans, comme contrôleur de la production, comme technicien attaché aux essais et au contrôle de la qualité ou comme agent de liaison avec la production. Finalement, il peut également devenir l'adjoint de l'architecte naval ou cadre technique à différents niveaux de responsabilité.

Préalables du secondaire
Mathématiques : TS 4e ou SN 4e ou 436

Cégep offrant le programme
Institut maritime du Québec (Rimouski)

Admissions/SRAM 2013 : demandes au 1er tour : n. d.

admis au 1er tour : n. d.

total des admis aux 3 tours : n. d.

248.A0 Technologie d'architecture navale

Marché du travail 2012

Cégeps répondants : 1

	Nombre	%
Sortants répondants se destinant à l'emploi	4	100

Placement

	Nombre	%
Emploi relié total, 6 mois après la fin des études	4	100
Emploi relié, temps plein	3	75
Emploi relié, temps partiel ou occasionnel	1	25
Emploi non relié	0	0
Sans emploi	0	0

Salaire
Initial moyen : n.d.
Initial supérieur : n.d.

Postes offerts
Technologue en architecture navale
Dessinateur en construction navale
Superviseur
Technicien en génie naval
Concepteur de projets
Gestionnaire de projets
Représentant technique

Milieux de travail
Chantier naval
Garde côtière canadienne
Transports Canada
Industrie lourde
Gouvernement
Bureau spécialisé dans la conception, la production et le dessin en architecture navale

Exigences du marché
Formation continue
Mobilité
Connaissance de l'anglais

Commentaires
Plusieurs poursuivent à l'université
Évaluation du marché difficile compte tenu du petit nombre de sortants
Pénurie

Indicateur du placement 2007 à 2012
Sortants répondants se destinant à l'emploi :	16	
Total des répondants en emploi :	16	100 %

248.B0   Navigation

Le contexte de la profession

Le gouvernement canadien exige que les officières et officiers de navigation soient détenteurs d'un brevet émis par Transports Canada pour exercer leur profession dans la marine marchande canadienne. Les diplômés en navigation sont en mesure de se présenter aux examens de Transports Canada pour l'obtention du brevet Officier de pont de quart.

Les diplômés en navigation sont en mesure d'assurer la navigation maritime, le chargement et le déchargement du navire, la sécurité du navire, des personnes à son bord et de sa cargaison.

Les élèves diplômés de ce programme sont formés pour atteindre les différents paliers menant à l'obtention de brevets d'officier de pont auprès de Transports Canada :

- Officier de pont de quart : la sécurité à bord ou la planification du voyage
- Premier officier de pont : le transbordement de la cargaison
- Capitaine au long cours : la gestion nautique et commerciale du navire.

Les diplômés doivent avoir accompli le temps de mer exigé et obtenu tous les brevets préalables avant de se présenter aux examens en vue de l'obtention de leur brevet de capitaine au long cours — le plus haut grade dans la marine marchande. Il faut calculer environ 4 à 5 ans de carrière, si on tient compte du fait que l'on navigue rarement plus de 6 ou 9 mois par année.

Exigences du marché de l'emploi

Les emplois dans ce secteur exigent de la mobilité, c'est-à-dire être prêt à partir n'importe où dans le monde à quelques heures d'avis, et ce, pour plusieurs mois. La connaissance de l'anglais est aussi essentielle et une troisième langue est un atout (espagnol, grec, philippin).

D'autres caractéristiques du programme

Dans le cadre d'un enseignement coopératif, les stages prévus dans les programmes de navigation et de génie mécanique de marine constituent un complément aux connaissances acquises dans les cours théoriques. Ils se déroulent en mer sur différents types de navire et ont une durée totale de douze mois. Répartis tout au long de la scolarité, ils sont réalisés durant l'année scolaire et pendant l'été. Les élèves reçoivent des allocations de stage et sont également nourris et logés.

Préalables du secondaire

Mathématiques : CST 4e ou 426 ou 514
Sciences : STE 4e ou SE 4e ou Sciences physiques 436

Cégep offrant le programme

Institut maritime du Québec (Rimouski).

Admissions/SRAM 2013 :   demandes au 1er tour :   n. d.
admis au 1er tour :   n. d.
total des admis aux 3 tours :   n. d.

248.B0   Navigation

Marché du travail 2012

Cégeps répondants : 1

Sortants répondants se destinant à l'emploi	Nombre	%
	0	0

Placement

	Nombre	%
Emploi relié total, 6 mois après la fin des études	0	0
Emploi relié, temps plein	0	0
Emploi relié, temps partiel ou occasionnel	0	0
Emploi non relié	0	0
Sans emploi	0	0

*Dorénavant, la relance sera effectuée auprès des sortants de ce programme deux ans après l'obtention de leur DEC. Des statistiques de placement seront donc disponibles à compter de 2015.

Salaire
Initial moyen : n.d.
Initial supérieur : n.d.
(Entre 60 000 $ et 70 000 $, moyenne de huit mois en mer par année au Canada)

Postes offerts
Capitaine de navires commerciaux (vraquier, pétrolier, cargo, paquebot, etc.) et de recherche

Capitaine sur certains navires de faible tonnage
Premier officier de pont
Pilote
Surintendant naval

Milieux de travail
Compagnie maritime
Transports Canada
Société des traversiers du Québec
Garde côtière canadienne

Corporation de pilotage (portuaire et fluvial)
Bateau de croisière
Administration portuaire
Firme d'import-export

Exigences du marché
Pour être habilitées à exercer la fonction d'officier de navigation, les personnes diplômées en techniques de navigation devront satisfaire aux conditions de délivrance des brevets par Transports Canada, notamment passer avec succès un examen médical.
La mobilité outre frontière est nécessaire en début de carrière.
Anglais essentiel et 3e langue souhaitée.
Grande disponibilité.

Commentaires
Des firmes internationales embauchent
Pénurie

Indicateur du placement 2006 à 2011

Sortants répondants se destinant à l'emploi :	97	
Total des répondants en emploi :	90	98 %

248.C0 Techniques de génie mécanique de marine

Le contexte de la profession

Le gouvernement canadien exige que les officières mécaniciennes et officiers mécaniciens soient détenteurs d'un brevet émis par Transports Canada pour exercer leur profession dans la marine marchande canadienne. Les diplômés en génie mécanique de marine sont en mesure de se présenter aux examens de Transports Canada pour l'obtention du brevet Officier mécanicien 4e classe.

Les élèves diplômés en génie mécanique de marine sont en mesure d'assurer le fonctionnement et l'entretien des moteurs, des machines et des appareils auxiliaires à bord des navires; de surveiller et de coordonner le travail du personnel affecté à la salle des machines.

Les diplômés sont formés pour atteindre les différents paliers menant à l'obtention de brevets d'officier de salle des machines auprès de Transports Canada :

- officier mécanicien 4e classe : les systèmes inhérents à la propulsion;
- officier mécanicien 3e classe : les groupes électrogènes;
- officier mécanicien 2e classe : la supervision du personnel et de l'entretien de la machinerie du navire;
- officier mécanicien 1re classe (chef mécanicien) : la gestion de la salle des machines et des équipements, le travail administratif rattaché à ces fonctions.

Les diplômés en génie mécanique de marine doivent avoir accompli le temps de mer exigé et obtenu tous les brevets préalables avant de se présenter aux examens en vue de l'obtention de leur brevet de chef mécanicien — le plus haut grade dans la marine marchande. Il faut calculer environ 6 ans de carrière, si on tient compte du fait que l'on navigue rarement plus de 6 ou 9 mois par année.

D'autres caractéristiques du programme

Dans le cadre d'un enseignement coopératif, les stages prévus dans les programmes de navigation et de génie mécanique de marine constituent un complément aux connaissances acquises dans les cours théoriques. Ils se déroulent en mer sur différents types de navire et ont une durée totale de douze mois. Répartis tout au long de la scolarité, ils sont réalisés durant l'année scolaire et pendant l'été. Les élèves reçoivent des allocations de stage et sont également nourris et logés.

Préalables du secondaire

Mathématiques : CST 4e ou 426 ou 514
Sciences : STE 4e ou SE 4e ou Sciences physiques 436

Cégep offrant le programme

Institut maritime du Québec (Rimouski).

Admissions/SRAM 2013 :	demandes au 1er tour :	n. d.
	admis au 1er tour :	n. d.
	total des admis aux 3 tours :	n. d.

248.C0 Techniques de génie mécanique de marine

Marché du travail 2012

Cégeps répondants : 1

Sortants répondants se destinant à l'emploi	Nombre	%
	0	0

Placement

	Nombre	%
Emploi relié total, 6 mois après la fin des études	0	0
Emploi relié, temps plein	0	0
Emploi relié, temps partiel ou occasionnel	0	0
Emploi non relié	0	0
Sans emploi	0	0

*Dorénavant, la relance sera effectuée auprès des sortants de ce programme deux ans après l'obtention de leur DEC. Des statistiques de placement seront donc disponibles à compter de 2015.

Salaire
Initial moyen : n.d.
Initial supérieur : n.d.
(Entre 65 000 $ et 75 000 $, moyenne de huit mois en mer par année au Canada)

Postes offerts
Expert maritime
Officier mécanicien
  (4e, 3e, 2e et 1ère classes)
Mécanicien de machines fixes
Surintendant naval
Contremaître de chantier maritime

Milieux de travail
Compagnie maritime
Transports Canada
Société pétrolière
Chantier naval
Société de classification
Usine d'épuration
Usine de fabrication
Forces armées canadiennes
Garde côtière canadienne

Exigences du marché
Brevet d'officier classe 4 obligatoire
Mobilité essentielle
Anglais un atout important, une 3e langue souhaitée

Commentaires
Possibilité de travail dans des domaines autres que maritime
Pénurie

Indicateur du placement 2006 à 2011

Sortants répondants se destinant à l'emploi :	48	
Total des répondants en emploi :	48	100 %

260.A0 Assainissement de l'eau

Buts du programme

Ce programme vise à former des techniciens en assainissement de l'eau et environnement aptes à travailler dans les municipalités, les établissements industriels, les services gouvernementaux et les entreprises spécialisées, tant au conseil qu'en représentation et ce, aussi bien à l'échelle nationale qu'internationale.

Ces techniciens seront capables d'effectuer une ou plusieurs des tâches suivantes :

- Assurer la conduite des procédés de traitement de l'eau potable, des eaux de fabrication, des eaux usées et des boues.
- Assurer le contrôle de l'eau du point de vue de la qualité et de la quantité.
- Participer à l'optimisation des procédés et à la réduction des coûts.
- S'occuper de la gestion.
- Vérifier et mettre en place le nouvel équipement et les procédés.
- Voir à l'application des règlements.
- Fournir une assistance technique.

Ces personnes peuvent également effectuer des tâches propres à d'autres secteurs connexes et à l'environnement (sol, air et déchets).

Le programme vise en outre à développer chez l'étudiant le sens des responsabilités, la débrouillardise, la capacité à intervenir adéquatement dans des situations critiques et la capacité à assumer ses responsabilités au regard de l'application des règles de santé et de sécurité au travail.

Enfin, le programme doit répondre à deux exigences : la polyvalence et la spécialisation. La polyvalence est assurée par une solide formation scientifique de base et la spécialisation, nécessaire à l'intégration au marché du travail, est assurée par l'acquisition de compétences particulières, directement liées aux tâches pertinentes à l'exercice de la profession.

Préalables du secondaire
Mathématiques : TS 4e ou SN 4e ou 526
Sciences : STE 4e ou SE 4e ou Sciences physiques 436

Cégep offrant le programme
Saint-Laurent*

*Voir alternance travail-études, p. 293

Admissions/SRAM 2013 :	demandes au 1er tour :	43
	admis au 1er tour :	26
	total des admis aux 3 tours :	50

260.A0 Assainissement de l'eau

Marché du travail 2012

Cégeps répondants : 1

Sortants répondants se destinant à l'emploi	Nombre	%
	10	100

Placement

	Nombre	%
Emploi relié total, 6 mois après la fin des études	9	90
Emploi relié, temps plein	8	80
Emploi relié, temps partiel ou occasionnel	1	10
Emploi non relié	1	10
Sans emploi	0	0

Salaire
Initial moyen : 21,80 $ / heure
Initial supérieur : 25,80 $ / heure

Postes offerts

Technicien en assainissement des eaux
Opérateur d'usine de traitement
Opérateur de station de pompage
Technicien en laboratoire
Technicien en environnement
Représentant technique
Chargé de projets

Milieux de travail

Usine de traitement, filtration ou épuration
Laboratoire d'analyse des eaux
Firme de génie-conseil
Distributeur de produits d'assainissement
Firme agroalimentaire
Entreprise manufacturière
Ministère de l'Environnement
Société pétrochimique
Industrie papetière
Municipalité

Exigences du marché
Bonne connaissance de la mécanique
Permis de conduire
Mobilité
Horaires variables (jour / soir / nuit)
Bilinguisme un atout

Commentaires
Bonne perspective d'emploi
Pénurie

Indicateur du placement 2007 à 2012

Sortants répondants se destinant à l'emploi :	88	
Total des répondants en emploi :	82	93 %

260.B0 Environnement, hygiène et sécurité au travail

Buts du programme

Ce programme a pour but de former des personnes aptes à exercer la profession de technicien en environnement, hygiène et sécurité au travail.

Les techniciens en environnement, hygiène et sécurité au travail interviennent dans tous les milieux de travail ou de production de biens et de services aux fins de la protection de la santé et de l'intégrité physique et psychologique des travailleurs, ainsi que de la protection de l'environnement.

Dans ce contexte, les techniciens doivent prendre connaissance des particularités du milieu de travail, des procédés de production, des produits utilisés, du milieu ambiant ainsi que de la culture et de la philosophie de l'entreprise ou de l'organisme. Selon les particularités de l'entreprise ou de l'organisme et les responsabilités qui leur sont confiées, ces personnes peuvent effectuer des échantillonnages ainsi que des analyses, des études et des enquêtes relatives à des événements et aux risques qu'ils présentent pour la santé, la sécurité et l'environnement. De plus, elles peuvent être appelées à élaborer ou à participer à l'élaboration de stratégies, de programmes de politiques et procédures de même qu'à en assurer l'application, le suivi et le contrôle.

Les techniciens peuvent également avoir à s'assurer de la conformité des activités de l'entreprise ou de l'organisme aux normes et exigences des gouvernements et des entreprises ou organismes. On leur demande aussi d'appliquer des mesures visant à optimiser les procédés de traitement et de contrôle et d'assurer, par le fait même, la protection de l'environnement et le bien-être des travailleurs.

Les relations interpersonnelles tiennent une place prépondérante dans l'exercice de la profession. En effet, les techniciens en environnement, hygiène et sécurité au travail entretiennent des liens avec de multiples partenaires et sont appelés à travailler au sein d'équipes multidisciplinaires. De plus, le travail de ces personnes requiert de l'autonomie, de la polyvalence, du jugement, un esprit d'analyse et de synthèse ainsi que la capacité d'évoluer et de maintenir leurs connaissances à jour.

Préalables du secondaire
Mathématiques : TS 4e ou SN 4e ou 436
Sciences : STE 4e ou SE 4e ou Sciences physiques 436

Cégeps offrant le programme
Jonquière*, Saint-Laurent*, Sorel-Tracy*

*Voir alternance travail-études, p. 293

Admissions/SRAM 2013 : demandes au 1er tour : 36
admis au 1er tour : 23
total des admis aux 3 tours : 50

260.B0 Environnement, hygiène et sécurité au travail

Marché du travail 2012

Cégeps répondants : 3

Sortants répondants se destinant à l'emploi	Nombre	%
	22	100

Placement

	Nombre	%
Emploi relié total, 6 mois après la fin des études	20	91
Emploi relié, temps plein	19	85
Emploi relié, temps partiel ou occasionnel	1	5
Emploi non relié	1	5
Sans emploi	1	5

Salaire
Initial moyen : 19,20 $ / heure
Initial supérieur : 21,60 $ / heure

Postes offerts
Technicien à l'assainissement et à la sécurité industrielle
Technicien en hygiène industrielle, hygiène du travail, qualité de l'air
Conseiller en prévention des accidents et incendies
Inspecteur en environnement
Technicien en laboratoire
Conseiller en santé et sécurité au travail
Formateur, Préventionniste

Milieux de travail
Firme de génie-conseil
Firme de consultants en environnement
Entreprise manufacturière
Centre hospitalier, CLSC
Municipalité
Industrie du transport de matières dangereuses
Compagnie de nettoyage industriel
Entrepreneur en construction
Gouvernement
Maison d'enseignement
Papetière

Exigences du marché
Voiture, permis de conduire et anglais sont des atouts
Bonne communication écrite et orale
Certains postes exigent des déplacements chez les clients

Commentaires
Pénurie

Indicateur du placement 2007 à 2012

Sortants répondants se destinant à l'emploi :	154	
Total des répondants en emploi :	150	97 %

270.AA Technologie du génie métallurgique :
Procédés de transformation

Objectifs généraux
Les programmes de *Technologie du génie métallurgique* ont pour but de préparer des techniciens métallurgistes polyvalents aptes à réaliser, de façon autonome ou sous la supervision d'un ingénieur, la mise en fabrication, la production et le contrôle de produits métalliques.

Les cours du tronc commun veulent transmettre des connaissances approfondies des principes métallurgiques fondamentaux ainsi que les bases scientifiques indispensables à la polyvalence souhaitée.

Les cours de troisième année préparent l'étudiant à une intégration facile au marché du travail en contrôle de la qualité, en soudage ou en procédés métallurgiques.

De façon générale, le programme cherche également à développer au maximum l'autonomie et la capacité de communication écrite et orale, qualités déterminantes dans le succès professionnel des futurs techniciens.

Perspectives professionnelles
Les techniciens en procédés métallurgiques occupent des postes directement reliés à la production. Ils peuvent participer à la réalisation ou réaliser de façon autonome : la mise en fabrication, le développement et le contrôle des procédés de production dans des domaines aussi variés que la production des métaux primaires, l'élaboration d'alliages fins, la mise en forme par moulage ou déformation à chaud ou à froid, les traitements thermiques ou l'électrochimie.

Les techniciens en procédés de transformation sont souvent appelés à occuper éventuellement des postes de supervision (contremaître, surintendant de production) qui demandent une formation générale solide ainsi que des qualités de communicateur.

Préalables du secondaire
Mathématiques : TS 5e ou SN 5e ou 526
Physique : STE 4e ou SE 4e ou 534

Cégeps offrant le programme
Alma*, Chicoutimi*, Trois-Rivières*

*Voir alternance travail-études, p. 293

270.AA Technologie du génie métallurgique :
Procédés de transformation

Marché du travail 2012

Cégeps répondants : 2

Sortants répondants se destinant à l'emploi	Nombre	%
	10	100

Placement

Emploi relié total, 6 mois après la fin des études	9	90
Emploi relié, temps plein	9	90
Emploi relié, temps partiel ou occasionnel	0	0
Emploi non relié	1	10
Sans emploi	0	0

Salaire
Initial moyen : 25,40 $ / heure
Initial supérieur : 36,60 $ / heure

Postes offerts

Technicien de procédés métallurgiques	Technicien en métallurgie
	Métallographe
Technicien en contrôle de qualité, laboratoire	Technicien aux essais
	Représentant technique
Inspecteur	

Milieux de travail

Fonderie	
Laboratoire d'essai	Firme de consultants
Distributeur de produits spécialisés	Centre de recherche
	Fabricant de produits métalliques
Mine	

Exigences du marché

Mobilité géographique	Horaires variés
Travail dans des endroits chauds et poussiéreux	Connaissance des normes ISO (qualité totale) un atout
Anglais un atout	

Commentaires
Augmentation des conditions salariales
Marché accueillant

Indicateur du placement 2007 à 2012

Sortants répondants se destinant à l'emploi :	45	
Total des répondants en emploi :	44	98 %

270.AB Technologie du génie métallurgique :
Fabrication mécanosoudée

Objectifs généraux
Les programmes de *Technologie du génie métallurgique* ont pour but de préparer des techniciens métallurgistes polyvalents aptes à réaliser, de façon autonome ou sous la supervision d'un ingénieur, la mise en fabrication, la production et le contrôle de produits métalliques.

Les cours du tronc commun veulent transmettre des connaissances approfondies des principes métallurgiques fondamentaux ainsi que les bases scientifiques indispensables à la polyvalence souhaitée.

Les cours de troisième année préparent l'étudiant à une intégration facile au marché du travail en contrôle de la qualité, en soudage ou en procédés métallurgiques.

De façon générale, le programme cherche également à développer au maximum l'autonomie et la capacité de communication écrite et orale, qualités déterminantes dans le succès professionnel des futurs techniciens.

Perspectives professionnelles
Le soudage est un domaine en pleine évolution en ce qui concerne la variété des alliages soudés et les procédés de soudage utilisés.

Les connaissances acquises en métallurgie ainsi que dans les techniques de soudage rendent les techniciens aptes à contrôler les soudures par métallographie, essais mécaniques et non destructifs et à participer à la conception de constructions soudées.

Les techniciens en fabrication mélanosoudée interprètent les normes et codes de la profession, établissent des procédures de soudage et de qualification.

Le large éventail de connaissances de ces techniciens les rend particulièrement aptes à entreprendre une carrière technico-commerciale dans un domaine où la demande est importante.

Préalables du secondaire
Mathématiques : TS 5e ou SN 5e ou 526
Physique : STE 4e ou SE 4e ou 534

Cégep offrant le programme
Trois-Rivières*

*Voir alternance travail-études, p. 293

Admissions/SRAM 2013 :   demandes au 1er tour :   6
                           admis au 1er tour :   5
                           total des admis aux 3 tours :   6

270.AB Technologie du génie métallurgique :
Fabrication mécanosoudée

Marché du travail 2012

Cégeps répondants : 1

Sortants répondants se destinant à l'emploi	Nombre	%
	2	100

Placement

Emploi relié total, 6 mois après la fin des études	2	100
Emploi relié, temps plein	2	100
Emploi relié, temps partiel ou occasionnel	0	0
Emploi non relié	0	0
Sans emploi	0	0

Salaire
Initial moyen : 23,30 $ / heure
Initial supérieur : 23,30 $ / heure

Postes offerts

Technicien en soudage	Technicien en métallurgie
Inspecteur	Superviseur en soudage
Représentant technique	Technicien en assurance qualité

Milieux de travail

Fabricant de produits métalliques soudés	Bureau d'inspection
Fabricant de matériel mécanique ou électrique	Distributeur d'équipement de soudage
Fonderie	Centre de recherche
Industrie manufacturière	Firme de consultants
Atelier de soudage	Centrale nucléaire
	Raffinerie

Exigences du marché
Mobilité géographique
Connaissance de l'anglais un atout
Environnement de travail chaud et poussiéreux
Dextérité manuelle

Commentaires
Évaluation du marché difficile compte tenu du petit nombre de sortants
Marché accueillant

Indicateur du placement 2007 à 2012

Sortants répondants se destinant à l'emploi :	21	
Total des répondants en emploi :	20	95 %

270.AC Technologie du génie métallurgique :
Contrôle des matériaux

Objectifs généraux

Les programmes de *Technologie du génie métallurgique* ont pour but de préparer des techniciens métallurgistes polyvalents aptes à réaliser, de façon autonome ou sous la supervision d'un ingénieur, la mise en fabrication, la production et le contrôle de produits métalliques.

Les cours du tronc commun veulent transmettre des connaissances approfondies des principes métallurgiques fondamentaux ainsi que les bases scientifiques indispensables à la polyvalence souhaitée.

Les cours de troisième année préparent l'étudiant à une intégration facile au marché du travail en contrôle de la qualité, en soudage ou en procédés métallurgiques.

De façon générale, le programme cherche également à développer au maximum l'autonomie et la capacité de communication écrite et orale, qualités déterminantes dans le succès professionnel des futurs techniciens.

Perspectives professionnelles

Une des préoccupations premières des industries en général, et particulièrement des industries métallurgiques, est le contrôle de la qualité des matériaux utilisés ainsi que celle des produits fabriqués.

Ce contrôle peut être physique, chimique, mécanique ou non destructif (radiographie, ultrasons).

La formation des techniciens en contrôle des matériaux les prépare pour le travail de laboratoire dans les différents départements de recherche, de contrôle de la qualité ou de développement.

On exige donc un souci tout particulier du détail et de la précision.

La carrière de ces techniciens métallurgistes peut évoluer jusqu'à des responsabilités techniques et administratives de haut niveau, particulièrement dans les petites et moyennes entreprises.

Préalables du secondaire
Mathématiques : TS 5e ou SN 5e ou 526
Physique : STE 4e ou SE 4e ou 534

Cégep offrant le programme
Trois-Rivières*

*Voir alternance travail-études, p. 293

Admissions/SRAM 2013 : demandes au 1er tour : 2
admis au 1er tour : 2
total des admis aux 3 tours : 4

270.AC Technologie du génie métallurgique :
Contrôle des matériaux

Marché du travail 2012

Cégeps répondants : 1

	Nombre	%
Sortants répondants **se destinant à l'emploi**	3	100

Placement

	Nombre	%
Emploi relié total, 6 mois après la fin des études	3	100
Emploi relié, temps plein	3	100
Emploi relié, temps partiel ou occasionnel	0	0
Emploi non relié	0	0
Sans emploi	0	0

Salaire
Initial moyen : 20,80$
Initial supérieur : 20,80$

Postes offerts

Technicien en métallurgie
Technicien en contrôle de qualité
Technicien de laboratoire
Métallographe
Représentant technique, inspecteur
Technicien en assurance qualité
Technicien en essai non destructif

Milieux de travail
Fabricant d'acier, de pièces d'avion, matériel mécanique ou électrique, pâtes et papiers
Fonderie, aluminerie, aciérie et usine de placage
Centre de recherche
Firme d'experts-conseils
Atelier d'usinage
Bureau d'inspection
Laboratoire d'essais

Exigences du marché

Connaissance de l'anglais souvent exigée
Mobilité géographique
Esprit méthodique

Commentaire
Emploi concentré dans les régions très industrialisées
Évaluation du marché difficile compte tenu du petit nombre de sortants
Marché accueillant

Indicateur du placement 2007 à 2012

Sortants répondants se destinant à l'emploi :	23	
Total des répondants en emploi :	23	100 %

271.AA Technologie minérale : Géologie

Les techniciens en géologie participent à la planification des travaux et ils s'occupent de la collecte, de la mise en plan et de l'analyse des données concernant la recherche de ressources minérales et leur mise en valeur. Ils travaillent dans des chantiers comme les mines souterraines, les mines à ciel ouvert et les carrières, et ce, pour des sociétés d'exploration, des entreprises de forage, des cabinets de génie-conseil, des municipalités et des ministères.

Les tâches effectuées en géologie sont de deux ordres :

- En **géologie d'exploration**, les techniciens contribuent à la préparation de campagnes d'exploration, effectuent des levés géologiques, géochimiques et géophysiques, supervisent les travaux de forage et participent à la caractérisation de gîtes minéraux et d'aquifères.

- En **géologie minière**, les techniciens planifient et supervisent l'abattage du minerai et contrôlent la stabilité du terrain.

Les techniciens en géologie effectuent leur travail sous la supervision de géologues, d'ingénieurs-géologues, de responsables de chantier, de géophysiciens, de géochimistes et d'hydrogéologues. Ils travaillent en collaboration avec des personnes chargées des activités de forage ou de levés, des conducteurs d'engins, des mineurs et des dynamiteurs.

Préalables du secondaire
Mathématiques : TS 4e ou SN 4e ou 436
Sciences : STE 4e ou SE 4e ou Sciences physiques 436

Cégeps offrant le programme
Abitibi-Témiscamingue*, Thetford*

*Voir alternance travail-études, p. 293

Admissions/SRAM 2013 : demandes au 1er tour : 15
admis au 1er tour : 14
total des admis aux 3 tours : 16

162

271.AA Technologie minérale : Géologie

Marché du travail 2012

Cégeps répondants : 2

Sortants répondants se destinant à l'emploi	Nombre	%
	5	100

Placement

	Nombre	%
Emploi relié total, 6 mois après la fin des études	5	100
Emploi relié, temps plein	5	100
Emploi relié, temps partiel ou occasionnel	0	0
Emploi non relié	0	0
Sans emploi	0	0

Salaire
Initial moyen : 25,40$
Initial supérieur : 25,60$

Postes offerts
Technicien en géologie, géophysique, géochimie, en exploitation
Technicien minier
Technicien en relevés et mise en plan
Technicien en laboratoire
Technicien en environnement
Foreur
Hydrogéologue

Milieux de travail
Compagnie minière et de prospection
Firme de génie-conseil
Entreprise en géophysique et en géochimie
Laboratoire d'expertise
Entreprise de consultants en environnement
Entreprise de recherche scientifique

Exigences du marché
Mobilité
Très bonne santé
Travail à l'extérieur
Travail physique
Carte de transport de matières dangereuses
Nombreuses heures possibles

Commentaires
Évaluation du marché difficile compte tenu du petit nombre de sortants
La croissance de l'industrie minière engendre une demande partout au Canada
L'interprétation de la moyenne salariale est basée sur un petit nombre de sortants

Indicateur du placement 2007 à 2012

Sortants répondants se destinant à l'emploi :	16	
Total des répondants en emploi :	16	100 %

271.AB Technologie minérale : Exploitation

Les techniciens en exploitation travaillent à la conception, à la planification et à la surveillance des travaux d'exploitation de ressources minérales dans les mines souterraines, les mines à ciel ouvert et les carrières, et ce, pour des cabinets de génie-conseil et des entreprises de forage et de sautage.

Ces techniciens effectuent des travaux d'implantation miniers, planifient et contrôlent la production d'un minerai ou d'un granulat, contrôlent la stabilité du terrain, contrôlent et optimisent l'aérage, encadrent le personnel d'exploitation, et, finalement, contribuent à la réalisation de projets d'ingénierie minière.

Les techniciens en exploitation effectuent leur travail sous la supervision d'ingénieurs miniers, d'ingénieurs-géologues, de géologues, d'un contremaître, d'un chef mineur, d'un responsable de chantier ou d'un chef ingénieur de chantier. Ils travaillent en collaboration avec des opérateurs de foreuses, des mineurs, des dynamiteurs, du personnel d'entretien, des consultants et des entrepreneurs en projets d'ingénierie.

Préalables du secondaire
Mathématiques : TS 4e ou SN 4e ou 436
Sciences : STE 4e ou SE 4e ou Sciences physiques 436

Cégeps offrant le programme
Abitibi-Témiscamingue*, Thetford*

*Voir alternance travail-études, p. 293

Admissions/SRAM 2013 :	demandes au 1er tour :	24
	admis au 1er tour :	21
	total des admis aux 3 tours :	27

164

271.AB Technologie minérale : Exploitation

Marché du travail 2012

Cégeps répondants : 2

Sortants répondants se destinant à l'emploi	Nombre	%
	11	100

Placement

Emploi relié total, 6 mois après la fin des études	10	91
Emploi relié, temps plein	10	91
Emploi relié, temps partiel ou occasionnel	0	0
Emploi non relié	1	9
Sans emploi	0	0

Salaire
Initial moyen : 26,80 $ / heure
Initial supérieur : 27,00 $ / heure

Postes offerts
Technicien minier
Foreur et dynamiteur
Technicien en évaluation et en dessin
Technicien en géologie
Technicien en géomatique
Technicien en ressources minérales
Technicien de laboratoire
Arpenteur souterrain

Milieux de travail
Entreprise minière
Compagnie d'exploitation
Entreprise de forage
Gouvernement
Firme de génie-conseils
Compagnie de fabrication de béton
Fabricant d'explosifs

Exigences du marché
Accepter de travailler en région éloignée
Travail physique

Commentaires
Évaluation du marché difficile compte tenu du petit nombre de sortants
La croissance de l'industrie minière engendre une demande partout au Canada

Indicateur du placement 2007 à 2012

Sortants répondants se destinant à l'emploi :	43	
Total des répondants en emploi :	40	93 %

271.AC   Technologie minérale : Minéralurgie

Les techniciens en minéralurgie travaillent à la mise au point, à l'amélioration et à l'optimisation des procédés de concentration et d'extraction de ressources minérales et au contrôle des effluents miniers. Ils sont employés dans les usines de concentration et d'extraction, dans les laboratoires miniers, dans les carrières, dans les complexes métallurgiques, dans les laboratoires d'analyse spécialisés et dans les centres de recherche.

Les tâches effectuées en minéralurgie sont de deux ordres :

- En **recherche appliquée et services techniques**, les techniciens effectuent des essais de concentration gravimétrique ou magnétique, de bouletage, de flottation, d'hydrométallurgie et d'extraction pyrométallurgique; ils participent à la conception de procédés minéralurgiques et exécutent des travaux de caractérisation chimique, physique ou mécanique des échantillons.

- En **production**, les techniciens contrôlent l'efficience des procédés minéralurgiques, contribuent à leur implantation et assurent un contrôle environnemental des résidus miniers.

Les techniciens en minéralurgie effectuent leur travail sous la supervision d'un chef analyste, d'un métallurgiste, d'un directeur d'usine, d'un ingénieur de procédé ou en environnement et d'un contremaître de production. Ils travaillent en collaboration avec des techniciens en instrumentation, des opérateurs de procédé, du personnel d'entretien, des consultants et des entrepreneurs en travaux de construction.

Préalables du secondaire
Mathématiques : TS 4e ou SN 4e ou 436
Sciences : STE 4e ou SE 4e ou Sciences physiques 436

Cégeps offrant le programme
Abitibi-Témiscamingue*, Sept-Îles*, Thetford*

*Voir alternance travail-études, p. 293

Admissions/SRAM 2013 :   demandes au 1er tour :   5
admis au 1er tour :   5
total des admis aux 3 tours :   7

271.AC Technologie minérale : Minéralurgie

Marché du travail 2012

Cégeps répondants : 2

Sortants répondants se destinant à l'emploi	Nombre	%
	4	100

Placement

Emploi relié total, 6 mois après la fin des études	4	100
Emploi relié, temps plein	4	100
Emploi relié, temps partiel ou occasionnel	0	0
Emploi non relié	0	0
Sans emploi	0	0

Salaire
Initial moyen : 22 $
Initial supérieur : 25 $

Postes offerts
Technicien en traitement du minerai
Technicien en minéralurgie
Préposé à l'analyse, au traitement, à la métallurgie et aux échantillons
Analyste et contrôleur de la qualité
Opérateur de concentrateur
Technicien de laboratoire

Milieux de travail
Mine et laboratoire de mine
Laboratoire privé
Centre de recherche
Ministère des Ressources naturelles et de la Faune
Industrie métallurgique
Carrière

Exigences du marché
Mobilité
Travail physique
Anglais un atout
Rigueur et minutie

Commentaires
Évaluation du marché difficile compte tenu du petit nombre de sortants.
La croissance de l'industrie minière engendre une demande partout au Canada

---

Indicateur du placement 2007 à 2012

Sortants répondants se destinant à l'emploi :	16	
Total des répondants en emploi :	16	100 %

280.A0 Techniques de pilotage d'aéronefs

Buts du programme
Ce programme vise à former des personnes aptes à travailler dans l'un des trois domaines suivants :
– pilotage d'avions multimoteurs;
– pilotage d'hélicoptères;
– pilotage d'hydravions et d'avions monomoteurs sur roues et sur skis

Première voie : Pilotage d'avions multimoteurs
Les personnes qui compléteront la voie *Pilotage d'avions multimoteurs* seront en mesure de piloter des avions monomoteurs et des avions multimoteurs, en vol privé et en vol commercial. Elles pourront piloter en vol à vue et en vol aux instruments, de jour et de nuit.

Deuxième voie : Pilotage d'hélicoptères
Les personnes qui compléteront la voie *Pilotage d'hélicoptères* seront en mesure de piloter des avions monomoteurs en vol privé et des hélicoptères en vol commercial. Elles pourront piloter en vol à vue, de jour et de nuit.

Troisième voie : Pilotage d'hydravions et d'avions monomoteurs sur roues et sur skis
Les personnes qui compléteront la voie *Pilotage d'hydravions et d'avions monomoteurs sur roues et sur skis* seront en mesure de piloter des avions monomoteurs et des hydravions en vol privé et en vol commercial. Elles pourront piloter en vol à vue, de jour et de nuit.

Les pilotes d'avions multimoteurs, les pilotes d'hélicoptères et les pilotes d'hydravions peuvent travailler pour des compagnies aériennes de différents niveaux, afin d'assurer le transport de personnes et de marchandises au Québec, au Canada ou dans d'autres pays.

De plus, ces personnes seront en mesure de respecter la réglementation aérienne, les règles de santé et de sécurité et les normes environnementales.

Sur le marché du travail, les diplômés pourront remplir toutes les fonctions associées au pilotage d'aéronefs.

Préalables du secondaire
Mathématiques : TS 5e ou SN 5e ou 536
Physique : 5e ou 534

Cégep offrant le programme
Centre québécois de formation aéronautique (Chicoutimi).

Admissions/SRAM 2013 :   demandes au 1er tour :   n. d.
                           admis au 1er tour :   n. d.
                           total des admis aux 3 tours :   n. d.

280.A0 Techniques de pilotage d'aéronefs

Marché du travail 2012

Cégeps répondants : 1

Sortants répondants se destinant à l'emploi	Nombre	%
	31	100

Placement

Emploi relié total, 6 mois après la fin des études	29	94
Emploi relié, temps plein	28	91
Emploi relié, temps partiel ou occasionnel	1	3
Emploi non relié	1	3
Sans emploi	1	3

Salaire
Initial moyen : 14,70 $ / heure
Initial supérieur : 26,60 $ / heure

Postes offerts
Commandant de bord
Pilote d'aéronefs (brousse, ligne, hélicoptère)
Instructeur de vol
Répartiteur de vol

Milieux de travail
Transporteur aérien privé, de ligne et de brousse
Forces armées canadiennes
Compagnie d'hélicoptère
Compagnie de publicité aérienne
Maison d'enseignement privée
Fabricant d'aéronefs

Exigences du marché
Licence de pilote professionnel
Mobilité
Anglais
Excellente condition physique

Commentaires
Davantage d'emploi (option hydravion)

Indicateur du placement 2007 à 2012

Sortants répondants se destinant à l'emploi :	165	
Total des répondants en emploi :	156	95 %

280.B0 Techniques de construction aéronautique

Buts du programme

Le technicien en construction aéronautique doit répondre aux besoins de conception technique, de planification et de contrôle de la qualité des entreprises de production en aéronautique qui construisent des aéronefs et des moteurs d'aéronefs ainsi que des sous-traitants qui se spécialisent dans la production de composants d'aéronefs et d'outillage de fabrication et d'assemblage.

Les activités assumées par le technicien en conception varient en fonction de l'entreprise et du produit fabriqué. Ainsi, en ce qui a trait à la production de moteurs ou de composants de moteurs, la participation du technicien en conception se limitera à la mise au point des concepts à partir des spécifications établies par le service d'ingénierie. En conception de composants de structure, c'est le degré de complexité qui sert à déterminer quel sera aura la responsabilité de la conception, à la phase de définition. Par contre, c'est généralement le technicien en conception qui réalise la phase de détail. La conception de l'outillage complexe lui revient également. On remarque que le technicien en conception est généralement très associé au design de réparation.

Les tâches de planification portent essentiellement sur les moyens à prendre pour obtenir les produits, en tenant compte des procédés industriels, des technologies, des ressources humaines et matérielles nécessaires. L'agent de méthode est donc principalement mis à contribution dans l'élaboration de gammes de fabrication et d'assemblage, dans le soutien technique à la production, dans la mise à l'essai des prototypes, dans la programmation des machines à commande numérique et dans l'optimisation des postes de travail. L'agent de méthode est l'intermédiaire entre les services d'ingénierie et les services de production.

La tâche des agents de qualité consiste essentiellement à élaborer des méthodes de contrôle de la qualité, à assurer leur implantation et leur suivi. Dans l'exercice de leur fonction, ces personnes sont appelées à vérifier la conformité des produits avec les normes établies et à s'assurer que les sous-traitants respectent les exigences de qualité de leur entreprise.

Préalables du secondaire
Mathématiques : TS 5e ou SN 5e ou 526
Physique : 5e ou 534

Cégep offrant le programme
École nationale d'aérotechnique* (Édouard-Montpetit)

*Voir alternance travail-études, p. 293

Admissions/SRAM 2013 :	demandes au 1er tour :	126
	admis au 1er tour :	118
	total des admis aux 3 tours :	152

280.B0 Techniques de construction aéronautique

Marché du travail 2012

Cégeps répondants : 1

Sortants répondants se destinant à l'emploi	Nombre	%
	15	100

Placement

	Nombre	%
Emploi relié total, 6 mois après la fin des études	13	87
Emploi relié, temps plein	13	86
Emploi relié, temps partiel ou occasionnel	0	0
Emploi non relié	1	7
Sans emploi	1	7

Salaire
Initial moyen : 21,40 $ / heure
Initial supérieur : 31,30 $ / heure

Postes offerts
Technicien en génie aérospatial
Programmeur de machines à contrôle numérique
Dessinateur, inspecteur, planificateur de production
Technicien en banc d'essai
Rédacteur technique
Agent de méthode
Contrôleur de la qualité
Technicien en fabrication métallique
Technicien en métallisation

Milieux de travail
Usine de production reliée à l'aéronautique
Entreprise d'usinage et d'assemblage
Grand transporteur aérien
Institut de recherche

Exigences du marché
Horaires variés
Bilinguisme

Commentaires
Plusieurs sortants poursuivent des études universitaires en génie
Marché accueillant

Indicateur du placement 2007 à 2012

Sortants répondants se destinant à l'emploi :	75	
Total des répondants en emploi :	68	91 %

280.C0   Techniques de maintenance d'aéronefs

Buts du programme

Ce programme vise à former des personnes qui, selon le Conseil canadien de l'entretien des aéronefs (CCEA), sont chargées « du contrôle et du dépannage d'aéronefs en ce qui concerne, entre autres choses, les structures de cellules, les moteurs et les systèmes, du démontage et de l'enlèvement de pièces défectueuses, de l'assemblage et de l'installation de pièces de rechange, de l'interprétation des manuels, des dessins et des bleus techniques, de l'essai des systèmes d'aéronefs, de l'inscription des problèmes et des mesures prises pour y remédier et du maintien d'un dossier exact de l'entretien d'aéronefs.»

Ces techniciens sont responsables de :
l'entretien courant d'un aéronef, l'entretien de moteurs à pistons et de moteurs à turbine, la maintenance de systèmes avioniques à l'intérieur des limites d'interventions permises, la maintenance de divers systèmes d'aéronefs, l'entretien de structures d'aéronefs, l'entretien de voilures tournantes, l'entretien d'hélices et de systèmes reliés aux hélices, la réalisation d'interventions et d'inspections non planifiées, la réalisation d'activités relatives à la conception et à la fabrication de composants d'aéronefs.

La formation spécifique de ce programme comporte également des intentions éducatives particulières dont la recherche de la qualité du travail, l'application systématique de la réglementation, l'habitude de travailler avec de la documentation technique rédigée aussi bien en anglais qu'en français et le développement d'une attitude professionnelle et sécuritaire.

Ce technicien doit avoir au cours de sa formation développé une excellente dextérité manuelle, le sens de l'observation par une bonne perception olfactive et visuelle afin de détecter les odeurs et les vibrations émises par les composants d'aéronefs.

Préalables du secondaire
Mathématiques : TS 5e ou SN 5e ou 526
Physique : 5e ou 534

Cégeps offrant le programme
École nationale d'aérotechnique* (Édouard-Montpetit)
Le programme est aussi offert en anglais au même endroit.

*Voir alternance travail-études, p. 293

Admissions/SRAM 2013 :	demandes au 1er tour :	131
	admis au 1er tour :	121
	total des admis aux 3 tours :	149

280.C0 Techniques de maintenance d'aéronefs

Marché du travail 2012

Cégeps répondants : 1

Sortants répondants se destinant à l'emploi	Nombre	%
	50	100

Placement

Emploi relié total, 6 mois après la fin des études	39	78
Emploi relié, temps plein	39	78
Emploi relié, temps partiel ou occasionnel	0	0
Emploi non relié	5	10
Sans emploi	6	12

Salaire
Initial moyen : 17,10 $ / heure
Initial supérieur : 23 $/ heure

Postes offerts

Technicien en entretien d'aéronefs (avions, hélicoptères)
Technicien en préenvol, technicien en banc d'essai
Aide-monteur

Technicien en structure
Rédacteur technique, inspecteur, technicien en recherche et développement
Assembleur mécanicien

Milieux de travail

Transporteur aérien
Manufacturier d'aéronefs
Gouvernement

Entreprise de révision et d'entretien d'équipement aéronautique

Exigences du marché

Sens des responsabilités
Travail minutieux
Bilinguisme un atout

Horaires variés

Commentaires
Plusieurs sortants poursuivent des études universitaires en génie

Indicateur du placement 2007 à 2012

Sortants répondants se destinant à l'emploi :	213	
Total des répondants en emploi :	189	89 %

280.D0 Techniques d'avionique

Les techniciens en avionique pourront exercer leur profession dans des organisations exploitant des aéronefs, dans les entreprises de réparation, de révision et d'entretien et chez les fabricants d'aéronefs et de composants d'aéronefs.

Les diplômés de ce programme auront également tous les préalables nécessaires à l'obtention de la licence AME-E (MDT).

Les activités de travail plus particulièrement visées dans ce programme sont : la participation à la conception de systèmes; l'assemblage ou l'installation de systèmes; le diagnostic des problèmes de fonctionnement des systèmes; la réparation, l'inspection et la modification des systèmes, le soutien technique, ainsi que des activités relatives à l'inspection et à l'entretien planifiés.

Le programme Techniques d'avionique est structuré pour tenir compte de la réglementation et des conditions d'exercice de la profession. Il tient également compte des activités exercées en atelier et sur des aéronefs. Il permet de former des techniciens polyvalents.

Préalables du secondaire
Mathématiques : TS 5e ou SN 5e ou 526
Physique : 5e ou 534

Cégep offrant le programme
École nationale d'aérotechnique* (Édouard-Montpetit)

*Voir alternance travail-études, p. 293

Admissions/SRAM 2013 :	demandes au 1er tour :	35
	admis au 1er tour :	33
	total des admis aux 3 tours :	43

174

280.D0 Techniques d'avionique

Marché du travail 2012

Cégeps répondants : 1

Sortants répondants se destinant à l'emploi	Nombre	%
	15	100

Placement

Emploi relié total, 6 mois après la fin des études	13	87
Emploi relié, temps plein	13	87
Emploi relié, temps partiel ou occasionnel	0	0
Emploi non relié	0	0
Sans emploi	2	13

Salaire
Initial moyen : 20,70 $ / heure
Initial supérieur : 25 $ / heure

Postes offerts
Technicien en avionique
Assembleur, inspecteur
Rédacteur technique
Technicien en installation et réparation d'appareils avioniques
Agent aux méthodes
Technicien en recherche et développement
Technicien en simulateur de vol

Milieux de travail
Gouvernement
Entreprise de révision et d'entretien d'équipement aéronautique
Compagnie de transport aérien
Compagnie manufacturière d'avions et de produits connexes
Fabricant d'appareil ou d'équipement avionique

Exigences du marché
Qualité des communications orales et écrites
Anglais un atout
Sens du travail de précision
Travail en équipe
Horaires variés
Acuité visuelle et capacité de distinguer les couleurs

Commentaires
Plusieurs sortants poursuivent des études universitaires en génie
Marché accueillant

Indicateur du placement 2007 à 2012

Sortants répondants se destinant à l'emploi :	49	
Total des répondants en emploi :	40	82 %

Les techniques humaines

Indicateur du placement 2007 à 2012
Sortants répondants se destinant à l'emploi :   12 206
Total des répondants en emploi :   11 405   93 %

310.A0   Techniques policières

Ce programme s'adresse à des personnes qui agiront comme policiers patrouilleurs pour différents corps policiers ou agences de sécurité.

Les policiers patrouilleurs sont les premières personnes qui interviennent sur les scènes d'événements, d'incidents ou d'accidents. Ils doivent maintenir la paix, protéger la vie et la propriété, prévenir le crime, appliquer les lois criminelles et pénales. Ils doivent sécuriser les victimes de crimes, arrêter les criminels, dresser des constats d'infractions, recueillir des éléments de preuve et informer les gens sur la meilleure façon de se protéger contre le crime. Ils ont également comme fonction d'intervenir pour protéger les jeunes en difficulté et de traduire les jeunes contrevenants devant les tribunaux de la jeunesse.

Les tâches à caractère social et communautaire occupent une place importante dans leur travail. Ils doivent rassurer les gens, les conseiller, les informer, les renvoyer à des ressources et parfois, agir comme pacificateurs ou médiateurs à l'occasion de conflits mineurs. Premiers arrivés sur la scène d'un incident, d'un événement ou d'un accident, ils décident s'ils interviendront seuls ou s'ils feront appel aux ressources internes et externes du service policier. Ils choisissent l'approche d'intervention appropriée : répressive, préventive ou communautaire.

Une fois intégrés à un service policier professionnel, ils travaillent dans un environnement caractérisé par une décentralisation des décisions, l'exercice de pouvoirs discrétionnaires, une gestion axée sur les problèmes, la participation active de la communauté et des stratégies policières tenant compte des approches tant réactives que proactives.

Les étudiants réguliers de ce programme reçoivent l'ensemble de leur formation dans leur cégep. Ils seront sélectionnés selon la liste de classement établie à partir de la cote de rendement et de l'épreuve en langue d'enseignement, du test d'aptitudes physiques et des normes médicales; ils seront invités à l'École nationale de police à compléter le programme de formation initiale en patrouille gendarmerie (15 semaines). La majorité des diplômés accèderont à l'École nationale de police en deçà d'un an. Les candidats ayant déjà une promesse d'embauche d'un corps policier auront accès en priorité. Au Québec, seul le diplôme de l'École permet au policier d'exercer sa profession.

Pour l'admission en *Techniques policières* aux cégeps Ahuntsic, John Abbott et de Maisonneuve, il existe un programme d'accès à l'égalité; un questionnaire relatif à ce programme est disponible dans les écoles secondaires et les trois cégeps concernés.

Préalable du secondaire
Mathématiques : CST 4e ou 514

Cégeps offrant le programme
Abitibi-Témiscamingue, Ahuntsic, Alma, Campus Notre-Dame-de-Foy, Ellis campus Drummondville, Garneau, John Abbott, Maisonneuve, Outaouais, Rimouski, Sherbrooke, Trois-Rivières

Admissions/SRAM 2013 :	demandes au 1er tour :	2 105
	admis au 1er tour :	497
	total des admis aux 3 tours :	506

310.A0   Techniques policières

Marché du travail 2012

Cégeps répondants : 10

Sortants répondants se destinant à l'emploi	Nombre	%
	241	100

Placement

Emploi relié total, 6 mois après la fin des études	100	41
Emploi relié, temps plein	79	33
Emploi relié, temps partiel ou occasionnel	21	9
Emploi non relié	112	46
Sans emploi	29	12

Salaire
Initial moyen : 17 $ / heure
Initial supérieur : 20,20 $ / heure

Postes offerts

Patrouilleur	Inspecteur gouvernemental
Agent de prévention	Agent de sécurité
*Constable	Agent de service correctionnel
Détective de commerce	Intervenant communautaire
*Policier	Patrouilleur nautique
Répartiteur	Contrôleur routier
*Enquêteur	

Milieux de travail
Corps policiers, agence de sécurité, gouvernement, entreprise, parc provincial, pénitencier, service de transport en commun, centre de réadaptation, magasin à grande surface, casino, transport blindé, contrôle routier

Exigences du marché
DEC complété, réussite des examens (incluant des tests physiques) de l'École nationale de police du Québec et ne pas avoir été reconnu coupable d'infractions au code criminel pour intégrer un corps policier.
Bonne maîtrise du français
Maturité et discipline
Horaire 7 jours : jour / soir / nuit et sur appel

Commentaires
Les postes mentionnés incluent des emplois qui ne requièrent pas le passage à l'École nationale de police du Québec (ENPQ).
*Toutefois les diplômés de cette technique peuvent espérer obtenir un emploi de policiers après la réussite de la formation offerte par l'ENPQ Les policiers diplômés de l'ENPQ ont des conditions salariales nettement meilleures.

Indicateur du placement 2007 à 2012

Sortants répondants se destinant à l'emploi :	1 490	
Total des répondants en emploi :	1 283	86 %

310.B0 Techniques d'intervention en délinquance

Buts du programme

Ce programme vise à former des techniciens aptes à travailler tant à la prévention de la délinquance qu'à la réinsertion sociale des personnes délinquantes, et ce avant qu'elles ne commettent un délit, ou encore à la suite d'une décision judiciaire ou d'une mesure de déjudiciarisation.

Ce technicien sera en mesure d'intervenir quotidiennement et de façon directe auprès des jeunes ou d'adultes prédélinquants et délinquants, hommes et femmes, ou auprès de victimes d'actes criminels. Son rôle comporte une triple dimension : l'encadrement, l'observation et la relation d'aide.

Le technicien intervient de façon directe et quotidienne auprès de personnes, adultes ou juvéniles, présentant des risques d'agir délinquant ou de récidive. Ses fonctions s'exercent principalement en milieu institutionnel et fermé; il doit donc être préparé à travailler en équipe, dans un cadre structuré. Cette réalité se traduit notamment par un emploi du temps programmé, des quarts de travail et des semaines irrégulières.

Les politiques criminelles actuelles ayant tendance à favoriser l'implication communautaire, le technicien devra aussi appliquer des programmes d'intervention en milieu ouvert.

Les milieux d'intervention des finissants sont donc les suivants : écoles, familles, centres locaux de services communautaires, centres de loisirs, bureaux de consultation jeunesse, maisons de jeunes, ateliers protégés, centres de jour, foyers de groupe, centres d'accueil et de réadaptation, établissements de détention fédéraux et provinciaux, centres résidentiels ou correctionnels communautaires, centres de prévention, centres d'accueil sécuritaires, centres d'hébergement pour jeunes contrevenants, centres de dépannage pour déviants et centres d'aide aux victimes d'actes criminels.

Préalable du secondaire
Aucun cours spécifique voir page 361

Cégeps offrant le programme
Abitibi-Témiscamingue, Ahuntsic, Centre d'études collégiales à Baie-des-Chaleurs, Garneau, John-Abbott, Maisonneuve

---

Admissions/SRAM 2013 :	demandes au 1er tour :	866
	admis au 1er tour :	383
	total des admis aux 3 tours :	396

310.B0 Techniques d'intervention en délinquance

Marché du travail 2012

Cégeps répondants : 4

Sortants répondants se destinant à l'emploi	Nombre	%
	98	100

Placement

	Nombre	%
Emploi relié total, 6 mois après la fin des études	68	69
Emploi relié, temps plein	42	42
Emploi relié, temps partiel ou occasionnel	26	27
Emploi non relié	28	29
Sans emploi	2	2

Salaire
Initial moyen : 17,90 $ / heure
Initial supérieur : 22,40 $ / heure

Postes offerts

Agent de service correctionnel
Accompagnateur de prisonniers
Surveillant
Éducateur
Agent d'indemnisation
Agent d'unité résidentielle
Intervenant social
Agent d'aide socio-économique
Animateur social et intervenant en toxicomanie
Travailleur de rue
Enquêteur
Coordonnateur communautaire

Milieux de travail

Centre correctionnel juvénile et adulte
Centre d'accueil et maison de jeunes
Maison d'enseignement
Centre de prévention et de réhabilitation, milieux scolaires
Carrefour jeunesse-emploi
Ministère de la Sécurité publique
Maison de transition
Municipalité
Centre de détention
Organisme communautaire
Centre jeunesse
CSST

Exigences du marché

Maturité

Horaires variables : jour/soir/nuit

Commentaires
Forte compétition avec d'autres formations collégiales et universitaires
Être déjà impliqué activement dans le milieu des jeunes pendant ses études favorise le placement
Emploi souvent à temps partiel en début de carrière

Indicateur du placement 2007 à 2012

Sortants répondants se destinant à l'emploi :	502	
Total des répondants en emploi :	467	93 %

310.C0 Techniques juridiques

Objectifs du programme

Ce programme prépare l'étudiant à intervenir dans toutes les sphères de l'activité juridique à titre de technicien en droit ou comme huissier de justice. Ce programme recherche un équilibre entre une solide formation générale, l'acquisition de connaissances juridiques et l'exécution de tâches spécifiques dans les champs de pratique des principaux intervenants en droit.

Les objectifs du programme sont les suivants :

- acquérir des compétences dans la recherche documentaire, l'analyse du contenu des documents et la recherche de solutions appropriées à un problème juridique ou à l'exécution d'un mandat;
- procéder à la recherche en matière de lois, de règlements, de jurisprudence et de doctrine;
- exécuter les tâches connexes comme l'ouverture et le suivi de dossiers, la gestion de comptes en fiducie, la préparation de dossiers pour audition et la vacation à la cour, au Bureau de la publicité des droits ou à différents services gouvernementaux;
- connaître les étapes du cheminement des dossiers dans les greffes des tribunaux judiciaires et administratifs.

Perspectives professionnelles

Les principaux employeurs des techniciens en droit sont les suivants : bureaux d'avocats, études de notaires, bureaux d'huissiers, greffes civil et pénal d'un palais de justice, greffes de cours municipales, bureaux de la publicité des droits, services juridiques de corporations, services de recherche, services juridiques et contentieux des ministères et des organismes parapublics.

Les tâches du technicien en droit peuvent varier considérablement puisqu'elles découlent, pour une bonne part, de la nature même de l'entreprise qui l'emploie et aussi des aptitudes et de l'autonomie du technicien.

Depuis septembre 1989, la *Loi sur les huissiers de justice* exige que toute personne qui demande la délivrance d'un permis d'huissier stagiaire soit titulaire d'un diplôme d'études collégiales en Techniques juridiques.

Préalable du secondaire
Mathématiques : CST 4e ou 514

Cégeps offrant le programme
Ahuntsic, Bart, Ellis campus Drummondville, Ellis campus Trois-Rivières, Garneau, Lanaudière à L'Assomption, O'Sullivan de Montréal, Séminaire de Sherbrooke, Valleyfield

*Voir alternance travail-études, p. 293

Admissions/SRAM 2013 :	demandes au 1er tour :	550
	admis au 1er tour :	378
	total des admis aux 3 tours :	386

310.C0 Techniques juridiques

Marché du travail 2012

Cégeps répondants : 4

Sortants répondants se destinant à l'emploi	Nombre	%
	119	100

Placement

	Nombre	%
Emploi relié total, 6 mois après la fin des études	100	84
Emploi relié, temps plein	90	76
Emploi relié, temps partiel ou occasionnel	10	8
Emploi non relié	9	8
Sans emploi	10	8

Salaire
Initial moyen : 18,20 $ / heure
Initial supérieur : 24 $ / heure

Postes offerts

Technicien juridique
Recherchiste en droit
Huissier
Enquêteur
Greffier
Adjoint juridique
Agent de recouvrement
Agent d'indemnisation et de recouvrement
Parajuriste
Rédacteur juridique

Milieux de travail

Bureau d'avocats, notaires, huissiers
Cour de justice
Municipalité et gouvernement
Centre de documentation
Service de contentieux d'entreprises
Maison de recherche d'incorporation
Institution financière
Syndic de faillite
Compagnie d'assurances
Ordre professionnel
Centre d'aide aux entreprises
Centrale syndicale

Exigences du marché
Connaissance de l'anglais
Excellente maîtrise de la langue française
Aptitudes pour la recherche

Commentaires
Compétition avec les stagiaires universitaires en droit et les secrétaires juridiques

Indicateur du placement 2007 à 2012

	Nombre	%
Sortants répondants se destinant à l'emploi :	818	
Total des répondants en emploi :	738	90 %

311.A0 Techniques de sécurité incendie

Buts du programme

Le programme *Techniques de sécurité incendie* vise à former des pompiers ou pompières aptes à travailler dans les agglomérations à forte densité de population ainsi que dans les villes centres ayant un parc industriel d'envergure où les champs d'intervention des pompiers présentent des caractéristiques particulières nécessitant une réponse adaptée aux besoins.

Lutte contre l'incendie avancé

La complexité accrue de la mécanique des bâtiments institutionnels et industriels, l'ajout de normes sur la construction, l'arrivée de matériaux qui entraînent de nouveaux phénomènes de combustion, les bâtiments en hauteur à forte densité de population impliquant le sauvetage de personnes, les bâtiments et complexes industriels susceptibles d'abriter des matières dangereuses sont quelques exemples de cas pour lesquels les diplômés de ce programme seront formés.

Prévention des incendies

Dans leurs interventions visant à réduire l'occurrence et le risque d'incendie, ces personnes pourraient être appelées à participer à la réalisation de plans d'intervention, à des activités d'éducation du public, à effectuer des relevés dans divers types de bâtiments sur le territoire à desservir. Bref, ils et elles devront reconnaître, entre autres, les situations problématiques présentant des dangers.

Interventions en situation de crise

Les pompiers interviennent dans différentes situations d'urgence, mis à part les incendies et les urgences médicales. Un sinistre implique des interventions avec diverses autorités dont les responsabilités sont à la fois distinctes, complémentaires et convergentes, ce qui a une incidence sur la façon d'envisager et de réaliser les interventions. De plus, les risques sont de divers ordres et s'insèrent dans un nouveau concept de sécurité civile. Il peut s'agir de risques sociaux, de catastrophes naturelles, d'accidents associés à la technologie, etc.

Interventions à titre de premier répondant

Dans le cas d'urgences nécessitant une intervention rapide, les premiers répondants doivent fournir les premiers soins nécessaires. Ces interventions doivent être effectuées conformément aux protocoles cliniques reconnus, jusqu'à ce que les techniciens ambulanciers prennent le relais. Dans le cadre de leurs fonctions, les pompiers agissent à titre de premiers répondants pour toute situation nécessitant des soins.

Préalable du secondaire

DEP en *Intervention en sécurité incendie* et conditions générales d'admission au collégial. Ce programme dure 2 ans au cégep.

Cégeps offrant le programme

Campus Notre-Dame-de-Foy, Montmorency*

*Voir alternance travail-études, p. 293

Admissions/SRAM 2013 :		
	demandes au 1er tour :	444
	admis au 1er tour :	180
	total des admis aux 3 tours :	180

311.A0 Techniques de sécurité incendie

Marché du travail 2012

Cégeps répondants : 1

Sortants répondants se destinant à l'emploi	Nombre	%
	110	100

Placement

Emploi relié total, 6 mois après la fin des études	52	47
Emploi relié, temps plein	15	14
Emploi relié, temps partiel ou occasionnel	37	34
Emploi non relié	49	44
Sans emploi	9	8

Salaire
Initial moyen : 20,40 $ / heure
Initial supérieur : 30,10 $ / heure

Postes offerts
Agent de prévention
Pompier
Inspecteur en sinistres
Chargé de projets en sécurité

Milieux de travail
Service des incendies
Sécurité publique
Municipalité régionale de comté

Exigences du marché
Travail sous pression
Excellente condition physique

Commentaires
Les sortants peuvent être embauchés en tant que pompier de 18 à 24 mois suivant la fin de leurs études.
Plusieurs sortants se trouvent un emploi temporaire en attente de la date d'ouverture des concours d'embauche des municipalités.
Ce programme est particulier; contactez le service de placement du collège concerné afin d'avoir des précisions sur les dates d'embauche.
Le DEC est exigé pour embauche dans les grands centres du Québec

Indicateur du placement 2007 à 2012

Sortants répondants se destinant à l'emploi :	721	
Total des répondants en emploi :	619	86 %

322.A0 Techniques d'éducation à l'enfance

Buts du programme
Ce programme vise former des personnes aptes à exercer la profession d'éducateur en services de garde.

L'éducateur en services de garde intervient auprès d'enfants âgés de 0 à 12 ans. Sa fonction principale consiste à créer un milieu de vie propice au développement physique, psychomoteur, cognitif, langagier, socioaffectif et moral de l'enfant en établissant avec celui-ci une relation significative sur le plan affectif. Il a également pour rôle de concevoir, d'organiser, d'animer et d'évaluer des activités éducatives favorisant le développement global de l'enfant.

L'éducateur en services de garde est appelé à établir une étroite relation de partenariat avec les parents et les autres partenaires du milieu afin qu'il y ait concertation sur les interventions à effectuer auprès des enfants. Il doit participer activement et de façon régulière au travail d'équipe avec ses collègues. Cette fonction de travail requiert une grande capacité d'écoute, de l'ouverture d'esprit, de la créativité et un grand sens de l'organisation.

L'éducateur en services de garde peut travailler dans différents types de services de garde : centres de la petite enfance (CPE) en installation et en milieu familial, services de garde en milieu scolaire, garderies à but lucratif, haltes-garderies et jardins d'enfants. La polyvalence de l'éducateur est donc un élément important, car il doit être capable d'exercer sa profession dans chacun de ces milieux de garde.

Le programme permet de concilier deux exigences de la formation collégiale, c'est-à-dire la maîtrise d'une fonction technique et la polyvalence. La maîtrise de la fonction technique est assurée par l'acquisition des compétences particulières nécessaires à l'exercice de la profession dans les différents milieux de garde. La polyvalence est assurée, notamment, par l'acquisition de compétences générales qui permettront à l'éducateur en services de garde d'avoir une solide formation de base en ce qui a trait au développement global de l'enfant, de posséder des notions de sociologie qui lui permettront de comprendre les comportements et les besoins de l'enfant quel que soit son âge et son milieu de vie et d'appliquer des principes et des techniques de communication et de travail en équipe. La polyvalence est aussi assurée par la prise en considération, dans les compétences particulières, des aspects du travail propres aux différents milieux d'exercice de la profession, favorisant ainsi la mobilité professionnelle de la personne.

Préalable du secondaire
Aucun cours spécifique voir page 361

Cégeps offrant le programme
Voir la page 338

Admissions/SRAM 2013 :	demandes au 1er tour :	1 251
	admis au 1er tour :	1 007
	total des admis aux 3 tours :	1 310

322.A0 Techniques d'éducation à l'enfance

Marché du travail 2012

Cégeps répondants : 20

Sortants répondants se destinant à l'emploi	Nombre	%
	309	100

Placement

	Nombre	%
Emploi relié total, 6 mois après la fin des études	283	92
Emploi relié, temps plein	192	63
Emploi relié, temps partiel ou occasionnel	91	29
Emploi non relié	16	5
Sans emploi	10	3

Salaire
Initial moyen : 16 $ / heure
Initial supérieur : 19 $ / heure

Postes offerts
Technicien en éducation à l'enfance
Éducateur
Responsable de services de garde en milieu familial
Gestionnaire
Intervenant de milieu

Milieux de travail
Centre de la petite enfance
Service de garde
Garderie en milieu familial
Camp de jour
Entreprise privée et publique
Maison d'enseignement
Municipalité et services publics

Exigences du marché
Bonne condition physique
Maturité, créativité
Tolérance aux bruits
Horaires variables
Afin de pratiquer, les sortants devront présenter le document *Vérification de l'absence d'empêchement* du ministère de l'Emploi, de la Solidarité sociale et de la Famille.

Commentaires
Candidature masculine en demande
Maintien du marché de l'emploi malgré l'augmentation du nombre de sortants
Ouverture aux autres cultures

Indicateur du placement 2007 à 2012

Sortants répondants se destinant à l'emploi :	2 243	
Total des répondants en emploi :	2 186	97 %

351.A0 Techniques d'éducation spécialisée

Buts du programme

Le technicien en éducation spécialisée est appelé à intervenir auprès de personnes présentant ou susceptibles de présenter différents problèmes causant des difficultés d'adaptation ou d'insertion sociale. Il intervient auprès de personnes ayant des déficiences physiques et psychologiques, des troubles de la conduite, des troubles mentaux et des troubles liés à la santé. Ses interventions sont adaptées à toutes les tranches d'âge, qu'il s'agisse des enfants, des adolescents, des adultes ou des personnes aînées.

Les principaux lieux d'emploi sont les centres de réadaptation, les centres d'accueil et d'hébergement, les centres d'hébergement de soins de courte et de longue durée, les centres hospitaliers à vocation psychiatrique, les services d'apprentissage aux habitudes communautaires, les foyers de groupe, les centres de jour, les centres de ressources intermédiaires et les centres de services externes de main-d'oeuvre.

Les éducateurs spécialisés travaillent dans les domaines de la prévention, de l'adaptation, de la réadaptation et de l'intégration sociale. L'intervention directe auprès des personnes en difficulté d'adaptation et le soutien à la famille et à son environnement immédiat constituent des cibles d'intervention. Exerçant sa fonction dans un contexte d'intervention où la relation partagée avec la clientèle prédomine, l'éducateur spécialisé devient une personne-ressource clé pour la personne en difficulté, son milieu naturel et son réseau social. De plus, l'intensité de la détresse psychologique et les conduites à risques des personnes touchées nécessitent souvent des interventions de première ligne et de crise. L'exercice de la profession a lieu en concertation avec des personnes-ressources des réseaux de l'éducation, de la santé et des services sociaux et d'organismes communautaires. L'autonomie est généralement étendue et elle est fonction du mandat des établissements et des organismes.

Préalable du secondaire

Aucun cours spécifique voir page 361

Cégeps offrant le programme

Abitibi-Témiscamingue, Baie-Comeau, Beauce-Appalaches, Centre d'études collégiales en Charlevoix, Champlain (Lennoxville), Collège LaSalle*, Ellis campus Drummondville, Ellis campus Drummondville (installations de Montréal), Gaspésie et des Îles à Gaspé, Granby Haute-Yamaska*, Jonquière, Laflèche, Lanaudière à Joliette, La Pocatière, Marie-Victorin, Mérici, Outaouais, Rimouski, Sainte-Foy*, Saint-Jérôme, Sherbrooke, Sorel-Tracy, Thetford, Valleyfield, Vanier, Victoriaville, Vieux-Montréal

*Voir alternance travail-études, p. 293

Admissions/SRAM 2013 :		
demandes au 1er tour :		2 323
admis au 1er tour :		1 157
Total des admis aux 3 tours :		1 278

351.A0 Techniques d'éducation spécialisée

Marché du travail 2012

Cégeps répondants : 21

Sortants répondants se destinant à l'emploi	Nombre	%
	666	100

Placement

Emploi relié total, 6 mois après la fin des études	576	86
Emploi relié, temps plein	358	54
Emploi relié, temps partiel ou occasionnel	218	33
Emploi non relié	47	7
Sans emploi	43	6

Salaire
Initial moyen : 19,30 $ / heure
Initial supérieur : 25 $ / heure

Postes offerts
Éducateur spécialisé
Travailleur de rue
Conseiller en toxicomanie
Agent d'aide socio-économique
Animateur communautaire
Intervenant jeunesse
Coordonnateur d'organismes/projets
Intervenant communautaire et en santé mentale
Aide à domicile
Agent d'intégration sociale

Milieux de travail
Centre d'accueil
Maison de jeunes
Garderie
Centre spécialisé : détention, réhabilitation, désintoxication, hospitalier ou psychiatrique
Commission scolaire
Association et organisme communautaire
CSSS
Conseil de bande
Résidence pour personnes agées

Exigences du marché
Connaissance des lois et règlements des services sociaux
Maturité
Bilinguisme
Cours de premiers soins un atout
Ouverture aux autres cultures
Horaires variés
Milieu de travail exigeant
Capacité de résistance émotive

Commentaires
Plusieurs poursuivent des études universitaires. Candidature masculine en demande. Très bonne intégration au marché du travail. Champs d'intervention variés. Augmentation de la moyenne salariale
Emploi à temps partiel en début de carrière (liste de rappel)

Indicateur du placement 2007 à 2012

Sortants répondants se destinant à l'emploi :	3 872	
Total des répondants en emploi :	3 724	96 %

384.A0 Techniques de recherche sociale

Buts du programme
Ce programme vise à former des personnes aptes à exercer la profession de technicien en recherche dans le domaine de la recherche en sciences humaines (problèmes sociaux, violence, pauvreté, réussite scolaire, pollution), en sciences administratives (en marketing : image d'un produit, besoins de la clientèle, impact de la concurrence) et en santé publique (toxicomanie, maladies transmissibles sexuellement, diabète).

Le technicien en recherche effectue les tâches de niveau technique qui font partie du processus de recherche en sciences humaines. Dans l'exercice de ses fonctions, il est appelé à organiser la recherche d'informations, à recueillir l'information, à organiser et traiter les données et communiquer les résultats. Son travail se réalise au moyen de logiciels spécialisés et en équipe. Selon le contexte, le technicien est aussi appelé à donner un support méthodologique et informatique à l'équipe de recherche ainsi qu'un soutien technique à la clientèle interne et externe.

Le technicien en recherche travaille en collaboration avec des professionnels de la recherche en sciences humaines, dans de multiples secteurs et sortes d'organismes et d'entreprises.

Trois types de techniciens se retrouvent sur le marché du travail :
* le technicien en recherche, qui participe à la réalisation toutes les étapes du processus de production de la recherche;
* le technicien en collecte des données, qui assure la supervision sur le terrain et la réalisation des entrevues;
* le technicien en statistique, qui participe surtout à l'organisation et au traitement statistique des données ainsi qu'à la communication des résultats.

Les qualités attendues d'un technicien en recherche sont :
* le goût de la découverte, la curiosité et la débrouillardise;
* la capacité d'écoute et de communication;
* un esprit rigoureux et capable de précision;
* le sens de l'observation et de l'organisation.

Particularité : Les personnes ayant déjà réussi tous les cours de la formation générale collégiale ont la possibilité d'obtenir ce DEC en deux années d'études.

Préalable du secondaire
Mathématiques : CST 4e ou 514

Cégep offrant le programme
Rosemont

Admissions/SRAM 2013 :   demandes au 1er tour :   11
                              admis au 1er tour :   9
                              total des admis aux 3 tours :   25

384.A0 Techniques de recherche sociale

Marché du travail 2012

Cégeps répondants : 1

Sortants répondants se destinant à l'emploi	Nombre	%
	6	100

Placement

Emploi relié total, 6 mois après la fin des études	6	100
Emploi relié, temps plein	6	100
Emploi relié, temps partiel ou occasionnel	0	0
Emploi non relié	0	0
Sans emploi	0	0

Salaire
Initial moyen : 20,70 $ / heure
Initial supérieur : 25 $ / heure

Postes offerts

Technicien en recherche
  et sondage
Assistant de recherche
Agent à la codification
Analyste en sondage

Technicien en collecte
  d'information
Documentaliste
Superviseur
Vérificateur
Recherchiste

Milieux de travail

Firme de sondage et de publicité
Centre de recherche
Gouvernement
Institut de statistique
Distributeur de produits

Association professionnelle
Organisation parapublique
Maison d'enseignement
Médias d'information
Institution financière

Exigences du marché
Horaires variés
Anglais un atout
Connaissance des outils informatiques
Mobilité essentielle

Commentaires
Augmentation de la moyenne salariale
Évaluation du marché difficile compte tenu du faible nombre de sortants
Pénurie

Indicateur du placement 2007 à 2012

Sortants répondants se destinant à l'emploi :	35	
Total des répondants en emploi :	33	94 %

388.A0 Techniques de travail social

Les techniciens en travail social sont habilités à intervenir avec des personnes de tout âge, des familles, des groupes et des communautés aux prises avec différents problèmes sociaux. Ces problèmes, liés aux conditions de vie et aux inégalités sociales, se manifestent souvent par la pauvreté, la perte d'emploi, la violence familiale et conjugale, les difficultés d'adaptation, la perte d'autonomie, l'isolement, le suicide et la toxicomanie. Les techniciens en travail social aident ces personnes, ces familles, ces groupes et ces communautés à répondre adéquatement à leurs besoins, à promouvoir la défense de leurs droits et à favoriser le changement social.

Les techniciens en travail social travaillent dans les établissements du ministère de la Santé et des Services sociaux : centres jeunesse, centres locaux de services communautaires, centres hospitaliers, centres d'hébergement et soins de longue durée, centres d'accueil et de réadaptation. On les retrouve également au ministère de l'Emploi et de la Solidarité sociale du Québec et dans les commissions scolaires. Enfin, les techniciens en travail social travaillent dans des organismes communautaires tels que les maisons de jeunes, les centres communautaires, les maisons d'hébergement, les groupes d'entraide, les groupes de défense des droits et les groupes d'éducation populaire.

Les techniciens en travail social travaillent souvent au sein d'une équipe multidisciplinaire et exercent une grande autonomie dans leurs modalités d'intervention. Bien que les tâches varient selon les différents milieux de travail, les techniciens assument la responsabilité du choix et de l'application des modalités de l'intervention.

Les tâches des techniciens en travail social s'articulent autour des méthodologies de l'intervention avec les personnes et les familles, avec les groupes et avec les communautés. Les finalités de l'intervention vont de la prévention des situations problématiques à la résolution des problèmes par le soutien des personnes dans une démarche de changement individuel ou collectif.Enfin, le maintien des personnes dans leur milieu de vie et la réinsertion sociale amènent les techniciens en travail social à accomplir des tâches de soutien et de développement de ressources et de services de tout type. Ces services s'inscrivent dans une approche de développement social et communautaire.

Préalable du secondaire
Aucun cours spécifique voir page 361

Cégeps offrant le programme
Abitibi-Témiscamingue, Dawson, Ellis campus de Drummondville (installations de Montréal), Gaspésie et des Îles à Gaspé, Jonquière, Lanaudière à Terrebonne, Lévis-Lauzon, Marie-Victorin, Nouvelles-Frontières, Rimouski, Sainte-Foy, Saint-Jean-sur-Richelieu*, Saint-Jérôme, Sherbrooke, Trois-Rivières, Vieux-Montréal

*Voir alternance travail-études, p. 293

Admissions/SRAM 2013 :	demandes au 1er tour :	1 310
	admis au 1er tour :	658
	total des admis aux 3 tours :	717

388.A0 Techniques de travail social

Marché du travail 2012

Cégeps répondants : 12

Sortants répondants se destinant à l'emploi	Nombre	%
	262	100

Placement

Emploi relié total, 6 mois après la fin des études	196	75
Emploi relié, temps plein	143	55
Emploi relié, temps partiel ou occasionnel	53	20
Emploi non relié	40	15
Sans emploi	26	10

Salaire
Initial moyen : 16,80 $ / heure
Initial supérieur : 21,50 $ / heure

Postes offerts

Technicien en assistance sociale	Travailleur de rue
Agent d'aide socio-économique	Animateur communautaire
Agent de probation	Intervenant - maintien à domicile
Agent communautaire	Intervenant en toxicomanie
Agent d'indemnisation	Intervenant en immigration
Technicien en santé mentale	Coordonnateur de projet

Milieux de travail

Organisme parapublic	CSSS
Centre d'accueil	Ministère de l'Emploi et de la Solidarité sociale
Organisme communautaire	
Centre hospitalier	Carrefour jeunesse-emploi
Maison d'enseignement	Centresde réadaptation
Maison d'hébergement	Centre jeunesse
Commission scolaire	Centre de désintoxication

Exigences du marché
Maturité
Ouverture aux autres cultures
Permis de conduire et voiture parfois demandés
Certains postes exigent de nombreux déplacements
Connaissance en santé mentale

Commentaires
Plusieurs poursuivent des études universitaires. Forte compétition avec d'autres formations collégiales et universitaires. L'expérience et le bénévolat pendant les études favorisent le placement. Candidature masculine recherchée. Plusieurs emplois sont à temps partiel et à contrat. Plusieurs projets disponibles en milieu communautaire.

Indicateur du placement 2007 à 2012

Sortants répondants se destinant à l'emploi :	1 530	
Total des répondants en emploi :	1 430	93 %

391.A0 Techniques d'intervention en loisir

On vise par ce programme à former des personnes capables d'intervenir auprès de la population en général ou de groupes distincts pour répondre à leurs besoins en matière de loisir.

Les techniciens en loisir assument des responsabilités liées à la prestation de services de loisir, plus particulièrement en assumant des tâches de planification, d'organisation, de coordination, d'animation et d'évaluation d'activités à caractère sociorécréatif. On les trouve dans différents milieux (scolaire, municipal, institutionnel et communautaire) et dans divers organismes privés privilégiant l'intervention en loisir. Cette variété de milieux de travail met en relief la très grande diversité des clientèles avec lesquelles le technicien est appelé à travailler.

L'évolution constante du marché du travail, c'est-à-dire l'accroissement et la complexification des tâches à remplir, exige la formation de personnes compétentes et polyvalentes dans l'exercice de leurs fonctions. En effet, le programme permet d'acquérir ces capacités par l'apprentissage, entre autres, de notions et de techniques d'animation auprès de personnes et de groupes ainsi que de gestion des ressources humaines, matérielles et financières.

Ce programme permettra aussi à la personne d'évoluer convenablement dans son milieu de travail, en favorisant l'adoption ou le renforcement des attitudes et des comportements suivants:

- se doter d'une approche dans laquelle on tient compte des caractéristiques des clientèles et de leurs milieux;
- avoir le souci constant de répondre aux besoins de la clientèle de façon sécuritaire et conformément aux règles de l'éthique professionnelle;
- établir des relations humaines harmonieuses dans ses relations de travail et avec la clientèle;
- être autonome sur le plan professionnel et capable d'organisation dans toutes les facettes de son travail et faire preuve d'initiative et de leadership ainsi que de jugement et de rapidité dans les situations imprévues;
- avoir le souci constant d'améliorer la qualité de l'environnement et d'en assumer la protection;
- avoir le souci d'évoluer constamment dans l'exercice de sa profession, compte tenu des changements organisationnels et administratifs.

Préalable du secondaire
Aucun cours spécifique voir page 361

Cégeps offrant le programme
Dawson, Laflèche, Rivière-du-Loup, Saint-Jérôme*, Saint-Laurent, Vieux-Montréal

*Voir alternance travail-études, p. 293

Admissions/SRAM 2013 :	demandes au 1er tour :	188
	admis au 1er tour :	143
	total des admis aux 3 tours :	228

391.A0   Techniques d'intervention en loisir

Marché du travail 2012

Cégeps répondants : 6

Sortants répondants se destinant à l'emploi	Nombre	%
	88	100

Placement

	Nombre	%
Emploi relié total, 6 mois après la fin des études	68	77
Emploi relié, temps plein	37	42
Emploi relié, temps partiel ou occasionnel	31	35
Emploi non relié	8	9
Sans emploi	12	14

Salaire
Initial moyen : 16,20 $ / heure
Initial supérieur : 21,20 $ / heure

Postes offerts
Régisseur
Technicien en loisirs, animateur, moniteur, coordonnateur
Éducateur
Responsable des sports
Intervenant communautaire

Milieux de travail
Centre de loisirs et de services sociaux
Garderie
Réseau d'hébergement et d'hôtellerie
Camp de vacances
Club sportif et culturel, base de plein air
Municipalité
Centre d'accueil et centre hospitalier
Maison d'enseignement
Centre communautaire
Centre récréotouristique

Exigences du marché
Mobilité. Sens de la planification
Horaires variés
Leadership et dynamisme
Capacité d'adaptation
Bilinguisme dans le domaine touristique
Travail à temps partiel, à contrat ou saisonnier

Commentaires
Plusieurs poursuivent des études universitaires

Indicateur du placement 2007 à 2012

Sortants répondants se destinant à l'emploi :	454	
Total des répondants en emploi :	431	95 %

393.A0 Techniques de la documentation

Le technicien en documentation, est un spécialiste de l'information documentaire qui organise et gère, selon des méthodes rigoureuses, toutes les catégories de documents conservés dans les différents milieux documentaires des secteurs public, parapublic et privé.

Le technicien en documentation est formé pour travailler dans les différents milieux documentaires (centres de documentation, centres de gestion de documents administratifs, centres d'archives, bibliothèques et librairies) où il aura à jouer un rôle qui pourra varier sur le plan des responsabilités selon la taille de l'établissement. Dans les milieux documentaires très hiérarchisés, il se voit confier des tâches exclusivement techniques, puisqu'il travaille sous la responsabilité d'un professionnel de la documentation. Dans les milieux documentaires moyennement hiérarchisés, il se voit souvent confier la responsabilité d'un service comme, par exemple, le prêt, les publications en série ou l'audiovidéothèque. Dans les milieux documentaires de petite taille, il exerce souvent toutes les tâches reliées à sa fonction en plus d'assumer toutes les responsabilités qui relèvent du professionnel de la documentation. Dans ce contexte, il doit gérer le plus efficacement le fonds documentaire dont il est responsable; il doit aussi gérer son temps ainsi que les différentes ressources disponibles.

Le technicien en documentation accomplit toutes les tâches reliées à la chaîne documentaire, laquelle comporte les acquisitions, la description des documents (incluant l'indexation et la classification), le classement, le traitement matériel des documents, puis, enfin, la diffusion des documents (incluant le prêt, la référence, l'animation et la promotion des services).

Il exécute ces tâches aussi bien dans un environnement manuel qu'informatisé. Dans un environnement informatisé, il doit utiliser des logiciels documentaires servant à la gestion courante, interroger des bases de données, qu'elles soient bibliographiques, factuelles, textuelles ou multimédias. La maîtrise des technologies de l'information doit faire partie des habiletés de ce technicien. Le technicien en documentation accomplit également les tâches reliées à la gestion des documents, qu'ils soient actifs, semi-actifs ou historiques. Sa formation spécifique lui permet d'implanter ou de participer à l'implantation d'un système, de gérer les documents administratifs, d'appliquer le calendrier et de traiter un fonds d'archives historiques.

Préalable du secondaire
Aucun cours spécifique voir page 361

Cégeps offrant le programme
Garneau, John Abbott, Lionel-Groulx*, Maisonneuve, Outaouais*, Trois-Rivières

*Voir alternance travail-études, p. 293

Admissions/SRAM 2013 :   demandes au 1er tour :   226
                           admis au 1er tour :   201
                           total des admis aux 3 tours :   244

393.A0 Techniques de la documentation

Marché du travail 2012

Cégeps répondants : 5

Sortants répondants se destinant à l'emploi	Nombre	%
	73	100

Placement

Emploi relié total, 6 mois après la fin des études	58	79
Emploi relié, temps plein	50	68
Emploi relié, temps partiel ou occasionnel	8	11
Emploi non relié	8	11
Sans emploi	7	10

Salaire
Initial moyen : 19 $ / heure
Initial supérieur : 24,20 $ / heure

Postes offerts

Technicien en documentation, gestion de documents et bibliothèque
Technicien en archives et en numérisation
Bibliotechnicien
Catalogueur
Libraire
Technicien aux acquisitions
Agent de service de collection
Agent d'accueil et à la référence

Milieux de travail

Maison d'édition
Bibliothèque
Centre de documentation
Librairie
Médias d'information
Centre de recherche
Entreprise culturelle
Municipalité
Maison d'enseignement
Gouvernement
Centre d'archives
Centre hospitalier
Bureau d'avocats et d'ingénieurs
Bureau d'assurances
Société d'histoire et de généalogie

Exigences du marché
Mobilité
L'anglais est nécessaire en gestion de document

Indicateur du placement 2007 à 2012

Sortants répondants se destinant à l'emploi :	363	
Total des répondants en emploi :	327	90 %

Les techniques de l'administration

Indicateur du placement 2007 à 2012

Sortants répondants se destinant à l'emploi :	7 962	
Total des répondants en emploi :	7 401	93 %

410.A0 Techniques de la logistique du transport

Le programme Techniques de la logistique du transport vise à former des techniciens capables d'exercer les tâches liées à la réalisation des différentes étapes du processus de la logistique. Les personnes sont responsables des flux physiques (personnes et marchandises) et des flux d'information.

Lieux de travail
Les techniciens en logistique du transport sont appelés à travailler dans des entreprises manufacturières, des centres de distribution, des entrepôts, des entreprises de transport (routier, maritime, ferroviaire et aérien) ou chez des intermédiaires (transitaires ou courtiers en douanes).Ils peuvent également travailler pour des compagnies de transport de personnes. Finalement, ils peuvent être embauchés dans des compagnies de services de logistique.

Principales fonctions
Dans les entreprises manufacturières, ces techniciens assurent le service à la clientèle; gèrent les stocks; organisent le transport; coordonnent les activités d'entreposage.

Dans les entreprises de transport de marchandises, ils établissent la tarification; planifient et organisent la répartition; gèrent le parc de véhicules; effectuent les services de la représentation et des ventes; ils assurent aussi le service à la clientèle et traitent les réclamations.

Dans les entreprises de transport de personnes, ils planifient et organisent le service de transport de personnes; ils programment les itinéraires et les horaires de service; ils répartissent les chauffeurs et les véhicules.

Chez des courtiers en douanes, ils s'occupent de la documentation; préparent les documents pour le dédouanement; trouvent la tarification requise.

Chez des transitaires, ils coordonnent le transport et les services complémentaires à l'échelle internationale; ils conseillent la clientèle; achètent et vendent du transport international et les services complémentaires; ils conseillent la clientèle; ils s'occupent aussi de la documentation.

Préalable du secondaire
Mathématiques : TS 4e ou SN 4e ou 436

Cégeps offrant le programme
André-Laurendeau*, Collège LaSalle, Drummondville*, Garneau*, Institut maritime du Québec, Lionel-Groulx*, Saint-Jean-sur-Richelieu*, Trois-Rivières

*Voir alternance travail-études, p. 293

Admissions/SRAM 2013 :	demandes au 1er tour :	77
	admis au 1er tour :	65
	total des admis aux 3 tours :	102

200

410.A0 Techniques de la logistique du transport

Marché du travail 2012

Cégeps répondants : 5

Sortants répondants se destinant à l'emploi	Nombre	%
	26	100

Placement

	Nombre	%
Emploi relié total, 6 mois après la fin des études	21	81
Emploi relié, temps plein	20	77
Emploi relié, temps partiel ou occasionnel	1	4
Emploi non relié	4	15
Sans emploi	1	4

Salaire
Initial moyen : 18,80 $ / heure
Initial supérieur : 20,10 $ / heure

Postes offerts

Technicien en transport
Répartiteur, tarificateur
Agent de fret
Responsable de transport adapté
Acheteur
Technicien à la logistique
Technicien au parc routier
Coordonnateur
Technicien à la douane
Superviseur d'entrepôt
Agent import/export
Commis à la facturation, à la réception, à l'expédition, à l'exportation, à l'emballage
Agent maritime
Auditeur
Technicien à l'approvisionnement et à l'inventaire
Inspecteur

Milieux de travail

Compagnie de transport : routier, ferroviaire, maritime et aérien
Courtier en douane
Entreprise de recyclage
Distributeur
Commission scolaire
Service de messagerie
Municipalité
Service de consultation en logistique
Entreprise d'import-export
Industrie manufacturière

Exigences du marché

Bilinguisme obligatoire
Horaires variables
Bonne connaissance de la géographie nord-américaine
Travail sous pression
Connaissance de l'espagnol un atout

Commentaires
Marché accueillant
Certains poursuivent leurs études universitaires en génie des opérations et de la logistique

Indicateur du placement 2007 à 2012

	Nombre	%
Sortants répondants se destinant à l'emploi :	178	
Total des répondants en emploi :	167	94 %

410.B0 Techniques de comptabilité et de gestion

Buts du programme
Ce programme vise à former des personnes aptes à exercer la profession de technicien en comptabilité et en gestion.

Dans le domaine de la comptabilité, ces personnes peuvent intervenir à toutes les étapes du cycle comptable et doivent être en mesure d'apporter du soutien technique dans toutes les tâches connexes à la comptabilité : implantation de systèmes comptables, gestion de fonds de roulement, analyse financière, contrôle interne et vérification, planification budgétaire, détermination des coûts de fabrication, évaluation des placements et de leur rendement ainsi que mesure du passif et des coûts qui en découlent. L'impôt sur le revenu des particuliers et des sociétés constitue aussi un domaine où leurs compétences sont mises à contribution. Ce travail comporte un bon nombre de tâches répétitives et, de plus en plus, des tâches d'analyse, de planification et de conseil technique auprès des gestionnaires et de la clientèle.

Dans le domaine de la gestion, ces personnes effectuent des travaux de soutien et d'assistance liés à la gestion des ressources humaines, financières et matérielles d'une entreprise. Les responsabilités de ces personnes peuvent être associées, entre autres, à la gestion des approvisionnements, des ventes et des projets, au développement des marchés, aux transactions commerciales et internationales, à la supervision du personnel. Ces personnes sont appelées à évoluer dans un environnement hautement informatisé, à utiliser des outils et des méthodes de gestion intégrée, à contribuer à la gestion de la qualité de leur service et surtout à rechercher, traiter et transmettre de l'information. Elles jouent souvent le rôle d'intermédiaire entre les différents services de l'entreprise, les fournisseurs et la clientèle.

Autant dans le domaine de la comptabilité que de la gestion, ces personnes doivent être capables d'analyser rapidement les problèmes, de réagir efficacement et de faire preuve de créativité, d'adaptabilité et d'autonomie. Le jugement, l'initiative ainsi que l'esprit de synthèse et d'analyse constituent donc des atouts essentiels dans l'accomplissement de leur travail.

Préalables du secondaire
Mathématiques : TS 4e ou SN 4e ou 436
Mathématiques TS 5e ou SN 5e ou 526 pour les étudiants qui voudront inclure dans leur programme collégial les mathématiques préalables à certains programmes universitaires en administration.

Cégeps offrant le programme
Voir la page 339

Admissions/SRAM 2013 :	demandes au 1er tour :	1 150
	admis au 1er tour :	980
	Total des admis aux 3 tours :	1 321

410.B0 Techniques de comptabilité et de gestion

Marché du travail 2012

Cégeps répondants : 41

Sortants répondants se destinant à l'emploi	Nombre	%
	290	100

Placement

Emploi relié total, 6 mois après la fin des études	218	75
Emploi relié, temps plein	182	63
Emploi relié, temps partiel ou occasionnel	36	12
Emploi non relié	40	14
Sans emploi	32	11

Salaire
Initial moyen : 16,50 $ / heure
Initial supérieur : 18,50 $ / heure

Postes offerts

Technicien en administration, comptabilité, finance, inventaire
Commis comptable
Agent de personnel
Agent de recouvrement
Adjoint administratif
Technicien en gestion de production
Gérant d'entreprise et de commerce
Acheteur
Agent de perception
Agent de service

Milieux de travail

Entreprise manufacturière, de service et gouvernementale
Commerce de détail et de gros
Maison d'enseignement
Bureau de comptables
Institution financière
Firme de courtage
Agence de santé
Coopérative
Firme de conseillers en ressources humaines
À son compte
Centre hospitalier

Exigences du marché

Polyvalence
Souci du détail
Éthique professionnelle
Esprit méthodique
Anglais un atout, bonne qualité du français
Sens des affaires

Commentaires
Plusieurs poursuivent des études universitaires
Milieux de travail variés

Indicateur du placement 2007 à 2012

Sortants répondants se destinant à l'emploi :	2 192	
Total des répondants en emploi :	2 008	92 %

410.C0 Conseil en assurances et en services financiers

Buts du programme

Ce programme a pour but de former des personnes aptes à exercer diverses fonctions de travail dans le domaine des assurances et des services financiers.

Les activités de travail particulièrement visées dans le cadre du programme sont :

- la promotion et la vente de produits d'assurance et de produits financiers dans un réseau direct ou indirect de distribution (courtage);
- les activités de représentation auprès de la clientèle;
- l'analyse des besoins et des objectifs du client;
- l'élaboration de programmes ou de recommandations ayant trait aux assurances ou aux services financiers;
- l'analyse de risques et de demandes d'assurance à des fins d'acceptation ou de refus;
- le règlement et le suivi des réclamations.

Le programme est structuré pour tenir compte de la réglementation et des conditions d'exercice de la profession. En plus du règlement de sinistres et de la souscription, les compétences particulières du programme peuvent être regroupées en trois blocs distincts :

- l'assurance des particuliers;
- la protection et la planification financières des particuliers;
- l'assurance collective et l'assurance des entreprises.

Le programme vise de plus à susciter chez la personne l'habitude de rechercher avant tout la qualité du contact avec la clientèle et la prise en considération de besoins diversifiés dans la réalisation des activités de travail.

Préalables du secondaire

Mathématiques : TS 4e ou SN 4e ou 436
Mathématiques TS 5e ou SN 5e ou 526 pour les étudiants qui voudront inclure dans leur programme collégial les mathématiques préalables à certains programmes universitaires en administration

Cégeps offrant le programme

Collège LaSalle, Lanaudière à L'Assomption*, Lévis-Lauzon*, Montmorency*, Sainte-Foy*, Vieux-Montréal

*Voir alternance travail-études, p. 293

Admissions/SRAM 2013 :   demandes au 1er tour :   82
admis au 1er tour :   66
total des admis aux 3 tours :   96

410.C0 Conseil en assurances et en services financiers

Marché du travail 2012

Cégeps répondants : 4

Sortants répondants se destinant à l'emploi	Nombre	%
	22	100

Placement

Emploi relié total, 6 mois après la fin des études	19	86
Emploi relié, temps plein	19	86
Emploi relié, temps partiel ou occasionnel	0	0
Emploi non relié	3	14
Sans emploi	0	0

Salaire
Initial moyen : 19,70 $ / heure
Initial supérieur : 21,90 $ / heure

Postes offerts

Agent d'assurances
Expert en sinistres
Enquêteur-régleur
Tarificateur
Courtier

Souscripteur
Conseiller en sécurité financière
Représentant en épargnes ou rentes collectives

Milieux de travail

Compagnie d'assurances générales et coopératives
Courtier d'assurances
Gouvernement

Cabinet d'expertise en sinistr
Cabinet de courtage
Institution financière

Exigences du marché

Mobilité
Maturité
Éthique professionnelle
Horaires variés
Certaines professions nécessitent la réussite des examens de l'Autorité des marchés financiers

Bilinguisme un atout
Être habile communicateur
Déplacements chez les clients

Commentaires
Plans de carrière intéressants
Certains emplois sont à la commission
Formation continue

Indicateur du placement 2007 à 2012

Sortants répondants se destinant à l'emploi :	220	
Total des répondants en emploi :	209	95 %

410.D0 Gestion de commerces

Buts du programme

Ce programme vise à former des personnes aptes à exercer la profession de technicien en Gestion de commerces.

Ces techniciens assument des responsabilités de gestion d'un commerce ou la supervision d'une équipe de vente dans un établissement commercial ou dans une entreprise.

Les responsables de la gestion de commerces travaillent principalement dans les commerces de détail, les commerces en gros ainsi que les entreprises et les commerces spécialisés dans la vente de produits et de services. Ils peuvent être salariés ou travailleurs autonomes. Ils occupent des postes dans des petites, moyennes ou grandes entreprises. Dans les commerces de détail, ils agissent à titre de gérants. Dans les commerces en gros ou les industries et les commerces spécialisés, ils agissent plutôt à titre de superviseurs de l'équipe de vente.

Les principales responsabilités de ce technicien consistent à gérer le personnel de vente, à veiller à atteindre des objectifs de vente, à promouvoir et mettre en marché des produits ou des services, à acquérir des stocks ainsi qu'à assurer le service à la clientèle. Tout en étant responsables du commerce ou de l'équipe de vente, ces personnes sont parfois appelées à vendre elles-mêmes des produits ou des services.

Les techniciens en Gestion de commerces doivent faire preuve de polyvalence et d'autonomie dans l'accomplissement de leurs tâches et ils doivent s'adapter à des situations de travail variées. Ainsi, les compétences acquises grâce à ce programme leur permettront d'utiliser les outils et les méthodes nécessaires pour exploiter judicieusement des données commerciales, l'information de l'actualité économique et des sources de droit s'appliquant à la commercialisation. Ces compétences permettront également aux techniciens de communiquer efficacement dans différentes situations de travail. Des compétences touchant le processus de gestion, la promotion et le commerce international seront également développées.

Préalables du secondaire

Mathématiques : CST 4e ou 436
Mathématiques TS 5e ou SN 5e ou 526 pour les étudiants qui voudront inclure dans leur programme collégial les mathématiques préalables à certains programmes universitaires en administration

Cégeps offrant le programme

Voir la page 339

Admissions/SRAM 2013 :		
	demandes au 1er tour :	1 729
	admis au 1er tour :	1 327
	Total des admis aux 3 tours :	1 663

410.D0   Gestion de commerces

Marché du travail 2012

Cégeps répondants : 23

Sortants répondants se destinant à l'emploi	Nombre	%
	141	100

Placement

Emploi relié total, 6 mois après la fin des études	101	72
Emploi relié, temps plein	85	60
Emploi relié, temps partiel ou occasionnel	16	11
Emploi non relié	22	16
Sans emploi	18	13

Salaire
Initial moyen : 15,60 $ / heure
Initial supérieur : 18,80 $ / heure

Postes offerts

Technicien en marketing	À son compte
Représentant des ventes	Conseiller en publicité
Préposé aux commandes, en télémarketing	Agent de promotion
	Agent de service à la clientèle
Acheteur	Gérant, directeur des ventes
Adjoint administratif	Responsable de mise en marché/inventaire
Chef de département	

Milieux de travail

Commerce de détail et de gros	Médias d'information
Entreprise manufacturière, immobilière, familiale	Compagnie de sondage
	Firme de publicité, télémarketing
Institution financière	Centre de distribution
Gouvernement	Compagnie d'assurances

Exigences du marché
Anglais souvent exigé
Habiletés interpersonnelles
Expérience dans la vente
Aptitudes en communication et en gestion
Compétences entrepreneuriales

Commentaires
Plusieurs diplômés poursuivent à l'université
Forte compétition avec d'autres formations collégiales et universitaires
Davantage d'emplois en représentation et en télémarketing dans les grands centres

---

Indicateur du placement 2007 à 2012

Sortants répondants se destinant à l'emploi :	1 130	
Total des répondants en emploi :	1 026	91 %

411.A0   Archives médicales

Buts du programme
Ce programme vise à former des personnes compétentes dans la profession d'archiviste médical.

Les archivistes médicaux sont des personnes qui assument principalement des responsabilités liées à l'information contenue dans le dossier des usagers des services de santé et des services sociaux (gestion, traitement, accès et protection). Ils sont aussi des spécialistes de la collecte, de l'analyse et de l'interprétation des données sur la santé aux fins de la recherche ou de la prise de décisions sociomédico-administratives. Ils peuvent également être appelés à assumer des responsabilités de gestion d'un service.

Les archivistes médicaux travaillent actuellement dans le secteur de la santé et des services sociaux. Toutefois, en raison de leur capacité à gérer l'information sur la santé, ils pourraient utiliser d'autres créneaux tels que les entreprises ou les organismes publics ou privés qui gèrent les données sur la santé de leurs employés ou de leur clientèle.

Enfin, on vise dans ce programme à permettre à la personne d'évoluer de façon appropriée dans son milieu de travail, en favorisant l'adoption ou le développement des attitudes et des comportements suivants :

- la capacité d'assumer des responsabilités, de prendre des initiatives judicieuses et des décisions éclairées, de s'adapter à des situations nouvelles et de prévoir et d'évaluer la complexité et la durée d'un travail;
- la capacité de communiquer efficacement avec les spécialistes et les autres personnes en cause et d'établir avec les usagers des relations empreintes de respect, de compassion et de patience;
- la capacité d'analyser des données et d'en faire la synthèse;
- le souci constant du respect des règles de l'éthique professionnelle ainsi que du cadre juridique;
- le souci de la rigueur et du travail bien fait;
- le souci d'évoluer constamment dans l'exercice de sa profession en tenant compte des changements sur le plan technique, organisationnel et administratif.

Préalable du secondaire
Mathématiques : CST 4e ou 514

Cégeps offrant le programme
Ahuntsic, Laflèche, Lanaudière à L'Assomption, O'Sullivan de Montréal (en anglais seulement)

Admissions/SRAM 2013 :   demandes au 1er tour :   150
admis au 1er tour :   142
total des admis aux 3 tours :   175

411.A0   Archives médicales

Marché du travail 2012

Cégeps répondants : 4

Sortants répondants se destinant à l'emploi	Nombre	%
	84	100

Placement

	Nombre	%
Emploi relié total, 6 mois après la fin des études	70	83
Emploi relié, temps plein	60	72
Emploi relié, temps partiel ou occasionnel	10	12
Emploi non relié	7	8
Sans emploi	7	8

Salaire
Initial moyen : 18.10 $ / heure
Initial supérieur : 20,10 $ / heure

Postes offerts
Archiviste médical
Assistant de recherche
Registraire en oncologie
Agent administratif
Préposé aux prestations d'invalidité
Agent d'indemnisation

Milieux de travail
Centre hospitalier
CSSS/CLSC
Société de l'assurance automobile du Québec (SAAQ)
Centre de santé publique du Québec
Clinique dentaire et médicale
Institut de recherche, polyclinique
Compagnie d'informatique spécialisée en santé
Institut de réadaptation
Institution financière
Maison d'enseignement

Exigences du marché
Être membre de l'Association québécoise des archivistes médicales
Mobilité
Anglais un atout

Commentaires
Candidatures masculines en demande

Indicateur du placement 2007 à 2012

Sortants répondants se destinant à l'emploi :	477	
Total des répondants en emploi :	446	94 %

412.AA Techniques de bureautique :

Coordination du travail de bureau

Le programme *Techniques de bureautique* comporte un tronc commun et deux voies de spécialisation. La voie de spécialisation *Coordination du travail de bureau* vise à former des personnes aptes à exercer la profession de coordonnateur du travail de bureau tandis que la voie de spécialisation *Micro-édition et hypermédia* vise à former des personnes aptes à exercer la profession de technicien en micro-édition et en hypermédia.

La voie de spécialisation A *Coordination du travail de bureau* est orientée vers le développement d'habiletés en gestion et en relations interpersonnelles. Les coordonnateurs du travail de bureau se voient généralement confier des tâches de gestion, plus particulièrement de planification, d'organisation, de supervision et d'évaluation du travail d'une équipe rattachée à une unité de bureau. Ces personnes peuvent travailler pour le personnel de direction et elles agissent généralement comme intermédiaires entre celui-ci et le personnel qu'elles dirigent. De ce fait, les coordonnateurs doivent avoir une bonne maîtrise de la langue française et avoir une connaissance suffisante de la langue anglaise. De plus, ces personnes doivent toujours faire preuve d'une grande discrétion et de souplesse, et elles doivent aussi avoir une grande disponibilité. Elles agissent également comme conseillers auprès du personnel dans des situations de conflits interpersonnels et dans la résolution de problèmes d'ordre personnel. Elles doivent donc être constamment à l'écoute du personnel qu'elles dirigent et faire preuve de tact et d'ouverture d'esprit. Elles interviennent aussi dans la résolution de problèmes à caractère technique et organisationnel. Dans l'entreprise, on compte beaucoup sur leur leadership afin de mobiliser et de motiver les employés. De plus, ces personnes doivent aimer travailler dans un environnement informatisé soumis à des changements techniques fréquents, d'où la nécessité pour elles d'avoir une grande facilité d'adaptation aux nouveaux logiciels et environnements informatiques.

Note : La voie de spécialisation B *Micro-édition et hypermédia* est décrite dans les pages suivantes.

Préalable du secondaire
Aucun cours spécifique voir page 361

Cégeps offrant le programme
André-Laurendeau, Centre d'études collégiales des Îles, Centre d'études collégiales Baie-des-Chaleurs, Champlain (Saint-Lambert) Chicoutimi, Drummondville*, Ellis campus Trois-Rivières*, Garneau, Gaspésie et les Îles à Gaspé, Jonquière, Lanaudière à Joliette, Lévis-Lauzon*, Lionel-Groulx*, O'Sullivan de Québec*, Outaouais, Sept-Îles*, Sherbrooke*, Sorel-Tracy*, Thetford*

*Voir alternance travail-études, p. 293

Admissions/SRAM 2013 :

	demandes au 1er tour :	139
	admis au 1er tour :	127
	total des admis aux 3 tours :	196

412.AA Techniques de bureautique :

Coordination du travail de bureau

Marché du travail 2012

Cégeps répondants : 12

Sortants répondants se destinant à l'emploi	Nombre	%
	121	100

Placement

Emploi relié total, 6 mois après la fin des études	114	94
Emploi relié, temps plein	103	86
Emploi relié, temps partiel ou occasionnel	11	9
Emploi non relié	4	3
Sans emploi	3	2

Salaire
Initial moyen : 18,70 $ / heure
Initial supérieur : 21,80 $ / heure

Postes offerts

Technicien en bureautique	Agent de bureau
Secrétaire de direction, adminis-trative, médicale, légale	Adjoint administratif
	Commis à la vérification
Agent de secrétariat	

Milieux de travail

Secteur privé, municipal, gouvernemental, scolaire	Entreprise de services et commerciale
Bureau de professionnels	PME
Entreprise de télécommunication	Bureau d'assurances
	Maison d'enseignement

Exigences du marché

Maîtrise du français	Facilité d'adaptation face aux nouvelles technologies
Bilinguisme	
Formation continue	Polyvalence
Respect de la confidentialité	

Commentaires
Plusieurs employeurs font passer des tests de français et d'anglais.
Pénurie

Indicateur du placement 2007 à 2012		
Sortants répondants se destinant à l'emploi :	600	
Total des répondants en emploi :	579	97 %

412.AB Techniques de bureautique :

Micro-édition et hypermédia

Le programme *Techniques de bureautique* comporte un tronc commun et deux voies de spécialisation. La voie de spécialisation *Coordination du travail de bureau* vise à former des personnes aptes à exercer la profession de coordonnateur du travail de bureau tandis que la voie de spécialisation *Micro-édition et hypermédia* vise à former des personnes aptes à exercer la profession de technicien en micro-édition et en hypermédia.

La voie de spécialisation B *Micro-édition et hypermédia* est orientée vers le développement d'habiletés techniques tant au niveau des outils informatiques qu'au niveau de la rédaction et du traitement linguistique des textes. Les techniciens en micro-édition et en hypermédia travaillent à la conception graphique et à la mise en pages de divers types de documents tels des cahiers de formation, des formulaires, des rapports, des documents publicitaires, des bulletins et journaux internes. Ils conçoivent et produisent également des présentations animées en intégrant le texte, l'image, la vidéo et le son, ainsi que des documents hypermédias tels des pages WEB. Ces personnes sont aussi appelées à intervenir pour ce qui est du contenu des documents, d'où la nécessité pour elles d'avoir une bonne maîtrise du français et une connaissance suffisante de l'anglais.

Dans l'exercice de leur profession, ces personnes assurent un soutien technique et agissent comme personnes-ressources auprès des autres collègues ou de leurs supérieurs. Elles doivent faire preuve de créativité afin de produire des documents originaux, attrayants et conformes à l'image que souhaite projeter l'entreprise. Ces personnes doivent aimer travailler dans un environnement informatisé soumis à des changements technologiques fréquents. Comme la demande de production de documents est parfois importante, ces personnes doivent être en mesure de gérer efficacement leur temps et de résister au stress, et elles doivent aussi avoir une grande disponibilité. Cette fonction de travail nécessite un grand sens de l'organisation, un sens poussé de l'esthétisme et le souci du détail.

Note : La voie de spécialisation A *Coordination du travail de bureau* est décrite dans les pages précédentes.

Préalable du secondaire
Aucun cours spécifique voir page 361

Cégeps offrant le programme
Bart*, Champlain (Saint-Lambert), Chicoutimi, Heritage*, John Abbott, Limoilou*, Montmorency*, Rimouski*, Rosemont*, Shawinigan, Vanier

*Voir alternance travail-études, p. 293

Admissions/SRAM 2013 :	demandes au 1er tour :	175
	admis au 1er tour :	144
	total des admis aux 3 tours :	223

412.AB Techniques de bureautique :

Micro-édition et hypermédia

Marché du travail 2012

Cégeps répondants : 7

Sortants répondants se destinant à l'emploi	Nombre	%
	46	100

Placement

Emploi relié total, 6 mois après la fin des études	35	76
Emploi relié, temps plein	27	59
Emploi relié, temps partiel ou occasionnel	8	17
Emploi non relié	7	15
Sans emploi	4	9

Salaire
Initial moyen : 18 $ / heure
Initial supérieur : 21,60 $ / heure

Postes offerts

Technicien en micro-édition	Technicien en éditique
Éditeur de site Web	Infographiste
Technicien à la mise en page	Technicien en bureautique

Milieux de travail

Secteur privé, municipal, gouvernemental	Agence de publicité
	Compagnie de publication écrite
Bureau de professionnels	Maison d'enseignement
Industrie	Entreprise de services en
Milieu hospitalier	multimédia

Exigences du marché

Maîtrise du français	Facilité d'adaptation aux
Anglais un atout majeur	nouveaux logiciels

Commentaires
Travail à la pige surtout dans la conception de site Web
Plusieurs employeurs font passer des tests de français et d'anglais
Bonne dose de créativité nécessaire
Compétition avec d'autres programmes
La qualité du portfolio est déterminante

Indicateur du placement 2007 à 2012

Sortants répondants se destinant à l'emploi :	337	
Total des répondants en emploi :	311	92 %

414.A0 Techniques de tourisme

Objectifs communs des *Techniques de tourisme*
Le programme de tourisme prépare les étudiants à travailler activement au développement intégré de l'industrie touristique. En plus de contribuer au développement d'une culture générale, la formation de base en tourisme vise à former des techniciens qui seront aptes à :

— intervenir de façon professionnelle en langue seconde et même dans une troisième langue;
— réaliser les opérations courantes du secteur touristique;
— accueillir et informer les clientèles touristiques;
— développer et commercialiser les produits et services touristiques.

Voies de spécialisation
Au terme de la formation dite commune, l'étudiant devra choisir, selon les collèges, l'une des trois voies de spécialisation suivantes :

— Accueil et guidage touristiques
— Mise en valeur de produits touristiques
— Développement et promotion de produits de voyage

Accueil et guidage touristique : Spécialistes de l'accueil, de l'animation et du guidage des clientèles touristiques, les diplômés de cette spécialisation seront appelés à occuper des postes d'agents préposés à l'accueil, à l'information ou aux réservations, de coordonnateur de services d'accueil, de guide touristique, de guide accompagnateur ou de responsable à destination.
Mise en valeur de produits touristiques : Les diplômés de cette voie de spécialisation seront appelés à développer des produits et services touristiques en fonction des besoins exprimés ou pressentis des consommateurs. Ils exerceront des fonctions d'agent de développement touristique, d'agent de commercialisation ou de promotion, de coordonnateur de congrès, d'événements spéciaux ou encore de festivités.
Développement et promotion de produits de voyage : Les diplômés de cette voie de spécialisation connaissent bien l'offre touristique et sont aptes à créer, modifier et promouvoir des forfaits. Ils pourront remplir les fonctions de forfaitiste, d'organisateur de circuits, d'agent de tarification ou encore d'agent aux réservations chez un voyagiste.

Préalable du secondaire
Mathématiques : CST 4e ou 514

Cégeps offrant le programme
Champlain (Saint-Lambert), Collège LaSalle*, Granby Haute-Yamaska*, Heritage*, Institut de tourisme et d'hôtellerie du Québec*, Laflèche, Limoilou, Matane*, Mérici*, Montmorency*, Saint-Félicien*(approche modulaire)
Veuillez consulter les cégeps pour connaître les voies de spécialisation offertes.

*Voir alternance travail-études, p. 293

Admissions/SRAM 2013 :	demandes au 1er tour :	192
	admis au 1er tour :	175
	total des admis aux 3 tours :	244

414.A0 Techniques de tourisme

Marché du travail 2012

Cégeps répondants : 9

Sortants répondants se destinant à l'emploi	Nombre	%
	80	100

Placement

	Nombre	%
Emploi relié total, 6 mois après la fin des études	62	78
Emploi relié, temps plein	53	66
Emploi relié, temps partiel ou occasionnel	9	11
Emploi non relié	16	20
Sans emploi	2	3

Salaire
Initial moyen : 14,70 $ / heure
Initial supérieur : 16,60 $ / heure

Postes offerts
Conseiller en tourisme
Agent de promotion et de développement
Guide touristique
Conseiller en voyages
Concierge (hôtel)
Conseiller en service à la clientèle
Agent de bord
Agent de réservation
Forfaitiste
Organisateur de congrès et d'événements
Agent culturel et touristique
Guide animateur

Milieux de travail
Société de développement touristique
Office du tourisme
Hôtellerie
Centre de congrès
Site touristique
Bateau de croisière
Pourvoirie
Chambre de commerce
Centre local de développement
Agence de voyages, grossiste en voyages
Musée, base de plein air, club de vacances, centre de ski
Auberge de jeunesse
Parc national
À son compte
Compagnie aérienne

Exigences du marché
Mobilité géographique
Flexibilité au niveau de l'horaire
Compétences entrepreneuriales
Bilinguisme
3e langue un atout

Commentaires
Parfois des avantages sociaux peuvent compenser au niveau salarial

---

Indicateur du placement 2007 à 2012

Sortants répondants se destinant à l'emploi :	601	
Total des répondants en emploi :	568	95 %

414.B0   Techniques du tourisme d'aventure

Buts du programme
Ce programme vise à former des personnes aptes à exercer la profession de guide d'aventure.

Les guides d'aventure exécutent leurs tâches dans des entreprises qui ont des activités de conception, de mise en œuvre et de promotion de produits de tourisme d'aventure. Il s'agit principalement de la planification des sorties en milieu naturel, de la coordination et de l'animation des activités, de l'encadrement des groupes, de la transmission des techniques relatives à la pratique des activités, du guidage en milieu naturel et de la promotion des activités.

Dans l'exercice de leur profession, les guides d'aventure travaillent surtout avec l'équipement relatif aux activités et aux sports de plein air, à la sécurité, aux communications et à l'interprétation du patrimoine naturel et culturel. Ils utilisent aussi des micro-ordinateurs, des appareils périphériques, des logiciels et des banques de données.

Dans l'exécution de leurs tâches, les guides d'aventure peuvent travailler avec d'autres guides, des clientes, des agences de voyages, des voyagistes, des producteurs de tourisme d'aventure et divers acteurs de cette industrie.

Préalable du secondaire
Aucun cours spécifique voir page 361

Cégep offrant le programme
Gaspésie et des Iles à Gaspé

Admissions/SRAM 2013 :   demandes au 1ᵉʳ tour :   n. d.
                               admis au 1ᵉʳ tour :   n. d.
                               total des admis aux 3 tours :   n. d.

414.B0 Techniques de tourisme d'aventure

Marché du travail 2012

Cégeps répondants : 0

Sortants répondants se destinant à l'emploi	Nombre	%
	n. d.	100

Placement

Emploi relié total, 6 mois après la fin des études	n. d.	n. d.
Emploi relié, temps plein	n. d.	n. d.
Emploi relié, temps partiel ou occasionnel	n. d.	n. d.
Emploi non relié	n. d.	n. d.
Sans emploi	n. d.	n. d.

Salaire
Initial moyen : n. d.
Initial supérieur : n. d.

Postes offerts

Conseiller en tourisme
Agent de promotion et de développement
Conseiller en forfaits touristiques
Guide en tourisme d'aventure
Chargé d'entretien de sites et de sentiers de randonnée

Milieux de travail

Producteur de tourisme d'aventure
Producteur d'écotourisme
Service de croisières
Pourvoirie
Site autochtone
Grossiste
Parc, réserve, ZEC
Maison d'hébergement
Magasin spécialisé

Exigences du marché

Bonne condition physique
Dynamisme
Mobilité géographique
Flexibilité au niveau de l'horaire
Bilinguisme

Commentaires
Évaluation du marché difficile compte tenu du petit nombre de sortants.

Indicateur du placement 2007 à 2012

Sortants répondants se destinant à l'emploi :	n.d.	
Total des répondants en emploi :	n.d.	n.d.

420.AA Techniques de l'informatique :

Informatique de gestion

Ce programme comprend trois voies de spécialisation :
- A : *Informatique de gestion*
- B : *Informatique industrielle*
- C : *Gestion de réseaux informatiques*

Voie de spécialisation A : *Informatique de gestion*
Le programmeur analyste doit répondre aux besoins d'entreprises aux activités variées. Il peut donc travailler dans des entreprises qui ont leurs propres services informatiques, qui produisent des logiciels ou qui offrent des services informatiques. On note que c'est encore dans le domaine du développement d'applications répondant aux besoins des petites, moyennes et grandes entreprises en croissance qu'on utilise le plus les services des programmeurs analystes. Ce domaine enregistre des changements importants qui se traduisent notamment par une diversification croissante et, par conséquent, par une demande très importante pour de nouveaux produits : ce sont des applications de communication caractérisées par la convivialité, l'interactivité et le multimédia.

Les voies de spécialisation B : *Informatique industrielle* et C : *Gestion de réseaux informatiques* sont décrites dans les pages suivantes.

Préalable du secondaire
Mathématiques : TS 5e ou SN 5e ou 526

Cégeps offrant le programme
Abitibi-Témiscamingue*, Ahuntsic*, Alma, André-Laurendeau*, Beauce-Appalaches*, Bois-de-Boulogne, Champlain (Lennoxville, Saint-Lambert), Chicoutimi, Collège LaSalle, Dawson, Drummondville*, Édouard-Montpetit, Garneau*, Gaspésie et des Îles à Gaspé, Gérald-Godin*, Granby-Haute-Yamaska*, Institut Grasset, Institut Teccart, Heritage*, John Abbott, Jonquière, Lanaudière à Joliette, La Pocatière*, Lévis-Lauzon*, Limoilou*, Lionel-Groulx*, Maisonneuve, Matane, Montmorency*, Outaouais, Rimouski*, Rivière-du-Loup*, Rosemont, Sainte-Foy*, Saint-Félicien*, Saint-Hyacinthe*, Saint-Jean-sur-Richelieu*, Saint-Jérôme*, Sept-Îles*, Shawinigan*, Sherbrooke*, Sorel-Tracy*, Thetford, Trois-Rivières*, Valleyfield*, Vanier, Victoriaville, Vieux-Montréal

*Voir alternance travail-études, p. 293

Admissions/SRAM 2013 :	demandes au 1er tour :	929
	admis au 1er tour :	717
	total des admis aux 3 tours :	941

420.AA Techniques de l'informatique :

Informatique de gestion

Marché du travail 2012

Cégeps répondants : 40

Sortants répondants se destinant à l'emploi	Nombre	%
	186	100

Placement

Emploi relié total, 6 mois après la fin des études	157	84
Emploi relié, temps plein	147	79
Emploi relié, temps partiel ou occasionnel	10	5
Emploi non relié	11	6
Sans emploi	18	10

Salaire
Initial moyen : 19,90 $ / heure
Initial supérieur : 23,10 $ / heure

Postes offerts

Technicien en informatique
Programmeur analyste
Gestionnaire de base de données
Représentant technique
Programmeur Web
Technicien pour cellulaires
Développeur d'applications
Formateur
Technicien au soutien technique
Conseiller en informatique
Intégrateur
Consultant
Développeur Web
Programmeur JAVA

Milieux de travail

Entreprise manufacturière, de services, commerciale, de transport et télécommunication
Institutions financières
Fournisseursde services et de développement d'Internet
Gouvernement, municipalité
Consultant en informatique et en gestion
Maison d'enseignement
Commerce de matériel informatique
Entreprise de conception de logiciels et de jeux vidéo
À son compte

Exigences du marché
Connaissance de l'anglais
Aptitudes à travailler en équipe
Adaptabilité aux nombreux changements technologiques
Davantage de programmation que de créativité artistique.

Commentaires
Davantage de programmation que de créativité artistique.
De plus en plus de finissants poursuivent des études universitaires. Marché accueillant.
Augmentation de la moyenne salariale

Indicateur du placement 2007 à 2012

Sortants répondants se destinant à l'emploi :	1 045	
Total des répondants en emploi :	954	91 %

420.AB Techniques de l'informatique :

Informatique industrielle

Ce programme comprend trois voies de spécialisation :
- A : *Informatique de gestion*
- B : *Informatique industrielle*
- C : *Gestion de réseaux informatiques*

Voie de spécialisation B : *Informatique industrielle*
Le programmeur analyste spécialisé en informatique industrielle doit répondre aux besoins d'entreprises de production et de transformation, et de sociétés publiques utilisant la haute technologie. Ces personnes doivent faire en sorte que les différents systèmes et applications industrielles puissent communiquer entre eux et ce, en créant des interfaces de communication entre les parties matérielles et les parties logicielles des systèmes de production. Au sein de la plupart des types d'entreprise de production et de transformation, ce programmeur analyste est une personne clé dans un milieu de production.

La voie de spécialisation A : *Informatique de gestion* est décrite dans les pages précédentes et la voie de spécialisation C : *Gestion de réseaux informatiques* est décrite dans les pages suivantes.

Préalable du secondaire
Mathématiques : TS 5e ou SN 5e ou 526

Cégeps offrant le programme
Institut Teccart, Lévis-Lauzon*, Lionel-Groulx*

*Voir alternance travail-études, p. 293

Admissions/SRAM 2013 :	demandes au 1er tour :	2
	admis au 1er tour :	0
	total des admis aux 3 tours :	0

220

420.AB Techniques de l'informatique :

Informatique industrielle

Marché du travail 2012

Cégeps répondants : 2

Sortants répondants se destinant à l'emploi	Nombre	%
	5	100

Placement

Emploi relié total, 6 mois après la fin des études	5	100
Emploi relié, temps plein	5	100
Emploi relié, temps partiel ou occasionnel	0	0
Emploi non relié	0	0
Sans emploi	0	0

Salaire
Initial moyen : 18,10 $ / heure
Initial supérieur : 18,50 $ / heure

Postes offerts

Programmeur Web	Technicien en informatique
Formateur	Programmeur analyste
Programmeur d'automates	Consultant en informatique
Représentant technique	Gestionnaire de base de données

Milieux de travail

Entreprise manufacturière, services, commerciale, transport et télécommunication	Maison d'enseignement
	Commerce de matériel informatique
Fournisseur de services et de développement d'Internet	Entreprise de conception de logiciels
Gouvernement, municipalité	Centre de recherche
Firmes de consultants en informatique	

Exigences du marché
Connaissance de l'anglais
Adaptabilité aux nombreux changements technologiques
Connaissances en électro-mécanique
Habiletés interpersonnelles
Habiletés en résolution de problèmes

Commentaires
Plusieurs finissants poursuivent des études universitaires
Évaluation du marché difficile compte tenu du petit nombre de sortants
Davantage de programmation que de créativité artistique
Pénurie

Indicateur du placement 2007 à 2012

Sortants répondants se destinant à l'emploi :	28	
Total des répondants en emploi :	25	89 %

420.AC Techniques de l'informatique :

Gestion de réseaux informatiques

Ce programme comprend trois voies de spécialisation :

A : *Informatique de gestion*
B : *Informatique industrielle*
C : *Gestion de réseaux informatiques*.

Voie de spécialisation C : *Gestion de réseaux informatiques*

Le gestionnaire de réseau informatique travaille au sein de grandes entreprises qui possèdent leur propre service informatique ou, à titre de consultant, dans de petites et de moyennes entreprises. Au sein de la petite entreprise, il est, la plupart du temps, l'unique responsable du bon fonctionnement du réseau informatique. Dans les grandes entreprises, on trouve généralement des configurations de réseau plus complexes et plus étendues. Le gestionnaire de réseau planifie l'implantation ou la migration du réseau, s'assure de la disponibilité de l'équipement nécessaire à son installation, configure et rend fonctionnelle chacune de ses composantes, en supervise le fonctionnement, en gère la sécurité et assure le soutien aux utilisateurs. Une part importante du temps de travail du gestionnaire de réseau informatique est consacrée à la résolution de problèmes.

Les voies de spécialisation A : *Informatique de gestion* et B : *Informatique industrielle* sont décrites dans les pages précédentes.

Préalable du secondaire
Mathématiques : TS 5e ou SN 5e ou 526

Cégeps offrant le programme
Abitibi-Témiscamingue*, Ahuntsic*, André-Laurendeau, Bois-de-Boulogne, Chicoutimi, Collège LaSalle, Édouard-Montpetit, Institut Teccart, Lévis-Lauzon*, Limoilou*, Maisonneuve, Montmorency*, Outaouais, Rosemont, Saint-Hyacinthe*, Sherbrooke*

*Voir alternance travail-études, p. 293

Admissions/SRAM 2013 :	demandes au 1er tour :	206
	admis au 1er tour :	170
	total des admis aux 3 tours :	236

420.AC Techniques de l'informatique :

Gestion de réseaux informatiques

Marché du travail 2012

Cégeps répondants : 12

Sortants répondants se destinant à l'emploi	Nombre	%
	64	100

Placement

	Nombre	%
Emploi relié total, 6 mois après la fin des études	56	88
Emploi relié, temps plein	53	83
Emploi relié, temps partiel ou occasionnel	3	5
Emploi non relié	4	6
Sans emploi	4	6

Salaire
Initial moyen : 20,40 $ / heure
Initial supérieur : 26,10 $ / heure

Postes offerts
Technicien en informatique
Consultant en informatique
Administrateur de réseaux
Programmeur analyste
Gestionnaire de base de données, incidents, problèmes
Représentant technique
Technicien en soutien technique

Milieux de travail
Entreprise manufacturière, de services, commerciale, de transport et télécommunication
Institution financière
Fournisseur de services et de développement d'Internet
Gouvernement, municipalité
Consultant en informatique et en gestion
Maison d'enseignement
Commerce de matériel informatique
Entreprise de conception de logiciels
À son compte
Centre hospitalier

Exigences du marché
Connaissance de l'anglais
Service à la clientèle
Capacité à travailler sous pression
Adaptabilité aux nombreux changements technologiques
Davantage de programmation que de créativité artistique
Polyvalence.

Commentaires
Augmentation de la moyenne salariale
Plusieurs finissants poursuivent des études universitaires

Indicateur du placement 2007 à 2012

Sortants répondants se destinant à l'emploi :	445	
Total des répondants en emploi :	420	94 %

430.A0 Techniques de gestion hôtelière

Buts du programme
Ce programme vise à former des superviseurs intermédiaires appelés à exercer leurs fonctions dans l'une ou l'autre des unités d'un établissement hôtelier (accueil, réception et réservations, ventes et marketing, entretien ménager, administration et gestion, restauration et banquets, soutien aux activités, information). Après quelques années d'expérience, certains superviseurs sont susceptibles d'exercer des fonctions plus spécialisées telles que celles de directeur adjoint de l'entretien ménager ou encore de maître d'hôtel.

Les superviseurs de services en hébergement sont appelés à gérer les activités relatives à l'hébergement et aux produits et services connexes dans différents types d'établissements hôteliers de diverses tailles, situés en région ou dans des agglomérations urbaines et offrant différents types de services.

Les superviseurs de services en hébergement exercent leurs activités au regard de l'ensemble des fonctions usuelles de gestion d'une entreprise tout en contribuant à une bonne communication entre les diverses unités. Leur statut au sein de l'établissement amène ces personnes à jouer les trois rôles du gestionnaire, à savoir la coordination, l'information et la prise de décisions. À ces rôles s'ajoute celui de la représentation de leur établissement auprès du personnel, des clientèles, des fournisseurs et de la communauté. Dans l'exercice de leurs fonctions, les superviseurs de services en hébergement sont également en relation avec les gens de l'hôtellerie, de la restauration et du tourisme de même qu'avec des représentants des gouvernements, des bailleurs de fonds, des actionnaires et différents intermédiaires.

Dans l'exercice de leurs activités de travail, les superviseurs de services en hébergement utilisent différents systèmes ayant des fonctions spécifiques tels que des systèmes de réservation ou de tarification, de l'équipement de bureau, des logiciels spécialisés ou d'application générale, un ordinateur en réseau et divers documents administratifs (contrats, politiques, règlements, conventions collectives, formulaires).

Préalable du secondaire
Mathématiques : CST 4e ou 426

Cégeps offrant le programme
Collège LaSalle*, Heritage*, Institut de tourisme et d'hôtellerie du Québec*, Laflèche, Limoilou, Méric*, Séminaire de Sherbrooke

*Voir alternance travail-études, p. 293

Admissions/SRAM 2013 :	demandes au 1er tour :	168
	admis au 1er tour :	81
	total des admis aux 3 tours :	87

430.A0 Techniques de gestion hôtelière

Marché du travail 2012

Cégeps répondants : 5

Sortants répondants se destinant à l'emploi	Nombre	%
	91	100

Placement

Emploi relié total, 6 mois après la fin des études	77	85
Emploi relié, temps plein	64	71
Emploi relié, temps partiel ou occasionnel	13	14
Emploi non relié	10	11
Sans emploi	4	4

Salaire
Initial moyen : 15,80 $ / heure
Initial supérieur : 20,90 $ / heure

Postes offerts

Gérant de restaurant et d'hôtel	Serveur
Maître d'hôtel	Délégué commercial
Réceptionniste d'hôtel	Coordonnateur d'événements
Directeur de salle à manger	Auditeur de nuit
Superviseur de l'entretien ménager	Assistant-directeur
	Concierge (hôtel)

Milieux de travail

Hôtel	Auberge
Restaurant	Résidence pour personnes âgées
Station touristique	Bateau de croisière
Centre de congrès	Pourvoirie
Compagnie aérienne	Casino
Service de traiteur	Club privé

Exigences du marché

Flexibilité, polyvalence, disponibilité	Capacité à travailler sous pression
Entregent, dynamisme	Horaire jour, soir, nuit / 7 jours par semaine
Connaissance de l'anglais	
Bonne connaissance du milieu	Travail d'équipe
Mobilité	Troisième langue un atout
Longues heures de travail	

Commentaires
Le candidat doit franchir plusieurs paliers et secteurs d'activités avant de devenir gestionnaire. Les sortants de ce programme ont accès au programme universitaire : *Gestion du tourisme et de l'hôtellerie*. Augmentation de la moyenne salariale.

Indicateur du placement 2007 à 2012

Sortants répondants se destinant à l'emploi :	684	
Total des répondants en emploi :	660	96 %

430.B0 Gestion d'un établissement de restauration

Buts du programme

Ce programme vise à former des personnes aptes à exercer la profession de superviseur d'un service alimentaire.

La fonction de superviseur d'un service alimentaire consiste principalement à gérer les opérations de production, de distribution ou de service de mets et de produits culinaires. Les différents contextes où s'exerce cette fonction de travail font que le titre d'emploi peut varier selon l'unité de service ou le type d'entreprise.

Ces techniciens seront en mesure d'exercer leur profession dans divers établissements commerciaux ou institutionnels du secteur de la restauration : restaurants indépendants ou franchisés, traiteurs, restaurants gastronomiques, chaînes de restauration rapide, cuisines centrales, bars, brasseries et tavernes, cantines, épiceries-traiteurs, restaurants-boutiques, cafés, restaurants de casino, restaurants ethniques, services alimentaires institutionnels, etc.

Ces personnes seront en mesure de gérer l'ensemble des ressources d'un service alimentaire. Elles seront capables de respecter des contraintes d'efficacité, de rentabilité et de qualité. Elles seront en mesure également d'assurer le développement du service qu'elles dirigeront.

Plus particulièrement, les diplômés de ce programme seront en mesure de : planifier des menus en fonction des attentes de la clientèle et du concept de restauration ou des services; prévoir et favoriser l'achalandage et les ventes; estimer les besoins et assurer l'approvisionnement de matières premières, de main-d'œuvre (cuisine, salle à manger, entretien) et de matériel; assurer l'organisation générale de la main-d'œuvre; diriger la réalisation de la production et du service; mesurer les résultats opérationnels et financiers; apporter les corrections nécessaires afin d'améliorer la satisfaction de la clientèle et les résultats financiers; assurer le respect des règles d'hygiène et de salubrité ou de santé et de sécurité au travail ainsi que les normes environnementales.

Préalable du secondaire
Mathématiques : CST 4e ou 426

Cégeps offrant le programme
Collège LaSalle, Institut de tourisme et d'hôtellerie du Québec*, Laflèche, Limoilou, Mérici*, Montmorency* (en partenariat avec l'Institut de tourisme et d'hôtellerie du Québec), Saint-Jérôme

*Voir alternance travail-études, p. 293

Admissions/SRAM 2013 :		
demandes au 1er tour :		160
admis au 1er tour :		90
total des admis aux 3 tours :		109

430.B0 Gestion d'un établissement de restauration

Marché du travail 2012

Cégeps répondants : 3

Sortants répondants se destinant à l'emploi	Nombre	%
	23	100

Placement

	Nombre	%
Emploi relié total, 6 mois après la fin des études	21	91
Emploi relié, temps plein	19	82
Emploi relié, temps partiel ou occasionnel	2	9
Emploi non relié	2	9
Sans emploi	0	0

Salaire
Initial moyen : 15,10 $ / heure
Initial supérieur : 16,80 $ / heure

Postes offerts

Gérant	Maître d'hôtel
Chef de la production alimentaire	Technicien en approvisionnement
Serveur, cuisinier	Superviseur de cafétéria
Technicien en service alimentaire	Traiteur
Représentant	Chef à domicile

Milieux de travail

Restaurant, hôtel et bar de toutes catégories	Club de golf
Service alimentaire de toutes catégories	Complexe sportif
	Bateau de croisière
Service de traiteur	Station touristique
Établissement d'enseignement	Fabricant de produits alimentaires
Centre hospitalier et centre d'accueil	À son compte

Exigences du marché

Capacité de travailler en équipe	Sens des responsabilités
Souci du travail bien fait	
Résistance au stress	

Commentaires
Les horaires de travail sont variables et les heures sont généralement concentrées dans le quart de travail de jour. Travail aux cuisines avant de devenir gestionnaire. Emplois davantage concentrés dans la restauration. Mutation et promotion fréquentes. Augmentation de la moyenne salariale.

Indicateur du placement 2007 à 2012

Sortants répondants se destinant à l'emploi :	203	
Total des répondants en emploi :	195	96 %

Les arts (formation technique) et les communications graphiques

551.A0	Techniques professionnelles de musique et de chanson
561.A0	Théâtre - production
561.B0	Danse - Interprétation
561.C0	Interprétation théâtrale
561.D0	Arts du cirque
570.A0	Graphisme
570.B0	Techniques de muséologie
570.C0	Techniques de design industriel
570.D0	Techniques de design de présentation
570.E0	Techniques de design d'intérieur
570.F0	Photographie
571.A0	Design de mode
571.B0	Gestion de la production du vêtement
571.C0	Commercialisation de la mode
573.AA	Techniques des métiers d'art : Céramique
573.AB	Techniques des métiers d'art : Construction textile
573.AC	Techniques des métiers d'art : Ébénisterie artisanale
573.AD	Techniques des métiers d'art : Impression textile
573.AE	Techniques des métiers d'art : Joaillerie
573.AF	Techniques des métiers d'art : Lutherie
573.AG	Techniques des métiers d'art : Maroquinerie
573.AH	Techniques des métiers d'art : Sculpture
573.AJ	Techniques des métiers d'art : Verre
574.A0	Dessin animé
574.B0	Techniques d'animation 3D et de synthèse d'images
581.A0	Infographie en préimpression
581.B0	Techniques de l'impression
581.C0	Gestion de projet en communications graphiques
582.A1	Techniques d'intégration multimédia
589.A0	Techniques de production et de postproduction télévisuelles
589.B0	Techniques de communication dans les médias

Indicateur du placement 2007 à 2012
Sortants répondants se destinant à l'emploi : 5 439
Total des répondants en emploi : 4 940   91 %

551.A0 Techniques professionnelles de musique et de chanson

Buts du programme

Ce programme vise à former des artistes aptes à évoluer dans différents genres de musique populaire. Il s'agit essentiellement de la musique et de la chanson du XXe siècle qui, en général, sont destinées au divertissement et à une diffusion de masse.

Voie de spécialisation A : Composition et arrangement

Cette voie de spécialisation permettra d'acquérir des compétences d'arrangeur ainsi que de compositeur de musique et de chansons de même que de réalisateur d'enregistrement de musique populaire. L'arrangeur effectue des modifications ou apporte des ajouts à cette œuvre dans le but de l'améliorer ou de l'adapter à un contexte particulier. Outre la musique instrumentale et la chanson, les personnes qui arrangent et qui composent peuvent être appelées à réaliser des productions musicales dans divers contextes tels que le cinéma, la publicité et le multimédia.

Voie de spécialisation B : Interprétation

Cette voie de spécialisation vise à former des instrumentistes, des chanteurs de musique populaire. Comme interprètes, ils sont solistes, membres d'un ensemble ou bien accompagnateurs. Ils doivent posséder un haut niveau de compétence en interprétation et, parfois, en improvisation et en expression scénique. Ils sont appelés à travailler sur scène ou en studio d'enregistrement. On peut leur demander de monter leur propre spectacle et de s'occuper de la programmation, de diriger un ensemble d'interprètes ou de s'occuper le matériel sonore.

Voie de spécialisation C : Interprétation en théâtre musical

Cette voie de spécialisation vise à former des interprètes en théâtre musical capables d'allier le jeu théâtral, le chant et la danse. Les interprètes en théâtre musical sont des artistes multidisciplinaires qui travaillent dans une perspective de fusion des techniques (jeu théâtral, chant et danse). En général, ils sont appelés à travailler sur scène ou en vue d'un enregistrement (pour la télévision, le cinéma, la publicité, la vidéo, etc.). L'interprète est au service d'une œuvre dans une structure dramatique (livret) et s'exprime par la bouche d'un personnage (rôle). Le personnage est donc le fil conducteur entre le jeu, le chant et la danse.

Préalable du secondaire

Auditions requises dans certains cégeps

Cégeps offrant le programme

Alma voie B, Campus Notre-Dame-de-Foy voie B, Drummondville voies A et B, Lanaudière à Joliette voie B, Lionel-Groulx voies A, B et C, Marie-Victorin voies A et B, Saint-Laurent voies A et B, Vanier voies A et B.

Admissions/SRAM 2013 :

demandes au 1er tour :	221
admis au 1er tour :	121
total des admis aux 3 tours :	145

551.A0 Techniques professionnelles de musique et de chanson

Marché du travail 2012

Cégeps répondants : 7

Sortants répondants se destinant à l'emploi	Nombre	%
	19	100

Placement

Emploi relié total, 6 mois après la fin des études	9	47
Emploi relié, temps plein	2	11
Emploi relié, temps partiel ou occasionnel	7	36
Emploi non relié	6	32
Sans emploi	4	21

Salaire
Initial moyen : 14,90 $ / heure
Initial supérieur : 16,20 $ / heure

Postes offerts
Professeur de musique
Auteur-compositeur
Musicien interprète, instrumentiste, arrangeur, compositeur
Vendeur d'instruments de musique
Comédien
Chanteur

Milieux de travail

École de musique	Vente au détail
Magasin d'instruments de musique	Lieu de spectacle
	À son compte
Formation musicale	Bureau de production
Compagnie d'animation	Studio de musique

Exigences du marché
Connaissance du milieu
Perfectionnement continu
Compétences entrepreneuriales
Mobilité

Commentaires
Plusieurs poursuivent des études universitaires en musique ou une spécialisation collégiale. Le talent fait le succès. Plusieurs emplois à contrat et à temps partiel.

Indicateur du placement 2007 à 2012

Sortants répondants se destinant à l'emploi :	215	
Total des répondants en emploi :	189	88 %

561.A0 Théâtre - Production

Ce programme permet de concilier deux exigences de formation, c'est-à-dire la polyvalence et la spécialisation. La polyvalence est assurée par le développement d'une culture générale et théâtrale étendue et par la familiarisation avec plusieurs métiers de la scène. La spécialisation, nécessaire à une intégration au marché du travail, est assurée par l'acquisition de compétences particulières, directement liées aux tâches pertinentes à l'une des trois voies de spécialisation choisie parmi les suivantes :

Décors et costumes : les finissants de cette voie de spécialisation pourront concevoir et réaliser un décor de spectacle tenant compte des caractéristiques des oeuvres jouées, des intentions des metteurs en scène et des contraintes budgétaires et techniques. Ils pourront également concevoir et fabriquer des costumes et des accessoires tenant compte de la réalité psychologique et sociale des personnages, des modes de diverses époques, des exigences de la mise en scène, des contraintes budgétaires et techniques. Le marché du travail accueillera les finissants comme concepteurs de décors, de costumes, et d'accessoires, comme costumiers et artisans des ateliers.

Gestion et techniques de scène : les finissants de cette voie de spécialisation pourront installer un système d'éclairage, préparer la régie d'un spectacle et la conduire, coordonner le montage et le démontage de décors et d'équipement de scène, diriger une production, assister un metteur en scène, utiliser des appareils de son et produire une bande sonore. Ils pourront aussi contribuer à la production de décors, de costumes, d'accessoires et d'éclairages en assurant la disponibilité du matériel et des équipements requis, en participant au besoin à leur production et en supervisant le travail dans les ateliers. Le marché du travail accueillera les finissants comme régisseurs, directeurs techniques, directeurs de production, techniciens de scènes et éclairagistes.

Préalable du secondaire
Aucun cours spécifique voir page 361
Auditions requises. Dans certains cégeps, il faut faire une demande d'audition avant de présenter la demande d'admission.

Cégeps offrant le programme
Centre d'études collégiales de Montmagny (Gestion et techniques de scène), John Abbott, Lionel-Groulx*, Saint-Hyacinthe

*Voir alternance travail-études, p. 293

Admissions/SRAM 2013	demandes au 1er tour :	83
	admis au 1er tour :	73
	total des admis aux 3 tours :	88

561.A0   Théâtre - Production

Marché du travail 2012

Cégeps répondants : 3

	Nombre	%
Sortants répondants se destinant à l'emploi	28	100

Placement

	Nombre	%
Emploi relié total, 6 mois après la fin des études	21	75
Emploi relié, temps plein	11	39
Emploi relié, temps partiel ou occasionnel	10	36
Emploi non relié	7	25
Sans emploi	0	0

Salaire
Initial moyen : 16,80 $ / heure
Initial supérieur : 22 $ / heure

Postes offerts

Producteur
Coordonnateur de production
Technicien de décor, costumes, scène, éclairage, son, plateau
Assistant metteur en scène
Créateur de costumes
Accessoiriste
Directeur de production
Directeur de plateau
Régisseur
Scénographe
Appariteur

Milieux de travail
Troupe de théâtre, radio, télévision, vidéo, cinéma, centre culturel, opéra, publicité, festival, cirque, salle de spectacle
Service de loisirs, restaurant, entreprise de service de scène.
Maison d'enseignement
Entreprise de confection

Exigences du marché

Mobilité
Polyvalence
Entrepreneurship
Connaissance des outils informatiques
Disponibilité pour tournées

Commentaires
Les commentaires qui suivent portent sur l'ensemble des programmes de théâtre, au cours des dernières années :
Fort pourcentage d'emplois à contrat et à la pige.
Les critères de sélection reposent sur l'évaluation du talent et de la personnalité des candidats (audition, document de présentation ou portfolio). La concurrence se fait également avec d'autres écoles, tels l'École nationale de théâtre du Canada et les conservatoires d'art dramatique du Québec. Bon placement. Augmentation de la moyenne salariale.

Indicateur du placement 2007 à 2012

Sortants répondants se destinant à l'emploi :	172	
Total des répondants en emploi :	166	97 %

561.B0 Danse - Interprétation

Buts du programme

Ce programme vise à former des interprètes professionnels en danse classique ou en danse contemporaine. Ces interprètes seront capables de répondre aux exigences d'une présentation publique d'œuvres chorégraphiques nouvelles et d'œuvres de répertoire dans différents milieux professionnels.

Les interprètes en danse sont appelés à apprendre un rôle, à le développer, à le répéter, à se l'approprier et à l'interpréter au cours de représentations publiques. Ils ont à répondre aux exigences physiques, techniques et artistiques des oeuvres chorégraphiques et des chorégraphes : leur condition physique et leur maîtrise de la technique doivent se situer à un niveau optimal.

Les interprètes en danse travaillent en collaboration étroite avec des chorégraphes, avec d'autres danseurs ainsi qu'avec des répétiteurs. En général, ils relèvent du chorégraphe ou de la personne assignée à la direction artistique. Leur collaboration est toutefois nécessaire aux autres partenaires de la production comme les responsables de l'accompagnement musical, des costumes, de la régie, etc.

Le niveau de responsabilité des interprètes varie selon le milieu de travail ainsi que la taille et le statut de la compagnie de danse qui les embauche. Ils sont responsables de la gestion de leur carrière et de leur perfectionnement et doivent en outre se tenir au courant de l'évolution du marché du travail local, national et international, de l'évolution des courants artistiques, du développement dans le domaine des soins de santé ainsi que des séances d'entraînement et de perfectionnement offertes aux danseurs. Il est de leur responsabilité de tenir compte de ces développements dans leur pratique professionnelle.

Voie A : Danse classique : les personnes qui complètent cette option sont en mesure d'interpréter des rôles du répertoire de la danse classique et des rôles d'œuvres nouvelles. Elles peuvent également participer au processus de création d'œuvres nouvelles en danse classique et s'adapter à différents styles chorégraphiques.

Voie B : Danse contemporaine : les personnes qui complètent cette option sont en mesure d'interpréter des rôles en danse moderne et contemporaine. Elles peuvent également coopérer activement au processus de création d'œuvres nouvelles et s'adapter aux différentes démarches de création et styles chorégraphiques.

Préalables du secondaire

Selon la voie de spécialisation choisie, avoir réussi les cours de 5e secondaire d'un des programmes Arts-Études en Danse classique ou en Danse contemporaine ou posséder une formation équivalente.

Cégeps offrant le programme

Sainte-Foy : voie B, Vieux-Montréal : voies A et B
Voir aussi le programme préuniversitaire 506.A0 Danse, p. 325

Admissions/SRAM 2013 :	demandes au 1er tour :	21
	admis au 1er tour :	10
	total des admis aux 3 tours :	25

561.B0   Danse - Interprétation

Marché du travail 2012

Cégeps répondants : n.d.

Sortants répondants se destinant à l'emploi	Nombre	%
	n.d.	100

Placement

	Nombre	%
Emploi relié total, 6 mois après la fin des études	n.d.	n.d.
Emploi relié, temps plein	n.d.	n.d.
Emploi relié, temps partiel ou occasionnel	n.d.	n.d.
Emploi non relié	n.d.	n.d.
Sans emploi	n.d.	n.d.

Salaire
Initial moyen : n.d.
Initial supérieur : n.d.

Postes offerts
Danseur
Danseuse
Chorégraphe
Enseignant

Milieux de travail
Troupe
Médias
École de danse

Exigences du marché
Bonne condition physique

Commentaires
Le talent fait le succès
Travail à contrat
Évaluation du marché difficile compte tenu du petit nombre de sortants

561.C0   Interprétation théâtrale

Buts du programme

Ce programme vise à former des comédiens professionnels aptes à répondre aux exigences que comporte la représentation publique de créations théâtrales et d'œuvres des répertoires québécois et mondial, dans différents lieux et salles. Le programme permet de former des artistes complets et en mesure de comprendre une œuvre et l'intention de son auteur ainsi que d'incarner un personnage et d'interpréter un texte de façon compétente.

Les comédiens doivent apprendre des rôles, entrer progressivement dans la peau de personnages, répéter des textes et les interpréter avec sensibilité, intelligence et plaisir. Ils doivent de plus se tenir au courant de l'évolution du théâtre et des autres formes d'art, approfondir leur culture personnelle et rester ouverts à divers courants artistiques et d'idées. Il leur faut également pouvoir satisfaire aux exigences physiques et techniques des œuvres jouées. Les comédiens doivent aussi veiller à conserver et à enrichir, de façon assidue, leur maîtrise des techniques de jeu.

L'interprétation théâtrale implique toujours une part de créativité, de curiosité et de passion. Les comédiens doivent être capables de travailler en groupe et de collaborer avec tous leurs partenaires de la scène. Ils doivent en outre accepter de se faire diriger par un metteur en scène et ses assistants. Il est nécessaire, dans cette profession, de respecter ses engagements et de posséder un grand sens de l'éthique. La capacité de réfléchir, le courage, l'audace, l'indépendance d'esprit, le respect et l'initiative sont autant de qualités appréciées chez les comédiens.

N.B. Dans certains cégeps, il faut faire une demande d'audition avant de présenter une demande d'admission. À cet effet, on doit suivre les directives des sites Web et des prospectus des cégeps. Plusieurs centaines d'étudiants se présentent aux auditions; les statistiques d'admission ci-après ne cumulent que les candidats qui ont finalement présenté une demande d'admission.

Préalable du secondaire

Aucun cours spécifique voir page 361

Cégeps offrant le programme

Dawson, John Abbott, Lionel-Groulx, Saint-Hyacinthe

N.B. Voir aussi la voie de spécialisation Interprétation en théâtre musical du programme 551.A0 Techniques professionnelles de musique et chanson p. 230

Admissions/SRAM 2013 :	demandes au 1er tour :	106
	admis au 1er tour :	83
	total des admis aux 3 tours :	96

561.C0 Interprétation théâtrale

Marché du travail 2012

Cégeps répondants : 4

Sortants répondants se destinant à l'emploi	Nombre	%
	28	100

Placement

Emploi relié total, 6 mois après la fin des études	18	64
Emploi relié, temps plein	3	11
Emploi relié, temps partiel ou occasionnel	15	53
Emploi non relié	8	29
Sans emploi	2	7

Salaire
Initial moyen : 14,80$ / heure
Initial supérieur : 14,80$ / heure

Postes offerts

Comédien	Figurant
Lecteur	Doubleur
Animateur	Metteur en scène
Régisseur	Cascadeur
Directeur de troupe	

Milieux de travail
Télévision, théâtre, théâtre d'été, cinéma, cirque, radio, maison d'enseignement, agence de publicité, service de loisirs municipaux, centre hospitalier, festival

Exigences du marché
Mobilité
Bonne connaissance du milieu
Travail à contrat

Commentaires
Les commentaires qui suivent portent sur l'ensemble des programmes de théâtre, au cours des dernières années
Les emplois sont majoritairement à contrat et à la pige
Les critères de sélection reposent sur l'évaluation du talent et de la personnalité des candidats
La concurrence se fait également avec d'autres écoles, tels l'École nationale de théâtre du Canada, les conservatoires d'art dramatique du Québec et certaines universités
Plusieurs poursuivent à l'université
Le talent fait le succès
Être membre de l'union des artistes un atout

Indicateur du placement 2007 à 2012

Sortants répondants se destinant à l'emploi :	133	
Total des répondants en emploi :	128	96 %

561.D0   Arts du cirque

Buts du programme

Ce programme vise à former des artistes de cirque professionnels et polyvalents, capables de créer leurs propres numéros, leurs propres personnages. À la fin de la formation, les artistes doivent non seulement exceller dans l'une ou l'autre des disciplines de cirque, mais également maîtriser les bases d'autres disciplines des arts de la scène telles que la danse, le jeu, la musique, etc.

En ce sens, la formation s'articule autour de deux grandes composantes qui doivent mutuellement s'enrichir : la composante technique et la composante artistique. La première consiste en l'apprentissage des techniques, le développement et l'entraînement du corps. La composante artistique, quant à elle, intègre le travail de création et de recherche artistique et a pour but de révéler la composante technique de façon unique et esthétique.

Il s'agit d'une formation professionnelle de très haut niveau qui permet aux étudiants de maîtriser les différentes familles disciplinaires des arts du cirque (manipulation, équilibre, disciplines acrobatiques et aériennes et jeu d'acteur) et de développer les attitudes, les habiletés et les qualités indispensables à la pratique de leur futur métier, tout en recevant une solide formation académique générale et fondamentale de même qu'une grande culture artistique.

Les premières étapes de la formation spécifique en arts du cirque assurent à l'étudiant la maîtrise des compétences de base et la polyvalence. Ensuite, selon ses intérêts personnels, ses prédispositions physiques et ses qualités artistiques, il choisit le profil de généraliste ou de spécialiste. Le généraliste exerce son métier dans une combinaison de plusieurs techniques de cirque tandis que le spécialiste fait carrière en développant principalement une technique.

Perspectives professionnelles

Le secteur des arts du cirque est en forte expansion. En raison du caractère universel des arts du cirque, les étudiants diplômés sont appelés à travailler partout dans le monde dans des contextes culturels et artistiques variés. Le cirque, les variétés, le théâtre, la danse, l'opéra, ainsi que les arts de la rue en sont les principaux milieux de diffusion. Les artistes de cirque peuvent travailler comme indépendants ou s'inscrire dans des spectacles produits par des compagnies ou des troupes. Ils peuvent être appelés à participer à des collectifs, à travailler avec un partenaire ou à travailler seuls dans un spectacle. Le cas échéant, l'étudiant peut s'inscrire aux activités de création et de production d'un numéro.

Préalable du secondaire

Aucun cours spécifique. L'établissement d'enseignement peut établir des conditions particulières d'admission, entre autres, réussir le concours d'entrée et être en excellente santé.

Cégep offrant le programme

École nationale de cirque, Limoilou

561.D0   Arts du cirque

Marché du travail 2012

Cégeps répondants : 0

Sortants répondants se destinant à l'emploi	Nombre	%
	n. d.	100

Placement

Emploi relié total, 6 mois après la fin des études	n. d.	n. d.
Emploi relié, temps plein	n. d.	n. d.
Emploi relié, temps partiel ou occasionnel	n. d.	n. d.
Emploi non relié	n. d.	n. d.
Sans emploi	n. d.	n. d.

Salaire
Initial moyen : n. d.
Initial supérieur : n. d.

Postes offerts
n. d.

Milieux de travail
n. d.

Exigences du marché
n. d.

Indicateur du placement 2007 à 2012
Sortants répondants se destinant à l'emploi :   n. d.
Total des répondants en emploi :   n. d.   n. d.

570.A0   Graphisme

Buts du programme

On vise par ce programme former des personnes aptes à exercer la profession de graphiste.

Le programme permet de concilier deux exigences de formation, soit la polyvalence et la maîtrise d'une fonction technique.

La polyvalence est assurée par l'acquisition de compétences générales qui permettent notamment aux graphistes de faire preuve d'autonomie et de créativité dans l'accomplissement de leurs fonctions. Ces compétences facilitent de plus leur adaptation à des situations de travail nouvelles découlant d'une évolution technique continue. L'acquisition de telles compétences favorise également chez ces personnes la capacité à analyser les besoins de la clientèle et à communiquer leurs idées de façon appropriée. Les graphistes peuvent faire face à des situations très différentes et être appelés à exécuter les commandes de clients de différents secteurs d'activité. Ils doivent décoder les besoins des clients afin de leur proposer un produit qui répond à leurs besoins, en tenant compte des styles, des concurrents, des budgets, des délais et des clientèles cibles. Dans ce contexte, ils doivent posséder un bagage culturel étendu qui puisse alimenter leur travail de création. On tient compte dans les compétences générales des différentes dimensions de la profession.

La maîtrise d'une fonction technique nécessaire à l'intégration harmonieuse au marché du travail est assurée par l'acquisition de compétences particulières directement liées aux tâches de la profession. À leur entrée sur le marché du travail, les graphistes réalisent des projets d'édition, des projets d'identification visuelle, des projets publicitaires, des projets en trois dimensions et des projets multimédias. Dans ce cadre, ils collaborent à la conception de ces projets, en analysent et interprètent les caractéristiques conceptuelles ou les esquisses, en organisent et structurent les éléments du point de vue de la communication visuelle et en assurent la faisabilité. Pour ce faire, les graphistes utilisent les outils des techniques de communication. Ils peuvent être appelés à travailler dans différents types d'entreprises. Les agences de publicité, les studios de design graphique, les studios de production multimédia, les maisons d'édition, les imprimeries, les grandes entreprises et les organismes gouvernementaux engagent des graphistes. Bon nombre de graphistes travaillent comme pigistes pour ces entreprises et organismes ou à leur propre compte en gérant un petit studio. Les compétences particulières prévues dans le projet de formation traduisent ces différentes facettes de la profession.

Préalable du secondaire
Aucun cours spécifique voir page 361

Cégeps offrant le programme
Ahuntsic, Dawson, Marie-Victorin, Rivière-du-Loup, Sainte-Foy, Sherbrooke, Vieux Montréal
*Voir alternance travail-études, p. 293

Admissions/SRAM 2013 :	demandes au 1er tour :	424
	admis au 1er tour :	318
	total des admis aux 3 tours :	361

570.A0   Graphisme

Marché du travail 2012

Cégeps répondants : 6

Sortants répondants se destinant à l'emploi	Nombre	%
	87	100

Placement

Emploi relié total, 6 mois après la fin des études	53	61
Emploi relié, temps plein	44	51
Emploi relié, temps partiel ou occasionnel	9	10
Emploi non relié	20	23
Sans emploi	14	16

Salaire
Initial moyen : 14,80 $ / heure
Initial supérieur : 24,50 $ / heure

Postes offerts

Graphiste	Technicien en multimédia
Illustrateur, maquettiste	Concepteur Web
Infographiste	Travailleur autonome
Représentant technique	Directeur artistique
Séparateur de couleurs	Designer graphique
Conseiller aux ventes	

Milieux de travail

Agence de publicité, graphisme, marketing	Studio ou entreprise de design graphique
Imprimerie et entreprise de photocopie	Journal et magazine
Maison d'édition et de communication	Centre de production multimédia
Entreprise manufacturière, entreprise de services	Entreprise d'enseignes commerciales
Gouvernement	Industrie textile
Industrie cinématographique	Commerce
	À son compte

Exigences du marché
Connaissance des logiciels infographiques et multimédias
Formation continue

Commentaires
La qualité du portfolio est déterminante
Plusieurs deviennent travailleurs autonomes
Le graphiste devra aussi faire des tâches d'infographiste
Plusieurs poursuivent à l'université en design graphique
Marché de l'emploi difficile

Indicateur du placement 2007 à 2012

Sortants répondants se destinant à l'emploi :	642	
Total des répondants en emploi :	543	85 %

570.B0 Techniques de muséologie

Objectifs du programme

Ce programme prépare les étudiants à travailler activement au fonctionnement et aux activités destinées aux différentes clientèles d'une institution muséale. En plus de contribuer au développement d'une culture générale, la formation dans ce programme vise à former des techniciens qui seront aptes à :

- prévenir la détérioration des biens culturels;
- participer à la documentation des collections muséales;
- réaliser le montage, l'entretien et le démontage des expositions;
- produire des supports d'objets et des éléments d'exposition en fonction de l'environnement muséal.

Les activités professionnelles de ce technicien se déroulent dans des environnements stimulants liés à une grande diversité de domaines : ethnologie, archéologie, anthropologie, histoire, arts, sciences naturelles, etc.

Perspectives professionnelles

Le technicien en muséologie peut exercer son métier à divers endroits et sous diverses formes. Plusieurs travaillent dans les institutions muséales, et leurs tâches sont plus ou moins spécialisées selon qu'ils oeuvrent dans un grand, un moyen ou un petit musée. Des entreprises privées embauchent aussi beaucoup de techniciens en muséologie, surtout des compagnies spécialisées dans le transport d'œuvres d'art, le design et la fabrication d'expositions, l'encadrement muséologique ou l'éclairage d'exposition. Les collectionneurs, soit des individus, des corporations ou des compagnies, sont aussi des employeurs potentiels.

Selon le Conseil international des musées (ICOM), les institutions muséales sont : les musées, les centres d'expositions, les sites historiques, les centres d'interprétation, les jardins botaniques et zoologiques, les aquariums, les vivariums, les bibliothèques, les centres culturels qui organisent diverses expositions, les écomusées, les parcs historiques, les parcs archéologiques, les centres scientifiques, les planétariums, les galeries et les centres d'archives.

Préalable du secondaire

Aucun cours spécifique voir page 361

Cégep offrant le programme

Montmorency*

*Voir alternance travail-études, p. 293

Admissions/SRAM 2013 :	demandes au 1er tour :	52
	admis au 1er tour :	51
	total des admis aux 3 tours :	59

570.B0 Techniques de muséologie

Marché du travail 2012

Cégeps répondants : 1

Sortants répondants se destinant à l'emploi	Nombre	%
	11	100

Placement

Emploi relié total, 6 mois après la fin des études	4	36
Emploi relié, temps plein	2	18
Emploi relié, temps partiel ou occasionnel	2	18
Emploi non relié	2	18
Sans emploi	5	46

Salaire
Initial moyen : 14,30 $ / heure
Initial supérieur : n.d.

Postes offerts
Technicien en muséologie
Technicien aux collections
Responsable des expositions
Technicien au catalogage
Technicien à la préservation

Milieux de travail
Musée
Gouvernement
Service en muséologie
Association sans but lucratif
Centre d'exposition
Municipalité
Compagnie de transport d'œuvres d'art
Maison d'enseignement

Exigences du marché
Aimer le travail manuel, de précision et de construction
Polyvalence
Sens artistique
Bonne culture générale
Mobilité

Commentaires
Emplois souvent subventionnés/contractuels

Indicateur du placement 2007 à 2012

Sortants répondants se destinant à l'emploi :	63	
Total des répondants en emploi :	49	78 %

570.C0 Techniques de design industriel

Les techniciens en design industriel sont aptes à travailler dans différentes entreprises de transformation et de fabrication, les plus importantes étant celles du meuble, de la machinerie et de l'équipement, des pâtes et papiers, des appareils d'éclairage, des télécommunications et des produits en matière plastique. Ils peuvent également être employés dans des bureaux de design, d'architecture, d'ingénierie ou offrant d'autres services ou travailler à titre de pigistes ou de travailleurs autonomes.

Les tâches des techniciens s'inscrivent dans le processus en *design industriel* pour le développement de produits, notamment l'amélioration ou la modification de produits existants et, occasionnellement, la conception de nouveaux produits. Les responsabilités professionnelles de ces spécialistes varient en fonction du type et de la taille de l'entreprise pour laquelle ils travaillent. Généralement, les tâches du technicien sont intégrées aux autres activités de l'entreprise; elles sont effectuées au sein d'équipes multidisciplinaires par différents spécialistes et, plus précisément, en complémentarité avec celles des designers industriels ou des chargés de projet.

Dans l'exécution des tâches du technicien en design industriel, on applique un processus de résolution de problèmes qui comprend les étapes suivantes : prendre connaissance des données initiales d'un projet, planifier le travail, rechercher l'information, définir un référentiel de développement et trouver des solutions, les évaluer et les présenter.

Au terme de sa formation, le diplômé saura : analyser la fonction de travail, analyser un produit fabriqué industriellement, rechercher l'information en vue du développement d'un produit, énoncer des critères de design, procéder au développement conceptuel d'un produit, utiliser des outils de représentation, exécuter des dessins techniques, produire des maquettes, procéder au développement technique d'un produit, exploiter les technologies de fabrication industrielle, conseiller un client par rapport à la dimension formelle et plastique d'un produit, étudier la relation entre l'usager et le produit du point de vue ergonomique, améliorer l'utilisation d'un produit, analyser la structure d'un objet, améliorer le fonctionnement d'un produit, offrir des services professionnels, assurer la faisabilité technique d'un projet, conseiller le client par rapport à la dimension économique d'un produit, produire les documents techniques nécessaires à la mise en production, effectuer la validation technique et fonctionnelle.

Préalables du secondaire
Mathématiques : TS 5e ou SN 5e ou 436
Physique : ST 4e ou ATS 4e ou 534

Cégeps offrant le programme
Dawson, Lanaudière à Terrebonne, Sainte-Foy, Vieux-Montréal

Admissions/SRAM 2013 :	demandes au 1er tour :	60
	admis au 1er tour :	41
	total des admis aux 3 tours :	50

570.C0 Techniques de design industriel

Marché du travail 2012

Cégeps répondants : 2

Sortants répondants se destinant à l'emploi	Nombre	%
	11	100

Placement

Emploi relié total, 6 mois après la fin des études	6	55
Emploi relié, temps plein	6	55
Emploi relié, temps partiel ou occasionnel	0	0
Emploi non relié	2	18
Sans emploi	3	27

Salaire
Initial moyen : 15,40 $ / heure
Initial supérieur : 18,60 $ / heure

Postes offerts
Dessinateur (modeleur)
Correcteur de dessin
Évaluateur
Concepteur
Designer

Milieux de travail
Fabricant de divers produits
Firme de designers
Services publics
Manufacturier, PME
Industrie du plastique

Exigences du marché
Mobilité vers les grands centres urbains
Être à l'affût des nouveautés
Capacité à travailler sous pression
Bonne connaissance des matériaux

Commentaires
La qualité du portfolio est déterminante

Indicateur du placement 2007 à 2012

Sortants répondants se destinant à l'emploi :	90	
Total des répondants en emploi :	78	87 %

570.D0 Techniques de design de présentation

Ce programme vise à former des personnes aptes à exercer la profession de designer de présentation.

Le rôle du designer de présentation consiste à concevoir, à planifier et à composer des espaces ou des environnements particuliers (vitrine, étalage, stand d'exposition, décor d'événement, etc.) destinés à mettre des objets en valeur ou à promouvoir des produits, des services ou des idées dans un contexte commercial ou culturel.

À l'intérieur d'un projet soumis par un client, le designer de présentation crée un concept en tenant compte des objectifs, du contenu à mettre en valeur, du budget et de l'espace, et il définit les aspects techniques et artistiques, par exemple l'agencement des volumes et des formes et le choix des couleurs, des matériaux et de l'éclairage. Le designer réalise les travaux de fabrication et d'aménagement de l'espace ou en supervise l'exécution conformément aux plans et aux devis approuvés par le client.

Les designers de présentation peuvent travailler à leur compte ou comme employés dans différents milieux : grands magasins ou boutiques; entreprises spécialisées en étalage; entreprises de fabrication d'accessoires décoratifs; entreprises spécialisées en conception de stands d'exposition; entreprises spécialisées en organisation d'événements; maison de production (cinéma et télévision); maison d'édition de magazines; organismes privés ou publics; agences de publicité; musées ou autres entreprises faisant la publicité ou la présentation de produits ou services de nature commerciale ou culturelle.

Préalable du secondaire
Aucun cours spécifique voir page 361

Cégeps offrant le programme
Dawson, Sainte-Foy, Vieux-Montréal

Admissions/SRAM 2013 :   demandes au 1er tour :   51
                                 admis au 1er tour :   43
                                 total des admis aux 3 tours :   62

570.D0 Techniques de design de présentation

Marché du travail 2012

Cégeps répondants : 2

Sortants répondants se destinant à l'emploi	Nombre	%
	15	100

Placement

	Nombre	%
Emploi relié total, 6 mois après la fin des études	9	60
Emploi relié, temps plein	9	60
Emploi relié, temps partiel ou occasionnel	0	0
Emploi non relié	3	20
Sans emploi	3	20

Salaire
Initial moyen : 13 $ / heure
Initial supérieur : 13,10 $ / heure

Postes offerts

Technicien en design de présentation	Technicien de scène
Étalagiste	Infographiste
Vendeur technicien	Décorateur concepteur
Maquettiste, dessinateur	Assistant gérant de boutique
Assistant de mise en marché	Monteur d'expositions
Accessoiriste	Designer

Milieux de travail

Magasin et boutique	Firme de design
Fabricant de présentoirs	Médias
Magasin de meubles, de vêtements	Firme de publicité, marketing et décor
Imprimeur	Musée
Maison d'édition	Magazine de mode
Studio de photo	À son compte

Exigences du marché

Polyvalence dans le travail (vente)	Anglais important
Créativité	Connaissances en DAO exigées
Connaissances en multimédia	Sens du marketing

Commentaires
Les qualités artistiques et le portfolio sont déterminants
Intégration difficile au marché de l'emploi
Amélioration de la moyenne salariale

Indicateur du placement 2007 à 2012

Sortants répondants se destinant à l'emploi :	156	
Total des répondants en emploi :	136	87 %

570.E0 Techniques de design d'intérieur

Buts du programme
Ce programme vise à former des personnes aptes à exercer la profession de designer d'intérieur.

Ces designers sont capables de créer, développer et proposer des concepts d'aménagement d'intérieur fonctionnels et esthétiques pour des immeubles résidentiels, commerciaux et industriels ainsi que des établissements publics. Ces personnes préparent des dessins d'exécution et participent à la coordination des travaux d'aménagement et elles s'assurent aussi de la qualité d'exécution du projet et de sa conformité aux normes et codes applicables.

Les designers d'intérieur travaillent pour des entreprises de design d'intérieur, des promoteurs immobiliers, des cabinets d'architectes, des magasins d'ameublement, des centres de décoration, des fabricants d'armoires de cuisine, etc. Ces spécialistes peuvent également travailler à leur compte.

Le travail des designers d'intérieur s'effectue de plus en plus dans un environnement informatisé. Ces spécialistes utilisent des logiciels de traitement de texte, des tableurs électroniques ainsi que des logiciels de dessin assisté par ordinateur et de conception assistée par ordinateur pour les tâches de conception, de planification et d'exécution des plans et devis. Ils se servent de l'inforoute pour effectuer, entre autres, des recherches relatives aux matériaux, aux finis et aux éléments.

Selon la fonction occupée, ainsi que la nature et l'envergure du projet, le designer d'intérieur communique avec plusieurs personnes, notamment les clients, les architectes, les ingénieurs, les entrepreneurs, les propriétaires, les spécialistes en éclairage, les spécialistes en acoustique, les artistes, les artisans ainsi que les fournisseurs de services spécialisés (rembourrage, couture, fourniture de mobilier, de matériaux et d'accessoires, etc.). Il est aussi en relation avec des collègues tels que les designers, les graphistes, les recherchistes et les dessinateurs. Le contexte de travail exige de maîtriser les habiletés propres à la communication, au travail d'équipe et aux relations interpersonnelles.

Préalable du secondaire
Aucun cours spécifique voir page 361

Cégeps offrant le programme
Beauce-Appalaches, Dawson, Garneau, Lanaudière à L'Assomption, Marie-Victorin*, Outaouais, Rivière-du-Loup, Saint-Jean-sur-Richelieu*, Trois-Rivières, Vieux-Montréal

*Voir alternance travail-études, p. 293

Admissions/SRAM 2013 :	demandes au 1er tour :	386
	admis au 1er tour :	324
	total des admis aux 3 tours :	428

570.E0   Techniques de design d'intérieur

Marché du travail 2012

Cégeps répondants : 8

Sortants répondants se destinant à l'emploi	Nombre	%
	111	100

Placement

	Nombre	%
Emploi relié total, 6 mois après la fin des études	95	86
Emploi relié, temps plein	78	71
Emploi relié, temps partiel ou occasionnel	17	15
Emploi non relié	8	7
Sans emploi	8	7

Salaire
Initial moyen : 13,70 $ / heure
Initial supérieur : 17 $ / heure

Postes offerts

Designer d'intérieurs
Décorateur / ensemblier
Conseiller vendeur
Gérant de commerce
Cuisiniste
Dessinateur
Estimateur
Éclairagiste-conseil

Milieux de travail

Magasin d'ameublement
Fabricant de meubles
Boutique et grand magasin
Entrepreneur en construction et centre de matériaux
Bureau d'architectes
Fabricant de produits aéronautiques
Agence d'aménagement commercial, résidentiel et industriel
Firme de design
À son compte

Exigences du marché

Entregent, mobilité
Bilinguisme souhaitable
Compétence en prise de mesure et d'estimation
Mobilité
Aptitude pour la vente
Être à la fine pointe des nouveautés

Commentaires

La qualité du curriculum vitae ,du portfolio ainsi que la personnalité et la créativité du candidat sont déterminantes. Beaucoup d'emplois en vente. Mobilité. Les diplômés ont accès à l'Association professionnelle des designers d'intérieurs du Québec. Salaires souvent bonifiés par une commission sur les ventes. Plusieurs poursuivent à l'université, notamment en architecture, design d'intérieur et design de l'environnement.

Indicateur du placement 2007 à 2012
Sortants répondants se destinant à l'emploi :   785
Total des répondants en emploi :   723   92 %

570.F0　Photographie

Buts du programme

Ce programme vise à former des personnes aptes à exercer la profession de photographe.

Dans le cadre de leurs activités, les photographes répondent à des commandes provenant d'agences de communication ou de graphisme, de médias, d'industries, de commerces, d'institutions et de particuliers. Ils peuvent également développer des projets de photographies personnelles et artistiques. Ils sont souvent travailleurs autonomes ou pigistes.

Les photographes réalisent des photographies dans divers environnements et avec de nombreux formats d'appareils. Seuls ou en équipe, ils effectuent des prises de vue en lumière naturelle ou à l'aide de lumière artificielle, en studio ou en extérieur.

Ils réalisent des portraits, des photographies d'événements sociaux, des photographies commerciales, industrielles, publicitaires, documentaires, de reportage d'art et d'auteur. La plupart du temps, ils évaluent les besoins de la clientèle et réalisent des séances de photographie en préparant au besoin des éléments de décor et en installant des accessoires d'éclairage. Ils traitent ensuite leur matériel photographique et effectuent la livraison finale. Souvent, ils gèrent des archives photographiques et assurent la mise en marché de leur entreprise.

Les photographes travaillent avec de l'équipement d'éclairage et des instruments de mesure de lumière, des logiciels de traitement d'images. Les nouvelles technologies font partie intégrante du travail et le support argentique cède de plus en plus la place à la photographie numérique.

Préalable du secondaire

Aucun cours spécifique voir page 361

Cégeps offrant le programme

Dawson, Matane, Vieux-Montréal

Admissions/SRAM 2013 :	demandes au 1er tour :	180
	admis au 1er tour :	94
	total des admis aux 3 tours :	95

570.F0   Photographie

Marché du travail 2012

Cégeps répondants : 3

Sortants répondants se destinant à l'emploi	Nombre	%
	25	100

Placement

	Nombre	%
Emploi relié total, 6 mois après la fin des études	16	64
Emploi relié, temps plein	10	40
Emploi relié, temps partiel ou occasionnel	6	24
Emploi non relié	8	32
Sans emploi	1	4

Salaire
Initial moyen : 16 $ / heure
Initial supérieur : 17,80 $ / heure

Postes offerts
Galerie d'art
Photographe
Technicien vendeur
Technicien de laboratoire
Photographe de presse
Portraitiste
Appariteur
Coordonnateur de studio
Travailleur autonome

Milieux de travail
Studio et laboratoire de photo
Presse écrite
Magasin
Gouvernement
Domaine de l'imprimerie
Maison d'enseignement
Maison de production cinématographique
À son compte

Exigences du marché
Mobilité
Créativité
Horaires variables
Posséder son propre équipement

Commentaires
Portfolio déterminant
Emplois artistiques, le talent fait le succès
Travail à contrat,à la pige
Marché de l'emploi très difficile
Augmentation de la moyenne salariale

Indicateur du placement 2007 à 2012

Sortants répondants se destinant à l'emploi :	151	
Total des répondants en emploi :	139	92 %

571.A0 Design de mode

Buts du programme

On vise par ce programme à former des personnes aptes à exercer la profession de designer de mode.

Le travail du designer de mode consiste avant tout à créer des collections de vêtements et à en assurer la mise au point. Les designers de mode travaillent dans des secteurs variés de l'industrie de l'habillement, par exemple le vêtement pour femmes, hommes et enfants, la fourrure, les vêtements professionnels, etc. Ils peuvent être salariés au sein d'une entreprise ou être chefs d'entreprise et assurer la mise en marché de leurs propres créations ou encore travailleurs autonomes et offrir leurs services à différentes entreprises.

Dans l'exercice de ses fonctions, le designer de mode est donc appelé à créer des collections à une fréquence déterminée par l'entreprise qui l'emploie. Dans ce contexte, il conçoit des projets de collection, dont il planifie, organise et supervise l'exécution. Le principal défi du designer de mode consiste à produire des collections adaptées aux besoins changeants des clientèles, à l'intérieur de courts laps de temps.

Le designer de mode doit être très polyvalent considérant la multitude de tâches à réaliser dans l'accomplissement de son travail. L'ouverture d'esprit, une bonne connaissance des technologies reliées au domaine ainsi que la maîtrise de l'anglais sont des atouts favorables pour exercer ce métier.

De plus, comme l'organisation du travail au sein des différentes unités de l'entreprise est directement liée à l'action du designer de mode, ce dernier doit donc travailler en étroite collaboration avec les ressources professionnelles du milieu et coordonner continuellement son action avec elles, tout au long des activités de production des collections.

Le rôle du designer de mode est extrêmement important dans l'entreprise. Lui revient la responsabilité de créer des collections de vêtements qui se distinguent bien de celles des concurrents et qui soient en même temps bien adaptées aux besoins de la clientèle et aux exigences de l'entreprise. Dans le milieu de la mode, les tendances actuelles montrent que le succès de l'entreprise dépend en bonne partie de la capacité du designer de mode à bien percevoir les besoins de la clientèle afin de lui proposer des produits originaux et bien adaptés.

Cette profession convient particulièrement bien aux personnes qui possèdent un esprit créatif, mais qui sont également en mesure de composer avec les nombreuses contraintes de l'industrie de l'habillement.

Préalable du secondaire
Aucun cours spécifique voir page 361

Cégeps offrant le programme
Campus Notre-Dame-de-Foy*, Collège LaSalle, Marie-Victorin*

*Voir alternance travail-études, p. 293

Admissions/SRAM 2013 :

demandes au 1er tour :		192
admis au 1er tour :		175
total des admis aux 3 tours :		242

571.A0   Design de mode

Marché du travail 2012

Cégeps répondants : 2

Sortants répondants se destinant à l'emploi	Nombre	%
	68	100

Placement

Emploi relié total, 6 mois après la fin des études	40	59
Emploi relié, temps plein	32	47
Emploi relié, temps partiel ou occasionnel	8	12
Emploi non relié	24	35
Sans emploi	4	6

Salaire
Initial moyen : 13,20 $ / heure
Initial supérieur : 18,30 $ / heure

Postes offerts

Dessinateur : CAO, FAO
Illustrateur-patronnier, styliste
Opérateur de système LECTRA / PAD
Conseiller en mode
Couturier
Assistant-designer
Travailleur autonome
Vendeur
Gérant de boutique
Styliste
Étalagiste
Patroniste
Échantillonneur
Infographiste
Chapelier
Costumier

Milieux de travail

Manufacturier de vêtements
Chaîne de magasins
Atelier de couture
Compagnie de théâtre
Agence de styliste
Cirque

Exigences du marché

Polyvalence, habiletés techniques
Travail d'équipe
Échéanciers et exigences de production à respecter
Qualité du portfolio
Longues heures de travail
Mobilité.
Bilinguisme
Connaissance de logiciels spécialisés

Commentaires
Conditions de travail difficiles en manufacture
Plusieurs créent leur entreprise
Plusieurs poursuivent des études universitaires
Bas salaires et emplois routiniers en début de carrière

Indicateur du placement 2007 à 2012
Sortants répondants se destinant à l'emploi :   421
Total des répondants en emploi :   395   94 %

571.B0 Gestion de la production du vêtement

Ce programme vise à former des «gestionnaires de la production».

La fonction de gestion de la production consiste principalement à assurer l'élaboration, le développement, le contrôle et l'analyse des procédés de production ainsi que leur application.

Cette grande fonction se divise en trois sous-fonctions, soit :

— la supervision du travail de production;
— l'analyse des méthodes et procédés;
— la direction de la production.

Les défis que doivent relever les gestionnaires de la production du vêtement sont nombreux. Ils doivent, entre autres choses, contrôler la qualité des produits et les coûts de production, gérer efficacement les stocks, s'assurer que les échéanciers sont respectés, engager et mettre à pied le personnel, soutenir la productivité, l'efficacité, la motivation et la formation du personnel, évaluer et améliorer les méthodes de travail, implanter des programmes d'assurance-qualité et de santé et sécurité au travail, assurer des relations harmonieuses et efficaces avec les autres services de l'entreprise et avec les sous-traitants et se tenir au courant des nouveautés.

Pour parvenir à relever ces défis, les gestionnaires de la production du vêtement doivent avoir acquis des connaissances et des habiletés relatives aux caractéristiques des tissus et des vêtements, aux méthodes de travail dans les contextes de production linéaire et modulaire, à la gestion du personnel, aux mathématiques et à l'informatique. Ils doivent pouvoir résoudre des problèmes de diverses natures, prendre des décisions, analyser, innover, établir des relations interpersonnelles harmonieuses et travailler en équipe. Les gestionnaires doivent pouvoir assumer de grandes responsabilités, être autonomes, faire preuve de leadership, être méthodiques et avoir le sens de la diplomatie.

Mentionnons enfin que les novices dans le domaine de la gestion de la production du vêtement doivent être polyvalents. On sait que la grande majorité des entreprises du secteur sont de petites et moyennes entreprises au sein desquelles les tâches confiées au personnel cadre peuvent être fort diversifiées.

Préalable du secondaire
Mathématiques : CST 4e ou 426

Cégeps offrant le programme
Collège LaSalle, Marie-Victorin

Admissions/SRAM 2013 :   demandes au 1er tour :   n.d.
admis au 1er tour :   n.d.
total des admis aux 3 tours :   n.d.

571.B0 Gestion de la production du vêtement

Marché du travail 2012

Cégeps répondants : 0

Sortants répondants se destinant à l'emploi	Nombre	%
	n.d.	100

Placement

	Nombre	%
Emploi relié total, 6 mois après la fin des études	n.d.	n.d.
Emploi relié, temps plein	n.d.	n.d.
Emploi relié, temps partiel ou occasionnel	n.d.	n.d.
Emploi non relié	n.d.	n.d.
Sans emploi	n.d.	n.d.

Salaire
Initial moyen : n. d.
Initial supérieur : n. d.

Postes offerts

Directeur de production
Coordonnateur à l'importation
Technicien en production industrielle
Contrôleur de la qualité
Analyste de temps et mouvement
Fabricant de textile

Milieux de travail
Manufacturier et importateur de vêtements
Firme de consultants

Exigences du marché
Bonnes aptitudes en mathématiques, en gestion et en communication
Habiletés à communiquer avec les groupes ethniques
Bonne résistance au stress
Bilinguisme un atout

Commentaires
Évaluation du marché difficile compte tenu du petit nombre de sortants
Marché orienté davantage vers la gestion plutôt que vers la couture et la fabrication de vêtements

---

Indicateur du placement 2007 à 2012

Sortants répondants se destinant à l'emploi :	n.d.	
Total des répondants en emploi :	n.d.	n.d.

571.C0 Commercialisation de la mode

Le travail de technicien en commercialisation de la mode consiste à occuper différentes fonctions de gestion au sein des principaux secteurs de la commercialisation de la mode : vente en gros, vente au détail, achats, présentation visuelle et promotion. À l'intérieur de ces secteurs, le diplômé accède à différentes occupations : représentant, superviseur, gérant, assistant-gérant, acheteur, coordonnateur d'événements promotionnels, styliste.

Dans le but de répondre aux besoins et exigences des différents commerces de mode, le technicien en commercialisation de la mode est polyvalent. Il fait preuve d'un savoir-faire professionnel dans le domaine du marketing de produits mode et démontre des habiletés générales liées à la gestion des différents commerces de mode. Plus encore, il possède une vision prospective du phénomène de la mode.

Il démontre également des attitudes personnelles et professionnelles appropriées aux gestionnaires de la commercialisation de la mode (autonomie, entregent, leadership, flexibilité, éthique, etc.) ainsi qu'une méthode de travail et une maîtrise des langues du milieu.

Finalement, les techniciens sont des gestionnaires responsables, créatifs, capables de travailler en équipe et démontrant un sens de l'esthétique approprié au domaine de la mode.

Par ailleurs, le programme vise certains objectifs éducatifs particuliers. Dans la mesure où l'exercice du travail des techniciens en commercialisation de la mode comporte quotidiennement des situations stressantes où ceux-ci ont à atteindre des objectifs précis et à satisfaire des clients exigeants, il est important qu'ils apprennent à gérer leur stress. On devrait donc tenir compte de cette réalité dans les apprentissages liés aux compétences particulières de façon que les futurs techniciens acquièrent des attitudes positives et l'habileté à gérer leur temps efficacement.

De plus, puisque l'honnêteté et la loyauté envers l'entreprise sont des attitudes essentielles à l'établissement de relations d'affaires durables et harmonieuses, un des objectifs éducatifs du programme sera le développement d'une éthique professionnelle rigoureuse.

Préalable du secondaire
Aucun cours spécifique voir page 361

Cégeps offrant le programme
Campus Notre-Dame-de-Foy*, Collège LaSalle*, Laflèche*, Marie-Victorin, Séminaire de Sherbrooke

*Voir alternance travail-études, p. 293

Admissions/SRAM 2013 :		
demandes au 1er tour :		206
admis au 1er tour :		188
total des admis aux 3 tours :		233

571.C0 Commercialisation de la mode

Marché du travail 2012

Cégeps répondants : 3

Sortants répondants se destinant à l'emploi	Nombre	%
	82	100

Placement

Emploi relié total, 6 mois après la fin des études	57	70
Emploi relié, temps plein	46	56
Emploi relié, temps partiel ou occasionnel	11	13
Emploi non relié	22	27
Sans emploi	3	4

Salaire
Initial moyen : 13,40 $ / heure
Initial supérieur : 21 $ / heure

Postes offerts

Acheteur
Commis au service à la clientèle
Assistant gérant de mise en marché
Coordonnateur des échantillons
Superviseur de production
Marchandiseur
Relationniste
Représentant des ventes et en salle de montre
Gérant de boutique
Étalagiste
Assistant à l'importation
Assistant styliste
Gérant d'inventaire
Agent de marketing Web

Milieux de travail

Manufacturier
Industrie de vêtements
Importateur
Parfumerie
Agence de promotion
À son compte
Distributeur
Agence de mannequins
Chaîne de magasins
Commerce de détail

Exigences du marché

Mobilité
Bilinguisme exigé
Créativité
Polyvalence
Qualités entrepreuniales
Expérience en vente exigée

Commentaires
Avoir un sens développé de la mise en marché
Les emplois reliés à la publicité et à la recherche commerciale exigent des études universitaires, notamment en gestion , design et commercialisation de la mode
Marché compétitif

Indicateur du placement 2007 à 2012

Sortants répondants se destinant à l'emploi :	466	
Total des répondants en emploi :	442	95 %

573.AA Techniques des métiers d'art : Céramique

Buts du programme *Techniques des métiers d'art*
Ce programme est ambitieux, car il vise la synthèse de l'expression personnelle, d'un mode de production et des réalités du marché. Pour un matériau et une technique donnés, l'artisan doit contrôler le processus de création, de fabrication et de diffusion d'objets d'expression ou de production. La structure même du programme reflète ces interactions continuelles entre la création avec un matériau et la gestion du produit qui en résulte.

Céramique
Cette voie de spécialisation vise à former des artisans spécialisés dans le travail de l'argile et aptes à créer ou à concevoir des pièces originales en un seul exemplaire ou en nombres multiples, destinées à une fonction utilitaire, décorative ou d'expression artistique.

Les tâches de ces personnes consistent à créer ou à concevoir des œuvres ou des produits, à fabriquer des moules en plâtre, à fabriquer des pièces en argile, en grès ou en porcelaine selon les techniques de tournage, de façonnage ou de moulage, à cuire des pièces, à fabriquer des pâtes et des enduits céramiques et à effectuer des traitements de surface.

Le travail de l'artisan en céramique comporte également de nombreuses tâches en rapport avec la gestion de la production, la gestion de l'atelier et la gestion de l'entreprise, ainsi que de nombreuses activités de gestion de sa carrière.

Dans la majorité des tâches à accomplir, le travail s'effectue selon un processus qui se résume à : planifier la production, s'assurer de la disponibilité des matériaux, de l'outillage et des pièces d'équipement, aménager l'atelier en vue de la production, fabriquer des pièces, cuire des pièces, contrôler la qualité de la production, emballer les pièces et les livrer et à exécuter des tâches administratives associées à la production. Les compétences acquises devraient permettre à la personne diplômée d'exercer la fonction de céramiste artisan dans différents secteurs de l'activité économique et d'évoluer de façon autonome sur le plan professionnel.

Préalable du secondaire
Aucun cours spécifique voir page 361

Cégeps offrant le programme
Limoilou, Vieux-Montréal

Admissions/SRAM 2013 :   demandes au 1er tour :   12
admis au 1er tour :   10
total des admis aux 3 tours :   13

573.AA Techniques des métiers d'art : Céramique

Marché du travail 2012

Cégeps répondants : 2

Sortants répondants se destinant à l'emploi	Nombre	%
	6	100

Placement

Emploi relié total, 6 mois après la fin des études	4	67
Emploi relié, temps plein	3	50
Emploi relié, temps partiel ou occasionnel	1	17
Emploi non relié	2	33
Sans emploi	0	0

Salaire
Initial moyen : n.d.
Initial supérieur : n.d.

Postes offerts
Potier
Céramiste
Muraliste
Modeleur-mouleur
Technicien au soutien technique
Animateur d'atelier

Milieux de travail
À son compte
Atelier établi
École de céramique

Commentaires
Les sortants des programmes de métiers d'art sont appelés dans la plupart des cas à devenir des travailleurs autonomes à la fin de leurs études. Ils sont généralement en démarrage de leur propre entreprise.
Évaluation difficile du marché du travail compte tenu du faible nombre de sortants

---

Indicateur du placement 2007 à 2012

Sortants répondants se destinant à l'emploi :	31	
Total des répondants en emploi :	28	90 %

573.AB Techniques des métiers d'art : Construction textile

Buts du programme *Techniques des métiers d'art*
Ce programme est ambitieux, car il vise la synthèse de l'expression personnelle, d'un mode de production et des réalités du marché. Pour un matériau et une technique donnés, l'artisan doit contrôler le processus de création, de fabrication et de diffusion d'objets d'expression ou de production. La structure même du programme reflète ces interactions continuelles entre la création avec un matériau et la gestion du produit qui en résulte.

Construction textile
Cette voie de spécialisation vise à former des artisans spécialisés dans le travail des fibres et des matériaux textiles et aptes à créer ou à concevoir des œuvres originales en un seul exemplaire ou en nombre multiples, destinées à une fonction utilitaire, décorative ou artistique.

Les tâches du créateur textile consistent à concevoir les œuvres ou les produits, à estimer les coûts, à confectionner des patrons, à teindre des pièces ou des fibres, à créer un tricot et un tissage et à assurer la production.

Le travail de l'artisan en *construction textile* implique également de nombreuses tâches de gestion de projets, de mise en marché de ses produits ou de ses œuvres ainsi que de mise sur pied et de gestion d'un atelier.

La personne diplômée de cette option du programme pourra occuper des emplois dans la conception, la fabrication ou la réparation de pièces en matière textile et de divers ouvrages à caractère visuel original et personnel. Elle pourra travailler dans des ateliers de construction textile, être embauchée par l'industrie textile, privilégier la sous-traitance ou encore créer sa propre entreprise.

Préalable du secondaire
Aucun cours spécifique voir page 361

Cégeps offrant le programme
Limoilou, Vieux-Montréal

Admissions/SRAM 2013 :   demandes au 1er tour :   23
admis au 1er tour :   20
total des admis aux 3 tours :   26

573.AB Techniques des métiers d'art : Construction textile

Marché du travail 2012

Cégeps répondants : 1

Sortants répondants se destinant à l'emploi	Nombre	%
	2	100

Placement

	Nombre	%
Emploi relié total, 6 mois après la fin des études	2	100
Emploi relié, temps plein	1	50
Emploi relié, temps partiel ou occasionnel	1	50
Emploi non relié	0	0
Sans emploi	0	0

Salaire
Initial moyen : n.d.
Initial supérieur : n.d.

Postes offerts
Designer-textile (tissage ou tricot-machine)
Spécialiste en tricot

Milieux de travail
Atelier établi
Fabricant de tricot

Commentaires
Les sortants des programmes de métiers d'art sont appelés dans la plupart des cas à devenir des travailleurs autonomes à la fin de leurs études. Ils sont généralement en démarrage de leur propre entreprise. Évaluation du marché difficile compte tenu du faible nombre de sortants.

Indicateur du placement 2007 à 2012

Sortants répondants se destinant à l'emploi :	19	
Total des répondants en emploi :	16	84 %

573.AC   Techniques des métiers d'art : Ébénisterie artisanale

Buts du programme *Techniques des métiers d'art*
Ce programme est ambitieux, car il vise la synthèse de l'expression personnelle, d'un mode de production et des réalités du marché. Pour un matériau et une technique donnés, l'artisan doit contrôler le processus de création, de fabrication et de diffusion d'objets d'expression ou de production. La structure même du programme reflète ces interactions continuelles entre la création avec un matériau et la gestion du produit qui en résulte.

Ébénisterie artisanale
Cette voie de spécialisation vise à former des artisans spécialisés dans le travail du bois et aptes à créer ou à concevoir des ouvrages originaux en un seul exemplaire ou en série limitée, à fabriquer ou à réparer des pièces de mobilier d'usages divers et d'autres ouvrages d'ébénisterie, et ce, à partir de bois massif et de matériaux dérivés du bois.

Les tâches de ces artisans consistent à analyser des commandes, consulter des ouvrages techniques, créer ou concevoir des ouvrages, exécuter des dessins d'atelier, déterminer les ressources nécessaires à l'exécution du travail, estimer les coûts de production et le prix de revient, planifier la production, préparer et façonner les matériaux, assembler et ajuster les pièces et les composants et effectuer la finition. Le travail de l'artisan ébéniste implique également la gestion de projets, la mise en marché des produits ou des œuvres ainsi que la mise sur pied et la gestion d'un atelier.

Dans la majorité des tâches à accomplir, le travail s'effectue selon un processus qui peut se résumer ainsi : créer ou concevoir l'ouvrage, consulter les plans et les devis ou la documentation technique, planifier le travail et l'effectuer, assurer le contrôle de la qualité, effectuer des tâches administratives, entretenir l'outillage et l'équipement, nettoyer les lieux de travail et ranger.

Les compétences acquises devraient permettre à l'artisan d'exercer sa fonction dans différents secteurs d'activité et d'évoluer de façon autonome sur le plan professionnel.

Préalable du secondaire
Aucun cours spécifique voir page 361

Cégeps offrant le programme
Alma, Limoilou, Vieux-Montréal

Admissions/SRAM 2013 :   demandes au 1er tour :   21
admis au 1er tour :   21
total des admis aux 3 tours :   37

573. AC Techniques des métiers d'art : Ébénisterie artisanale

Marché du travail 2012

Cégeps répondants : 2

Sortants répondants se destinant à l'emploi	Nombre	%
	8	100

Placement

Emploi relié total, 6 mois après la fin des études	5	63
Emploi relié, temps plein	3	37
Emploi relié, temps partiel ou occasionnel	2	25
Emploi non relié	1	13
Sans emploi	2	25

Salaire
Initial moyen : n.d.
Initial supérieur : n.d.

Postes offerts
Ébéniste-artisan
Concepteur
Fabricant de meubles
Polisseur
Réparateur de meubles
Finisseur

Milieux de travail
À son compte
Atelier
Antiquaire
Entreprise de fabrication de meubles
Maison d'enseignement

Commentaires
Les sortants des programmes de métiers d'art sont appelés dans la plupart des cas à devenir des travailleurs autonomes à la fin de leurs études. Ils sont généralement en démarrage de leur propre entreprise. Évaluation du marché difficile compte tenu du faible nombre de sortants.

Indicateur du placement 2007 à 2012

Sortants répondants se destinant à l'emploi :	70	
Total des répondants en emploi :	63	90 %

573.AD Techniques des métiers d'art : Impression textile

Buts du programme *Techniques des métiers d'art*
Ce programme est ambitieux, car il vise la synthèse de l'expression personnelle, d'un mode de production et des réalités du marché. Pour un matériau et une technique donnés, l'artisan doit contrôler le processus de création, de fabrication et de diffusion d'objets d'expression ou de production. La structure même du programme reflète ces interactions continuelles entre la création avec un matériau et la gestion du produit qui en résulte.

Impression textile
Cette voie de spécialisation vise à former des artisans spécialisés dans le travail des colorants et des étoffes et aptes à dessiner, à créer ou à produire des dessins et des objets textiles originaux, en un seul exemplaire ou en série limitée, destinés à une fonction décorative ou artistique.

Les tâches des artisans en impression textile consistent à analyser les besoins, procéder à des recherches documentaires et visuelles, exécuter des dessins textiles originaux, estimer les coûts de production et le prix de revient, planifier la production, préparer les matériaux, fabriquer des outils d'impression, appliquer les principales techniques d'impression textile et manipuler de façon sécuritaire des produits chimiques et des colorants. De plus, elles comprennent la finition et la couture d'objets en tissu imprimé.

Le travail de l'artisan en impression textile implique également des tâches de gestion de projets, de mise en marché de ses produits ou de ses œuvres ainsi que de mise sur pied et de gestion d'un atelier personnel ou collectif.

Dans la majorité des situations, ce travail s'effectue selon un processus qui peut se résumer ainsi : définir, clarifier les problèmes et déterminer les besoins, rechercher, développer et proposer des solutions originales, évaluer et modifier les propositions, fabriquer des produits, faire connaître et vendre ses produits.

Les compétences acquises dans ce programme devraient permettre à la personne diplômée de concevoir et de fabriquer des produits de création et de série, d'utiliser les outils, les techniques et les nouvelles technologies appliquées à l'impression textile et de manipuler les produits chimiques dans le respect de la santé et de l'environnement.

Préalable du secondaire
Aucun cours spécifique voir page 361

Cégep offrant le programme
Vieux Montréal

Admissions/SRAM 2013 :	demandes au 1er tour :	15
	admis au 1er tour :	13
	total des admis aux 3 tours :	21

573.AD Techniques des métiers d'art : Impression textile

Marché du travail 2012

Cégeps répondants : 1

Sortants répondants se destinant à l'emploi	Nombre	%
	2	100

Placement

Emploi relié total, 6 mois après la fin des études	1	50
Emploi relié, temps plein	1	50
Emploi relié, temps partiel ou occasionnel	0	0
Emploi non relié	1	50
Sans emploi	0	0

Salaire
Initial moyen : n. d.
Initial supérieur : n. d.

Postes offerts
Designer textile

Milieux de travail
À son compte
Atelier réputé

Commentaires
Les sortants des programmes de métiers d'art sont appelés dans la plupart des cas à devenir des travailleurs autonomes à la fin de leurs études. Ils démarrent souvent leur propre entreprise.
Évaluation du marché difficile compte tenu du faible nombre de sortants.

Indicateur du placement 2007 à 2012

Sortants répondants se destinant à l'emploi :	12	
Total des répondants en emploi :	12	100 %

573.AE Techniques des métiers d'art : Joaillerie

Buts du programme *Techniques des métiers d'art*
Ce programme est ambitieux, car il vise la synthèse de l'expression personnelle, d'un mode de production et des réalités du marché. Pour un matériau et une technique donnés, l'artisan doit contrôler le processus de création, de fabrication et de diffusion d'objets d'expression ou de production. La structure même du programme reflète ces interactions continuelles entre la création avec un matériau et la gestion du produit qui en résulte.

Joaillerie
Cette voie de spécialisation vise à former des artisans spécialisés dans la transformation des métaux précieux et autres. Le finissant sera en mesure d'exécuter l'ensemble des tâches de conception, de fabrication et de gestion d'une pièce de joaillerie.

Il sera apte à créer des bijoux ou des objets en série limitée et à partir de commandes ainsi que des pièces uniques destinées à une fonction décorative, utilitaire ou d'expression artistique.

Les pièces de joaillerie sont fabriquées selon diverses techniques qui consistent dans l'ensemble, à transformer les métaux précieux en alliages de différentes natures, à former et à assembler des éléments en vue de fabriquer un bijou, à sculpter et à modeler des prototypes, à intégrer des pierres précieuses, des ornements et des matières organiques, ainsi que des éléments fonctionnels, à reproduire des bijoux ou des parties de bijoux et enfin, à procéder à la finition et au traitement de surface des pièces de joaillerie.

Le travail de joaillier implique également des tâches administratives et commerciales liées à l'implantation, à l'organisation et à la gestion d'un atelier ou d'une micro-entreprise, à la mise en marché des produits, au suivi de la clientèle et à la recherche et développement.

Les compétences acquises tout au long de la formation ont pour objectif commun de doter la personne des capacités nécessaires pour travailler dans des ateliers de production ou de réparation de pièces de joaillerie ou dans des magasins à titre de joaillier, modéliste, conseiller ou encore, pour devenir travailleur autonome.

Préalable du secondaire
Aucun cours spécifique voir page 361

Cégeps offrant le programme
Limoilou, Vieux-Montréal

Admissions/SRAM 2013 :   demandes au 1er tour :   27
                             admis au 1er tour :   22
                             total des admis aux 3 tours :   33

573.AE Techniques des métiers d'art : Joaillerie

Marché du travail 2012

Cégeps répondants : 2

Sortants répondants se destinant à l'emploi	Nombre	%
	8	100

Placement

	Nombre	%
Emploi relié total, 6 mois après la fin des études	3	38
Emploi relié, temps plein	2	25
Emploi relié, temps partiel ou occasionnel	1	13
Emploi non relié	5	62
Sans emploi	0	0

Salaire
Initial moyen : n.d.
Initial supérieur : n.d.

Postes offerts
Joaillier
Concepteur
Fabricant de bijoux
Lapidaire
Vendeur
Réparateur
Assembleur
Technicien de laboratoire

Milieux de travail
Atelier
Bijouterie
Atelier de création

Commentaires
Les sortants des programmes de métiers d'art sont appelés dans la plupart des cas à devenir des travailleurs autonomes à la fin de leurs études. Ils démarrent souvent leur propre entreprise.
Évaluation du marché difficile compte tenu du faible nombre de sortants.

Indicateur du placement 2007 à 2012

Sortants répondants se destinant à l'emploi :	74	
Total des répondants en emploi :	71	96 %

573.AF Techniques des métiers d'art : Lutherie

Buts du programme *Techniques des métiers d'art*
Ce programme est ambitieux, car il vise la synthèse de l'expression personnelle, d'un mode de production et des réalités du marché. Pour un matériau et une technique donnés, l'artisan doit contrôler le processus de création, de fabrication et de diffusion d'objets d'expression ou de production. La structure même du programme reflète ces interactions continuelles entre la création avec un matériau et la gestion du produit qui en résulte.

Lutherie
Cette voie de spécialisation vise à former des artisans spécialisés dans la facture d'instruments de musique à cordes (violon, guitare). Ces personnes seront aptes à concevoir et à fabriquer des instruments de musique, en un seul exemplaire ou en nombres multiples. Elles seront aussi capables de régler la sonorité de ces instruments, de les entretenir et de les réparer.

Les tâches des artisans luthiers consistent à recevoir et à analyser des commandes, consulter des ouvrages techniques, concevoir des modèles d'instruments de musique, choisir et préparer les matériaux, fabriquer des gabarits, des moules, des supports et des outils manuels, façonner, plier, plaquer et fileter les différentes pièces d'un instrument, assembler et accorder des éléments et des ensembles d'éléments, faire la finition des instruments, les réparer et les entretenir et en régler la sonorité.

Dans la majorité des tâches, le travail du luthier s'effectue selon un processus qui se résume à : concevoir un produit, s'assurer de la disponibilité des matériaux, des accessoires, de l'outillage et des pièces d'équipement, aménager l'atelier en vue de la production, fabriquer et assembler les composants, contrôler la qualité de la production, exposer, vendre et livrer les instruments de musique et effectuer les tâches administratives associées à la production.

Les compétences acquises devraient permettre à la personne diplômée de ce programme d'exercer la fonction d'artisan luthier, d'effectuer son travail dans différents secteurs de l'activité économique et d'évoluer de façon autonome sur le plan professionnel. Les artisans luthiers travaillent, soit sous la supervision d'un spécialiste chevronné de la lutherie ou d'un directeur de magasin de musique, soit à leur propre compte, individuellement ou en association avec d'autres artisans.

Préalable du secondaire
Aucun cours spécifique voir page 361

Cégep offrant le programme
Limoilou (Violon ou Guitare), Vieux-Montréal (Guitare)

Admissions/SRAM 2013 :	demandes au 1er tour :	45
	admis au 1er tour :	22
	total des admis aux 3 tours :	22

573.AF   Techniques des métiers d'art : Lutherie

Marché du travail 2008

Cégeps répondants : 2

Sortants répondants se destinant à l'emploi	Nombre	%
	9	100

Placement

Emploi relié total, 6 mois après la fin des études	5	56
Emploi relié, temps plein	3	33
Emploi relié, temps partiel ou occasionnel	2	22
Emploi non relié	4	45
Sans emploi	0	0

Salaire
Initial moyen : n.d.
Initial supérieur : n.d.

Postes offerts
Luthier
Ébéniste

Milieux de travail
À son compte
Atelier réputé

Commentaires
Les sortants des programmes de métiers d'art sont appelés dans la plupart des cas à devenir des travailleurs autonomes à la fin de leurs études. Ils démarrent souvent leur propre entreprise.
Évaluation du marché difficile compte tenu du petit nombre de sortants.

Indicateur du placement 2007 à 2012

Sortants répondants se destinant à l'emploi :	55	
Total des répondants en emploi :	48	87 %

573.AG Techniques des métiers d'art : Maroquinerie

Buts du programme *Techniques des métiers d'art*
Ce programme est ambitieux, car il vise la synthèse de l'expression personnelle, d'un mode de production et des réalités du marché. Pour un matériau et une technique donnés, l'artisan doit contrôler le processus de création, de fabrication et de diffusion d'objets d'expression ou de production. La structure même du programme reflète ces interactions continuelles entre la création avec un matériau et la gestion du produit qui en résulte.

Maroquinerie / Fabrication d'objets en cuir
Cette voie de spécialisation vise à former des artisans spécialisés dans le travail du cuir et aptes à concevoir et à fabriquer de bout en bout les divers articles regroupés sous l'étiquette maroquinerie. La maroquinerie va de l'utilitaire pur et simple au luxe le plus raffiné ; la distinction repose sur le dosage de l'originalité, et elle est évaluée en fonction des techniques de création, de la qualité de la matière et de la finesse d'exécution.

La maroquinerie se divise traditionnellement en quatre branches, soit :

- La petite maroquinerie ou maroquinerie de poche ; elle regroupe tous les objets de petite dimension pouvant trouver place dans une poche ou dans un sac à main : porte-monnaie, porte-billets, portefeuille, porte-cartes, porte-tickets, étui à lunettes, à peigne et à pince à ongles, porte-clés, agenda de poche, planificateur, poudrier, tube de rouge à lèvres, etc.
- Le sac pour dame.
- La ceinture.
- Le bracelet pour montre.

Les tâches de l'artisan maroquinier consistent à exécuter l'ensemble du travail de conception et de fabrication de produits de maroquinerie, de mise sur pied et de gestion d'un atelier ou d'une micro-entreprise. De plus, l'artisan maroquinier donne des conseils aux clients, avec qui il discute et négocie. Il dirige et supervise aussi le travail d'employés.

Les produits de maroquinerie sont fabriqués selon différentes techniques dont certaines sont empruntées à d'autres métiers du cuir, notamment les techniques de sellerie et de gainerie. Le fait qu'un artisan utilise à l'occasion la technique dite de sellier ou de gainage n'en fait pas pour autant un spécialiste de la sellerie ou de la gainerie.

Préalable du secondaire
Aucun cours spécifique voir page 361

Cégep offrant le programme
Vieux Montréal

Admissions/SRAM 2013 :

demandes au 1er tour :		10
admis au 1er tour :		10
total des admis aux 3 tours :		18

573. AG Techniques des métiers d'art : Maroquinerie

Marché du travail 2012

Cégeps répondants : 1

Sortants répondants	Nombre	%
se destinant à l'emploi	3	100

Placement

	Nombre	%
Emploi relié total, 6 mois après la fin des études	3	100
Emploi relié, temps plein	3	100
Emploi relié, temps partiel ou occasionnel	0	0
Emploi non relié	0	0
Sans emploi	0	0

Salaire
Initial moyen : n. d.
Initial supérieur : n. d.

Postes offerts
Maroquinier
Gainier
Sellier-maroquinier
Patronnier

Milieux de travail
À son compte
Atelier réputé

Commentaires
Les sortants des programmes de métiers d'art sont appelés dans la plupart des cas à devenir des travailleurs autonomes à la fin de leurs études. Ils démarrent souvent leur propre entreprise.
Évaluation du marché difficile compte tenu du faible nombre de sortants.

Indicateur du placement 2007 à 2012

Sortants répondants se destinant à l'emploi :	10	
Total des répondants en emploi :	7	70 %

573.AH Techniques des métiers d'arts : Sculpture

Buts du programme *Techniques des métiers d'art*
Ce programme est ambitieux, car il vise la synthèse de l'expression personnelle, d'un mode de production et des réalités du marché. Pour un matériau et une technique donnés, l'artisan doit contrôler le processus de création, de fabrication et de diffusion d'objets d'expression ou de production. La structure même du programme reflète ces interactions continuelles entre la création avec un matériau et la gestion du produit qui en résulte.

Sculpture
Cette voie de spécialisation vise à former des personnes aptes à exercer le métier de sculpteur. Les sculpteurs sont des spécialistes de la forme et de l'espace qui conçoivent et fabriquent des objets sculpturaux de petits, moyens et grands formats destinés à une fonction architecturale, expressive, décorative, commémorative, signalétique, utilitaire, sociale ou ludique.

Les tâches de ces personnes consistent à imaginer des concepts et à produire des œuvres ou des objets sculptés dans un matériau adapté à la fonction, à l'espace et, dans certains cas, à l'environnement. Les sculpteurs créent des œuvres par différentes techniques telles que le modelage, la taille, la construction et l'assemblage de matériaux. Ils ont recours à différents matériaux : le bois, la pierre, le métal, l'argile, le plâtre et les plastiques. L'estimation des coûts de fabrication et de production, la mise en marché et la promotion des œuvres, la gestion d'un atelier ou d'une micro-entreprise et les recherches pour le développement de nouveaux produits sont autant de dimensions du travail du sculpteur.

Dans la majorité des tâches, le travail du sculpteur s'effectue selon un processus qui se résume à concevoir un projet, planifier la production, s'assurer de la disponibilité des matériaux, de l'outillage et de l'équipement, aménager un atelier en vue de la sculpture, exécuter diverses techniques de sculpture, appliquer des produits de finition, évaluer la qualité du produit fini, préparer et tenir une exposition, emballer et livrer les sculptures, installer une œuvre dans son environnement et, enfin, accomplir des tâches administratives associées à la production.

Préalable du secondaire
Aucun cours spécifique voir page 361

Cégep offrant le programme
Limoilou

Admissions/SRAM 2013 : demandes au 1er tour : n. d.
admis au 1er tour : n. d.
total des admis aux 3 tours : n. d.

573.AH Techniques des métiers d'arts : Sculpture

Marché du travail 2012

Cégeps répondants : 1

Sortants répondants se destinant à l'emploi	Nombre	%
	5	100

Placement

	Nombre	%
Emploi relié total, 6 mois après la fin des études	3	60
Emploi relié, temps plein	0	0
Emploi relié, temps partiel ou occasionnel	3	60
Emploi non relié	2	40
Sans emploi	0	0

Salaire
Initial moyen : n.d.
Initial supérieur : n.d.

Postes offerts
Technicien en sculpture
Sculpteur-artiste
Polisseur-finisseur
Technicien en arts plastiques

Milieux de travail
Atelier de sculpture
Galerie d'art
Maison d'enseignement

Commentaires
Les sortants des programmes de métiers d'art sont appelés dans la plupart des cas à devenir des travailleurs autonomes à la fin de leurs études. Ils démarrent souvent leur propre entreprise.
Évaluation du marché difficile compte tenu du faible nombre de sortants.

Indicateur du placement 2007 à 2012

Sortants répondants se destinant à l'emploi :	20	
Total des répondants en emploi :	18	90 %

573.AJ Techniques des métiers d'art : Verre

Buts du programme *Techniques des métiers d'art*
Ce programme est ambitieux, car il vise la synthèse de l'expression personnelle, d'un mode de production et des réalités du marché. Pour un matériau et une technique donnés, l'artisan doit contrôler le processus de création, de fabrication et de diffusion d'objets d'expression ou de production. La structure même du programme reflète ces interactions continuelles entre la création avec un matériau et la gestion du produit qui en résulte.

Verre
Cette voie de spécialisation vise à former des artisans spécialisés dans les différentes techniques du verre et aptes à concevoir et à fabriquer des pièces en un seul exemplaire ou en nombre plus ou moins important destinées à une fonction utilitaire, décorative ou d'expression artistique.

Le travail des artisans verriers consiste à concevoir et à fabriquer des pièces et des objets en verre. Pour ce faire, ils doivent exécuter des dessins de présentation et des dessins techniques, fabriquer des moules et des gabarits, choisir, préparer et façonner les matériaux et effectuer la finition des pièces. Ils sont également appelés à produire des maquettes et des prototypes, à estimer le prix de revient des pièces et à gérer la production. Enfin, ils doivent assurer l'entretien de l'atelier et la fabrication de certains outils et équipements.

Les différents champs d'activité dans lesquels les artisans verriers exercent leur fonction sont les arts de la table, le mobilier, la bijouterie, les objets corporatifs, les luminaires, les arts visuels et l'intégration à l'architecture.

Contrairement aux pays qui ont une longue tradition dans les arts verriers et qui sont dotés d'entreprises verrières, le Québec a peu ou pas d'entreprises pouvant recevoir des artisans verriers. Le travail autonome est la seule possibilité d'emploi pour les sortantes et les sortants à la fin de la formation collégiale.

Préalable du secondaire
Aucun cours spécifique voir page 361

Cégep offrant le programme
Vieux Montréal

Admissions/SRAM 2013 :	demandes au 1er tour :	16
	admis au 1er tour :	14
	total des admis aux 3 tours :	16

573.AJ   Techniques des métiers d'art : Verre

Marché du travail 2012

Cégeps répondants : 1

Sortants répondants se destinant à l'emploi	Nombre	%
	8	100

Placement

	Nombre	%
Emploi relié total, 6 mois après la fin des études	7	88
Emploi relié, temps plein	2	25
Emploi relié, temps partiel ou occasionnel	5	62
Emploi non relié	1	13
Sans emploi	0	0

Salaire
Initial moyen : n. d.
Initial supérieur : n. d.

Postes offerts
Artisan-verrier
Souffleur de verre
Graveur
Concepteur-designer d'objets en verre

Milieux de travail
À son compte
Atelier réputé

Commentaires
Les sortants des programmes de métiers d'art sont appelés dans la plupart des cas à devenir des travailleurs autonomes à la fin de leurs études. Ils démarrent souvent leur propre entreprise.
Évaluation du marché difficile compte tenu du faible nombre de sortants.

Indicateur du placement 2007 à 2012

Sortants répondants se destinant à l'emploi :	18	
Total des répondants en emploi :	18	100 %

574.A0 Dessin animé

Buts du programme

Ce programme vise à former des personnes aptes à exercer la profession de dessinateur en dessin animé. Ces techniciens participent à la réalisation de films d'animation principalement destinés aux marchés du cinéma (court et long métrage), de la série télévisée, de la publicité et des produits interactifs.

Selon la nature ou les étapes du projet pour lesquelles on les emploie, les dessinateurs en animation peuvent effectuer des tâches liées à la conception et au dessin de personnages, de lieux et d'accessoires. L'élaboration du scénarimage, la coloration des dessins ainsi que l'animation des personnages et des effets visuels peuvent également s'ajouter à leurs tâches. Bien que les techniques traditionnelles de dessin et d'animation soient encore largement répandues, certains dessinateurs utilisent maintenant des techniques numériques d'animation. L'acquisition d'expérience peut conduire les techniciens du dessin animé vers des emplois tels que la direction de l'animation, la supervision des services et la réalisation de films d'animation.

Ces fonctions supposent donc le développement de la créativité, de la perception visuelle, et d'une rigueur dans les méthodes de travail, de même que la connaissance du mouvement et la maîtrise de techniques et d'outils de production, traditionnels ou informatiques, dans le but de concevoir et réaliser les différents éléments d'une production animée, et de les intégrer dans un tout cohérent.

Les qualités personnelles requises :
– Aptitude pour la créativité et le dessin
– Capacité à exprimer sa créativité en tenant compte de la réalité des devis et exigences de la production
– Goût pour les arts et le dessin traditionnel
– Sens critique
– Ouverture d'esprit et bonne culture générale
– Maîtrise du français oral et écrit
– Capacité à apprendre la langue anglaise

Préalable du secondaire
Aucun cours spécifique voir page 361

Cégep offrant le programme
Vieux Montréal

Admissions/SRAM 2013 :   demandes au 1er tour :   152
                         admis au 1er tour :   41
                         total des admis aux 3 tours :   41

574.A0 Dessin animé

Marché du travail 2012

Cégeps répondants : 1

Sortants répondants se destinant à l'emploi	Nombre	%
	11	100

Placement

Emploi relié total, 6 mois après la fin des études	7	64
Emploi relié, temps plein	7	64
Emploi relié, temps partiel ou occasionnel	0	0
Emploi non relié	0	0
Sans emploi	4	36

Salaire
Initial moyen : 16 $ / heure
Initial supérieur : 19 $ / heure

Postes offerts
Dessinateur
Coloriste
Animateur 2D et 3D
Superviseur de projets
Technicien en animation
Réalisateur de films d'animation
Illustrateur
Formateur

Milieux de travail
Entreprise de production audiovisuelle, télévisuelle,
    cinématographique et publicitaire
Milieu de l'édition électronique
Maison de production multimédia et de jeux vidéo
Maison d'enseignement

Commentaires
Le talent fait le succès
Intégration difficile au marché de l'emploi

Indicateur du placement 2007 à 2012

Sortants répondants se destinant à l'emploi :	72	
Total des répondants en emploi :	58	81 %

574.B0 Techniques d'animation 3D et de synthèse d'images

Buts du programme

Ce programme vise à former des personnes aptes à exercer la profession de spécialistes en animation 3D et en imagerie de synthèse. Ces personnes travaillent surtout dans les studios d'animation par ordinateur (court et long métrage) et les studios de télévision ainsi que dans des entreprises spécialisées en production multimédia, en jeux électroniques, en postproduction et en effets spéciaux. On les retrouve également dans les entreprises de design industriel et chez les producteurs de logiciels de même que dans les domaines aussi variés que la médecine, la géomatique, l'aéronautique et la haute couture.

Les spécialistes en animation 3D et en imagerie de synthèse analysent d'abord les caractéristiques du projet qui leur est soumis. Ils produisent ensuite le prototype de l'animation, effectuent la modélisation des éléments graphiques (personnages, objets et environnement), appliquent les textures et les couleurs, mettent en place les éclairages, animent les éléments graphiques et s'occupent de la mise au point du rendu final de l'animation. Ils peuvent également créer des effets visuels numériques et effectuer de la composition d'images (*compositing*).

La fonction des spécialistes en animation 3D et images de synthèse suppose le développement de la créativité, de l'acuité visuelle et d'une rigueur dans les méthodes de travail, de même que la connaissance du mouvement et de la maîtrise de techniques et d'outils de production traditionnels et informatiques.

Préalable du secondaire
Aucun cours spécifique voir page 361

Cégep offrant le programme
Bart, Bois-de-Boulogne, Dawson, Institut Grasset, Limoilou, Matane, O'Sullivan de Québec, Vieux-Montréal

Admissions/SRAM 2013 :		
demandes au 1er tour :		366
admis au 1er tour :		86
total des admis aux 3 tours :		89

574.B0 Techniques d'animation 3D et de synthèse d'images

Marché du travail 2012

Cégeps répondants : 5

Sortants répondants se destinant à l'emploi	Nombre	%
	54	100

Placement

Emploi relié total, 6 mois après la fin des études	26	48
Emploi relié, temps plein	24	44
Emploi relié, temps partiel ou occasionnel	2	4
Emploi non relié	9	17
Sans emploi	19	35

Salaire
Initial moyen : 18,30 $ / heure
Initial supérieur : 20,30 $ / heure

Postes offerts
Dessinateur
Intégrateur
Technicien en conversion
Animateur 2D et 3D
Superviseur de projets
Technicien en animation 3D
Réalisateur de films d'animation 3D
Testeur
Modeleur
Illustrateur
Scénariste

Milieux de travail
Entreprise de production multimédia, de jeux vidéo, télévisuelle,
    cinématographique et publicitaire
Milieu de l'édition électronique
Centre hospitalier
Musée

Commentaires
Marché de l'emploi difficile
La qualité du portfolio est déterminante
Augmentation de la moyenne salariale

Indicateur du placement 2007 à 2012

Sortants répondants se destinant à l'emploi :	202	
Total des répondants en emploi :	145	72 %

581.A0 Infographie en préimpression

Ce programme vise à former des techniciens aptes à exercer la profession d'infographe en préimpression. Ces techniciens effectuent à l'ordinateur la réalisation technique de documents graphiques destinés à être imprimés et reproduits sur des supports d'impression.

Description générale de la profession visée

L'infographe en préimpression prend en charge, en collaboration avec le graphiste, la préparation et l'exécution technique de documents graphiques de haute qualité destinés principalement à l'impression, mais également au secteur des communications en général.

Assumer un tel rôle suppose la capacité d'analyser et d'évaluer un projet de document graphique, tant sur le plan esthétique que sur celui de la faisabilité technique et de l'imprimabilité. Cela suppose également la capacité d'exercer son jugement afin de proposer, au besoin, des modifications au projet soumis par le client, qu'il s'agisse d'un graphiste, d'un éditeur, d'un imprimeur, d'un représentant d'entreprise, etc.

Par la suite, l'infographe en préimpression aura à rendre le projet de document graphique techniquement imprimable, ce qui suppose l'optimisation de la production de l'imprimé correspondant, la prise en considération des règles d'impression ainsi que le continuel contrôle de la qualité esthétique et technique, aux moments opportuns. Pour ce faire, il doit procéder d'abord à l'analyse technique des documents à reproduire afin de déterminer les moyens les mieux adaptés aux conditions d'impression en cours; ensuite à la saisie et le traitement des originaux par l'utilisation de techniques photographiques, optoélectroniques ou informatiques afin de répondre aux demandes de la clientèle ainsi qu'aux exigences découlant des procédés d'impression et de leurs contraintes propres; enfin à l'intégration à la mise en page des images fournies par la clientèle. Pour ce faire, l'infographe en préimpression aura à résoudre des problèmes autant techniques que de créativité à chacune des étapes du processus de travail. Cela suppose également le transfert en réseau des différents documents, la gestion d'environnements informatiques divers.

Préalable du secondaire
Aucun cours spécifique voir page 361

Cégep offrant le programme
Ahuntsic

Admissions/SRAM 2013 : demandes au 1er tour : 42
admis au 1er tour : 40
total des admis aux 3 tours : 113

581.A0 Infographie en préimpression

Marché du travail 2012

Cégeps répondants : 1

Sortants répondants se destinant à l'emploi	Nombre	%
	25	100

Placement

	Nombre	%
Emploi relié total, 6 mois après la fin des études	16	64
Emploi relié, temps plein	10	40
Emploi relié, temps partiel ou occasionnel	6	24
Emploi non relié	5	20
Sans emploi	4	16

Salaire
Initial moyen : 15,40 $ / heure
Initial supérieur : 19 $ / heure

Postes offerts

Infographe typographe
Infographiste en mise en page et production de page Web
Correcteur d'épreuves
Spécialiste en retouches d'images et réalisation de photomontages
Spécialiste de sorties numériques
Designer graphique
Graphiste
Spécialiste de sortie, de montage de films, de plaques et d'épreuves
Contrôleur de la qualité
Technicien en pré-impression et en pré-presse

Milieux de travail

Imprimerie, maison d'édition, journal, magazine
Atelier de composition, atelier spécialisé en traitement et en reproduction électronique d'images et en séparation de couleurs
Atelier d'éditique, département d'infographie
Agence de publicité, agences de multimédias
Imprimerie intégrée, laboratoire de photographie, atelier d'impressions numériques

Exigences du marché

Polyvalence, mobilité
Travail en équipe
Capable de travailler sous pression
Adaptabilité aux nombreux changements technologiques
Créativité
Bonne maîtrise du français
Bilinguisme un atout

Commentaire
La qualité du portfolio est déterminante
Augmentation de la moyenne salariale

Indicateur du placement 2007 à 2012

Sortants répondants se destinant à l'emploi :	148	
Total des répondants en emploi :	126	85 %

581.B0 Techniques de l'impression

Objectifs du programme
Ce programme vise à former des personnes aptes à exercer la profession de technicien en impression.

Ces techniciens en impression travaillent sur différents procédés d'impression : duplicateur, presse offset multicouleurs à feuilles, presse offset rotative multicouleurs et presse flexographique multicouleurs. Leurs tâches touchent tous les aspects relatifs à la production industrielle d'imprimés, comme : la mise en train; le contrôle de la qualité des plaques, des papiers, des encres et des produits chimiques; l'optimisation de la production; ainsi que les travaux de massicotage et de reliure. Ils peuvent accéder à des postes de contremaître et de directeur de production.

Les technologies informatiques font partie intégrante du travail des techniciens en impression. Ils doivent configurer les systèmes de commande à distance, traiter l'information, interpréter les données et régler les paramètres d'impression.

Les techniciens en impression travaillent seuls de façon autonome ou en équipe sous la supervision de techniciens seniors. Ils sont en relation avec des clients et des personnes du service à la clientèle ou de l'infographie. Des habiletés liées à la communication, au travail d'équipe et aux relations interpersonnelles sont donc nécessaires à l'exercice de la profession.

Qualités et aptitudes
- Goût de la précision technique et scientifique, sens esthétique
- Capacité de concentration, d'observation, d'attention soutenue et de résistance au stress
- Souci de la qualité, du détail et de la précision
- Aptitude à la résolution de problèmes
- Capacité d'organisation de travail, d'autonomie personnelle et aptitude au travail d'équipe
- Communication écrite et orale

Préalable du secondaire
Aucun cours spécifique voir page 361

Cégep offrant le programme
Ahuntsic

Admissions/SRAM 2013 :   demandes au 1er tour : 4
admis au 1er tour : 3
total des admis aux 3 tours : 7

581.B0 Techniques de l'impression

Marché du travail 2012

Cégeps répondants : 1

Sortants répondants se destinant à l'emploi	Nombre	%
	3	100

Placement

	Nombre	%
Emploi relié total, 6 mois après la fin des études	3	100
Emploi relié, temps plein	3	100
Emploi relié, temps partiel ou occasionnel	0	0
Emploi non relié	0	0
Sans emploi	0	0

Salaire
Initial moyen : 15,50 $ / heure
Initial supérieur : 15,50 $ / heure

Postes offerts
Technicien d'opération de diverses presses en imprimerie
Adjoint à la production
Représentant
Contrôleur de la qualité
Estimateur
Margeur
Pressier
Technicien aux encres
Technicien en reprographie

Milieux de travail
Imprimerie commerciale et de services
Journal
Atelier spécialisé
Papeterie
Commission scolaire
Fabricant de produits divers

Exigences du marché
Avoir de bonnes aptitudes manuelles et visuelles
Travail d'équipe
Capacité de travailler dans un environnement bruyant
Bonne perception des couleurs

Indicateur du placement 2007 à 2012

Sortants répondants se destinant à l'emploi :	32	
Total des répondants en emploi :	31	97 %

581.C0 Gestion de projet en communications graphiques

Buts du programme

Ce programme vise à former des personnes aptes à exercer la fonction de travail de chargé de projets. Les responsabilités associées à cette fonction consistent à prendre la relève du représentant des ventes afin d'assurer le suivi auprès de la clientèle au moment de la demande de service de même qu'aux différentes phases de réalisation des projets.

Ces personnes seront en mesure de travailler dans les différents secteurs de l'industrie de l'imprimerie : milieux reliés à la production d'imprimés, milieux ayant des procédés et des produits particuliers tels que l'emballage et les articles promotionnels, entreprises de sous-traitance, entreprises offrant des services professionnels dans le domaine des communications graphiques.

Le travail de ce chargé de projets consiste principalement à gérer la réalisation de projets de production d'imprimés. Cette personne doit répondre aux demandes de la clientèle, préciser ses besoins, la conseiller sur les choix techniques compte tenu des produits demandés de même que l'informer et l'aider, tant au moment de l'achat qu'en cours de production.

Sa responsabilité en matière d'estimation l'oblige à analyser judicieusement les demandes afin d'établir les coûts en fonction des objectifs de rentabilité et de qualité de l'entreprise.

Le chargé de projets en imprimerie planifie et coordonne l'ensemble des étapes de réalisation des projets. Il doit optimiser l'utilisation des ressources, tout en se souciant de faciliter le processus de fabrication du produit. Lors de la planification de la mise en production, il doit traiter avec des fournisseurs, conclure des ententes avec les services de production de l'entreprise et établir des plans et concevoir des outils de suivi pour l'ensemble des projets dont elle est responsable. Le chargé de projets doit également informer régulièrement les clients de même que les personnes impliquées dans la réalisation des projets, relativement au déroulement des travaux.

Pour le chargé de projet, le principal défi consiste à s'assurer du respect des délais et des conditions des ententes, et ce, à la satisfaction du client.

Préalable du secondaire
Aucun cours spécifique voir page 361

Cégeps offrant le programme
Ahuntsic, Beauce-Appalaches*

*Voir alternance travail-études, p. 293

Admissions/SRAM 2013 :   demandes au 1er tour :   7
                          admis au 1er tour :   6
                          total des admis aux 3 tours : 17

581.C0 Gestion de projet en communications graphiques

Marché du travail 2012

Cégeps répondants : 2

Sortants répondants se destinant à l'emploi	Nombre	%
	7	100

Placement

	Nombre	%
Emploi relié total, 6 mois après la fin des études	7	100
Emploi relié, temps plein	7	100
Emploi relié, temps partiel ou occasionnel	0	0
Emploi non relié	0	0
Sans emploi	0	0

Salaire
Initial moyen : 16,20 $ / heure
Initial supérieur : 18,50 $ / heure

Postes offerts
Coordonnateur de production, coordonnateur analyste
Estimateur, représentant technique
Contrôleur de la qualité
Agent-conseil en impression, conseiller en papiers
Chargé de projet
Courtier en imprimerie

Milieux de travail
Imprimerie
Compagnie papetière
Éditeur
Atelier de reliure et de finition
Entreprise de marketing

Exigences du marché
Connaissance de l'anglais
Dynamisme
Sens de l'analyse

Commentaires
Emplois variés
Marché accueillant
La mobilité augmente les chances d'emploi
Évaluation du marché difficile compte tenu du faible nombre de sortants

---

Indicateur du placement 2007 à 2012
Sortants répondants se destinant à l'emploi : 47
Total des répondants en emploi : 45 96 %

582.A1 Techniques d'intégration multimédia

L'intégrateur est celui qui assemble sur ordinateur le matériel des infographistes, des rédacteurs, des spécialistes en son, en image et en vidéo pour produire une application multimédia qui sera diffusée entre autres sur cédérom ou sur Internet.

Expert, il trouve des solutions originales pour arriver à réaliser le produit final. Spécialiste, il programme sur son ordinateur l'interactivité des applications multimédias et effectue le montage des éléments de contenu. Généraliste, il sait créer les différentes composantes d'un document multimédia et ajouter une touche personnelle au travail des concepteurs, rédacteurs et artistes.

Travailler dans le domaine du multimédia, c'est créer des produits interactifs sur des sites Internet, sur cédéroms, sur vidéodisques numériques (DVD) ou sur tout support qui reste à inventer. Un intégrateur doit maîtriser les principaux logiciels d'intégration multimédia, avoir une connaissance approfondie en communication graphique et sonore et avoir la capacité de travailler au sein d'une équipe multidisciplinaire. L'intégrateur a un esprit discipliné, un esprit créatif et le sens de l'esthétique. Il fait preuve d'ouverture d'esprit, il aime participer à des échanges d'idées.

L'intégrateur fait partie de l'équipe qui travaille à la production de tout document multimédia. Ses compétences sont recherchées du début à la fin du processus de production : il vérifie la faisabilité technique du projet, participe à la création, assemble les éléments sonores, visuels et animés et contrôle la qualité du document.

Préalable du secondaire
Aucun cours spécifique voir page 361

Cégeps offrant le programme
Édouard-Montpetit, Jonquière, Maisonneuve, Matane*, Outaouais, Sainte-Foy*, Saint-Jérôme*

*Voir alternance travail-études, p. 293

Admissions/SRAM 2013 :	demandes au 1er tour :	490
	admis au 1er tour :	358
	total des admis aux 3 tours :	360

582.A1 Techniques d'intégration multimédia

Marché du travail 2012

Cégeps répondants : 6

Sortants répondants se destinant à l'emploi	Nombre	%
	76	100

Placement

	Nombre	%
Emploi relié total, 6 mois après la fin des études	56	74
Emploi relié, temps plein	51	67
Emploi relié, temps partiel ou occasionnel	5	7
Emploi non relié	9	12
Sans emploi	11	14

Salaire
Initial moyen : 14,20 $ / heure
Initial supérieur : 20,70 $ / heure

Postes offerts

Intégrateur multimédia
Webmestre
Travailleur autonome
Infographiste 2D et 3D
Animateur 2D et 3D
Designer d'interface
Directeur artistique
Coordonnateur intranet
Scénariste multimédia

Testeur de produits
Technicien concepteur
Designer de jeux
Intégrateur
Programmeur multimédia
Travailleur autonome
Conseiller technique
Développeur web

Milieux de travail

Maison d'édition
Entreprise privée
Entreprise de téléphonie mobile
Médias électroniques
Agence de publicité
Boîte d'infographie

Gouvernement
Boîte de production multimédia en ligne et sur supports
Entreprise de jeux vidéo sur téléphone cellulaire

Exigences du marché
Créativité, entrepreneuriat,
Formation continue
Mobilité

Commentaires
Compétition avec des sortants des programmes techniques et universitaires du domaine de l'informatique
La qualité du portfolio est déterminante

Indicateur du placement 2007 à 2012

		%
Sortants répondants se destinant à l'emploi :	494	
Total des répondants en emploi :	446	90 %

589.A0 Techniques de production et de postproduction télévisuelles

Buts du programme
Ce programme vise à former des personnes aptes à exercer la profession de technicien en production et en postproduction dans le secteur de la télévision.

Après une année de formation commune, le programme se divise en deux voies de spécialisation :

Voie de spécialisation *AA Production* : où les compétences à développer vont de la prise de vues à la coordination de la production d'émissions en studio ou en unités mobiles en passant par l'installation et l'ajustement du matériel de sonorisation, par la production de génériques et de matériel graphique, par la conception de plans d'éclairage et de plans audio, par les différentes activités de montage.

Voie de spécialisation *AB Postproduction* : où les compétences à développer sont l'analyse d'un scénario, l'appréciation de créations visuelles ou sonores, la création d'illustration et d'animation 2D, la création d'éléments visuels en 3D, le montage sonore, le mixage final et le montage final.

Préalable du secondaire
Aucun cours spécifique voir page 361

Cégep offrant le programme
Institut Grasset, Jonquière

Admissions/SRAM 2013 : demandes au 1er tour :   n. d.
admis au 1er tour :   n. d.
total des admis aux 3 tours :   n. d.

589.A0 Techniques de production et de postproduction télévisuelles

Marché du travail 2012

Cégeps répondants : 1

Sortants répondants se destinant à l'emploi	Nombre	%
	81	100

Placement

	Nombre	%
Emploi relié total, 6 mois après la fin des études	73	90
Emploi relié, temps plein	47	58
Emploi relié, temps partiel ou occasionnel	26	32
Emploi non relié	5	6
Sans emploi	3	4

Salaire
Initial moyen : 16,80 $ / heure
Initial supérieur : 25 $ / heure

Postes offerts

Assistant monteur
Assistant à la réalisation
Assistant de production
Agent de programmation
Aiguilleur
Assistant régisseur
Caméraman cadreur
Secrétaire de production
Magasinier
Coordonnateur à la production et à la postproduction
Compositeur d'images
Monteur vidéo
Recherchiste
Scripteur
Technicien en restauration d'images
Technicien de scène

Milieux de travail
Télédiffuseur. Maison de production et de postproduction
Producteur télévisuel et cinématographique. Compagnie de théâtre
Entreprise de location d'équipement cinématographique, de production d'événements culturels
Entreprise d'effets spéciaux

Exigences du marché
Horaire 7 jours; jour/soir/nuit. Mobilité

Commentaires
Beaucoup d'emplois à la pige et à contrat
Bon placement

Indicateur du placement 2007 à 2012

Sortants répondants se destinant à l'emploi :	549	
Total des répondants en emploi :	532	97 %

589.B0 Techniques de communication dans les médias

Buts du programme

Ce programme vise à former des personnes aptes à exercer les professions suivantes : Technicien en animation de productions radiophoniques, Conseiller ou coordonnateur publicitaire, Journaliste.

Après une année de formation commune, le programme se divise en trois voies de spécialisation :

Voie de spécialisation *BA* : *Animation et production radiophoniques* où les compétences à développer vont de la recherche d'informations à la production de bulletins de nouvelles, à la production d'une programmation diffusée en mode automatisé et à la production d'émissions promotionnelles.

Voie de spécialisation *BB : Conseil et coordination publicitaires* où les compétences à développer vont de la recherche d'informations à la rédaction de textes publicitaires, promotionnels et de relations publiques, de l'analyse des besoins d'un client à l'élaboration d'un plan média et même à l'élaboration d'un réseau d'affaires dans le milieu de la communication et de la publicité.

Voie de spécialisation *BC : Journalisme* où les compétences à développer vont de l'analyse de l'actualité, en passant par la réalisation d'entrevues, au tournage et au montage de nouvelles et reportages qu'à la rédaction de nouvelles tant pour les médias écrits que pour la radio, la télévision ou l'inforoute.

Préalable du secondaire
Aucun cours spécifique voir page 361

Cégep offrant le programme
Jonquière

Admissions/SRAM 2013 : demandes au 1er tour : n. d.
admis au 1er tour : n. d.
total des admis aux 3 tours : n. d.

589.B0 Techniques de communication dans les médias

Marché du travail 2012

Cégeps répondants : 1

Sortants répondants se destinant à l'emploi	Nombre	%
	47	100

Placement

	Nombre	%
Emploi relié total, 6 mois après la fin des études	37	79
Emploi relié, temps plein	20	43
Emploi relié, temps partiel ou occasionnel	17	36
Emploi non relié	8	17
Sans emploi	2	4

Salaire
Initial moyen : 16,30 $ / heure
Initial supérieur : 22,90 $ / heure

Postes offerts

Animateur	Secrétaire de rédaction
Journaliste Web	Agent de communication
Responsable des communications	Rédacteur
Opérateur de mise en ondes	Représentant
Chargé de projet	Recherchiste
Coordonnateur	Réalisateur
Journaliste	Producteur
Attaché de presse	

Milieux de travail
Agence de publicité, de marketing, de relations publiques
Médias écrits et électroniques. Station de radio et de télévision
Services multimédias
Entreprise de productions d'événements culturels et télévisuels

Exigences du marché

Bonne communication orale et écrite	Audition (radio)
	Voix agréable
Polyvalence	Connaissance de l'anglais
Créativité	Connaissances en infographie
Mobilité	Bonne culture générale

Commentaires
Beaucoup d'emplois à contrat et à la pige
La qualité du portfolio est déterminante
Plusieurs poursuivent à l'université
Les statistiques englobent les sortants des trois spécialisations
Pour plus de détails, vous informer au cégep

Indicateur du placement 2007 à 2012

Sortants répondants se destinant à l'emploi :	292	
Total des répondants en emploi :	288	99 %

L'enseignement coopératif ou l'alternance travail-études

L'alternance travail-études en formation technique est à la fois une stratégie éducative et un mode d'organisation de la formation qui combinent, de façon structurée, des périodes de formation dans un collège et des stages en milieu de travail, et ce, dans le cadre d'un programme d'études menant à un diplôme d'études collégiales.

L'alternance travail-études s'applique à un programme d'études qui est offert aux étudiants inscrits à temps plein dans un collège reconnu par le ministère de l'Éducation, du Loisir et du Sport. Le programme d'alternance travail-études comprend généralement au moins deux stages en milieu de travail dans le processus de formation. Le temps de présence en milieu de travail représente un minimum de 20 % de la formation. Dans certains cas, la formule peut ATÉ prolonger la durée du processus de formation.

Le stage permet aux stagiaires de mettre en pratique des compétences déjà acquises et évaluées au collège et ainsi d'exercer certaines fonctions de travail. L'entreprise qui reçoit ce stagiaire a la responsabilité de lui confier des tâches qui correspondent à son niveau de formation et de superviser son travail.

Les stages en entreprise sont d'une durée de 8 à 16 semaines. Ils sont de nature productive et au Québec, sont donc rémunérés, car le stagiaire a le statut de travailleur dans l'entreprise. Le stagiaire doit se conformer aux règlements de l'entreprise et adopter les conditions et exigences de travail (par exemple les horaires, les costumes) de l'entreprise. Les stages peuvent avoir lieu dans la même entreprise ou dans des entreprises différentes.

Les stages aident l'étudiant à mieux définir son projet d'études, améliorent sa motivation au travail et développent son sens des responsabilités professionnelles. Autre bénéfice : la participation à un programme d'alternance travail-études multiplie les chances d'un finissant de trouver un l'emploi relié à son domaine d'études.

Conditions d'admission
Le programme de formation coopératif est optionnel.

Dans certains cas, l'étudiant, pour y être admissible, doit satisfaire à certaines conditions déterminées par le Collège et liées aux exigences des employeurs et du cheminement particulier des cours. Chaque programme, dans chaque collège, a son rythme correspondant au cheminement du programme et au contexte industriel des stages. Des frais d'inscription particuliers sont parfois imposés.

Liste des programmes offerts selon la formule alternance travail-études*

* Cette liste est construite à partir de la déclaration des collèges. Il est possible de trouver la liste de complète des programmes offerts en alternance travail-études sur le site web *Inforoute de la formation professionnelle et technique* à l'adresse suivante : www.inforoutefpt.org/ate/formation

120.A0 Techniques de diététique
Montmorency, Saint-Hyacinthe

144.A0 Techniques de réadaptation physique
Montmorency

144.B0 Techniques d'orthèses et de prothèses orthopédiques
Mérici, Montmorency

145.A0 Techniques de santé animale
Lionel-Groulx, Saint-Félicien, Saint-Hyacinthe, Sherbrooke

145.B0 Techniques d'aménagement cynégétique et halieutique
Baie-Comeau

147.AA – 147.AB – 147.AC – 147.AD Techniques du milieu naturel
Saint-Félicien

152.A0 Gestion et exploitation d'entreprise agricole
Alma, Institut de technologie agroalimentaire campus de Saint-Hyacinthe, Lanaudière à Joliette, Lévis-Lauzon, Lionel-Groulx, Saint-Jean-sur-Richelieu

152.B0 Gestion et technologies d'entreprise agricole
Institut de technologie agroalimentaire campus de Saint-Hyacinthe, Lanaudière à Joliette

153.B0 Technologie de la production horticole et de l'environnement
Lanaudière à Joliette voie B, Lionel-Groulx

153.C0 Paysage et commercialisation en horticulture ornementale
Montmorency

153.D0 Technologie du génie agromécanique
Institut de technologie agroalimentaire campus de Saint-Hyacinthe

154.A0 Technologie des procédés et de la qualité des aliments
Lanaudière à Joliette, Institut de technologie agroalimentaire campus de La Pocatière

160.A0 Techniques d'orthèses visuelles
Édouard-Montpetit, Garneau

180.A0 Soins infirmiers
Granby Haute-Yamaska, Montmorency

190.A0 Technologie de la transformation des produits forestiers
Centre matapédien d'études collégiales, Sainte-Foy, Saint-Félicien

190.B0 Technologie forestière
Abitibi-Témiscamingue, Baie-Comeau, Chicoutimi, Gaspésie et des Îles, Rimouski, Sainte-Foy

210.AA Techniques de laboratoire : Biotechnologies
Lévis-Lauzon, Outaouais, Saint-Hyacinthe, Shawinigan, Sherbrooke

210.AB Techniques de laboratoire : Chimie analytique
Jonquière, Lévis-Lauzon, Shawinigan, Valleyfield

210.C0 Technologie de génie chimique
Jonquière, Lévis-Lauzon

221.A0 Technologie de l'architecture
Chicoutimi, Lévis-Lauzon, Montmorency, Rimouski, Saint-Laurent

221.B0 Technologie du génie civil
Abitibi-Témiscamingue, Ahuntsic, André-Laurendeau, Baie-Comeau, Chicoutimi, Lanaudière à Joliette, Limoilou, Montmorency, Rimouski

221.C0 Technologie de la mécanique du bâtiment
Ahuntsic, Jonquière, Outaouais, Rimouski, Saint-Hyacinthe

221.D0 Technologie de l'estimation et de l'évaluation en bâtiment
Drummondville, Montmorency

222.A0 Techniques d'aménagement et d'urbanisme
Matane

230.A0 Technologie de la géomatique
Ahuntsic, Limoilou, Outaouais (Campus Maniwaki)

232.A0 Procédés et valorisation (Technologies des pâtes et papiers)
Trois-Rivières

233.B0 Techniques du meuble et d'ébénisterie
École nationale du meuble et de l'ébénisterie à Montréal, École nationale du meuble et de l'ébénisterie à Victoriaville

235.B0 Technologie du génie industriel
Beauce-Appalaches, Granby Haute-Yamaska, Jonquière, Limoilou, Lionel-Groulx, Trois-Rivières

241.A0 Techniques de génie mécanique
Drummondville (incluant le programme DEP/DEC), Lévis-Lauzon, Limoilou, Rimouski, Saint-Jean-sur-Richelieu, Saint-Jérôme, Saint-Laurent, Shawinigan, Sherbrooke, Sorel-Tracy, Thetford, Valleyfield

241.C0 Techniques de transformation des matériaux composites
Saint-Jérôme

241.D0 Technologie de maintenance industrielle
Abitibi-Témiscamingue, Gaspésie et des Îles à Gaspé, Lévis-Lauzon, Rimouski, Sept-Îles, Sherbrooke

241.12 Techniques de la plasturgie
Thetford

243.-- Technologies du génie électrique
(Vérifier les options auprès des cégeps)
Ahuntsic, Baie-Comeau, Chicoutimi, Drummondville,
Édouard-Montpetit, Gaspésie et des Îles, Gérald-Godin,
Granby Haute-Yamaska, Heritage, Jonquière, Lanaudière à
Joliette, Lévis-Lauzon, Limoilou, Lionel-Groulx, Maisonneuve,
Montmorency, Saint-Laurent, Rimouski, Sept-Îles, Shawinigan,
Sherbrooke, Sorel-Tracy, Saint-Jean-sur-Richelieu, Sept-Îles,
Thetford, Valleyfield, Victoriaville

244.A0 Technologie physique
André-Laurendeau

260.A0 Assainissement de l'eau
Saint-Laurent

260.B0 Environnement, hygiène et sécurité au travail
Jonquière, Saint-Laurent, Sorel-Tracy

270.AA Technologie du génie métallurgique : Procédés de transformation
Alma, Chicoutimi, Trois-Rivières

270.AB Fabrication mécanosoudée
Trois-Rivières

270.AC Contrôle des matériaux
Trois-Rivières

271.AA – 271.AB – 271.AC   Technologie minérale
Abitibi-Témiscamingue, Sept-Îles (271.AC seulement),Thetford

280.B0 Techniques de construction aéronautique
École nationale d'aérotechnique

280.C0 Techniques de maintenance d'aéronefs
École nationale d'aérotechnique

280.D0 Techniques d'avionique
École nationale d'aérotechnique

311.A0 Techniques de sécurité incendie
Montmorency

322.A0 Techniques d'éducation à l'enfance
Montmorency, Saint-Hyacinthe, Valleyfield

351.A0 Technique d'éducation spécialisée
Granby Haute-Yamaska, Lasalle, Sainte-Foy

388.A0 Techniques de travail social
Saint-Jean-sur-Richelieu

391.A0 Techniques d'intervention en loisir
Saint-Jérôme

393.A0 Techniques de la documentation
Lionel-Groulx, Outaouais

410.A0 Techniques de la logistique du transport
André-Laurendeau, Drummondville, Garneau,
Lionel-Groulx, Saint-Jean-sur-Richelieu

410.B0 Techniques de comptabilité et de gestion

Alma, André-Laurendeau, Baie-Comeau, Beauce-Appalaches,
Champlain (Lennoxville), Dawson, Drummondville, Garneau,
Gérald-Godin, Granby Haute-Yamaska, Heritage, Lanaudière à
L'Assomption, Lévis-Lauzon, Limoilou, Lionel-Groulx,
Montmorency, O'Sullivan de Québec, Rimouski, Rosemont,
Saint-Félicien, Sainte-Foy, Saint-Hyacinthe, Saint-Jean-sur-
Richelieu, Saint-Jérôme, Sherbrooke, Sorel-Tracy, Thetford,
Valleyfield

410.C0 Conseil en assurances et en services financiers

Lanaudière à L'Assomption, Lévis-Lauzon, Montmorency,
Sainte-Foy

410.D0 Gestion de commerces

André-Laurendeau, Dawson, Drummondville, Ellis campus
Drummondville, Ellis campus Trois-Rivières, Garneau, Granby
Haute-Yamaska, Lionel-Groulx, Montmorency, Rimouski,
Rosemont, Saint-Hyacinthe, Saint-Jean-
sur-Richelieu, Saint-Jérôme à Mont-Tremblant, Sainte-Foy,
Sherbrooke, Thetford, Valleyfield

**412.AA Techniques de bureautique : coordination du travail de
bureau**

Drummondville, Ellis campus Trois-Rivières, Lévis-Lauzon,
Lionel-Groulx, O'Sullivan de Québec, Sept-Îles, Sherbrooke,
Sorel-Tracy, Thetford

412.AB Techniques de bureautique : micro-édition et hypermédia

Bart, Heritage, Limoilou, Montmorency, Rimouski, Rosemont

414.A0 Techniques de tourisme

Collège LaSalle, Granby Haute-Yamaska, Heritage, Institut de
tourisme et d'hôtellerie du Québec, Matane, Mérici,
Montmorency, Saint-Félicien

420.A0 Techniques de l'informatique

Abitibi-Témiscamingue, Ahuntsic, André-Laurendeau,
Beauce-Appalaches, Champlain (Lennoxville), Drummondville,
Garneau, Gérald-Godin, Granby Haute-Yamaska, Heritage, La
Pocatière, Lévis-Lauzon, Limoilou, Lionel-Groulx, Montmorency,
Rimouski, Rivière-du-Loup, Shawinigan, Sainte-Foy, Saint-
Félicien, Saint-Hyacinthe, Saint-Jean-sur-Richelieu,
Saint-Jérôme, Sept-Iles, Sherbrooke, Sorel-Tracy, Trois-
Rivières, Valleyfield

430.A0 Techniques de gestion hôtelière

Collège LaSalle, Heritage, Institut de tourisme et d'hôtellerie
du Québec, Mérici

430.B0 Gestion d'un établissement de restauration

Institut de tourisme et d'hôtellerie du Québec, Montmorency (en
partenariat avec l'ITHQ), Mérici

561.A0 Théâtre - Production

Lionel-Groulx

570.B0 Techniques de muséologie

Montmorency

570.E0 Techniques de design d'intérieur

Marie-Victorin, Saint-Jean-sur Richelieu

571.A0 Design de mode

Campus Notre-Dame-de-Foy, Marie-Victorin

571.C0 Commercialisation de la mode
Campus Notre-Dame-de-Foy, Collège LaSalle, Laflèche

581.C0 Gestion de projet en communications graphiques
Beauce-Appalaches

582.A1 Techniques d'intégration multimédia
Matane, Sainte-Foy, Saint-Jérôme

Note : L'Institut maritime du Québec (Cégep de Rimouski) offre aussi les programmes 248.B0 Navigation et 248.C0 Génie mécanique de marine, selon la formule d'enseignement coopératif.

DEC intensifs

À l'intention des titulaires d'un 1er DEC, plusieurs cégeps offrent des programmes intensifs qui conduisent à un 2e DEC Voici la liste des DEC intensifs et des cégeps qui les offrent :

111.A0 Techniques d'hygiène dentaire
Maisonneuve (16 mois)

141.A0 Techniques d'inhalothérapie
Ellis campus Trois-Rivières (2 ans)

145.A0 Techniques de santé animale
Laflèche (2 ans)

153.B0 Technologie de la production horticole et de l'environnement
Institut de technologie agroalimentaire (2 ans)

153.D0 Technologie du génie agromécanique
Institut de technologie agroalimentaire (2 ans)

180.A0 Soins infirmiers
Bois-de-Boulogne (23 mois), Chicoutimi (19 mois), Garneau (2 ans), John Abbott (2 ans), Maisonneuve (22 mois), Outaouais (23 mois), Sainte-Foy (23 mois), Saint-Jean-sur-Richelieu (5 sessions), Trois-Rivières (22 mois).

210.B0 Techniques de procédés chimiques
Maisonneuve (16 mois)

221.D0 Technologie de l'estimation et de l'évaluation en bâtiment
Campus Notre-Dame-de-Foy (2 ans), Institut Grasset (16 mois : option *Évaluation immobilière*)

243.B0 Technologie de l'électronique
Rimouski (2 ans incluants trimestres d'été), Institut Teccart (2 ans)

243.C0 Technologie de l'électronique industrielle
Institut Teccart (2 ans)

243.15 Technologie de systèmes ordinés
Institut Teccart (2 ans)

260.A0 Assainissement de l'eau
Saint-Laurent (2 ans)

260.B0 Environnement, hygiène et sécurité au travail
Sorel-Tracy (2 ans)

310.A0 Techniques policières
Campus Notre-Dame-de-Foy (2 ans), John Abbott (2 ans)

310.C0 Techniques juridiques
Bart (5 trimestres sur 2 ans)

311.A0 Techniques de sécurité incendie, spécialisation A
Campus Notre-Dame-de-Foy (1 an), Montmorency (1 an)

322.A0 Techniques d'éducation à l'enfance
Campus Notre-Dame-de-Foy (1 an), Laflèche (2 ans), Sainte-Foy (21 mois), Vanier (5 trimestres sur 2 ans), Vieux-Montréal (2 ans)

351.A0 Techniques d'éducation spécialisée
Laflèche (2 ans), Mérici (5 trimestres sur 2 ans), Sainte-Foy (23 mois)

384.A0 Techniques de recherche sociale
Rosemont (2 ans)

391.A0 Techniques d'intervention en loisir
Saint-Laurent (2 ans)

393.A0 Techniques de la documentation
John Abbott (2 ans)

410.A0 Techniques de logistique du transport
André-Laurendeau (2 ans), Garneau (2 ans),
Institut maritime du Québec (Rimouski) (2 ans)

410.B0 Techniques de comptabilité et de gestion
Bart (2 ans), Beauce-Appalaches (4 trimestres sur 2 ans),
Bois-de-Boulogne (19 mois), Centre d'études collégiales
Baie-des-Chaleurs (2 ans), Centre d'études collégiales des Îles
(2 ans), Lanaudière à Joliette (2 ans), Maisonneuve (24 mois),
Sainte-Foy (24 mois)

410.C0 Conseil en assurances et en services financiers
Sainte-Foy (24 mois)

410.D0 Gestion de commerces
Bart (2 ans), Lanaudière à Joliette (2 ans), Sainte-Foy (24 mois)

411.A0 Archives médicales
Laflèche (2 ans)

412.A0 Techniques de bureautique
Bart (4 trimestres sur deux ans), Chicoutimi (19 mois),
Garneau (2 ans), Centre d'études collégiales
Baie-des-Chaleurs (2 ans pour finissants du secondaire),
Lanaudière à Joliette (2 ans), O'Sullivan de Québec (2 ans),
Rivière-du-Loup (2 ans), Rosemont (2 ans)

414.A0 Techniques de tourisme
Laflèche (2 ans), Mérici (2 ans), Saint-Félicien (2 ans)

420.A0 Techniques de l'informatique
André-Laurendeau (18 mois), Bois-de-Boulogne (19 mois
incluant relâche et stage), Institut Grasset (16 mois),
Institut Teccart (2 ans) Maisonneuve (18 mois),
Sainte-Foy (22 mois), Vieux-Montréal (16 mois)

430.A0 Techniques de gestion hôtelière
Mérici (4,5 trimestres sur 2 ans)

500.A4 Arts et lettres : option Langues
Centre d'études collégiales de Montmagny (1 an)

561.A0 Gestion et techniques de scène
Centre d'études collégiales de Montmagny (2 ans)

571.A0 Design de mode
Collège LaSalle (4 sessions sur 2 ans)

571.C0 Commercialisation de la mode
Collège LaSalle (4 sessions sur 2 ans)

574.B0 Techniques d'animation 3D et de synthèse d'images
Institut Grasset (17 mois)

582.A1 Techniques d'intégration multimédia
Maisonneuve (20 mois)

**589.A1 Techniques de production et de postproduction
télévisuelles, spécialisation postproduction**
Institut Grasset (17 mois)

DEC / BAC

Les programmes DEC-BAC

La formule DEC-BAC* est le résultat d'une entente entre une université et un cégep en ce qui a trait à la reconnaissance de certains acquis dans le cadre de programmes collégiaux et universitaires dans des disciplines similaires. Dans les faits, une université s'engage à reconnaître un certain nombre de cours d'un ou certains programmes de DEC dans le cadre du baccalauréat, parfois jusqu'à une année complète d'études universitaires, dans un programme en particulier; le nombre de cours reconnus varie selon les ententes effectuées. (...) Actuellement, on retrouve deux types principaux de programmes. Ceux-ci se différencient par la durée des études et le type de baccalauréat visé. Dans les deux cas, l'étudiant entre à l'université en deuxième année du programme de baccalauréat.

Le **DEC-BAC intégré** est un programme à l'intérieur duquel les titulaires du DEC, dans un ou l'autre des programmes reconnus par l'entente, sont exemptés de la première année d'études du baccalauréat. Le programme intégré dure donc cinq ans à temps complet au lieu de six. Les trois premières années du DEC-BAC intégré sont consacrées au programme de DEC. Par la suite, l'étudiant entreprend ses études universitaires à partir de la deuxième année du baccalauréat afin de compléter les deux années restantes du programme intégré. Ainsi, après avoir terminé avec succès ses études universitaires, l'étudiant se retrouve avec un DEC technique et un baccalauréat.

Le deuxième type de programme, le **DEC-BAC harmonisé**, permet à un diplômé de la formation collégiale technique d'accéder à l'université dans le cadre d'un programme de baccalauréat dans une discipline similaire, et ce, sans avoir à compléter des cours préalables supplémentaires afin de répondre aux exigences demandées par le programme. Grâce à la réussite d'un programme technique au collégial, quelques cours universitaires sont reconnus comme équivalents. Ces crédits correspondent généralement à des cours de base du baccalauréat, dont les notions ont déjà été acquises au niveau du DEC. L'obtention du DEC ne garantit pas une admission à l'université sauf si l'entente DEC-BAC la stipule. Le DEC-BAC harmonisé dure environ six ans à temps complet, soit trois ans au cégep et trois ans à l'université.

En résumé, la formule DEC-BAC permet à l'élève de cumuler un DEC, un bac et parfois même un certificat. Elle permet aussi d'accéder automatiquement aux études universitaires et d'éviter la duplication des cours par une formation intégrée ou harmonisée et sur mesure.

(Extrait d'Olivier Audet, « La formation technique au collégial - Une porte d'entrée pour l'université qui gagne en popularité », *Guide des études universitaires au Québec 2006,* SRAM)

*Dans certains cas, ce type de cheminement est qualifié de « passerelle » en fonction de l'entente conclue avec l'institution universitaire.

Liste des DEC / BAC par CÉGEP

Abitibi-Témiscamingue : Administration et sciences comptables, Informatique

Ahuntsic : Administration des affaires, Biochimie, Biochimie-Biotechnologie, Biologie, Biologie médicale, Biologie moléculaire et cellulaire, Biopharmaceutique Biotechnologie-Microbiologie, Informatique, Microbiologie, Sciences biologiques

Alma : Agroéconomie, Agronomie, Informatique, Sciences comptables, Baccalauréat intégré avec majeure en conception de jeux vidéo

André-Laurendeau : Administration et sciences comptables, Génie physique

Baie-Comeau : Administration, Psychoéducation, Sciences comptables

Beauce-Appalaches : Administration des affaires, Informatique de gestion, Psychoéducation, Génie civil

Bois-de-Boulogne : Animation 3D et design numérique

Campus Notre-Dame-de-Foy : Musique (majeure en interprétation jazz)

Champlain (Lennoxville) : Psychoéducation

Champlain (St. Lawrence) : Administration des affaires

Chicoutimi : Administration, Génie civil, Génie électrique, Génie informatique, Informatique de gestion, Sciences comptables, Baccalauréat intégré avec majeure en conception de jeux vidéo

Collège LaSalle : Administration des affaires, Computer Science, Informatique.
Ententes conclues avec des universités hors du Québec : Business Administration, Commerce (Hotel & Food), Hotel Management, Tourism & Hospitality Management.

Drummondville : Administration des affaires, Gestion de l'information, Informatique, Sciences comptables

Édouard-Montpetit : Administration des affaires (Marketing), Animation 3D, Éducation préscolaire et enseignement primaire, Génie aérospatial, Optique-Optométrie, Sciences comptables

Garneau : Administration des affaires (logistique), Comptabilité, Gestion de l'information, Informatique

Gaspésie et des Îles : Administration, Foresterie, Sciences comptables

Gérald-Godin : Administration des affaires, Informatique, Sciences comptables

Granby-Haute-Yamaska : Administration des affaires, Informatique, Psychoéducation

Heritage : Informatique

Institut de technologie agroalimentaire, campus de La Pocatière : Agronomie, Économie et gestion alimentaires, Génie agroenvironnemental, Génie alimentaire, Science et technologie des aliments

Institut de technologie agroalimentaire, campus de Saint-Hyacinthe : Agronomie, Agroéconomie, Sciences et technologie des aliments

Institut de tourisme et d'hôtellerie du Québec : Gestion du tourisme et de l'hôtellerie (concentration tourisme ou concentration gestion de l'hôtellerie et de la restauration)

Jonquière : Administration, Baccalauréat intégré avec majeure en conception de jeux vidéo, Communication rédaction multimédia, Génie électrique, Génie industriel, Génie informatique, Informatique, Majeure en chimie, Psychoéducation, Relations industrielles, Sciences comptables, Travail social

Lanaudière à Joliette : Actuariat, Administration des affaires, Agroéconomie, Agronomie, Éducation au préscolaire et en enseignement au primaire, Enseignement de la formation professionnelle et technique, Études sur la taxicomanie, Génie agroenvironnemental, Génie civil, Génie des eaux, Génie électrique, Génie informatique, Génie logiciel, Génie des mines et de la minéralurgie, Informatique, Psychoéducation, Sciences comptables, Sciences de la consommation, Sciences de l'orientation, Sciences et technologies des aliments

Lanaudière à l'Assomption : Administration des affaires, Sciences comptables

Lanaudière à Terrebonne : Administration, Service social

La Pocatière : Administration, Agronomie, Biologie, Génie physique, Informatique, Psychoéducation, Sciences comptables

Lévis-Lauzon : Administration des affaires, Agronomie, Biochimie, Biologie, Biologie avec mineur en Chimie, Biologie médicale, Biotechnologie, double BAC en Biotechnologie - concentration biologie moléculaire et microbiologie, Chimie, Agroéconomie, Génie mécanique, Informatique de gestion, Informatique industrielle, Gestion de réseaux informatiques, Microbiologie, Sciences comptables, Sciences et technologie des aliments, Travail social

Lionel-Groulx : Administration des affaires, Agroéconomie, Agronomie, Art dramatique (concentrations Études théâtrales ou Enseignement), Génie agro-environnemental, Gestion de l'information, Informatique, Sciences comptables

Limoilou : Administration des affaires, Comptabilité, Génie civil, Génie mécanique, Informatique (préalable du secondaire spécifique à ce DEC-BAC : mathématiques TS 5e ou SN 5e ou 536)

Matane : Création multimédia interactif, Informatique, Sciences comptables, Sciences de l'administration, Majeure de Création en 3d et Mineure de Design de jeu vidéo

Montmorency : Administration des affaires, Informatique, Informatique et génie logiciel, Sciences comptables

O'Sullivan : Administration des affaires

Outaouais : Baccalauréat avec majeure en création multimédia interactif, Gestion de l'information (avec une université hors du Québec), Sciences comptables

Rimouski : Administration, Informatique, Marketing, Psychoéducation, Sciences comptables, Sciences de la consommation, Sciences et technologie des aliments,Travail social

Rivière-du-Loup : Administration, Comptabilité, Informatique, Sciences comptables

Sainte-Foy : Administration des affaires, Administration - Gestion des risques et assurance, Administration – Services financiers, Aménagement et environnement forestier, Biologie, Gestion intégrée des zones côtières, Informatique, Opérations forestières (programme coopératif), Sciences comptables, Sciences forestières, Services financiers, Service social

Saint-Félicien : Administration, Agronomie, Informatique, Sciences comptables

Saint-Hyacinthe : Administration des affaires, Agronomie, Biochimie, Biologie, Chimie

Saint-Jean-sur-Richelieu : Administration des affaires, Agroéconomie, Agronomie, Biologie, Biologie médicale, Économie et gestion agroalimentaires

Saint-Jérôme : Administration des affaires, Agroéconomie, Biochimie, Création en multimédia interactif, Design graphique, Éducation préscolaire et enseignement au primaire, Génie de la minéralurgie, Génie des matériaux et de la métallurgie, Génie logiciel, Génie mécanique, Gestion des ressources humaines, Informatique, Microbiologie, Psychoéducation, Service social

Saint-Laurent : Biologie, Gestion intégrée des zones côtières

Shawinigan : Biologie, Biologie médicale, Biotechnologie - Biologie moléculaire, Chimie, Informatique, Microbiologie

Sherbrooke : Administration des affaires, Agroéconomie, Biotechnologie, concentration biologie moléculaire, Design graphique, Informatique, Microbiologie

Sept-Îles : Administration des affaires, Informatique, Informatique de gestion, Informatique : conception de jeux vidéo

Sorel-Tracy : Informatique, Psychoéducation, Sciences comptables

Thetford : Administration des affaires, Géologie, Informatique de gestion

Trois-Rivières : Administration des affaires (concentrations Marketing et Logistique), Gestion de l'information, Informatique, Sciences comptables

Valleyfield : Psychoéducation

Victoriaville : Administration des affaires, Agonomie, Sciences comptables, Économie et gestion agroalimentaires, Informatique

Vieux Montréal : Administration des affaires, Domaine de la création en 3D et le design de jeux vidéo, Informatique, Sciences de la consommation

Bac en Sciences infirmières

à la suite d'un DEC en Soins infirmiers

Abitibi-Témiscamingue
Alma
André-Laurendeau
Baie-Comeau
Beauce-Appalaches
Bois-de-Boulogne
Campus Notre-Dame-de-Foy
Champlain à Lennoxville
Chicoutimi
Drummondville
Édouard-Montpetit
Garneau
Granby Haute-Yamaska
Heritage
John Abbott
Jonquière
Lanaudière à Joliette
La Pocatière
Lévis-Lauzon
Limoilou
Maisonneuve

Matane
Montmorency
Outaouais
Rimouski
Rivière-du-Loup
Sainte-Foy
Saint-Félicien
Saint-Hyacinthe
Saint-Jean-sur-Richelieu
Saint-Jérôme
Saint-Laurent
Sept-Îles
Shawinigan
Sherbrooke
Sorel-Tracy
Thetford
Trois-Rivières
Valleyfield
Vanier
Victoriaville
Vieux Montréal

DEP / DEC

Certains cégeps, en collaboration avec l'ordre secondaire, reconnaissent aux détenteurs d'un Diplôme d'études professionnelles (DEP) des compétences acquises dans le cadre de leurs études secondaires professionnelles, ce qui permet d'alléger le parcours menant à l'obtention d'un Diplôme d'études collégiales (DEC) relié au même domaine.

Liste des DEP / DEC par CÉGEP

Abitibi-Témiscamingue : DEP en Aménagement de la forêt / 190.B0 Technologie forestière

Ahuntsic : DEP en Imprimerie / 581.B0 Techniques de l'impression

DEP en Procédés infographiques / 581.A0 Infographie en préimpression

André-Laurendeau : DEP en Électricité / 243.C0 Technologie de l'électronique industrielle

DEP en Électricité de construction / 243.C0 Technologie de l'électronique industrielle

DEP en Électricité d'entretien / 243.C0 Technologie de l'électronique industrielle

DEP en Électromécanique de systèmes automatisés / 243.C0 Technologie de l'électronique industrielle

Baie-Comeau : DEP en Aménagement forestier / 190.B0 Technologie forestière

DEP en Comptabilité / 410.B0 Techniques de comptabilité et de gestion

DEP en Électricité / 243.C0 Technologie de l'électronique industrielle

DEP en Électromécanique des systèmes automatisés / 243.C0 Technologie de l'électronique industrielle

Beauce-Appalaches : DEP en Procédés infographiques / 581.C0 Techniques de gestion de projet en communications graphiques

Bois-de-Boulogne : DEP en Santé, assistance et soins infirmiers / 180.B0 Soins infirmiers

Campus Notre-Dame-de-Foy : DEP en Sécurité incendie / 311.A0 Sécurité incendie

Chicoutimi : DEP en Comptabilité / 410.B0 Techniques de comptabilité et de gestion

Collège LaSalle : DEP en Cuisine d'établissement / 430.B0 Gestion d'un établissement de restauration

Drummondville : DEP en Technique d'usinage **ou** DEP en Dessin industriel / 241.A0 Techniques de génie mécanique (ce programme fait l'objet de conditions d'admission exceptionnelles)

École nationale du meuble et de l'ébénisterie à Montréal : DEP en Ébénisterie – voie de spécialisation Menuiserie architecturale / 233.B0 Techniques du meuble et d'ébénisterie

Garneau : DEP Secrétariat / 412.A0 Techniques de bureautique

Gaspésie et des Îles : DEP en Aménagement de la forêt **ou** DEP en Sylviculture **ou** DEP en Protection et exploitation de la faune **ou** DEP en récolte de la matière ligneuse / 190.B0 Technologie forestière

DEP en Électromécanique de systèmes automatisés **ou** DEP en mécanique industrielle de construction et d'entretien / 241.D0 Technologie de maintenance industrielle

DEP en Électricité de construction **ou** DEP en électromécanique de systèmes automatisés / 243.C0 Technologie de l'électronique industrielle

DEP en Secrétariat / 412.AB Techniques de bureautique : microédition et hypermédia

DEP en Comptabilité / 410.B0 Techniques de comptabilité et de gestion

Granby Haute-Yamaska : DEP en Électromécanique de systèmes automatisés / 243.C0 Technologie de l'électronique industrielle

Institut de technologie agroalimentaire : DEP en Production laitière ou bovine / 152.A0 Gestion et exploitation d'entreprise agricole

DEP en Production laitière ou bovine / 152.B0 Gestion des technologies d'entreprise agricole

DEP en Production horticole ou en Culture ornementale / 153.B0 Technologie de la production horticole et de l'environnement

DEP en Horticulture ornementaire / 153.C0 Paysage et commercialisation en horticulture ornementale

Institut de tourisme et d'hôtellerie du Québec : DEP en cuisine / 430.B0 Gestion d'un établissement de restauration

Jonquière : DEP en Réfrigération / 221.C0 Technologie de la mécanique du bâtiment

Lanaudière à Joliette : DEP en Production laitière **ou** DEP en Production de bovins de boucherie, / 152.A0 Gestion et exploitation d'entreprise agricole

DEP en Production horticole **ou** DEP en Horticulture et jardinerie / 153.B0 Technologie de la production horticole et de l'environnement

DEP en Comptabilité / 410.B0 Techniques de comptabilité et de gestion

DEP en Comptabilité / 410.D0 Gestion de commerces

DEP en Soutien informatique / 243.C0 Technologie de l'électronique industrielle **ou** 243.BB Technologie de l'électronique – voie de spécialisation Ordinateurs et réseaux **ou** 420.AA Techniques de l'informatique : Informatique de gestion

Lanaudière à l'Assomption : DEP en Comptabilité / 410.B0 Techniques de comptabilité de gestion

Lanaudière à Terrebonne : DEP Comptabilité / 410.B0 Techniques de comptabilité et de gestion

DEP en Électromécanique des systèmes automatisés / 243.C0 Technologie de l'électronique industrielle

DEP en Électricité / 243.C0 Technologie de l'électronique industrielle

DEP en Réparation d'appareils électroniques audiovidéos / 243.C0 Technologie de l'électronique industrielle

La Pocatière : DEP en Comptabilité / 410.B0 Techniques de comptabilité et de gestion

DEP en Électromécanique de systèmes automatisés / 244.A0 Technologie physique

Lévis-Lauzon : DEP en Production laitière **ou** Production bovine **ou** Production porcine / 152.A0 Gestion et exploitation d'entreprise agricole

DEP en Électromécanique de systèmes automatisés / 243.C0 Technologie de l'électronique industrielle

Limoilou : DEP en Soutien informatique / 420.A0 Techniques de l'informatique

DEP en Bijouterie-joaillerie / 573.AE Techniques des métiers d'art : Joaillerie

Lionel-Groulx : DEP en Production horticole **ou** en Culture ornementale / 153.B0 Technologie de la production horticole et de l'environnement

DEP en Réparation d'appareils électroniques audiovidéos / 243.B0 Technologie de l'électronique

DEP en Secrétariat / 412.AA Techniques de bureautique : Coordination du travail de bureau

Maisonneuve : DEP en Soutien informatique / 582.A1 Techniques d'intégration multimédia

Montmorency : DEP en Intervention et sécurité incendie / 311.A0 Techniques de sécurité incendie

DEP en Vente de voyages / 414.A0 Techniques de tourisme

O'Sullivan de Québec : DEP en Secrétariat / 412.A0 Technique de bureautique

Outaouais : DEP en Secrétariat / 412.AA Techniques de bureautique : coordination du travail de bureau

Rimouski : DEP en Installation et réparation d'équipement de télécommunication / 243.B0 Technologie de l'électronique (voie de spécialisation Télécommunication)

DEP en Dessin de bâtiment / 221.A0 Technologie de l'architecture

Rosemont : DEP en Soutien Informatique / 420.AC Informatique : gestion de réseaux informatiques (ce programme fait l'objet de conditions d'admission exceptionnelles)

DEP en Secrétariat / 412.AB Techniques de bureautique : microédition et hypermédia

Saint-Félicien : DEP en Protection et exploitation de territoires fauniques / 147.AB Techniques du milieu naturel : Aménagement de la faune **ou** 147.AC Techniques du milieu naturel : Aménagement et interprétation du patrimoine naturel.

Saint-Jean : DEP en Production laitière **ou** bovine **ou** porcine / 152.A0 Gestion et exploitation d'entreprise agricole

DEP en Production horticole / 152.A0 Gestion et exploitation d'entreprise agricole

Saint-Laurent : DEP en Techniques d'usinage / 241.A0 Techniques de génie mécanique

Sherbrooke : DEP en Production laitière **ou** bovine **ou** porcine **ou** horticole **ou** grandes cultures / 152.A0 Gestion et exploitation d'entreprise agricole

Sorel-Tracy : DEP en Comptabilité / 410.B0 Techniques de comptabilité et de gestion

DEP en Secrétariat / 412.AA Techniques de bureautique : coordination du travail de bureau

DEP en Électromécanique de systèmes automatisés / 243.C0 Technologie de l'électronique industrielle

DEP en Techniques d'usinage / 241.A0 Techniques de génie mécanique

Thetford : DEP en Technique d'usinage / 241.A0 Techniques de génie mécanique

Trois-Rivières : DEP en Soudage-montage + ASP soudage haute pression / 270.AB Technologie du génie métallurgique, option fabrication mécanosoudée

DEP en Dessin de bâtiment / 221.A0 Technologie de l'architecture

Valleyfield : DEP en Mécanique industrielle de construction et d'entretien / 241.A0 Techniques de génie mécanique

DEP en Soutien informatique / Techniques de l'informatique : informatique de gestion

Victoriaville : DEP en Production horticole / 152.A0 Gestion et exploitation d'entreprise agricole : production horticole

DEP en Électromécanique des systèmes automatisés ou DEP en Électricité / 243.C0 Technologie de l'électronique industrielle

Les programmes de formation préuniversitaire

Les programmes de formation préuniversitaire

(durée des programmes : 2 ans ou 4 sessions)
(1 unité = 45 heures d'activités d'apprentissage)

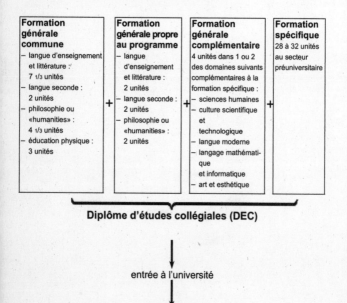

Formation générale commune	Formation générale propre au programme	Formation générale complémentaire	Formation spécifique
– langue d'enseignement et littérature : 7 1/3 unités – langue seconde : 2 unités – philosophie ou «humanités» : 4 1/3 unités – éducation physique : 3 unités	– langue d'enseignement et littérature : 2 unités – langue seconde : 2 unités – philosophie ou «humanités» : 2 unités	4 unités dans 1 ou 2 des domaines suivants complémentaires à la formation spécifique : – sciences humaines – culture scientifique et technologique – langue moderne – langage mathématique et informatique – art et esthétique	28 à 32 unités au secteur préuniversitaire

Diplôme d'études collégiales (DEC)

entrée à l'université

marché du travail

N.B. Les pages qui suivent indiquent les préalables officiels de l'automne 2014 tels que connus le 17 juin 2013 et sans anticipation sur les révisions en cours. Les adultes trouveront les préalables les concernant aux pages 343 à 345.

N.B. Pour l'admission à certaines facultés ou écoles universitaires, la FORMATION SPÉCIFIQUE est partiellement déterminée (voir le GUIDE PRATIQUE DES ÉTUDES UNIVERSITAIRES AU QUÉBEC).

Les programmes de formation préuniversitaire

DEC en Sciences de la nature
200.B0   Sciences de la nature
200.C0   Sciences informatiques et mathématiques

DEC en Sciences humaines
300.A0   Sciences humaines
300.B0   Sciences humaines : Premières Nations

DEC en Arts et lettres / Musique / Danse / Arts visuels
500.A1   Arts et lettres/ Arts, lettres et communication
501.A0   Musique
506.A0   Danse
510.A0   Arts visuels

Autres DEC
700.A0   Sciences, lettres et arts
700.B0   Histoire et civilisation

Double DEC

Baccalauréat international

(DEC signifie Diplôme d'études collégiales)

N.B.   Tous ces programmes préuniversitaires ne sont pas nécessaire-ment offerts dans tous les établissements collégiaux. Au moment de faire une demande d'admission, veuillez consulter le TABLEAU DES PROGRAMMES OFFERTS du SERVICE RÉGIONAL ou du CÉGEP concerné.

200.B0   Sciences de la nature

Finalité du programme
Ce programme veut donner à l'étudiant une formation équilibrée, intégrant les composantes de base d'une formation scientifique et d'une formation générale rigoureuses, le rendant apte à poursuivre des études universitaires en sciences pures, en sciences appliquées ou en sciences de la santé.

Buts
- Appliquer la démarche scientifique.
- Utiliser des technologies appropriées de traitement de l'information.
- Raisonner avec rigueur.
- Communiquer de façon claire et précise.
- Apprendre de façon autonome.
- Travailler en équipe.
- Définir son système de valeurs.
- Traiter des situations nouvelles à partir de ses acquis.
- Résoudre des problèmes de façon systématique.
- Établir des liens entre la science, la technologie et l'évolution de la société.
- Situer le contexte d'émergence et d'élaboration des concepts scientifiques.
- Adopter des attitudes utiles au travail scientifique.

Accès aux programmes universitaires
Tout étudiant détenteur d'un DEC en *Sciences de la nature* est admissible aux facultés ou écoles supérieures des secteurs sciences pures, sciences appliquées, à la plupart des facultés ou écoles nécessitant un DEC et, s'il possède les préalables additionnels nécessaires, aux facultés ou écoles du secteur des sciences de la santé. On peut obtenir plus de détails en consultant le *Guide pratique des études universitaires au Québec* et les guides d'admission de chacune des universités.

Préalables du secondaire
Mathématiques : TS 5e ou SN 5e ou 536
Physique : 5e ou 534
Chimie : 5e ou 534

Admissions/SRAM 2013 : demandes au 1er tour : 9 182
admis au 1er tour : 8 131
total des admis aux 3 tours : 8 905

200.C0 Sciences informatiques et mathématiques

Finalité du programme
Ce programme de sciences s'adresse à ceux qui souhaitent poursuivre des études universitaires en informatique, en génie informatique ou tout autre programme lié aux technologies de l'information.

Accès aux programmes universitaires
Tout étudiant détenteur d'un DEC en *Sciences informatiques et mathématiques* est admissible aux facultés ou écoles supérieures du secteur des technologies de l'information ainsi qu'à de nombreuses facultés de sciences pures, de sciences appliquées, à la plupart des facultés ou écoles nécessitant un DEC et, s'il possède les préalables additionnels nécessaires, aux facultés ou écoles du secteur des sciences de la santé. On peut obtenir plus de détails en consultant le *Guide pratique des études universitaires au Québec* et les guides d'admission de chacune des universités.

Préalables du secondaire
Mathématiques : TS 5e ou SN 5e ou 536
Physique : 5e ou 534
Chimie : 5e ou 534

Cégeps offrant le programme
Bois-de-Boulogne, Champlain (Lennoxville et Saint-Lambert), Jonquière, Lanaudière à Joliette, Limoilou, Lionel-Groulx, Maisonneuve, Rosemont, Saint-Jérôme, Trois-Rivières, Vanier

Admissions/SRAM 2013 :   demandes au 1er tour :   399
admis au 1er tour :   331
total des admis aux 3 tours :   352

315

200.D0 Sciences de la nature en français et en anglais

Finalité du programme

Ce programme de sciences s'adresse à ceux qui souhaitent poursuivre des études universitaires en sciences pures, en sciences appliquées ou en sciences de la santé tout en étudiant en français et en anglais. Les cours en français sont offerts au cégep de Saint-Laurent alors que les cours donnés en anglais sont offerts au Cégep Vanier. Ainsi, ce programme s'adresse aux candidats qui maîtrisent ces deux langues autant à l'écrit qu'à l'oral. Pour plus d'informations quant aux programmes universitaires visés et les préalables requis, consulter les pages du programme 200.B0 Sciences de la nature.

Cégeps offrant le programme

Saint-Laurent et Vanier

Admissions/SRAM 2013 :   demandes au 1er tour :   17
admis au 1er tour :   11
total des admis aux 3 tours :   12

300.A0 Sciences humaines

Finalité du programme

Ce programme au collégial vise à rendre l'étudiant apte à poursuivre des études universitaires dans les grands domaines des sciences humaines, du droit, des sciences de l'éducation et des sciences de l'administration, par une formation scientifique basée sur l'acquisition et l'intégration de connaissances et de méthodes de diverses disciplines des sciences humaines.

Les buts généraux du programme sont :
- distinguer les principaux faits, notions et concepts de nature disciplinaire et transdisciplinaire reliés à l'objet d'étude, le phénomène humain;
- expliquer des théories, des lois, des modèles, des écoles de pensée en rapport avec leurs auteurs et avec les réalités concernées;
- situer divers enjeux relatifs à la citoyenneté dans un contexte de mondialisation;
- démontrer les qualités d'un esprit scientifique et critique ainsi que des habiletés liées à des méthodes, tant qualitatives que quantitatives, appropriées aux sciences humaines;
- utiliser des méthodes de travail et de recherche nécessaires à la poursuite de ses études;
- utiliser les technologies de traitement de l'information appropriées;
- communiquer sa pensée de façon claire et correcte dans la langue d'enseignement;
- lire et comprendre des documents de base en sciences humaines diffusés dans la langue seconde;
- intégrer ses acquis tout au cours de sa démarche d'apprentissage dans le programme.

La manière de prendre en considération les buts généraux du programme appartient à chaque établissement d'enseignement collégial. Chaque discipline retenue par l'établissement pour la mise en oeuvre du programme peut en tenir compte en recourant au vocabulaire et à la logique qui lui sont propres. Par ailleurs, chaque cours contribue à l'atteinte d'une partie, d'un ou de plusieurs de ces buts. Ce qui importe, c'est qu'ils soient tous pris en charge, dans un ou plusieurs cours, et qu'ils deviennent des objectifs précis d'enseignement et d'apprentissage, parce qu'ils ont été reconnus comme étant essentiels à la poursuite des études en sciences humaines à l'université et que le diplôme d'études collégiales (DEC) en Sciences humaines doit en attester l'atteinte.

Préalable du secondaire

Mathématiques : CST 4e ou 514 ou mathématiques 416 et des mesures d'appoint
voir **Les conditions d'admission 2014** page 361
ou
Mathématiques : TS 5e ou SN 5e ou 526, pour les profils comportant le calcul différentiel ou le calcul intégral ou l'algèbre linéaire et la géométrie vectorielle en Sciences humaines.

Admissions/SRAM 2013 :   demandes au 1er tour :   15 037
admis au 1er tour :   12 244
total des admis aux 3 tours :   16 284

300.A0   Sciences humaines (suite)

FORMATION SPÉCIFIQUE EN SCIENCES HUMAINES

Objectifs communs à tous les étudiants du programme

- Expliquer les bases du comportement humain et des processus mentaux (psychologie)
- Reconnaître, dans une perspective historique, les caractéristiques essentielles de la civilisation occidentale (histoire)
- Expliquer les fondements économiques de la vie en société (économique)
- Appliquer des outils statistiques à l'interprétation de données reliées à des contextes d'études en sciences humaines (mathématiques et/ou diverses disciplines)
- Appliquer la démarche scientifique à une recherche empirique en sciences humaines (diverses disciplines)
- Discerner l'apport de connaissances disciplinaires à la compréhension du phénomène humain (diverses disciplines)
- Approfondir des connaissances disciplinaires sur le phénomène humain (diverses disciplines)
- Appliquer à la compréhension du phénomène humain, dans des situations concrètes, des notions disciplinaires (diverses disciplines)
- Démontrer l'intégration personnelle d'apprentissages du programme (diverses disciplines)

Objectifs et standards au choix selon les profils

- Réaliser une production contribuant à l'enrichissement de ses connaissances disciplinaires (diverses disciplines)
- Expliquer la régulation cellulaire et systémique de l'organisme humain ainsi que sa reproduction (biologie)
- Appliquer des outils statistiques avancés, fondés sur la théorie des probabilités, à la prise de décision dans des contextes d'études en sciences humaines (mathématiques)
- Appliquer des méthodes du calcul différentiel à l'étude de modèles fonctionnels du domaine des sciences humaines (mathématiques)
- Appliquer des méthodes du calcul intégral à l'étude de modèles fonctionnels du domaine des sciences humaines (mathématiques)
- Appliquer des méthodes de l'algèbre linéaire et de la géométrie vectorielle à l'étude de différents phénomènes de l'activité humaine (mathématiques)

300.A0 Sciences humaines (suite)

En sciences humaines, les cégeps établissent les profils selon deux approches. Certains distinguent les profils de SCIENCES HUMAINES selon que ceux-ci contiennent des mathématiques ou non. D'autres cégeps distinguent ces profils selon l'approche «administration», «individu», «société» ou «monde»; dans cette dernière approche, les étudiants peuvent aussi choisir, dans certains profils, des cours de mathématiques, s'ils en ont les préalables (ce choix s'exerce au moment des inscriptions). Tous les profils conduisent au DEC en SCIENCES HUMAINES et préparent à tous les programmes universitaires en sciences humaines pourvu que les préalables universitaires soient respectés.

Au moment de présenter une demande d'admission, le candidat peut donc être invité à préciser son choix :

— sciences humaines
— sciences humaines avec mathématiques
— sciences humaines, profil administration
— sciences humaines, profil individu
— sciences humaines, profil société
— sciences humaines, profil monde
— sciences humaines, profil Premières Nations (300.B0)
— et d'autres, selon les collèges

À cet effet, le candidat suivra les directives du cégep ou du Service régional d'admission.

Précisons, à titre indicatif, que généralement le profil «administration» prépare l'étudiant à traduire les aspirations humaines en stratégies d'action, à trouver des solutions administratives en tenant compte de l'environnement socioculturel, à saisir la diversité des défis de l'administration. Ce profil prépare plus particulièrement aux études universitaires en économie, en administration et en sciences comptables.

Généralement, le profil «individu» amène l'étudiant à analyser le comportement humain, à identifier les facteurs qui influencent le développement de l'individu, à saisir l'interaction des différents déterminants de la condition humaine. Ce profil intéresse plus particulièrement les étudiants qui se destinent aux études universitaires en psychologie, adaptation scolaire, sciences de l'éducation, anthropologie, orientation, psychoéducation, etc.

Généralement, le profil «société» amène l'étudiant à comprendre les forces qui orientent le devenir des sociétés, à explorer les interactions entre l'organisation sociale et les individus, à faire face à ses responsabilités sociales. Ce profil intéresse plus particulièrement les étudiants qui se destinent aux études universitaires en droit, communication, criminologie, sciences juridiques, sociologie, service social, etc.

300.A0　Sciences humaines (suite)

Généralement, le profil «monde» amène l'étudiant à comprendre et interpréter les événements historiques ou actuels, à analyser la situation politique internationale, à développer une approche pluridisciplinaire pour étudier les phénomènes mondiaux. Ce profil intéresse plus particulièrement les étudiants qui se destinent aux études universitaires en histoire, géographie, études étrangères, sciences politiques, etc.

Rappelons enfin que tous les profils conduisent au DEC en SCIENCES HUMAINES et préparent à tous les programmes universitaires en sciences humaines, pourvu que les préalables universitaires soient respectés. Ces préalables universitaires sont indiqués dans le GUIDE PRATIQUE DES ÉTUDES UNIVERSITAIRES AU QUÉBEC.

Les catégories de préalables universitaires dans certains programmes des Sciences humaines dans certaines universités

* LE DEC EN SCIENCES HUMAINES incluant des Outils statistiques pour interpréter des données reliées à des contextes d'études en Sciences humaines (Méthodes quantitatives 360-300), par exemple : Anthropologie, Communication, Criminologie, Sciences politiques, Sociologie, Travail social.

* LE DEC EN SCIENCES HUMAINES incluant des Outils statistiques avancés, par exemple : Relations industrielles à Laval.

* LE DEC EN SCIENCES HUMAINES incluant des Outils statistiques avancés et la Biologie humaine, par exemple : Orientation, Psychologie.

* LE DEC EN SCIENCES HUMAINES incluant le Calcul différentiel, le Calcul intégral, l'Algèbre linéaire et la géométrie vectorielle, par exemple : Administration, Sciences comptables, Économique, Enseignement secondaire en mathématiques.

Pour connaître les préalables de chaque université pour chaque programme, veuillez consulter le GUIDE PRATIQUE DES ÉTUDES UNIVERSITAIRES AU QUÉBEC.

300.C0 Sciences humaines en français et en anglais

Finalité du programme
Ce programme de sciences humaines s'adresse à ceux qui souhaitent poursuivre leurs études collégiales dans ce domaine en français et en anglais. Les cours sont partagés entre le Cégep de Saint-Laurent (cours en français) et le Cégep Vanier (pour les cours en anglais). Ainsi, ce programme s'adresse aux candidats qui maîtrisent ces deux langues autant à l'écrit qu'à l'oral. Pour plus d'informations quant aux programmes universitaires visés et les préalables requis, consulter les pages du programme 300.A0 Sciences humaines.

Cégeps offrant le programme
Saint-Laurent et Vanier

Admissions/SRAM 2013 :   demandes au 1er tour :   13
admis au 1er tour :   9
total des admis aux 3 tours :   9

500.A1 Arts et lettres

Ce programme à l'ordre collégial vise à donner à l'étudiant une formation équilibrée, intégrant les composantes de base d'une formation littéraire et artistique, et le rendant apte à poursuivre des études universitaires dans les grands domaines des Arts et des Lettres, à l'exception de la Danse et de la Musique (et des Arts visuels, dans certains cas).

Buts généraux du programme

Au terme de sa formation, l'étudiant devra :
- se situer dans le monde contemporain de la culture et dans l'histoire de la culture;
- utiliser différents types de langages et moyens d'expression;
- être habile à communiquer dans sa langue d'enseignement;
- être habile à communiquer dans une langue autre que la langue d'enseignement;
- utiliser les technologies appropriées de traitement de l'information;
- démontrer une capacité de réflexion, d'analyse et de critique dans le domaine des arts ou dans le domaine des lettres;
- avoir expérimenté le processus de création dans le domaine des arts ou dans le domaine des lettres;
- posséder une capacité d'intégration de même qu'une aptitude à transférer les divers apprentissages et à établir des liens entre eux.

«Champs d'études» ou profils

Les champs d'études spécifiques au programme sont :
- Cinéma et/ou communication
- Arts visuels
- Lettres
- Langues autres que la langue d'enseignement
- Arts d'interprétation
- Certains cégeps pourront aussi offrir un profil universel ou mixte.

Le DEC sera émis en ARTS et LETTRES, avec la mention LANGUES, pour le profil «Langues autres que la langue d'enseignement».

Préalable du secondaire

Aucun cours spécifique

Veuillez consulter les sites Web ou les annuaires des cégeps et les guides d'admission, pour connaître les champs d'études ou profils offerts dans chaque établissement.

Admissions/SRAM 2013 : demandes au 1er tour : 3 472
admis au 1er tour : 2 920
total des admis aux 3 tours : 3 816

500.A1 Arts, lettres et communication

Le programme Arts et Lettres se fait peau neuve. Certains cégeps offriront le programme sous son nouveau nom, Arts, lettres et communication, dès la rentrée à l'automne 2014, alors que d'autres cégeps intégreront les modifications lors de la rentrée de 2015. Dès l'automne 2015, le programme Arts, lettres et communication remplacera le programme Arts et lettres dans tous les cégeps qui offrent ce programme.

Nouveautés

Le programme Arts, lettres et communication a pour objectif de donner à l'élève une formation équilibrée qui comprend une formation culturelle de base et une formation générale. Il vise aussi à mieux arrimer les études collégiales avec les programmes offerts au niveau universitaire. Le programme permet donc toujours de préparer l'étudiant aux études universitaires en langues et en arts, mais aussi en médias et les champs connexes (journalisme, relations publiques, communications, etc.).

Options

Les options spécifiques au programme sont :
– Multidisciplinaire
– Arts
– Cinéma
– Littérature
– Médias
– Théâtre
– Langues

Préalable du secondaire

Aucun cours spécifique

Veuillez consulter les sites Web ou les annuaires des cégeps et les guides d'admission afin connaître les options offertes dans chaque établissement.

Admissions/SRAM 2013 : demandes au 1er tour : n.d.
admis au 1er tour : n.d.
total des admis aux 3 tours : n.d.

501.A0 Musique

Ce programme d'études préuniversitaires vise à donner à l'étudiant une formation équilibrée qui intègre les composantes de la formation générale et celles d'une formation spécifique en musique, lui permettant ainsi de poursuivre des études universitaires dans ce domaine.

Buts généraux du programme
Les buts généraux du programme sont les suivants :
- Intégrer les connaissances et les habiletés acquises dans l'ensemble de sa formation collégiale;
- intégrer les éléments fondamentaux du langage musical;
- interpréter des oeuvres musicales en faisant preuve d'un sens artistique;
- explorer divers aspects du monde de la musique;
- développer les qualités nécessaires à l'épanouissement artistique;
- adopter des attitudes favorisant l'interaction dans des activités musicales;
- travailler de manière autonome et efficace.

La manière de prendre en considération les buts généraux du programme appartient à chaque établissement d'enseignement collégial. Chaque discipline retenue par l'établissement pour la mise en oeuvre du programme peut en tenir compte en se référant au vocabulaire et à la logique qui lui sont propres. Par ailleurs, chaque cours peut contribuer à l'atteinte d'une partie, d'un ou de plusieurs de ces buts. Ce qui importe, c'est qu'ils soient tous pris en charge, dans un ou plusieurs cours et qu'ils deviennent des objets précis d'enseignement et d'apprentissage, parce qu'ils ont été reconnus comme essentiels à la poursuite d'études universitaires en musique et que le diplôme d'études collégiales (DEC) doit en attester l'atteinte.

Ce programme de *Musique* d'une durée de quatre sessions peut donner accès au programme collégial 551.A0 *Techniques professionnelles de musique et de chanson*. D'autant plus que certains cégeps donnent une formation en instruments populaires dans le cadre du programme 501.A0 (batterie, guitare basse électrique ou jazz, claviers, chant populaire, etc.). Il faut se renseigner auprès des cégeps.

Préalable du secondaire
Aucun cours spécifique

Auditions requises dans certains cégeps

Cégeps offrant le programme
Voir la page 340

Admissions/SRAM 2013 : demandes au 1er tour : 334
admis au 1er tour : 209
total des admis aux 3 tours : 255

506.A0 Danse

Ce programme d'études préuniversitaires est basé sur une approche humaniste. Centré sur le développement de la personne, il offre à l'étudiant une formation corporelle fonctionnelle, actualisée et polyvalente ainsi qu'une formation théorique favorisant l'acquisition de l'habileté intellectuelle nécessaire à l'étude du mouvement et de la danse comme formes d'art.

La danse contemporaine privilégiée dans le programme d'études préuniversitaires est issue de la recherche de nouvelles avenues dans l'exploitation de l'art du mouvement, elle vise à la fois l'expression et la représentation. Elle est le fruit d'un processus de création en constante évolution et son enseignement tient compte du fait que les danseurs doivent atteindre le niveau intermédiaire, exigé pour être admis à l'université.

Le danseur de niveau intermédiaire est une personne qui possède les habiletés nécessaires à l'apprentissage et à l'exécution, avec justesse, aisance et efficacité, de mouvements techniques et d'enchaînements dansés présentant une difficulté moyenne d'exécution et des exigences physiques modérées. L'atteinte du niveau intermédiaire implique, d'une part, la maîtrise des habiletés corporelles et le développement d'une sensibilité artistique et, d'autre part, le développement du sens critique et l'acquisition d'une connaissance de base de l'histoire de la danse.

Les buts généraux du programme sont les suivants :
- établir une pratique physique saine;
- maîtriser des habiletés techniques de niveau intermédiaire en danse contemporaine;
- faire preuve d'une capacité d'assimilation et de transfert des connaissances et des habiletés motrices au cours d'activités d'interprétation et de création;
- faire preuve d'un esprit d'analyse et de synthèse;
- situer sa démarche artistique dans l'ensemble des grands courants chorégraphiques contemporains;
- adopter une attitude et un comportement favorisant son épanouissement artistique et personnel;
- utiliser les technologies appropriées de traitement de l'information.

Préalable du secondaire
Aucun cours spécifique

Cégeps offrant le programme
Drummondville, Montmorency, Saint-Laurent, Sherbrooke
Voir aussi le programme 561.B0 *Danse-Interprétation*, p. 234

Admissions/SRAM 2013 :	demandes au 1er tour :	133
	admis au 1er tour :	104
	total des admis aux 3 tours :	136

510.A0   Arts visuels

Ce programme d'études préuniversitaires vise à donner à l'étudiant une formation équilibrée, qui comprend une formation générale et une formation spécifique en arts plastiques, lui permettant de poursuivre des études universitaires dans les domaines des arts et des sciences de l'éducation.

Buts généraux du programme
Les buts du programme sont les suivants :
- se situer à l'égard de la société actuelle et de la culture;
- développer une démarche artistique;
- situer, dans la société, son rôle d'artiste en devenir;
- utiliser des méthodes de recherche et les technologies de l'information;
- s'exprimer en utilisant, dans ses propres créations, les éléments du langage visuel;
- mettre en valeur, à travers diverses pratiques, son potentiel artistique;
- présenter et mettre en valeur ses propres créations artistiques;
- démontrer des attitudes favorisant son développement personnel, social et artistique.

La manière de prendre en considération les buts généraux du programme appartient à chaque établissement d'enseignement. Chaque cours peut contribuer à l'atteinte d'une partie, d'un ou de plusieurs de ces buts. Ce qui importe, c'est qu'ils soient tous pris en charge, dans un ou plusieurs cours et qu'ils deviennent des objets précis d'enseignement et d'apprentissage, parce qu'ils ont été reconnus essentiels à la poursuite des études en Arts à l'université et que le diplôme d'études collégiales (DEC) en Arts visuels doit en attester l'atteinte.

Les habiletés artistiques développées dans le programme Arts visuels sont : le dessin, la peinture, la sculpture, la photographie et l'imagerie numérique.

Au terme de ses études, le diplômé saura analyser, interpréter et apprécier des œuvres d'art. Il aura amorcé sa réflexion en vue de jeter les bases de sa démarche artistique personnelle. Il pourra réaliser des productions artistiques, les présenter et les diffuser.

Le candidat qui veut s'engager dans l'étude et la recherche en arts visuels doit faire preuve d'une grande curiosité intellectuelle, de créativité, d'ouverture d'esprit, d'un sens critique et de dextérité manuelle.

Préalable du secondaire
Aucun cours spécifique

Cégeps offrant le programme
Voir la page 340

Admissions/SRAM 2013 :

demandes au 1er tour :		762
admis au 1er tour :		644
total des admis aux 3 tours :		947

700.A0 Sciences, lettres et arts

Présentation du programme

Ce programme d'études préuniversitaires s'adresse à ceux qui veulent explorer un éventail élargi de champs du savoir - en sciences de la nature, en mathématiques, en sciences humaines, en lettres et en arts - et acquérir les connaissances et les habiletés fondamentales qu'ils transmettent. Il combine les approches humaniste et scientifique et s'inscrit ainsi dans la culture contemporaine et dans un contexte où la mise en oeuvre de stratégies d'apprentissage facilite l'établissement de liens entre ces champs. Il met également l'accent sur la capacité de tout un chacun à maîtriser sa propre démarche d'apprentissage et à développer son autonomie de même que sa capacité d'analyse formelle dans différentes situations. La polyvalence de la formation qui caractérise le programme favorise l'acquisition d'une culture générale étendue et approfondie, ce qui donne accès à presque tous les programmes d'études universitaires (sauf en Arts plastiques, en Musique et en Danse dans certaines universités).

Un autre aspect de l'originalité de ce programme est le rapport qu'il parvient à établir entre les disciplines pour atteindre les objectifs fixés et développer les compétences visées. Il se particularise aussi par l'enrichissement des objectifs et des standards tant en langue d'enseignement et littérature qu'en philosophie. Enfin, ce programme est destiné à ceux qui manifestent un intérêt marqué pour le travail intellectuel et qui ont le potentiel de très bien réussir des études collégiales.

Buts généraux du programme

Voici les six buts généraux de ce programme :

- Situer et relier les caractéristiques des disciplines étudiées.
- Intégrer des concepts et des méthodes de travail nécessaires à l'étude des objets des différents champs du savoir.
- Utiliser des méthodes de travail intellectuel et des techniques d'études.
- Utiliser les technologies de l'information et de la communication (TIC).
- Communiquer d'une manière claire et correcte.
- Prendre en charge son développement personnel et social.

Préalables du secondaire

Mathématiques : TS 5e ou SN 5e ou 536
Physique : 5e ou 534
Chimie : 5e ou 534

Cégeps offrant le programme

André-Grasset, Bois-de-Boulogne, Jean-de-Brébeuf, John Abbott, Jonquière, Lionel-Groulx, Maisonneuve, Marianopolis, Outaouais, Rimouski, Saint-Félicien, Sainte-Foy, Sherbrooke, Trois-Rivières

---

Admissions/SRAM 2013 : demandes au 1er tour :   265
admis au 1er tour :   247
total des admis aux 3 tours :   253

327

700.B0 Histoire et civilisation

Les intentions de ce programme sont de permettre à l'étudiant, par le biais d'un programme d'études cohérent, intégré et rigoureux, de découvrir l'héritage intellectuel de la civilisation moderne et d'acquérir des bases solides en matière de savoir et de compétences, en vue d'études universitaires. Pour atteindre ces objectifs, ce programme d'études est soigneusement construit autour de la perspective historique de l'évolution de la pensée et de la compréhension humaines. L'intégration du programme est renforcée par une sélection de thèmes qui ont été revus et de questions qui ont été re-posées par différents penseurs à différentes époques de l'histoire humaine. Les tentatives de l'humanité pour comprendre Dieu, l'homme, l'histoire et les institutions, la nature et l'univers à travers l'étude disciplinaire et par le biais de méthodologies diverses constituent le point de convergence du programme.

La méthode de base qui permet aux étudiants d'atteindre les objectifs du programme réside avant tout dans la lecture et l'analyse critiques d'une vaste gamme de penseurs, de savants, d'artistes et d'auteurs importants dans plusieurs disciplines et dont les travaux constituent une importante contribution au développement de la compréhension humaine et de la civilisation.

Le projet intégré assurera que l'étudiant établit des liens entre les perspectives et les méthodologies de plusieurs disciplines lorsqu'il traite d'une question ou d'un problème et qu'il en arrive à une synthèse centrée sur l'unité du savoir et de la condition humaine. De plus, il est prévu qu'à chaque année, un cours agirait comme stimulant auprès des étudiants pour leur faire prendre conscience des thèmes qui sont communs à plusieurs cours.

Les étudiants de ce programme pourront satisfaire à toutes les exigences d'admission à l'université dans les sciences humaines, les «Humanities», les communications, l'administration et les arts. Ce programme n'est pas conçu pour mener aux programmes universitaires du domaine de la santé ou des sciences pures et appliquées.

Préalable du secondaire
Mathématiques : CST 4e ou 514 ou mathématiques 416 et des mesures d'appoint
ou
Mathématiques : TS 5e ou SN 5e ou 526, pour les profils comportant le calcul différentiel ou le calcul intégral ou l'algèbre linéaire et la géométrie vectorielle en Sciences humaines.

Cégeps offrant le programme
Bois-de-Boulogne, Champlain (Lennoxville, Saint-Lambert), Chicoutimi, Dawson, Heritage, John Abbott, Laflèche, Lévis-Lauzon, Lionel-Groulx, Marianopolis, Marie-Victorin, Rosemont, Sainte-Foy, Sherbrooke, Trois-Rivières, Vanier, Vieux Montréal

---

Admissions/SRAM 2013 :

demandes au 1er tour :	463
admis au 1er tour :	375
total des admis aux 3 tours :	464

Double DEC

Plusieurs cégeps offrent la possibilité d'obtenir concurremment deux diplômes d'études collégiales, en trois ans, par un double cheminement au secteur préuniversitaire. Les candidats à ces doubles DEC doivent répondre aux conditions d'admission de chacun des deux programmes. Voici la liste des doubles cheminements et des cégeps qui les offrent :

200.11 Sciences de la nature et Musique
Alma, Campus Notre-Dame-de-Foy, Drummondville, Jean-de-Brébeuf conjointement avec l'École de Musique Vincent-d'Indy, Laflèche conjointement avec le Conservatoire de musique de Trois-Rivières, Lanaudière à Joliette, Lionel-Groulx, Marianopolis, Marie-Victorin, Sainte-Foy, Saint-Laurent, Sherbrooke, Trois-Rivières, Vanier

200.12 Sciences de la nature et Sciences humaines
Abitibi-Témiscamingue, Chicoutimi, Collège international des Marcellines, Drummondville, Gaspésie et des Îles, John Abbott, Lanaudière à Joliette, Limoilou, Maisonneuve, Marie-Victorin, Montmorency, Victoriaville, Vieux-Montréal

200.13 Sciences de la nature et Arts Visuels
Chicoutimi, Beauce-Appalaches, Drummondville, Marie-Victorin, Montmorency, Saint-Laurent, Valleyfield

200.15 Sciences de la nature et Danse
Drummondville, Montmorency, Saint-Laurent, Sherbrooke

200.16 Sciences de la nature et Arts et lettres/ Arts, lettres et communication
Alma, Collège international des Marcellines (trilingue), Drummondville, Gaspésie et des Îles, Lévis-Lauzon (Langues), Saint-Laurent, Victoriaville

300.11 Sciences humaines et Musique
Alma, Campus Notre-Dame-de-Foy, Drummondville, Jean-de-Brébeuf conjointement avec l'École de Musique Vincent-d'Indy, Laflèche conjointement avec le Conservatoire de musique de Trois-Rivières, Lanaudière à Joliette, Lionel-Groulx, Marianopolis, Marie-Victorin, Sainte-Foy, Saint-Laurent, Sherbrooke, Trois-Rivières, Vanier

300.13 Sciences humaines et Arts Visuels
Abitibi-Témiscamingue, Chicoutimi, Drummondville, Marie-Victorin, Montmorency, Saint-Laurent, Trois-Rivières

300.15 Sciences humaines et Danse
Drummondville, Montmorency, Saint-Laurent, Sherbrooke

300.16 Sciences humaines et Arts et lettres / Arts, lettres et communication
Abitibi-Témiscamingue, Centre d'études collégiales des Îles, Collège international des Marcellines (trilingue), Collège LaSalle, Drummondville, Édouard-Montpetit, Lévis-Lauzon (profil Langues), Limoilou (profil Langues et enjeux internationaux), Lionel-Groulx (profil Gestion des organisations et Langues), Saint-Laurent, Sorel-Tracy, Victoriaville

500.11 Arts et lettres / Arts, lettres et communication et Musique
Alma, Drummondville, Jean-de-Brébeuf conjointement avec l'École de Musique Vincent-d'Indy, Lanaudière à Joliette, Lionel-Groulx, Marianopolis, Marie-Victorin, Saint-Laurent, Sherbrooke, Vanier

500.13 Arts et lettres / Arts, lettres et communication et Arts visuels
Chicoutimi, Drummondville

500.15 Arts et lettres / Arts, lettres et communication et Danse
Drummondville, Sherbrooke

501.13 Musique et Arts visuels
Alma, Drummondville.

501.15 Musique et Danse
Drummondville

506.13 Danse et Arts visuels
Drummondville

700.16 Histoire et civilisation et Arts et lettres (profil langues)
Vieux Montréal

Baccalauréat international
– 200.10 Sciences de la nature
– 300.10 Sciences humaines
– 500.10 Arts et lettres

Ces programmes de deux ans, en plus de mener à l'obtention du diplôme d'études collégiales (DEC), préparent les candidats aux examens du baccalauréat international (BI). Ils offrent une formation enrichie dans un champ de spécialisation tout en offrant la possibilité d'explorer les autres domaines du savoir. Tous ces programmes comportent au moins deux langues, des mathématiques, une science, une science humaine et la théorie de la connaissance. Les autres matières sont choisies par chaque collège en fonction des programmes offerts. Consultez les annuaires des collèges pour connaître les particularités de leurs programmes.

L'Université de Montréal, l'Université de Sherbrooke ainsi que l'Université Laval utilisent la cote CRC BI aux fins d'admission à l'ensemble de leurs programmes. Les autres universités majorent la cote de rendement au collégial (cote R) des étudiants de ces programmes. On retrouvera des informations complémentaires concernant les préalables BI pour les programmes universitaires et la cote CRC BI sur le site Web de la Société des établissements du Baccalauréat international du Québec, à l'adresse http://www.sebiq.ca

Ces programmes conjoints DEC-BI assurent aux candidats les avantages suivants :
- l'obtention de deux diplômes :
  - le baccalauréat international, dont la valeur et le prestige sont reconnus par la plupart des grandes universités à travers le monde;
  - le diplôme d'études collégiales, répondant, pour le programme choisi, aux exigences des structures d'accueil des universités du Québec;
- la possibilité de poursuivre leurs études universitaires à l'étranger;
- l'acquisition d'une solide connaissance du français et de l'anglais;
- la possibilité d'approfondir leurs connaissances dans un domaine tout en explorant d'autres champs de connaissances;
- l'occasion de faire, par la préparation aux examens du BI, la synthèse des connaissances et de la formation acquises au cours des deux années d'études;
- l'occasion de se mesurer, par les examens du BI, à des étudiants de différentes institutions et nations;
- l'occasion d'effectuer une recherche personnelle et de rédiger un mémoire;
- l'ouverture à la communauté à travers 150 heures d'activités bénévoles.

L'étudiant qui satisfait aux exigences de son programme et obtient son BI reçoit un DEC portant la mention *Cheminement baccalauréat international*. Celui qui, pour quelque raison que ce soit, n'obtiendrait pas son BI au terme du programme de deux ans, obtiendra, à certaines conditions, un DEC dans un programme régulier correspondant.

Des frais administratifs et des droits d'inscription aux examens du BI sont à prévoir.

Préalables du secondaire

BI Sciences de la nature :
Mathématiques : TS 5e ou SN 5e ou 536
Physique : 5e ou 534
Chimie : 5e ou 534

BI Sciences humaines :
Mathématiques : TS 5e ou SN 5e ou 526

Aucun cégep n'exige le programme d'éducation internationale au secondaire (PEI) comme préalable.

Cégeps offrant le programme
Baccalauréat international :Sciences de la nature :
André-Laurendeau, Champlain (Saint-Lambert), Garneau, Jean-de-Brébeuf

Baccalauréat international/Sciences humaines :
Garneau, Jean-de-Brébeuf

Baccalauréat international/Arts et lettres :
Garneau

Cheminement particulier :
081.06 Tremplin DEC

Plusieurs cégeps offrent la possibilité aux candidats de se préparer à entreprendre le programme d'études collégiales de leur choix en effectuant une session de cheminement particulier. Ce cheminement est accessible aux candidats qui satisfont aux conditions générales d'admission aux études collégiales. Il importe cependant de vérifier quels sont les services offerts par le collège choisi dans le cadre du Tremplin DEC.

Tremplin DEC rassemble les anciens cheminements *Accueil et intégration* et *Session de transition* sous un même nom. Le Tremplin DEC s'adresse aux candidats qui fréquentent un cégep pour la première fois ou qui ont interrompu leurs études collégiales pendant au moins une session et qui souhaitent, selon leur situation :

- Compléter les préalables spécifiques du secondaire exigés par le programme de leur choix
- Préciser leur choix de programme, car ils sont indécis quant à leur choix d'orientation
- Effectuer un retour aux études à la suite d'une interruption après les études secondaires
- Améliorer leur dossier scolaire avant de faire une demande d'admission dans le programme de leur choix.
- Poursuivre des études collégiales pendant la session d'hiver dans l'attente d'être admis au programme de leur choix à la session d'automne

Les étudiants du Tremplin DEC profitent d'un accès privilégié aux personnes ressources en orientation et en information et cheminement scolaire du cégep qu'ils fréquentent.

Alliance Sport-Études

La mission d'Alliance Sport-Études :
La mission de l'Alliance Sport-Études est d'offrir des services adaptés d'encadrement pédagogique à des athlètes québécois de haut niveau qui poursuivent des études aux niveaux collégial et universitaire. En s'inscrivant à l'Alliance Sport-Études, l'étudiant-athlète peut concilier les exigences de l'entraînement, des compétitions et des études. L'Alliance Sport-Études regroupe 29 cégeps, le Cégep@distance et 7 universités.

Les étudiants-athlètes inscrits au programme de l'Alliance Sport-Études bénéficient d'un statut d'étudiant-athlète reconnu dans leur établissement scolaire qui leur permet de recevoir des services de soutien pédagogique adaptés à leurs besoins. Alliance Sport-Études est un programme reconnu par le ministère de l'Éducation, du Loisir et du Sport qui travaille en étroite collaboration avec les établissements collégiaux et universitaires membres, les fédérations sportives du Québec, la Ligue de hockey junior majeur du Québec, la Ligue de hockey junior AAA du Québec et la Ligue de hockey midget AAA du Québec.

Pour être admissible à l'Alliance Sport-Études, il faut :
Être joueur dans une équipe de la Ligue de hockey junior majeur du Québec, Junior AAA (17-18 ans) ou Midget AAA
ou
Être athlète identifié excellence, élite, relève ou espoir par la Direction du sport et de l'activité physique du ministère de l'Éducation, du Loisir et du Sport.

La liste des athlètes identifiés est établie par chacune des fédérations sportives du Québec. Les critères d'identification sont inclus dans le plan de développement de l'excellence sportive de chaque sport et validés par le ministère de l'Éducation, du Loisir et du Sport.

Les services :
Le statut d'étudiant-athlète de l'Alliance Sport-Études donne accès aux services suivants :

- Un contact privilégié avec le répondant Sport-Études de l'établissement fréquenté
- La possibilité d'aménager l'horaire scolaire en fonction des besoins sportifs de l'athlète, selon son cheminement scolaire
- L'Opportunité d'étaler le nombre de sessions d'études
- La possibilité de suivre des cours avec le Cégep@distance ou avec la Téluq et de bénéficier d'un suivi individualisé
- L'admissibilité au programme de bourses et de soutien financier de la Fondation Sport-Études
- La possibilité de s'inscrire pour obtenir la reconnaissance des acquis pour les cours d'éducations physiques (Ensembles 1, 2 et 3)
- Pour les étudiants au collégial, l'accès au cours à distance «Éthique et dopage», en remplacement du troisième cours obligatoire de philosophie
- Les services du conseiller à la réussite scolaire de l'Alliance Sport-Études

Pour s'inscrire à l'Alliance Sport-Études, il faut :

1. Compléter une demande d'admission à un cégep ou une université membre* de l'Alliance Sport-Études en respectant les dates limites des processus d'admission.

2. Présenter une demande d'admission à l'Alliance Sport-Études en remplissant le formulaire en ligne avant le 1er novembre pour la session d'hiver et avant le 1er mars pour la session d'automne. Le formulaire est disponible dans la section Admission du site www.alliancesportetudes.ca

* Pour consulter la liste des cégeps et des universités membres de l'Alliance Sport-Études, consultez le www.alliancesportetudes.ca

Pour plus de renseignements,
visitez notre site Internet : www.alliancesportetudes.ca
Téléphone : 514.271.7403
Courriel : information@alliancesportetudes.ca

Cégep@distance

Cégep@distance est né en 1991, sous le nom de Centre collégial de formation à distance (CCFD), d'une volonté du ministère de l'Éducation de développer et de promouvoir la formation à distance au niveau provincial.

Les programmes menant au Diplôme d'études collégiales (DEC) offerts par le Cégep@distance, à temps plein ou à temps partiel, sont les suivants :

300.A0 Sciences humaines
410.B0 Techniques de comptabilité et de gestion
410.12 Techniques administratives
414.A0 Techniques de tourisme

Les inscriptions se font en tout temps de l'année. L'étudiant dispose d'une période de 6 mois pour accomplir les devoirs imposés et, s'il désire obtenir les unités rattachées au cours, il doit se soumettre à un examen final qu'il passera dans un collège de sa région.

Cégep@distance offre aussi des Attestations d'études collégiales (AEC) et plusieurs autres services. Veuillez consulter le *Guide pratique des adultes au cégep* sur le site du SRAM : www.sram.qc.ca ou communiquer avec Cégep@distance.

> Cégep@distance
> 6300, 16e avenue
> Montréal (Québec) H1X 2S9
> Téléphone : 514.864.6464 ou en région 1.800.665.6400
> Télécopieur : 514.864.6400
> www.cegepadistance.ca

Le programme 180.A0 Soins infirmiers est offert par les cégeps suivants :

Abitibi-Témiscamingue
Alma
André-Laurendeau
Baie-Comeau
Beauce-Appalaches
Bois-de-Boulogne
Campus Notre-Dame-de-Foy
Centre d'études collégiales en
  Charlevoix
Centre d'études collégiales
  des Îles
Champlain (Lennoxville)
Champlain (Saint-Lambert)
Chicoutimi
Dawson
Drummondville
Édouard-Montpetit
Garneau
Gaspésie et des Îles à Gaspé
Granby-Haute-Yamaska
Heritage
John Abbott
Jonquière
Lanaudière à Joliette
La Pocatière

Lévis-Lauzon
Limoilou
Maisonneuve
Matane
Montmorency
Outaouais
Rimouski
Rivière-du-Loup
Sainte-Foy
Saint-Félicien
Saint-Hyacinthe
Saint-Jean-sur-Richelieu
Saint-Jérôme
Saint-Laurent
Sept-Îles
Shawinigan
Sherbrooke
Sorel-Tracy
Thetford
Trois-Rivières
Valleyfield
Vanier
Victoriaville
Vieux Montréal

Le programme 243.B0 Technologie de l'électronique est offert par les cégeps suivants :

Ahuntsic
Chicoutimi
Dawson
Drummondville*
Édouard-Montpetit*
Heritage*
Institut Teccart
Jonquière*
Lanaudière à Joliette*
Limoilou*

Lionel-Groulx*
Maisonneuve
Montmorency *
Outaouais
Rimouski*
Saint-Jean-sur-Richelieu
Saint-Laurent *
Sherbrooke*
Trois-Rivières
Vieux Montréal

*Voir alternance travail-études, p. 293

Le programme 322.A0 Techniques d'éducation à l'enfance est offert par les cégeps suivants :

Abitibi-Témiscamingue
Beauce-Appalaches
Campus Notre-Dame-de-Foy
Collège LaSalle
Drummondville
Édouard-Montpetit
Ellis campus de Drummondville
  (installations de Montréal)
Ellis campus de Drummondville
(installations de Saint-Agathe)
Gaspésie et des Îles à Gaspé
Granby-Haute-Yamaska
Heritage*
Jonquière
Laflèche

Lanaudière à L'Assomption
Marie-Victorin
Montmorency*
Outaouais
Rivière-du-Loup
Sainte-Foy
Saint-Hyacinthe*
Saint-Jérôme
Sept-Îles
Shawinigan
Sherbrooke
Sorel-Tracy
Valleyfield*
Vanier
Vieux Montréal

Au Collège Mérici, ce programme est offert en formule Double-DEC en 4 années avec le programme Techniques d'éducation spécialisée (351.A01).

* Voir alternance travail-études, p. 293

Le programme 410.B0 Techniques de comptabilité et de gestion est offert par les cégeps suivants :

Abitibi-Témiscamingue
Ahuntsic
Alma*
André-Laurendeau*
Baie-Comeau*
Bart
Beauce-Appalaches*
Campus Notre-Dame-de-
   Foy
Centre d'études
   collégiales Baie-des-
   Chaleurs
Centre d'études
   collégiales des Îles
Centre matapédien
   d'études collégiales
Champlain (Lennoxville)*
Champlain (St-Lawrence)
Chicoutimi
Collège LaSalle
Dawson*

Drummondville*
Édouard-Montpetit
Garneau*
Gaspésie
   et des Îles à Gaspé
Gérald-Godin*
Granby-Haute-Yamaska*
Heritage*
Lanaudière à
   L'Assomption*
Lanaudière à Joliette
Lanaudière à
   Terrebonne
La Pocatière
Lévis-Lauzon*
Limoilou*
Lionel-Groulx*
Maisonneuve
Matane
Montmorency*
O'Sullivan de Québec*

Outaouais
Rimouski*
Rivière-du-Loup
Rosemont*
Sainte-Foy*
Saint-Félicien*
Saint-Hyacinthe*
Saint-Jean-sur-
   Richelieu*
Saint-Jérôme*
Saint-Jérôme
   à Mont-Laurier*
Sept-Îles
Shawinigan
Sherbrooke*
Sorel-Tracy*
Thetford*
Trois-Rivières
Valleyfield*
Vanier
Victoriaville
Vieux Montréal

Le programme 410.D0 Gestion de commerces est offert par les cégeps suivants :

Ahuntsic
André-Laurendeau*
Bart
Campus Notre-Dame-de-
   Foy
Centre d'études
   collégiales en
   Charlevoix
Champlain (Saint-Lambert)
Collège LaSalle
Dawson
Drummondville
Édouard-Montpetit
Ellis campus
Dawson*

Drummondville*
Ellis campus
Trois-Rivières*Garneau*
Granby-Haute-Yamaska*
John Abbott
Jonquière
Lanaudière à Joliette
Limoilou
Lionel-Groulx*
Maisonneuve
Montmorency*
O'Sullivan de Montréal
Outaouais
Rimouski*
Rosemont*

Sainte-Foy*
Saint-Hyacinthe*
Saint-Jean-sur-
   Richelieu*
Saint-Jérôme
   à Mont-Laurier
Saint-Jérôme
   à Mont-Tremblant*
Sherbrooke*
Thetford*
Trois-Rivières
Valleyfield*
Vanier
Vieux Montréal

* Voir alternance travail-études, p. 293

Le programme 501.A0 Musique est offert par les cégeps suivants :

Alma
Campus Notre-Dame-de-Foy
Conservatoire de musique
  de Saguenay
Conservatoire de musique
  de Gatineau
Conservatoire de musique
  de Montréal
Conservatoire de musique de Québec
Conservatoire de musique
  de Rimouski
Conservatoire de musique
  de Trois-Rivières
Conservatoire de musique
  de Val-d'Or

Drummondville
École de musique
  Vincent-d'Indy
Lanaudière à Joliette
Lionel-Groulx
Marie-Victorin
Marianopolis
Rimouski
Sainte-Foy
Saint-Laurent
Sherbrooke
Trois-Rivières
Vanier

Le programme 510.A0 Arts visuels est offert par les cégeps suivants :

Abitibi-Témiscamingue
Alma
Beauce-Appalaches
Campus Notre-Dame-de-Foy
Champlain (Lennoxville)
Chicoutimi
Dawson
Drummondville
Édouard-Montpetit
Heritage
Jean-de-Brébeuf
John Abbott
Jonquière
Lanaudière à Joliette
Lionel-Groulx
Lévis-Lauzon
Limoilou

Marie-Victorin
Montmorency
Outaouais
Rimouski
Rivière-du-Loup
Sainte-Foy
Saint-Hyacinthe
Saint-Jean-sur-Richelieu
Saint-Jérôme
Saint-Laurent
Sept-Îles
Sherbrooke
The Centennial Academy
Trois-Rivières
Valleyfield
Vieux Montréal

Légende des préalables du secondaire pour l'admission à l'automne 2014

0   Aucun cours spécifique

1   Réussir les Mathématiques
          Culture, société et technique de la 4e secondaire
          063404 ou 063414

2   Réussir les Science et technologie
          ou les Applications technologiques et scientifiques
          055404 ou 055444 ou 057406 ou 057416

8   Réussir les Mathématiques 416
          068-416 ou 068-514 ou 068-426 ou 068-436 ou 068-526
          ou 068-536

9   Réussir les Mathématiques 514
          068-514 ou 068-426 ou 068-436 ou 068-526 ou 068-536

10   Réussir les Mathématiques 426
          068-426 ou 068-436 ou 068-526 ou 068-536

11   Réussir les Mathématiques 436
          068-436 ou 068-526 ou 068-536

12   Réussir les Mathématiques 526
          068-526 ou 068-536

13   Réussir les Mathématiques 536
          068-536 ou 064-534 ou 064-536 ou 066-528 ou 066-538

20   Réussir les Sciences physiques 436
          056-486 **et** 056-430
          ou 056-416 **et** 056-430

21   Réussir les Science et technologie
          ou les Applications technologiques et scientifiques
          ET les Sciences et technologie de l'environnement
          ou les Sciences et environnement
          055404 ou 055444 ou 057406 ou 057416
          et 058404 ou 058402

30   Réussir la Chimie 534
          051-584 ou 051-534 ou 051-564

31   Réussir la Chimie de la 5e secondaire
          051504

40   Réussir la Physique 534
          053-584 ou 053-534 ou 054-424 ou 054-434
          ou 054-454 ou 054-534

41   Réussir la Physique de la 5e secondaire
          053504

60   Réussir les mathématiques
          Culture, société et technique de la 5e secondaire
          063504

61   Réussir les mathématiques
          Technico-sciences de la 4e secondaire

ou **Sciences naturelles de la 4ᵉ secondaire**
064406 ou 064426 ou 065406 ou 065426

63   **Réussir les mathématiques**
Technico-sciences de la 5ᵉ secondaire
ou **Sciences naturelles de la 5ᵉ secondaire**
064506 ou 065506

Les candidats qui ont obtenu leur DES ou DEP le ou avant le 31 mai 1997 peuvent se voir imposer des cours préalables supplémentaires pour l'admission dans certains programmes.

N.B. Les codes du secteur anglophone s'obtiennent en ajoutant 5 à la première position des codes du secteur francophone (ex. : 068-536 devient 568-536; 165-534 devient 665-534).

Les préalables de programme :
correspondances entre les codes de cours du secteur des jeunes et du secteur des adultes

CODES DE COURS SECTEUR DES JEUNES	CODES DE COURS SECTEUR DES ADULTES (Codes actifs)
1 CST 4e : Mathématiques Culture, société et technique de la 4e secondaire (063404 ou 063414)	MAT41511 OU 41612 OU 41712 ET MAT41521 OU 41622 OU 41722 ET MAT41532 OU 41632 OU 41732
2 ST ou ATS 4e : Science et technologie (055404 ou 05444) ou Applications technologiques et scientifiques (057406 ou 057416)	ST 4e : SCT40612 ET SCT40622 ATS 4e : SCT40612 ET SCT40622 ET SCT40632
8 Mathématiques 416	MAT 41012, 41021, 41031, 41042
9 Mathématiques 514	MAT 51011, 51021, 51031, 51041
10 Mathématiques 426	MAT 41012, 41021, 41031, 41042, 41051, 41061, 41071, 41081, 41091
11 Mathématiques 436	MAT 41012, 41021, 41031, 41042, 41051, 41061, 41071, 41081, 41091, 41101, 41112
12 Mathématiques 526	MAT 51011, 51021, 51051, 51061, 51072, 51082, 51091
13 Mathématiques 536	MAT 51011, 51021, 51051, 51061, 51072, 51082, 51091, 51101, 51112

Les préalables de programme (suite)

CODES DE COURS SECTEUR DES JEUNES	CODES DE COURS SECTEUR DES ADULTES (Codes actifs)
20 Sciences physiques 436	SCP 40102, 40112, 40122
21 STE ou SE 4e : Science et technologie (055404 ou 05444) OU Applications technologiques et scientifiques (057406 ou 057416) de la 4e secondaire **ET** Science et technologie de l'environnement (058404) OU Sciences et environnement (058402) de la 4^e secondaire	ST 4e : SCT40612 ET SCT40622 ATS 4e : SCT40612 ET 40622 ET 40632 STE 4e: SCT40632 ET SCT40642 SE 4e : SCT40642
30 Chimie 534	CHI 50412, 50422, 50432
31 Chimie de la 5e secondaire (051504)	N. D.
40 Physique 534	PHY 50412, 50422, 50432
41 Physique de la 5e secondaire (053504)	N. D.
60 CST 5e : Mathématiques Culture, société et technique de la 5e secondaire (063504)	MAT51502 OU 51602 OU 51702 OU 51011 ET MAT51521 ET MAT51531 OU 51632 OU 51732

Les préalables de programme (suite)

CODES DE COURS SECTEUR DES JEUNES	CODES DE COURS SECTEUR DES ADULTES (Codes actifs)
61 TS ou SN 4e Mathématiques Technico-sciences (064406 ou 064426) de la 4e secondaire **OU** Sciences naturelles (065406 ou 065426) de la 4e secondaire	MAT41712 OU 41612 ET MAT41722 OU 41622 OU 51021 ET MAT41732 OU 41532 OU 41632
63 TS ou SN 5e Mathématiques Technico-sciences (064506) de la 5e secondaire **OU** Sciences naturelles (065506) de la 5e secondaire	MAT51602 OU 51702 OU 51502 OU 51011 ET MAT51612 OU 51712 ET MAT51632 OU 51732

(En ANGLAIS, MAT devient MTH, PHY devient PHS, CHI devient CHE, HIS devient HST, SCP devient PSC, CST devient TSC)

N.B. : Les cours du secteur des jeunes et du secteur des adultes ne sont pas nécessairement et absolument équivalents et nécessitent la plupart du temps des combinaisons. Des combinaisons de codes adultes antérieurs sont également possibles; pour les connaître, veuillez consulter les conseillers aux adultes de votre commission scolaire.

La liste et les adresses des établissements collégiaux du Québec

- **Cégeps**

- **Conservatoires et Instituts**

- **Établissements privés de niveau collégial subventionnés**

- **La mention «RÉSIDENCE» indique l'existence d'une résidence sur le campus.**

N.B. Tous les établissements inclus dans cette liste préparent les étudiants à l'obtention du Diplôme d'Études Collégiales (DEC)

Liste des cégeps publics du Québec

N.B. La mention «RÉSIDENCE» indique l'existence d'une résidence sur le campus. La plupart des cégeps offrent également un service de logement qui aide les étudiants à se trouver une chambre ou un appartement dans les environs.

La scolarité est gratuite dans les cégeps publics.

Les étudiants qui ne sont pas considérés «résidents du Québec» pourront avoir à payer des frais de scolarité.

Cégep de l'Abitibi-Témiscamingue
425, boulevard du Collège
C.P. 1500
Rouyn-Noranda J9X 5E5
Téléphone : 819.762.0931
1.866.234.3728
www.cegepat.qc.ca
(Résidence)

— Campus de Val d'Or
675, 1re Avenue
Val d'Or J9P 1Y3
Téléphone : 819.874.3837
www.cegepat.qc.ca

— Campus d'Amos
341, rue Principale Nord
Amos J9T 2L8
Téléphone : 819.732.5218
www.cegepat.qc.ca

Cégep André-Laurendeau
1111, rue Lapierre
LaSalle H8N 2J4
Téléphone : 514.364.3320
www.claurendeau.qc.ca
(Résidence)

Cégep de Baie-Comeau
537, boulevard Blanche
Baie-Comeau G5C 2B2
Téléphone : 418.589.5707
1.800.463.2030
www.cegep-baie-comeau.qc.ca
(Résidence)

Cégep Beauce-Appalaches
1055, 116e rue
Saint-Georges G5Y 3G1
Téléphone : 418.228.8896
1-800-893-5111
www.cegepba.qc.ca
(Résidence)

— Centre d'études collégiales de Lac-Mégantic
4409, rue Dollard
Lac-Mégantic G6B 3B4
Téléphone : 819.583.5432
www.cec.lacmegantic.qc.ca

Cégep de Chicoutimi
534, rue Jacques-Cartier Est
Chicoutimi G7H 1Z6
Téléphone : 418.549.9520
www.cchic.ca
(Résidence)

— Centre québécois de formation aéronautique
1, rue de l'aéroport
Saint-Honoré G0V 1L0
Téléphone : 418.674.3421
www.cqfa.ca

Cégep de Drummondville
960, rue Saint-Georges
Drummondville J2C 6A2
Téléphone : 819.478.4671
poste 4243
www.cdrummond.qc.ca
(Résidence)

Cégep de la Gaspésie et des Îles à Gaspé
96, rue Jacques-Cartier
Gaspé G4X 2S8
Téléphone : 418.368.2201
poste 1626
1.888.368.2201
poste 1626
www.cgaspesie.qc.ca
(Résidence)
Ce cégep comprend un secteur anglophone

— Centre d'études collégiales Baie-des-Chaleurs
776, boulevard Perron
C.P. 1000
Carleton G0C 1J0
Téléphone : 418.364.3341
poste 7236
1.866.424.3341
poste 7236

— Centre d'études collégiales des Îles
15, Chemin de la Piscine
Étang-du-Nord,
Îles-de-la-Madeleine G4T 3X4
Téléphone : 418.986.5187
poste 6232

— École des pêches et de l'aquaculture du Québec
167, Grande-Allée Est, C.P. 220
Gande-Rivière G0C 1V0
Téléphone : 418.385.2241
poste 4113

Cégep Garneau
1660, boulevard de l'Entente
Québec G1S 4S3
Téléphone : 418.688.8310
www.cegepgarneau.ca

Cégep Gérald-Godin
15615, boul. Gouin Ouest
Montréal H9H 5K8
Téléphone : 514.626.2666
www.cgodin.qc.ca

Cégep de Granby Haute-Yamaska
235, rue Saint-Jacques
C.P. 7000
Granby J2G 9H7
Téléphone : 450.372.6614
www.cegepgranby.qc.ca

Cégep Heritage College
(cégep anglophone)
325, boul. Cité des Jeunes
Gatineau J8Y 6T3
Téléphone : 819.778.2270
www.cegep-heritage.qc.ca

Collège de Bois-de-Boulogne
10555, avenue de Bois-de-Boulogne
Montréal H4N 1L4
Téléphone : 514.332.3000
www.bdeb.qc.ca
(Résidence)

Cégep régional de Lanaudière
— à L'Assomption
180, rue Dorval
L'Assomption J5W 6C1
Téléphone : 450.470.0922
www.cegep-lanaudiere.qc.ca
/lassomption

— à Joliette
20, rue Saint-Charles-Borromée Sud
Joliette J6E 4T1
Téléphone : 450.759.1661
www.cegep-lanaudiere.qc.ca
/joliette

— à Terrebonne
2505, boul. des Entreprises
Terrebonne J6X 5S5
Téléphone : 450.470.0933
www.cegep-lanaudiere.qc.ca
/college-terrebonne

Cégep de La Pocatière
140, 4ᵉ Avenue
La Pocatière G0R 1Z0
Téléphone : 418.856.1525
www.cegeplapocatiere.qc.ca
(Résidence)

Champlain Regional College
(cégep anglophone)
Siège social
1301, boulevard de Portland
C.P. 5000
Sherbrooke J1H 5N1
Téléphone : 819.564.3600
www.champlaincollege.qc.ca

— Campus Lennoxville
2580, rue du Collège
Sherbrooke J1M 0C8
Téléphone : 819.564.3666
(Résidence)
www.crc-lennox.qc.ca

— Campus Saint-Lambert-Longueuil
900, rue Riverside
Saint-Lambert J4P 3P2
Téléphone : 450.672.7360
www.champlainonline.com

— Campus St. Lawrence
790, avenue Nérée-Tremblay
Québec G1V 4K2
Téléphone : 418.656.6921
www.slc.qc.ca

Cégep de Jonquière
2505, rue Saint-Hubert
Jonquière G7X 7W2
Téléphone : 418.547.2191
www.cjonquiere.qc.ca
(Résidence)

— Centre d'études collégiales en Charlevoix
855, rue Richelieu
La Malbaie G5A 2X7
Téléphone : 418-665-6606
www.ceccharlevoix.qc.ca

— Centre d'études collégiales de Montmagny
115, boulevard Taché Est
Montmagny G5V 1B9
Téléphone : 418.248.7164
www.cec.montmagny.qc.ca

Cégep de Lévis-Lauzon
205, rue Mgr Bourget
Lévis G6V 6Z9
Téléphone : 418.833.5110
www.cll.qc.ca
(Résidence)

Cégep Limoilou
— Campus de Québec
1300, 8ᵉ Avenue
Québec G1J 5L5
Téléphone : 418.647.6600
www.climoilou.qc.ca

— Campus de Charlesbourg
7600, 3ᵉ Avenue Est
Québec G1H 7L4
Téléphone : 418.647.6600
www.climoilou.qc.ca

Cégep Marie-Victorin
7000, rue Marie-Victorin
Montréal H1G 2J6
Téléphone : 514.325.0150
www.collegemv.qc.ca
(Résidence)

Cégep de Matane
616, avenue Saint-Rédempteur
Matane G4W 1L1
Téléphone : 418.562.1240
www.cegep-matane.qc.ca
(Résidence)

Cégep de l'Outaouais
— Campus Gabrielle-Roy
333, boulevard Cité des Jeunes
Gatineau J8Y 6M4
Téléphone : 819.770.4012
              1.866.770.4012
www.cegepoutaouais.qc.ca

— Campus Félix-Leclerc
820, boulevard La Gappe
Gatineau J8T 7T7
Téléphone : 819.770.4012
www.cegepoutaouais.qc.ca

— Campus Maniwaki
331, rue du Couvent
Maniwaki J9E 1H5
Téléphone : 819.441.3785
www.cegepoutaouais.qc.ca

Cégep de Rivière-du-Loup
80, rue Frontenac
Rivière-du-Loup G5R 1R1
Téléphone : 418.862.6903
              postes 2293 ou 2250
www.cegep-rdl.qc.ca
(Résidence)

Cégep de Rimouski
60, rue de l'Évêché Ouest
Rimouski G5L 4H6
Téléphone : 418.723.1880
              poste 2158 ou 2153
www.cegep-rimouski.qc.ca
(Résidence)

— Institut maritime du Québec
53, rue St-Germain Ouest
Rimouski G5L 6Y2
Téléphone : 418.724.2822
              poste 4102
www.imq.qc.ca
(Résidence du Cégep de
Rimouski)

— Centre matapédien des
études collégiales
92, rue Desbiens
Amqui G0J 1B0
Téléphone : 418.629.4190
              poste 223
www.cemec.qc.ca

Cégep de Sainte-Foy
2410, chemin Sainte-Foy
Québec G1V 1T3
Téléphone : 418.659.6600
www.cegep-ste-foy.qc.ca

Cégep de Saint-Félicien
1105, boulevard Hamel
C.P. 7300
Saint-Félicien G8K 2R8
Téléphone : 418.679.5412
              poste 242
www.cegepstfe.ca

— Centre d'études collégiales à
Chibougamau
110, rue Obalski
Chibougamau G8P2E9
Téléphone : 418.748.7637
www.cec-chibougamau.qc.ca

Cégep de Saint-Hyacinthe
3000, avenue Boullé
Saint-Hyacinthe J2S 1H9
Téléphone : 450.773.6800
              514.875.4445
              (Rive-Sud et Montréal)
www.cegepsth.qc.ca

Cégep Saint-Jean-sur-Richelieu
30, boulevard du Séminaire
C.P. 1018
Saint-Jean-sur-Richelieu J3B 7B1
Téléphone : 450.347.5301
www.cstjean.qc.ca
(Résidence)

Cégep de Saint-Jérôme
455, rue Fournier
Saint-Jérôme J7Z 4V2
Téléphone : 450.436.1580
www.cstj.qc.ca
(Résidence)

**— Centre collégial de
Mont-Laurier**
700, rue Parent
Mont-Laurier J9L 2K1
Téléphone : 819.623.1525
www.cstj.qc.ca

**— Centre collégial de
Mont-Tremblant**
617, boul. du Docteur-Gervais
Mont-Tremblant J8E 2T3
Téléphone : 819.429.6155
www.cstj.qc.ca

Cégep de Saint-Laurent
625, avenue Sainte-Croix
Montréal H4L 3X7
Téléphone : 514.747.6521
www.cegep-st-laurent.qc.ca
(Résidence)

Cégep de Sept-Îles
175, rue De La Vérendrye
Sept-Îles G4R 5B7
Téléphone : 418.962.9848
www.cegep-sept-iles.qc.ca
Ce cégep comprend un secteur
anglophone
(Résidence)

Cégep de Sherbrooke
475, rue du Cégep
Sherbrooke J1E 4K1
Téléphone : 819.564.6350
www.cegepsherbrooke.qc.ca
(Résidence)

Cégep de Sorel-Tracy
3000, boul. de Tracy
Sorel-Tracy J3R 5B9
Téléphone : 450.742.6651
            poste 2605
www.cegepst.qc.ca

Cégep de Thetford
671, boulevard Frontenac Ouest
Thetford-Mines G6G 1N1
Téléphone : 418.338.8591
www.cegepth.qc.ca
(Résidence)

Cégep de Trois-Rivières
3500, rue de Courval
C.P. 97
Trois-Rivières G9A 5E6
Téléphone : 819.376.1721
            poste 2131
www.cegeptr.qc.ca
(Résidence)

Cégep Vanier College
(cégep anglophone)
821, avenue Sainte-Croix
Saint-Laurent H4L 3X9
Téléphone : 514.744.7500
www.vaniercollege.qc.ca

Cégep de Victoriaville
475, rue Notre-Dame Est
Victoriaville G6P 4B3
Téléphone : 819.758.6401
www.cgpvicto.qc.ca
(Résidence)

**— École nationale du meuble et
de l'ébénisterie à Victoriaville**
(Cégep de Victoriaville)
765, rue Notre-Dame Est
Victoriaville G6P 4B3
Téléphone : 819.758.6401
ou   1.888.284.9476
            poste 2610 ou 2611
www.ecolenationaledumeuble.ca

**— École nationale du meuble et
de l'ébénisterie à Montréal**
(Cégep de Victoriaville)
5445, avenue De Lorimier
Montréal H2H 2S5
Téléphone : 514.528.8687
            poste 2902
montreal.ecolenationaledumeuble.ca

Cégep du Vieux-Montréal
255, rue Ontario Est
Montréal H2X 1X1
Téléphone : 514.982.3437
www.cvm.qc.ca

Collège Ahuntsic
9155, rue Saint-Hubert
Montréal H2M 1Y8
Téléphone : 514.389.5921
www.collegeahuntsic.qc.ca
(Résidence)

Collège d'Alma
675, boulevard Auger Ouest
Alma G8B 2B7
Téléphone : 418.668.2387
www.calma.qc.ca

Collège Édouard-Montpetit
945, chemin de Chambly
Longueuil J4H 3M6
Téléphone : 450.679.2631
            poste 2407
www.college-em.qc.ca

**— École nationale
      d'aérotechnique**
5555, place de la Savane
Saint-Hubert J3Y 8Y9
Téléphone : 450.678.3561
            poste 4215
www.college-em.qc.ca/ena

Collège Lionel-Groulx
100, rue Duquet
Sainte-Thérèse J7E 3G6
Téléphone :   450.430.3120
www.clg.qc.ca
(Résidence)

Collège de Maisonneuve
3800, rue Sherbrooke Est
Montréal H1X 2A2
Téléphone :   514.254.7131
www.cmaisonneuve.qc.ca

Collège Montmorency
475, boulevard de l'Avenir
Laval H7N 5H9
Téléphone : 450.975.6300
www.cmontmorency.qc.ca
(Résidence)

Collège de Rosemont
6400, 16e Avenue
Montréal H1X 2S9
Téléphone : 514.376.1620
www.crosemont.qc.ca
(Résidence)

Collège Shawinigan
2263, avenue du Collège
Shawinigan G9N 6V8
Téléphone : 819.539.6401
            poste 2307
www.collegeshawinigan.qc.ca

**— Centre collégial de
      La Tuque**
796, rue Réal
La Tuque J9X 2S7
Téléphone : 819.523.9531
www.collegeshawinigan.qc.ca
            /cec-la-tuque

Collège de Valleyfield
169, rue Champlain
Salaberry-de-Valleyfield J6T 1X6
Téléphone : 450.373.9441
www.colval.qc.ca
(Résidence)

Dawson College
(cégep anglophone)
3040, rue Sherbrooke Ouest
Montréal H3Z 1A4
Téléphone :   514. 931.8731
www.dawsoncollege.qc.ca

John Abbott College
(cégep anglophone)
21 275, Lakeshore Road
Sainte-Anne-de-Bellevue
H9X 3L9
Téléphone : 514.457.6610
www.johnabbott.qc.ca
(Résidence)

**Kiuna
        (Institution postsecondaire
        des Premières Nations**
1205, route Marie-Victorin
Odanak J0G 1H0
Téléphone : 1.855.842.7672
www.ippn-fnpi.com
Ce centre comprend un secteur
anglophone

Liste des Conservatoires et Instituts

Conservatoire de musique de Gatineau
430, boul. Alexandre-Taché
Gatineau J9A 1M7
Téléphone : 819.772.3283
www.conservatoire.gouv.qc.ca/
gatineau

Conservatoire de musique de Montréal
4750, av. Henri-Julien
Montréal H2T 2C8
Téléphone : 514.873.4031
www.conservatoire.gouv.qc.ca/
montreal/

Conservatoire de musique de Québec
270, rue St-Amable
Québec G1R 5G1
Téléphone : 418.643.2190
www.conservatoire.gouv.qc.ca/
quebec

Conservatoire de musique de Rimouski
22, rue Sainte-Marie
Rimouski (Québec)
G5L 4E2
Téléphone :   418.727.3706
www.conservatoire.gouv.qc.ca/
rimouski

Conservatoire de musique de Saguenay
202, rue Jacques-Cartier Est
Chicoutimi G7H 6R8
Téléphone : 418.698.3505
www.conservatoire.gouv.qc.ca

Conservatoire de musique de Trois-Rivières
587, rue Radisson
Trois-Rivières G9A 2C8
Téléphone : 819.371.6748
www.conservatoire.gouv.qc.ca/
trois-rivieres

Conservatoire de musique de Val d'Or
88, rue Allard
Val d'Or J9P 2Y1
Téléphone : 819.354.4585
www.conservatoire.gouv.qc.ca/
val-dor

Institut maritime du Québec
53, rue St-Germain Ouest
Rimouski G5L 6Y2
Téléphone : 418.724.2822
www.imq.qc.ca

Institut de technologie agroalimentaire
Campus de La Pocatière
401, rue Poiré
La Pocatière G0R 1Z0
Téléphone : 418.856.1110
www.ita.qc.ca

Institut de technologie agroalimentaire
Campus de Saint-Hyacinthe
3230, rue Sicotte, C.P. 70
Saint-Hyacinthe J2S 7B3
Téléphone : 450.778.6504
www.ita.qc.ca

Institut de tourisme et d'hôtellerie du Québec
3535, rue St-Denis
Montréal H2X 3P1
Téléphone : 514.282.5111
www.ithq.qc.ca

Macdonald College
(établissement anglophone)
21111, Lakeshore Road
Ste-Anne-de-Bellevue H9X 3V9
Téléphone : 514.398.7814
www.mcgill.ca/fmt
(Résidence)

Liste des établissements privés de niveau collégial subventionnés

N.B. La mention «RÉSIDENCE» indique l'existence d'une résidence établie généralement sur le campus.

Des frais de scolarité sont à prévoir dans les établissements privés de niveau collégial subventionnés.

Campus Notre-Dame-de-Foy
5000, rue Clément-Lockquell
Saint-Augustin-de-Desmaures
G3A 1B3
Téléphone : 418.872.8041
          1.800.463.8041
www.cndf.qc.ca
(Résidence)

Centennial College (1975)
(Collège anglophone)
3641, avenue Prud'homme
Montréal H4A 3H6
Téléphone : 514.486.5533
college.centennial.qc.ca

Collège André-Grasset (1973)
1001, boulevard Crémazie Est
Montréal H2M 1M3
Téléphone : 514.381.4293
www.grasset.qc.ca

—Institut Grasset
220, avenue Fairmount Ouest
Montréal H2T 2M7
Téléphone : 514.277.6053
www.institut-grasset.qc.ca

Collège Bart (1975)
751, Côte d'Abraham
Québec G1R 1A2
Téléphone : 418.522.3906
www.bart.qc.ca

Collège Ellis,
  campus Drummondville
235, rue Moisan
Drummondville J2C 1W9
Téléphone : 819.477.3113 ou
          1.800.869.3113
www.ellis.qc.ca

- **installations de Montréal** :
  2195 avenue Ekers,
  Montréal H3S 1C6

- **installations de**
  Sainte-Agathe-des-Monts :
  33, rue Saint-Vincent
  Sainte-Agathe-des-Monts
  J8C 2A8

—campus Trois-Rivières
90, rue Dorval
Trois-Rivières G8T 5X7
Téléphone : 819.691.3407
www.ellis.qc.ca

- **installations de**
  Longueuil :
  Tour de l'Université de
  Sherbrooke
  150, place Charles-Le Moyne,
  suite 2060
  Longueuil J4K 0A8

Collège international des
  Marcellines
815, avenue Upper-Belmont
Montréal H3Y 1K5
Téléphone : 514.488.0031
cim.marcelline.qc.ca

Collège international
  Sainte-Anne
1300, boulevard Saint-Joseph
Montréal (arr. Lachine) H8S 2M8
Téléphone : 514.637.3571
www.csadl.ca
(Résidence)

Collège Jean-de-Brébeuf
3200, chemin de la Côte
          Sainte.Catherine
Montréal H3T 1C1
Téléphone : 514.342.9342
www.brebeuf.qc.ca
(Résidence)

Collège Laflèche
1687, boulevard du Carmel
Trois-Rivières G8Z 3R8
Téléphone : 819.375.7346
www.clafleche.qc.ca
(Résidence)

Collège LaSalle
(Collège bilingue)
2000, rue Sainte-Catherine Ouest
Montréal H3H 2T2
Téléphone : 514.939.2006
www.collegelasalle.qc.ca

Collège Mérici
755, Grande-Allée Ouest
Québec G1S 1C1
Téléphone : 418.683.2104
          1.800.208.1463
www.merici.ca
(Résidence)

(suite)

Collège O'Sullivan de Montréal
(Collège bilingue)
1191, de la Montagne
Montréal H3G 1Z2
Téléphone : 514.866.4622
            1.800.621.8055
www.osullivan.edu

Collège O'Sullivan de Québec
(Collège d'immersion anglaise)
840, rue St-Jean
Québec G1R 1R3
Téléphone : 418.529.3355
www.osullivan-quebec.qc.ca

Collège préuniversitaire
Nouvelles Frontières
101, rue Saint-Jean-Bosco,
Suite A2322
Gatineau J8P 3G5
Téléphone : 819.503.2400
www.nouvelles-frontieres.ca

Conservatoire Lassalle
1001, rue Sherbrooke Est
Montréal H2L 1L3
Téléphone : 514.288.4140
www.colass.qc.ca

École de Musique
Vincent-D'Indy
628, chemin de la Côte
Sainte-Catherine
Outremont H2V 2C5
Téléphone : 514.735.5261
www.emvi.qc.ca

École nationale de cirque
8181 2e Avenue
Montréal (Québec) H1Z 4N9
Téléphone : 514.982.0859
www.ecolenationaledecirque.
qc.ca

Institut Teccart (2003)
3030, rue Hochelaga
Montréal H1W 1G2
Téléphone : 514.526.2501
            1.866.TECCART
www.teccart.qc.ca

Marianopolis College
(Collège anglophone)
4873, avenue Westmount
Westmount H3Y 1X9
Téléphone : 514.931.8792
www.marianopolis.edu

Séminaire de Sherbrooke
195, rue Marquette
Sherbrooke J1H 1L6
Téléphone : 819.563.2050
www.seminaire-
sherbrooke.qc.ca/collégial

Les conditions d'admission (2014)

Pour être admise à un programme conduisant au diplôme d'études collégiales, la personne doit satisfaire aux trois exigences suivantes :

1. **Être titulaire du diplôme d'études secondaires (DES)** au secteur des jeunes ou au secteur des adultes.

   Le titulaire d'un DES qui n'a pas réussi les matières suivantes :
   - Langue d'enseignement de la 5e secondaire
   - Langue seconde de la 5e secondaire
   - Mathématique de la 4e secondaire
   - Science et technologie de la 4e secondaire
     ou Applications technologiques et scientifiques de la 4e secondaire ou Sciences physiques de la 4e secondaire
   - Histoire et éducation à la citoyenneté de la 4e secondaire ou Histoire du Québec et du Canada de la 4e secondaire

   pourrait se voir imposer des mesures de mise à niveau pour les matières manquantes

   ou

   être titulaire du diplôme d'études professionnelles (DEP) et avoir réussi les matières suivantes :
   - Langue d'enseignement de la 5e secondaire
   - Langue seconde de la 5e secondaire
   - Mathématique de la 4e secondaire

2. **Satisfaire, le cas échéant, aux conditions particulières d'admission établies par le ministre, lesquelles précisent les cours préalables au programme**

3. **Satisfaire, le cas échéant, aux conditions particulières d'admission établies par le collège pour chacun de ses programmes**

Note : Un collège peut admettre une personne qui possède une formation qu'il juge équivalente.

ATTENTION !
Ce Guide est produit avec les règles du *Règlement sur le régime des études collégiales* (RREC) toujours en vigueur au moment de mettre sous presse.

Les procédures d'admission

Tout candidat qui désire être admis dans un établissement collégial à la session d'automne, à titre d'étudiant à l'enseignement régulier, le jour, doit présenter une **demande d'admission** avant le **1er mars** (1er novembre, pour la session d'hiver).

Pour les cégeps membres d'un des **services régionaux d'admission**, le candidat présente sa demande d'admission en ligne au service dont le collège est membre. Les cégeps membres de chacun des trois **services régionaux d'admission** demandent à leurs candidats de ne présenter qu'une seule demande d'admission au **service régional**. Cette limitation' à une seule **demande d'admission par service régional a pour but d'assurer l'accessibilité** par l'élimination des candidatures multiples de la part d'un même candidat : **une seule demande** pour ne retenir qu'une seule place afin de laisser des places aux autres étudiants. **Dans les autres cas,** la **demande** doit être présentée directement à l'établissement en suivant les directives de ce dernier.

Le candidat doit suivre attentivement les directives du **service régional** ou de l'établissement. Dans le cas des services régionaux, ces directives sont en ligne avec la **demande d'admission**.

N.B. L'étudiant qui désire changer de programme dans le même établissement, après une ou plusieurs sessions, doit s'informer des procédures à suivre dans son établissement.

L'étudiant qui désire changer d'établissement après une ou plusieurs sessions doit présenter une nouvelle demande d'admission en suivant les procédures expliquées ci-dessus.

Personnes handicapées

Avant de faire leur demande d'admission, les personnes handicapées doivent communiquer avec le cégep de leur choix pour s'informer des commodités offertes.

Le service régional d'admission du Montréal métropolitain (SRAM)
C.P. 11028, succursale Centre-ville, Montréal (Québec) H3C 4W9
Tél. : 514.271.2454   **www.sram.qc.ca**
regroupe les cégeps suivants :

Abitibi-Témiscamingue
Ahuntsic
André-Laurendeau
Bois-de-Boulogne
Champlain (Lennoxville)
Drummondville
Édouard-Montpetit
Gérald-Godin
Granby Haute-Yamaska
Heritage
John Abbott
Lanaudière
  à L'Assomption
  à Joliette
  à Terrebonne
Lionel-Groulx
Macdonald College
Maisonneuve
Marie-Victorin

Montmorency
Outaouais
Rosemont
Saint-Hyacinthe
Saint-Jean-sur-Richelieu
Saint-Jérôme
Saint-Laurent
Shawinigan
Sherbrooke
Sorel-Tracy
Trois-Rivières
Valleyfield
Vanier
Vieux Montréal
Institut de technologie
  agroalimentaire, campus de Saint-
  Hyacinthe
Institut de tourisme et d'hôtellerie
  du Québec

Le service régional d'admission au collégial de Québec (SRACQ)
2336, chemin Sainte-Foy, bureau 2200, Québec (Québec) G1V 1S5
Téléphone : 418.659.4873   **www.sracq.qc.ca**
regroupe les cégeps suivants :

Baie-Comeau
Beauce-Appalaches
École nationale du meuble et de
  l'ébénisterie (Pavillons de
  Victoriaville et de Montréal)
École des pêches et de
  l'aquaculture du Québec
Gaspésie et des Îles
Garneau
La Pocatière
  Centre d'études collégiales de
  Montmagny
Lévis-Lauzon
Limoilou

Matane
Rimouski
  Centre matapédien d'études
  collégiales
  Institut maritime du Québec
Rivière-du-Loup
Sainte-Foy
Sept-Îles
Thetford
Victoriaville
Institut de technologie
  agroalimentaire, campus de
  La Pocatière

**Le service régional de l'admission des cégeps
du Saguenay-Lac-Saint-Jean (SRASL)**
Pavillon Manicouagan, 3791, rue de la Fabrique, suite 800, Jonquière
(Québec) G7X 0K2
Tél. : 418.548.7191   **www.srasl.qc.ca**
regroupe les cégeps suivants :

Alma
Centre d'études collégiales en
  Charlevoix
Chicoutimi

Jonquière
Saint-Félicien
Centre d'études collégiales à
  Chibougamau

Alliance Sport-Études
5701, Christophe-Colomb
Montréal (Québec) H2S 2E9
Téléphone :   514.271.7403   www.alliancesportetudes.ca

Qui fait quoi?

(La présente description s'applique au SRAM. Consultez les documents du SRACQ et du SRASL pour connaître leurs procédures)

Le candidat

Du moment de la demande jusqu'à la réception de la réponse :

- Le candidat doit prendre connaissance de la procédure et des exigences d'admission et veiller à en respecter les conditions.
- Il doit fournir des renseignements exacts et véridiques.
- Il a l'entière responsabilité de faire parvenir au service régional d'admission dans les délais prescrits les documents valides et lisibles qui sont requis ainsi que le paiement des frais.
- Le candidat doit vérifier l'état de sa demande sur le site **http://sram.omnivox.ca** afin de s'assurer que celle-ci est complète et que tous les documents ont été reçus. Il assume entièrement la responsabilité du suivi de son dossier.
- Dans le cas où les documents qu'il a fournis ne sont pas acceptés (non-reçus ou inadéquats), le candidat a la responsabilité de s'enquérir de la nature exacte de la problématique et d'y remédier dans les délais prescrits.

Après la réception de la réponse :

- Dans l'éventualité d'une admission, le candidat a la responsabilité de lire la documentation qui lui est envoyée par son collège et de répondre aux exigences du processus d'inscription de ce dernier.
- Dans l'éventualité d'un refus, le candidat a la responsabilité de retourner sur le site web du service régional d'admission et de faire un nouveau choix s'il souhaite participer au tour subséquent.

Le service régional d'admission

- Diffuse au secondaire l'information commune (sauf pour le SRASL).
- Fournit aux candidats les documents nécessaires et leur indique les procédures d'admission. En janvier et en septembre, les demandes sont possibles au **http://sram.omnivox.ca**. Les documents d'information sont disponibles dans toutes les écoles et cégeps, au service de l'information scolaire et de l'orientation, de même que sur le site **www.sram.qc.ca**.
- Reçoit de chaque candidat une seule demande et offre trois tours, s'il y a lieu (voir explication à la page suivante).
- Vérifie si les dossiers sont complets.
- Produit des listes de classement selon les critères établis par les cégeps, pour une plus grande équité.
- Remet les dossiers aux cégeps concernés.

Le cégep

- Étudie les candidatures en tenant compte des résultats scolaires.
- Considère les autres données du dossier.
- Organise des séances de test ou des entrevues, s'il y a lieu.
- Décide de l'admission.
- Répond au candidat.
- Explique sa décision, s'il y a lieu.
- Invite les candidats admis à venir s'inscrire. Il est très important de répondre à cette invitation dans les délais prescrits.

Le système des trois tours

L'exemple du SRAM

Objectifs :
- Des choix plus réfléchis.
- Des choix qui tiennent compte des places disponibles.
- Une meilleure orientation.

Caractéristiques :
- Un seul choix de programme et de cégep au 1er tour.
  - Les candidats refusés au 1er tour peuvent effectuer un deuxième choix de programme et de cégep au 2e tour parmi les disponibilités publiées dans *Tableau des places disponibles au 2e tour*.
  - Les candidats refusés au 2e tour peuvent effectuer un dernier choix de programme et de cégep au 3e tour parmi les disponibilités publiées dans *Tableau des places disponibles au 3e tour*.
- Du temps entre chaque tour pour réfléchir et consulter.
- Au 2e et au 3e tour, le candidat n'a pas à reconstituer un dossier ni à verser de nouveau les frais reliés à la demande d'admission. Le candidat n'a qu'à enregistrer son nouveau choix par Internet.

Échéancier :

1er mars : date limite pour enregistrer une demande d'admission au SRAM; à l'adresse **https ://sram.omnivox.ca** Cette demande doit être complète à cette date. Chaque candidat ne fait qu'une seule demande.

Mi-avril : les candidats reçoivent réponse à leur premier choix de programme et de cégep. Les candidats admis reçoivent du cégep l'avis d'admission et les directives pour les démarches ultérieures. Les candidats refusés reçoivent leur *Avis de refus* et sont informés des places disponibles pour établir leur deuxième choix.

Entre la mi-avril et la fin avril : le candidat refusé au 1er tour inscrit, en ligne, son deuxième choix de programme et de cégep en tenant compte de la date limite qui lui a été communiquée avec son *Avis de refus*.

Mi-mai : les candidats reçoivent réponse à leur deuxième choix. Les candidats admis reçoivent du cégep l'avis d'admission et les directives pour les démarches ultérieures. Les candidats refusés reçoivent leur *Avis de refus* et sont informés des places disponibles pour établir leur troisième choix.

Entre la mi-mai et la fin mai : le candidat refusé au 2e tour inscrit, en ligne, son troisième choix de programme et de cégep en tenant compte de la date limite qui lui a été communiquée avec son *Avis de refus*.

Mi-juin : les candidats reçoivent réponse à leur dernier choix.

Note : Cet échéancier est **approximatif sauf pour la date du 1er mars**. Chaque année des dates plus précises sont indiquées sur les documents qui parviennent aux candidats concernés, au 2e et au 3e tours; les candidats concernés ici **sont les seuls candidats « refusés »**.

Les candidats retardataires à un tour sont intégrés au tour suivant.

Note importante : L'admission à la session d'hiver se fait en deux tours seulement.

Les taux d'admission

L'exemple du SRAM

Dans les cégeps membres du **SRAM**, les places sont nombreuses et les programmes sont variés.

Cependant, certains programmes ont une capacité d'accueil limitée. Cette limitation s'explique généralement par la rareté des endroits de stage et le problème des débouchés éventuels.

Cependant, le niveau collégial a des exigences et certains candidats présentent un dossier scolaire trop faible pour répondre raisonnablement à ces exigences.

Le **SRAM** a reçu 76 794 demandes d'admission à la session **automne 2013** pour 32 cégeps membres.

Les cégeps membres ont admis 61 299 candidats à la session **automne 2013**, soit 80 % des demandes initiales.

De ces 61 299 admis, 87 % l'ont été au programme correspondant à leur première aspiration.

Certains candidats n'ont pas fait une démarche complète d'admission pour différentes raisons. Des 65 036 qui sont allés au bout de leur démarche, 61 299 candidats ont été admis, soit 94 % des demandes véritables et complètes.

N.B. Ces données statistiques reflètent la situation de l'admission, au 15 juin 2013, alors que l'opération n'est pas complètement terminée.

Prêts et bourses :
pour avoir les moyens d'étudier

Le *Programme de prêts et bourses* du ministère de l'Éducation, du Loisir et du Sport est offert aux personnes qui désirent poursuivre des études postsecondaires, mais dont les ressources financières sont insuffisantes.

Le principe de base du *Programme de prêts et bourses* concernant le calcul de l'aide financière est que la personne aux études et, s'il y a lieu, ses parents, son répondant ou son conjoint doivent contribuer au financement des études en proportion de leurs moyens financiers. Le gouvernement tient donc compte de cette contribution ainsi que des dépenses normalement engagées pour la poursuite des études.

L'aide est d'abord accordée sous forme d'un prêt, remboursable à la fin des études. Si ce prêt est insuffisant pour couvrir les dépenses admises, une bourse peut s'y ajouter. Le gouvernement garantit le prêt et, pendant toute la durée des études à temps plein, il paie les intérêts qui s'y rapportent. La bourse n'a pas à être remboursée par l'étudiante ou l'étudiant.

Pour être admissible au programme, la personne aux études doit avoir la citoyenneté canadienne ou le statut de résident permanent au sens de la *Loi sur l'immigration* et avoir sa résidence au Québec. Elle doit aussi suivre à temps plein un programme d'études dans un établissement d'enseignement reconnu, sans dépasser le nombre déterminé de trimestres d'études pour lesquels une aide financière est accordée et la limite d'endettement pour son ordre d'enseignement.

Les formulaires de demande d'aide financière doivent parvenir à l'Aide financière aux études :
           avant le 31 mars 2014 (pour l'année scolaire 2014-2015).

On peut se procurer un formulaire de demande d'aide financière en ligne ou obtenir une version papier et des renseignements supplémentaires en s'adressant aux personnes-ressources de chaque école secondaire, aux directions régionales du ministère de l'Éducation, du Loisir et du Sport et aux bureaux de Communication-Québec. On peut également s'adresser aux bureaux d'aide financière des collèges et des cégeps ou :

Aide financière aux études   Service téléphonique interactif :
1035, rue De La Chevrotière   418.646.4505 pour Québec
Québec (Québec)   1.888.345.4505 ailleurs au Québec
G1R 5A5
Tél. : 1.877.643.3750

Choisissez Internet pour remplir votre demande
Les avantages de remplir votre demande par Internet sont nombreux. En effet, vous n'avez pas à donner de mot de passe pour remplir une première demande, vous ne remplissez que les sections du formulaire qui vous concernent, les renseignements que vous donnez sont validés au fur et à mesure et votre risque d'erreur est limité, ce qui vous permet de **connaître rapidement** le montant de l'aide qui vous sera accordée.

Une seule adresse : **www.afe.gouv.qc.ca**

Bibliographie

Conditions d'admission aux programmes d'études conduisant au diplôme d'études collégiales, Gouvernement du Québec, MELS, Enseignement supérieur, mise à jour août 2011.

Guide administratif 2004-2005 de l'alternance travail-études en formation professionnelle et technique, MELS, Direction de la formation continue et du soutien, septembre 2004.

Guide pratique des études collégiales 1983, 1984, 1985, 1986, 1987, 1988, 1989, 1990, 1991, 1992, 1993, 1994, 1995, 1996, 1997, 1998, 1999, 2000, 2001, 2002, 2003, 2004, 2005, 2006, 2007, 2008, 2009, 2010, 2011, 2012, 2013 SRAM.

Guide pratique des études universitaires 1986, 1987, 1988, 1989, 1990, 1991, 1992, 1993, 1994, 1995, 1996, 1997, 1998, 1999, 2000, 2001, 2002, 2003, 2004, 2005, 2006, 2007, 2008, 2009, 2010, 2011, 2012, 2013 SRAM.

Info/Sanction, Gouvernement du Québec, MELS, Direction de la sanction des études.

Le marché de l'emploi et les sortants des programmes de formation technique des cégeps du Québec, promotion 2012, SRAM.

Ministère de l'Éducation, du Loisir et du Sport du Québec (en ligne) <http ://www.mels.gouv.qc.ca>

Ministère de l'Enseignement supérieur, de la Recherche de la Science et de la Technologie (en ligne) <http://www.mesrst.gouv.qc.ca> [2]

Programmes d'études préuniversitaires, MELS, Enseignement supérieur, Enseignement collégial.

Programmes d'études techniques, MELS, Formation professionnelle et technique et formation continue.

Répertoire des programmes et des cours de l'enseignement collégial, (en ligne) <http://www.mels.gouv.qc.ca/ens-sup/ens-coll/Cahiers/treparti.asp>

Statistiques sur les demandes d'admission par programme, automne 2013, ST01, Service régional d'admission du Montréal métropolitain.*

Sites Web, annuaires, prospectus et monographies des établissements d'enseignement collégial du Québec.

Tableau des programmes offerts, admission automne 2013, Service régional d'admission au collégial de Québec.

---

[2] Le SRAM puise sur le site web du MESRST toutes les informations concernant les lois, le Règlement sur le régime des études collégiales, les descriptions de programmes et les conditions particulières pour l'admission.

Index des programmes de formation préuniversitaire

Index des techniques biologiques et des techniques agroalimentaires

Page

Index des techniques physiques

Page

Index des techniques humaines

Index des techniques de l'administration

Index des programmes techniques en arts et en communications graphiques

Index alphabétique des programmes de formation technique

Table de correspondance entre les nouveaux et les anciens programmes

numéro actuel	ancien titre	ancien numéro
FORMATION PRÉUNIVERSITAIRE		
200.B0	Sciences de la nature	200.01
300.A0	Sciences humaines	300.01
500.A1	Arts et lettres / Arts, lettres et communication	500.A0
500.A0	Arts	500.01
500.A0	Lettres	600.01
501.A0	Musique	500.02
506.A0	Danse	500.06
510.A0	Arts visuels (Arts plastiques avant 2013)	500.04
700.A0	Sciences, lettres et arts	700.01
700.B0	Histoire et civilisation	700.02
FORMATION TECHNIQUE		
110.A0	Techniques dentaires	110.01
110.B0	Techniques de denturologie	110.02
111.A0	Techniques d'hygiène dentaire	111.01
112.A0	Acupuncture	112.01
120.A0	Techniques de diététique	120.01
140.A0	Techniques d'électrophysiologie médicale	140.04
140.B0	Technologie de laboratoire médical	140.01
141.A0	Techniques d'inhalothérapie et d'anesthésie	141.00
142.A0	Techniques de radiodiagnostic	142.01
142.B0	Techniques de médecine nucléaire	142.02
142.C0	Techniques de radiothérapie	142.03
144.A0	Techniques de réadaptation	144.00
144.B0	Techniques d'orthèses et de prothèses orthopédiques	144.03
145.A0	Techniques de santé animale	145.03
145.B0	Techniques d'aménagement cynégétique et halieutique	145.04
145.C0	Écologie appliquée	145.01
145.C0	Techniques d'inventaire et de recherche en biologie	145.02
147.AA	Techniques du milieu naturel	147.01
147.AB	Techniques du milieu naturel	147.01
147.AC	Techniques du milieu naturel	147.01
147.AD	Techniques du milieu naturel	147.01
152.A0	Gestion et exploitation d'entreprise agricole	152.03
153.A0	Technologie des productions animales	153.01
153.B0	Technologie de la production horticole et de l'environnement	153.02
153.C0	Horticulture ornementale	153.03
153.D0	Technologie du génie rural	153.05
154.A0	Technologie des procédés et de la qualité des aliments	154.04
155.A0	Techniques équines	155.05
160.A0	Techniques d'orthèses visuelles	160.01
160.B0	Audioprothèse	160.02
171.A0	Techniques de thanatologie	171.01
180.A0	Soins infirmiers	180.01
180.B0	Soins infirmiers (2 ans)	180.21

numéro actuel	ancien titre	ancien numéro
181.A0	Soins préhospitaliers d'urgence	nouveau
190.A0	Transformation des produits forestiers	190.03
190.B0	Aménagement forestier	190.04
210.AA	Techniques de chimie-biologie	210.03
210.AB	Techniques de chimie analytique	210.01
210.B0	Techniques de procédés chimiques	210.04
210.C0	Techniques de génie chimique	210.02
221.A0	Technologie de l'architecture	221.01
221.B0	Technologie du génie civil	221.02
221.C0	Technologie de la mécanique du bâtiment	221.03
221.D0	Technologie de l'estimation et de l'évaluation du bâtiment	221.04
222.A0	Techniques d'aménagement du territoire	222.01
230.A0	Technologie de la cartographie	230.01
230.A0	Technologie de la géodésie	230.02
231.A0	Exploitation et production des ressources marines	231.04
231.B0	Transformation des produits aquatiques	231.03
232.A0	Techniques papetières	232.01
233.B0	Techniques d'ébénisterie et de menuiserie architecturale	233.A0 et 233.02
233.B0	Techniques du meuble et du bois ouvré	233.01
235.B0	Techniques de génie industriel	235.A0 et 235.01
241.A0	Techniques de génie mécanique	241.06
241.C0	Techniques de transformation des matériaux composites	241.11
241.D0	Technologie de maintenance industrielle	241.05
243.A0	Technologie des systèmes ordinés	243.15
243.B0	Technologie de l'électronique	243.11
243.C0	Technologie de l'électronique industrielle	243.06
244.A0	Technologie physique	243.14
248.A0	Technologie de l'architecture navale	248.01
248.B0	Navigation	248.02
248.C0	Génie mécanique de marine	248.03
251.A0	Technologie et gestion des textiles, finition	251.01
251.B0	Technologie et gestion des textiles, fabrication	251.02
260.A0	Assainissement de l'eau	260.01
260.B0	Assainissement et sécurité industriels	260.03
270.AA	Procédés de transformation (Métallurgie)	270.04
270.AB	Fabrications mécano-soudées (Métallurgie)	270.03
270.AC	Contrôle des matériaux (Métallurgie)	270.02
271.AA	Géologie appliquée	271.01
271.AB	Exploitation (Mines)	271.02
271.AC	Minéralurgie	271.03
280.A0	Techniques de pilotage d'aéronefs	280.02
280.B0	Construction aéronautique	280.01
280.C0	Entretien d'aéronefs	280.03
280.D0	Techniques d'avionique	280.04
310.A0	Techniques policières	310.01
310.B0	Techniques d'intervention en délinquance	310.02
310.C0	Techniques juridiques	310.03
311.A0	Techniques de sécurité incendie	311.01
322.A0	Techniques d'éducation en services de garde	322.03
351.A0	Techniques d'éducation spécialisée	351.03
384.A0	Techniques de recherche sociale	384.01
388.A0	Techniques de travail social	388.01

numéro actuel	ancien titre	ancien numéro
391.A0	Techniques d'intervention en loisir	391.01
393.A0	Techniques de la documentation	393.00
410.A0	Techniques de logistique de distribution et de transport	416.A0
410.A0	Transport, techniques administratives (410.12)	410.07
410.B0	Personnel, techniques administratives (410.12)	410.02
410.B0	Finance, techniques administratives (410.12)	410.03
410.B0	Gestion industrielle, techniques administratives (410.12)	410.04
410.B0	Gestion, techniques administratives (410.12)	410.11
410.C0	Assurances générales, techniques administratives (410.12)	410.15
410.D0	Marketing, techniques administratives (410.12)	410.01
411.A0	Archives médicales	411.01
412.A0	Techniques de bureautique	412.02
414.A0	Techniques de tourisme	414.01
420.AA	Techniques de l'informatique	420.01
420.AB	Techniques de l'informatique	420.01
420.AC	Techniques de l'informatique	420.01
430.A0	Techniques de gestion hôtelière	430.01
430.B0	Techniques de gestion des services alimentaires et de restauration	430.02
551.A0	Musique populaire	551.02
561.A0	Théâtre - Production	561.07
561.B0	Danse - Ballet	561.06
561.C0	Interprétation théâtrale	561.01
561.D0	Arts du cirque	561.08
570.A0	Graphisme	570.06
570.B0	Techniques de muséologie	570.09
570.C0	Design industriel	570.07
570.D0	Design de présentation	570.02
570.E0	Design d'intérieur	570.03
570.F0	Photographie	570.04
571.A0	Design de mode	571.07
571.B0	Gestion de la production du vêtement	571.03
571.C0	Commercialisation de la mode	571.04
573.A0	Techniques des métiers d'art	573.00
573.AA	TMA – Céramique	573.09
573.AB	TMA – Construction textile	573.08
573.AC	TMA – Ébénisterie artisanale	573.04
573.AD	TMA – Impression textile	573.07
573.AE	TMA – Joaillerie	573.01
573.AF	TMA – Lutherie	573.05
573.AG	TMA – Maroquinerie (cuir)	573.03
573.AH	TMA – Sculpture sur bois	573.06
573.AJ	TMA – Verre	573.02
574.A0	Dessin animé	nouveau
574.B0	Animation 3D et de synthèse d'images	nouveau
581.A0	Infographie en préimpression	581.07
581.B0	Techniques de l'impression	581.04
581.C0	Gestion de l'imprimerie	581.08
582.A1	Techniques d'intégration multimédia	582.A0
589.A0	Art et technologie des médias	589.01
589.B0	Art et technologie des médias	589.01

Table des matières

Guide to Collegial Studies
English Sector
2014

PUBLIC CÉGEPS / ENGLISH SECTOR

Champlain Regional College
1301, boulevard de Portland
C.P. 5000
Sherbrooke J1H 5N1
Phone : 819.564.3600
www.champlaincollege.qc.ca
— Campus Lennoxville
2580, rue du Collège
Sherbrooke J1M 0C8
Phone : 819.564.3666
(Résidence)
www.crc-lennox.qc.ca
**— Campus Saint-Lambert-
    Longueuil**
900, rue Riverside
Saint-Lambert J4P 3P2
Phone : 450.672.7360
www.champlainonline.com
— Campus St. Lawrence
790, avenue Nérée-Tremblay
Sainte-Foy G1V 4K2
Phone : 418.656.6921
www.slc.qc.ca

Dawson College
3040, rue Sherbrooke Ouest
Montréal H3Z 1A4
Phone : 514.931.8731
www.dawsoncollege.qc.ca

**First Nations
Post-Secondary Institution**
1205, route Marie-Victorin
Odanak J0G 1H0
Phone : 1.855.842.7672
www.ippn-fnpi.com

**Cégep de la Gaspésie
  et des Iles** / English sector
96, rue Jacques-Cartier
Gaspé G4X 2S8
Phone : 418.368.2201
                poste 1502
       1.888.368.2201
www.cgaspesie.qc.ca
(Residence)

Cégep Heritage College
325, boul. Cité des Jeunes
Gatineau J8Y 6T3
Phone : 819.778.2270
www.cegep-heritage.qc.ca

John Abbott College
21 275 Lakeshore Road
Sainte-Anne-de-Bellevue
H9X 3L9
Phone : 514.457.6610
www.johnabbott.qc.ca
(Residence)

Macdonald College
21 111, Lakeshore Road
Sainte-Anne-de-Bellevue
H9X 3V9
Phone : 514.398.7814
www.mcgill.ca/fmt
(Residence)

Cégep de Sept-Îles
English sector
175, rue de la Vérendrye
Sept-Îles, G4R 5B7
Tél. : 418.962.9848
www.cegep-sept-iles.qc.ca

Vanier College
821, avenue Sainte-Croix
Saint-Laurent H4L 3X9
Tél : 514.744.7500
www.vaniercollege.qc.ca

PRIVATE COLLEGES / ENGLISH SECTOR

**Centennial College
(1975) inc.**
3641, avenue Prud'homme
Montréal H4A 3H6
Phone : 514.486.5533
college.centennial.qc.ca

Collège LaSalle
2000, rue Sainte-Catherine O.
Montréal H3H 2T2
Phone : 514.939.2006
www.clasalle.qc.ca

Marianopolis College
4873, avenue Westmount
Westmount H3Y 1X9
Phone :   514.931.8792
www.marianopolis.edu

Collège O'Sullivan
de Montréal
1191, rue de la Montagne
Montréal H3G 1Z2
Phone :   514.866.4622
       1.800.621.8055
www.osullivan.edu

Collège O'Sullivan
de Québec
840, rue Saint-Jean
Québec G1R 1R3
Phone :   418.529.3355
www.osullivan-quebec.qc.ca

2014

Guide to Collegial Studies English Sector

Public Cégeps
- Champlain
- Lennoxville
- Saint-Lambert
- St. Lawrence
- Dawson
- First Nations Post-Secondary Institution
- Gaspésie et des Îles, English sector
- Heritage
- John Abbott
- Macdonald College
- Sept-Îles, English sector
- Vanier

Private Colleges
- Centennial
- LaSalle
- Marianopolis
- O'Sullivan de Montréal
- O'Sullivan de Québec

What does the word cégep mean?

Cégep is an acronym for **Collège d'enseignement général et professionnel** or College of General and Vocational Education in English. All public colleges offer two kinds of programs: two-year pre-university programs for students who wish to continue their education at the university level and three-year specialized technical programs designed for students who wish to enter the job market upon graduation.

Admission conditions – Fall 2014

In order to be admitted to a program leading to a Diploma of College Studies (DEC), candidates must meet the three following requirements:

1. **Hold a Secondary School Diploma DES** in the Youth Sector or in the Adult sector.
   A DES holder that has not succeeded the following courses:
   - Secondary IV History of Quebec and Canada
   - Secondary IV Physical Science
   - Secondary IV Mathematics
   - Secondary V Language of Instruction
   - Secondary V Second Language

   will be required to complete remedial courses.

   or

   hold a DEP and to have succeeded the following courses:
   - Secondary IV Mathematics
   - Secondary V Language of Instruction
   - Secondary V Second Language

2. **Satisfy, if applicable, the special conditions for admission established by the Minister which specify the program prerequisites**

3. **Satisfy, if applicable, any special conditions for admission established by the college for each of its programs**

   A college may admit a person who has received instruction it deems equivalent.

Note: The present Guide has been produced with the RREC regulations that are currently in effect at press time.

What are the cégep diploma requirements?

To receive a Diplôme d'Études Collégiales (DEC) - Diploma of Collegial Studies - students must successfully complete a prescribed set of courses that includes English, French, Humanities (Philosophy for pre-university students at Heritage), Complementary Courses, Physical Education and Concentration / Specialization courses. In addition, a ministry uniform examination in language of instruction and literature and a comprehensive program examination are also required to graduate.

Pre-university programs are intended to be two years in duration and technical programs three years in duration.

How many semesters a there in an academic year?

There are two regular semesters in an academic year. The Fall semester runs from mid-August to late December. The Winter semester begins in January and runs through to the end of May. A Summer semester may be available for make-up courses students missed during the regular semester. A special session may be given in June-July for deferred or accepted applicants who need to complete high school equivalent courses in Mathematics, Physical Science, Physics or Chemistry. These courses cannot be used as high school credits. Please check with individual colleges regarding schedules and courses offered.

Can I take cégep courses during the evening?

Evening courses / programs are also available. Further information may be obtained by contacting each college directly.

How do I apply?

1. Champlain Regional College (Saint-Lambert Campus) and Dawson College use the Common Application System. Only one application may be filled within this system for the Fall semester. On this application form, students may indicate two choices of program and / or college.

2. Champlain Regional College (St-Lawrence), Centennial Academy, LaSalle College, Marianopolis College and O'Sullivan College (Montréal) and O'Sullivan College (Québec) have their own application forms.

3. Champlain Regional College (Lennoxville), Cégep Heritage College, John Abbott College, Macdonald College and Vanier College are affiliated with the **Service régional d'admission du Montréal métropolitain (SRAM)**.

4. Cégep de la Gaspésie et des Îles (English sector) and Cégep de Sept-Îles (English sector), are affiliated with the **Service régional d'admission au collégial de Québec (SRACQ)**.

Applications can only be submitted online
        for SRAM at   https://sram.omnivox.ca
        for SRACQ at   www.sracq.qc.ca

For the other cégeps, application forms are available through local high school guidance offices or from the admissions offices of the above-mentioned colleges.

Is there an application deadline?

Yes. The deadline for applications is **March 1, 2014**, for admission to the **Fall 2014** semester and **November 1, 2014**, for the **Winter 2014** semester.

Important notice

The youth sector graduates from the new *régime des études secondaires* mark an important transition in the Quebec school system. This new regime arose from a major reform, with the application of the *Programme de formation de l'école québécoise*. To adapt to the new regime, SRAM modified its *Guide pratique des études collégiales* so applicants from past and present regimes can verify if they meet the requirements in the collegial program they wish to choose.

The **new graduates from the youth sector** (regime J5) must meet the graduation requirements of this regime that differ from the preivous regime. Students have normally taken these new courses in high school (youth sector) and they should have the specific program prerequisites achieved in these new high school courses.

However, the **new graduates from adult education** and all the **previous graduates** (youth sector and adult education) will have completed their courses under the former regime. Therefore, the program prerequisites of the former high school courses remain valid.

With the *Programme de formation de l'école québécoise*, courses are based on a new pedagogical approach. Furthermore, the disciplinary competencies have been revised and the learning sequences have been modified. As a result, equivalences between the new and the former high school courses cannot be established. Since the path followed by applicants wishing to go to college is not linear and the passage to college does not necessarily take place immediately after Secondary 5, the program prerequisites had to be presented so as to be relevant to all clienteles.

In this guide, program prerequisites will appear in order of subject. The new and the old high school courses that meet the prerequisites are indicated. One or the other of these courses will be accepted. It is important though **not to establish equivalences between the former and the new courses.** It is possible that, for two programs that previously required the same Mathematics course, there may be two new different courses.

The program prerequisites that refer to new high school courses (youth sector) appearing in this guide reflect information available on June 19, 2013.

(continued on page 398)

Here are the abbreviations used for the new Mathematics and Science courses which are referred to in the program requirements chapter of this guide:

Mathematics:

- CST 4: Secondary 4 Cultural, Social and Technical Option
- CST 5: Secondary 5 Cultural, Social and Technical Option
- TS 4: Secondary 4 Technical and Scientific Option
- TS 5: Secondary 5 Technical and Scientific Option
- S 4: Secondary 4 Science Option
- S 5: Secondary 5 Science Option

Sciences:

- ST 4: Secondary 4 Science and Technology
- ATS 4: Secondary 4 Applied Science and Technology
- EST 4 or SE 4: Combination of
  Secondary 4 Science and Technology or
  Applied Science and Technology
  and
  Secondary 4 Science and the Environment or
  Environmental Science and Technology

Pre-university programs

What types of pre-university programs are available?

The following is a list of the two-year pre-university programs generally offered by English public cégeps and Marianopolis. Under each program are listed the specific requirements in addition to the basic entrance requirements. Program numbers have not been provided here but are included with application forms. Consult individual college publications for specific program details.

Science: Health, Pure & Applied, Environmental
For students who intend to pursue university programs leading to degrees in: Dentistry, Dietetics and Nutrition, Medicine, Nursing Science, Occupational Therapy, Optometry, Pharmacy, Physiotherapy, Physical Education, Veterinary Medicine, Agriculture, Architecture, Computer Science, Engineering, Forestry, Geology, Pure Sciences, etc. Vanier and Saint-Laurent offer together a Science in English and in French program.

REQUIREMENTS:
Mathematics: TS 5 or S 5 or 536,
Chemistry: 5 or 534,
Physics: 5 or 534

Enriched Science
For highly motivated students wishing to undertake challenging, enriched courses in Sciences (Health or Pure & Applied). Offered at Dawson, John Abbott, Marianopolis and Vanier.

REQUIREMENTS:
Mathematics: TS 5 or S 5 or 536,
Chemistry: 5 or 534,
Physics: 5 or 534.
High grades, interview and / or faculty recommendation.
Consult individual colleges.

International Baccalaureate - Science
For self-disciplined and highly motivated students who wish to receive an enriched and challenging preparation for any science related program at university, combined with a strong liberal arts component. Students receive both the International Baccalaureate Diploma and the Québec Diploma of Collegial Studies (DEC). Offered at Champlain (St. Lambert).

REQUIREMENTS:
Mathematics: TS 5 or S 5 or 536,
Chemistry: 5 or 534,
Physics: 5 or 534
High grades.

Computer Sciences and Mathematics

This program provides computer programming experience giving a head start to students who want to pursue university studies in Computer science, Computer and Software engineering or any other Information technology related university programs. Offered at Champlain (Lennoxville and Saint-Lambert) and Vanier.

REQUIREMENTS:
Mathematics: TS 5 or S 5 or 536,
Chemistry: 5 or 534,
Physics: 5 or 534

Science/Social Science (3-year Double DEC)

For students who intend to pursue a university program in either Social Science or Science. Offered at John Abbott and Vanier.

REQUIREMENTS:
Mathematics: TS 5 or S 5 or 536,
Chemistry: 5 or 534,
Physics: 5 or 534.

Science/Music (3-year Double DEC)

For students who intend to pursue a university program in either Music or Science. Offered at Marianopolis and Vanier.

REQUIREMENTS:
Mathematics: TS 5 or S 5 or 536,
Chemistry: 5 or 534,
Physics: 5 or 534
Auditions may be required

Arts and Science (integrated DEC)

For students who wish to keep their university options wide-open. Offered at John Abbott and Marianopolis.

REQUIREMENTS:
Mathematics: TS 5 or S 5 or 536,
Chemistry: 5 or 534,
Physics: 5 or 534.

Social Science

For students who intend to pursue university programs leading to degrees in: Anthropology, Economics, Education, Geography, History, Law, Philosophy, Physical Education, Political Science, Psychology, Religion and Theology, Social Work, Sociology.

REQUIREMENTS: See "Admission conditions – Fall 2013" p. 394

For students who intend to take the new Social Science with Mathematics profile

REQUIREMENTS: TS 5 or S 5 Mathematics 526

Honours Social Science / Commerce

An honours program for highly-motivated students who intend to pursue university studies and who have a particular interest in Social Sciences. Offered at John Abbott, Marianopolis and Vanier (after the first semester).

REQUIREMENTS:
Mathematics: TS 5 or S 5 or 536
and two letters of recommendation (for John Abbott only); High grades.

Commerce
For students who intend to pursue university programs leading to a degree in Business Administration, Commerce, Computer Science, Mathematics.

REQUIREMENTS: Mathematics: TS 5 or S 5 or 526.

Social Science / Music (3-year Double DEC)
For students who intend to pursue a university program in either Music or in: Anthropology, Economics, Education, Geography, History, Law, Philosophy, Physical Education, Political Science, Psychology, Religion and Theology, Social Work, Sociology. Offered at Marianopolis and Vanier.

REQUIREMENTS:
Auditions

See "Admission conditions – Fall 2013" p. 394
For students who intend to take the new Social Science with Mathematics profile. REQUIREMENTS: Mathematics TS 5 or S 5 or 526

International Baccalaureate - Non-Science Programs
For self-disciplined and motivated students who wish to receive an enriched preparation for non-science university programs. Students receive both the International Baccalaureate Diploma and the Québec Diploma of College Studies.

- Champlain (St. Lambert):

Theatre & Psychology
REQUIREMENTS: Mathematics TS 5 or S 5 or 526; High grades

Computer Science & Economics
REQUIREMENTS: Mathematics TS 5 or S 5 or 526; High grades

Psychology & Economics
REQUIREMENTS: Mathematics TS 5 or S 5 or 526; High grades.

- Vanier:

Commerce & Computer Science
REQUIREMENTS: Mathematics TS 5 or S 5 or 526; High grades

Commerce & Spanish
REQUIREMENTS: Mathematics TS 5 or S 5 or 536; High grades

Liberal Arts
For students who want an honours program and who intend to pursue university studies, particularly in Journalism, Law, Education and History
REQUIREMENTS:
Mathematics: CST 4 or 514 or Mathematics 416 and supplementary learning activities.
See "Admission conditions – Fall 2013" p. 396
Or
Mathematics: TS 5 or S 5 or 526, for profiles including Differential Calculus or Integral Calculus or Linear Algebra and Vector Geometry in Social Science.
High grades. An interview may be required at Marianopolis. Letter of intent for Dawson and Marianopolis.

Offered at Champlain (Lennoxville, Saint-Lambert), Dawson, Heritage, John Abbott, Marianopolis, Vanier.

Creative Arts and Literature and Languages / Arts, literature and communication

For students who intend to pursue university programs in Cinema, Communication and Media Arts, Drama, Fine Arts, Music, Journalism, Languages, Linguistics, Literature and Translation. Refer to individual colleges for further details about available options.

Please note that the Creative Arts and Literature program is to be replaced by Arts, literature and communication program. Some cégeps will have implemented this change as of the Fall 2014 semester while others will be implementing the change for Fall 2015.

REQUIREMENTS: No specific course requirements.

Creative Arts, Literature & Languages and Music (3-year Double DEC) / Arts, literature and communication and Music

For self-disciplined and motivated students who wish to pursue studies in a number of creative domains. Offered at Marianopolis and Vanier.

Please note that the Creative Arts and Literature program is to be replaced by the Arts, literature and communication program. Some cégeps will have implemented this change as of the Fall 2014 semester while others will be implementing the change for Fall 2015.

REQUIREMENTS: Auditions.

Fine Arts

For students who intend to pursue a university program leading to a degree in Fine Arts.

REQUIREMENTS: Portfolio and an interview are required at Dawson.

Visual Arts

For students who intend to pursue further studies at the university level in a wide range of visual arts, such as the traditional fine arts, graphic design, animation, photography, commercial art and digital art. Offered only at Cégep Heritage College.

REQUIREMENTS: No specific course requirements.

Music

For students who intend to pursue a university program leading to a degree in Music. Offered only at Marianopolis and Vanier.

REQUIREMENTS: Auditions.

Springboard to DCS

The Springboard to DCS option provides applicants with an opportunity to complete missing prerequisite courses, improve their overall academic record or explore available programs. Cégeps offer a variety of profiles and options as part of the Springboard to DCS program. Please visit the cégep's website for detailed information.

Technical programs

What types of technical programs are available?

The following pages describe the three-year specialized technical programs offered by English colleges. Below each program are the specific course requirements in addition to the basic entrance requirements, and some statistics on employment and salaries.

Enrolment in technical programs is limited, therefore admission may be competitive. Applicants, who are otherwise admissible, but missing one or more prerequisites have to be registered in 081.06 Springboard, during their first semester.

Graduates from technical programs may pursue their studies at the university level; however, they may need to do some additional qualifying courses.

Note: Bilingual cegep graduates will have better job opportunities than those with English only. Students who are not functionally bilingual are advised to develop their French proficiency.

How to interpret the statistics on surveyed respondents of the technical collegial programs?

The following pages will give information on placement statistics in regard to technical collegial programs. These are INDICATORS only. One must be very careful in the interpretation of these May 2012 statistics. What will the situation for the respondents be three years after their studies? What will the situation be in a given region? In short, great caution must be used and one should refer to educators who can better qualify these statistics and their subtleties.

The statistics concern a partial number of recent graduates (2012), from some Anglophone and Francophone cégeps. These global statistics do not take into account regional differences.

The May 2012 follow-up was conducted between the end of 2012 and the beginning of 2013 by collegial employment officers. Data from 56 colleges have been compiled; 7 639 respondents ready for the job market were contacted. This ensures valid ratings and pertinent comments on integration to the job market, for each collegial technical program.

The following terms will be used:

Respondents headed for employment: Number of respondents that have answered to the questionnaire and that are ready to enter the job market. This number includes respondents with or without the DEC, but excludes the graduates that are pursuing full time collegial or university studies. The respondents for whom the status is unknown and that were not contacted were not accounted in the study.

Related employment, total: Number of respondents that have obtained a job (full time, partial or occasional) in a field that is related to their collegial program of study

Unrelated employment: Number of respondents that have found a job that is not related to their collegial program

Unemployed: Number of respondents that have not found a job, six months after the end of their collegial studies

Initial average salary: Average starting salary offered to respondents. These are initial wages, in related jobs, full time, without regard to the status.

N.A.: Data not available

People who are considering which program to choose and who have access to these statistics should take into account that these data and indicators are important in the evaluation of their program choice BUT should put their interest, aptitudes, values and personal qualities first when making their career choice.

111.A0   Dental Hygiene

Program Description

The Dental Hygienist works under the supervision of a dentist either in a private dental office or in a public agency such as a clinic, school or hospital.

The Dental Hygienist is able to expose and process dental X-rays, apply cavity-preventing agents to the teeth, examine and chart oral conditions, take impressions for study models, manage periodontal dressings, deep-scale and polish teeth. In addition to working in a clinic or practising clinical skills, the Dental Hygienist teaches both individuals and groups of people how to properly care for their teeth and mouth. He / she will provide the public with available literature on oral hygiene and may also provide diet counselling in matters related to the teeth.

Employment Opportunities

Employment opportunities for the Dental Hygienist are good. Graduates of this program will find employment in private dental practices, in hospitals, in schools, or in public clinics. He / she may also be employed as a teacher in schools of dental assisting or dental hygiene upon further education.

In accordance with Quebec's Official Language Act, persons being admitted to a professional order such as the Professional Order of Dental Hygienists of Quebec must demonstrate a mastery of both oral and written French comprehension and expression before a permanent licensure can be granted. However, graduates may practice Dental Hygiene in Quebec with a temporary permit valid for one year giving the individual time to take additional French language courses.

Program Cost: Students are required to purchase a lab coat, uniforms, white shoes, safety glasses and instruments. Students will also be required to purchase textbooks and teacher-produced materials. Costs vary.

High School Prerequisites
Physics: EST 4 or SE 4 or 534
Chemistry: 5 or 534

English Cégep Offering the Program
John Abbott

2012 Employment

Respondents	related employment: 163
headed for employment: 173	unrelated employment: 5
	unemployment: 5

Initial Average Salary in 2012: $22.70 per hour

140.B0 Biomedical Laboratory Technology

Program Description
This is a three year program designed to give students the theoretical knowledge and practical skills of a professional technologist who works in a hospital or other biomedical laboratory. This rewarding career allows conscientious students to work in a large variety of laboratories encompassing five medical specialties: hematology, the study of blood; biochemistry, the study of body functions; histology, the study of body tissues; micro-biology, the study of micro-organisms; and blood banking, the study of blood transfusions. Technologists use highly specialized tools and instruments to analyse body tissues, fluids and organisms to help in the diagnosis of patients' diseases.

In first and second year, students acquire broad theoretical knowledge attending classes and complement this knowledge with specific skills developed and practiced in laboratory experiments in the college. In the third year, students continue with on-the-job training while they intern in accredited hospitals and rotate among the specialty laboratories. These students attend seminars and complete a special study project before final college examinations and certification examinations for the Canadian Society of Laboratory Technologists. Successful students obtain General Certification as Registered Technologists.

Employment Opportunities
The broad training in many specialties results in exceptionally good employment opportunities locally and all over Canada. Many jobs are available in hospitals, research centers, clinics and private laboratories.

Affiliated Hospitals
Montreal General Hospital, Jewish General Hospital, Lakeshore General Hospital, Royal Victoria Hospital, Montreal Children's Hospital, St. Mary's Hospital, Reddy Memorial Hospital, Pathology Institute of McGill University.

High School Prerequisites
Mathematics: TS 4 or S 4 or 526
Physics: EST 4 or SE 4 or 534
Chemistry: 5 or 534

English Cégep Offering the Program
Dawson

2012 Employment

	related employment:	176
Respondents	unrelated employment:	0
headed for employment: 179	unemployment:	3

Initial Average Salary in 2012: $20.70 per hour

141.A0 Respiratory and Anesthesia Technology

Program Description
Respiratory and Anesthesia Technology is an allied health discipline concerned with the application of specialized techniques and equipment to assist in the diagnosis and treatment of patients with respiratory disorders, as well as some aspects of anesthesia.

Respiratory therapists are specialized members of the team of allied health workers. They normally work in health care centers, such as hospitals and clinics, and require skill in handling complex equipment and in working with people. The objective of the program is to train people to service this need.

Facilities
Vanier College possesses well equipped, on-site laboratory facilities to cover the following aspects of the program: basic techniques for intensive care, pulmonary function testing, anesthesia and cardiopulmonary resuscitation. In addition, the Vanier library is well stocked with reading material relating to this discipline.

A great deal of the Respiratory and Anesthesia learning experience is carried on outside the College in fieldwork in various Montreal hospitals.

Graduates Job Description
Students usually opt for one of the following specialities upon completion of the program: adult or pediatric respiratory or anesthesia technology, intensive care, pulmonary function testing or research.

Employment Opportunities
The field is relatively new and is still expanding. Chances of promotion in this field are excellent for good technologists, both men and women.

Bilingual cégep graduates will have better opportunities for employment in Quebec than those with English only.

High School Prerequisites
Mathematics: TS 4 or S 4 or 436
Chemistry: 5 or 534
Science: ST 4 or AST 4 or Physical Science 436

English Cégep Offering the Program
Vanier

2012 Employment

	related employment: 148
Respondents	unrelated employment: 0
headed for employment: 153	unemployment: 5

Initial Average Salary in 2012: $21.40 per hour

142.A0 Diagnostic Imaging

Program Description
Students in the Radiation Oncology program will learn how to safely use ionizing radiation for the treatment of malignancies, safely operate sophisticated equipment that delivers high energy radiation and care for patients undergoing such treatment.

Upon successful completion of the program, students are eligible to write the examination of *l'Ordre des technologues en radiologie du Québec*. Success in this examination will qualify students as registered technologists and will allow them to work in Canada, in the U.S.A. and many other countries. Graduates must meet provincial French requirements before being granted a work permit in Québec.

Affiliated Hospitals
Radiography: Montreal General Hospital, Jewish General Hospital, Reddy Memorial Hospital, Montreal Children's Hospital, Royal Victoria Hospital, St. Mary's Hospital, Montreal Neurological Institute.

Most students in Radiography will rotate to the Montreal Neurological Institute and Montreal Children's for specialty training.

Employment Opportunities
Radiation oncology technologists will work exclusively in hospitals within multidisciplinary teams. They are qualified to work in all areas of the profession, including treatment planning and simulation, dosimetry, fabrication of treatment accessory equipment and brachytherapy.

High School Prerequisites
Mathematics: TS 4 or S 4 or 436
Science: EST 4 or SE 4 or Physical Science 436

English Cégep Offering the Program
Dawson

2012 Employment

	related employment:	134
Respondents	unrelated employment:	7
headed for employment: 146	unemployment:	5

Initial Average Salary in 2012: $20.60 per hour

142.C0   Radiation Oncology

Program Description

Students in the Radiation Oncology program will learn how to safely use ionizing radiation for the treatment of malignancies, safely operate sophisticated equipment that delivers high energy radiation and care for patients undergoing such treatment.

Upon successful completion of the program, students are eligible to write the examination of *l'Ordre des technologues en radiologie du Québec*. Success in this examination will qualify students as registered technologists and will allow them to work in Canada, in the U.S.A. and many other countries. Graduates must meet provincial French requirements before being granted a work permit in Québec.

Affiliated Hospitals

Radiation oncology: McGill Radiotherapy Department at the Montreal General Hospital, Royal Victoria Hospital, Jewish General Hospital.

Employment Opportunities

Radiation oncology technologists will work exclusively in hospitals within multidisciplinary teams. They are qualified to work in all areas of the profession, including treatment planning and simulation, dosimetry, fabrication of treatment accessory equipment and brachytherapy.

High School Prerequisites

Mathematics: TS 4 or S 4 or 436
Science: EST 4 or SE 4 or Physical Science 436

English Cégep Offering the Program

Dawson

2012 Employment

	related employment:	30
Respondents	unrelated employment:	1
headed for employment: 32	unemployment:	1

Initial Average Salary in 2012: $20.30 per hour

144.A0 Physical Rehabilitation

Program Description

This program trains students in becoming physical rehabilitation therapists who will be able to read the user's file, collect data, establish and implement a treatment plan, modify the treatment according to the situation, maintain records and collaborate with other contact persons.

The program includes training in orthopedics, rheumatology, geriatrics, neurology, pneumology and peripheral vascular problems. When physical rehabilitation therapists work in the health services network, the level of responsibility in executing the intervention steps will vary according to the type of injury.

The therapist's work requires a thorough knowledge of human anatomy and physiology, particularly that of the musculoskeletal system, knowledge of human psychology and that of handicapped individuals; knowledge of pathological processes and therapeutic effects related to physical exercise, to physical and mechanical agents; the capacity in using specific rehabilitation techniques.

Employment Opportunities

The future graduate will be offered opportunities in: general hospitals, rehabilitation centers, nursing homes, chronic care hospitals, children's hospitals, medical centers (for outpatients), schools for the disabled and home care services. Other possible opportunities will be in: psychiatric hospitals, educational institutions, major industries (to speed up the return to work), care in sports-related injuries and multidisciplinary medical clinics.

High School Prerequisites
Mathematics: CST 4 or 436
Physics: 5 or 534

English Cégep Offering the Program
Dawson

2012 Employment

	related employment:	90
Respondents	unrelated employment:	11
headed for employment: 104	unemployment:	3

Initial Average Salary in 2012: $20.60 per hour

145.A0 Animal Health Technology

Program Description
This program trains students to become technologists who, with a minimum of supervision, will be able to assist professionals in such diverse areas as veterinary medicine and wildlife biology.

The first two years of the program deal primarily with the acquisition of biological principles and techniques, and studies in the related disciplines of applied statistics, environmental chemistry and instrumentation techniques. Upon completion of the common two years, the student chooses a specialization: Ecological Technology or Animal Health.

Animal Health Technology
The fifth semester of the Animal Health Technology is designed to train the students in specialized veterinary laboratory techniques such as the identification of various tissues in the detection of diseases, pharmacology, surgical procedures, nutrition, blood and urine analysis, radiology, breeding and the care of laboratory animals used for research purposes. The sixth semester is devoted to item ships in government and private laboratories and in private clinics, co-ordinated by the Animal Health faculty. These rotations at various institutes provide the student with on-the-job training, hence permitting a realistic acquisition of techniques in a variety of situations.

Students in the Ecological Technology option are required to pay food expenses, while those in the sixth semester of the Animal Health option are expected to cover their own room and board while interning outside of the Montreal area.

Employment Opportunities
Because of extensive training in the third year of either option, graduate students need little on-the-job training and hence can usually find employment in their areas of interest.

Technologists graduating from the Ecological Technology option can find employment with various federal and provincial agencies, e.g. The Department of Tourism, Hunting and Fishing, Department of Fisheries and Game, The National Museum of Canada as well as private environmental consulting firms. Employment areas for technologists from the Animal Health option include private clinics and research in private, educational, and government laboratories.

High School Prerequisites
Mathematics: CST 4 or 514
Science: EST 4 or SE 4 or Physical Science 436

English Cégep Offering the Program
Vanier

2012 Employment

	related employment:	125
Respondents	unrelated employment:	14
headed for employment: 144	unemployment:	5

Initial Average Salary in 2012: $13.90 per hour

145.C0 Environmental and Wildlife Management

Program Description
This program is aimed at training technicians working mainly in the areas of research, management and education in a natural environment. The ultimate goal of practitioners is part of an intention to conserve natural resources, to use them in a rational and sustainable way, as well as provide an integrated and effective management of natural environments and the biodiversity where they are found. The concept of natural environment, which constitutes one of the main axes of the current program, is defined as including land, aquatic and wetland ecosystems of a territory as well as the overall resources related to water, air, soil and flora and fauna.

The areas of intervention of a bioecology technician are varied. One of the main areas is research. Integrated as part of a multi-disciplinary team, under the supervision of a researcher, technicians work as head assistants on, among others, natural environment inventories, the organization and management of work logistics, both in the field and the laboratory, certain laboratory analyses and planning work conducted for experimentation purposes. The overall goal of all research activities is the rational utilization of a territory's natural resources. This territory could include protected areas, recreational and tourism activity areas, agricultural activity areas, forest activity areas and urban and semi-urban areas. These are the areas that make up the possible intervention sites of a technician.

Employment Opportunities
Bioecology technicians can work in areas that are quite varied: environmental protection; conservation and protection of natural resources; integrated territory management

High School Prerequisites
Mathematics: TS 5 or S 5 or 436
Chemistry: 5 or 534

English Cégep Offering the Program
Vanier

2012 Employment

	related employment:	14
Respondents	unrelated employment:	7
headed for employment: 27	unemployment:	6

Initial Average Salary in 2012: $15.80 per hour

152.A0 Farm Management and Technology

Program Description
The Farm Management and Technology (FMT) program is offered by the Faculty of Agricultural and Environmental Sciences of McGill University located on the Macdonald Campus in Ste-Anne-de-Bellevue. It is a three year college-level program.

The principal objective of this program is to develop the professional competencies needed to manage and operate a modern agricultural enterprise. This is achieved through the development of skills related to animal and plant productions, soil and water conservation, nutrient management, farm machinery management, equipment and building maintenance and new technologies such as precision farming. Most importantly, financial management, risk management and analytical decision-making skills are a key part of the program. We also aim to develop the student's entrepreneurial skills, personal development and the ability to adapt to a changing world.

Employment Opportunities
The FMT program prepares you to manage a modern agricultural enterprise or for a career in the agricultural and horticultural sectors. Examples of positions held by graduates are:

- Farm and Enterprise Managers
- Feed Representatives
- Fertilizers, Pesticides and Seed Representatives
- Greenhouse Supervisors
- Animal Production Technicians
- Agro-Environmental Club Technicians
- Agricultural Insurance Representatives
- Artificial Insemination Sales Representatives
- Farm Equipment Technicians
- Quality Control Technicians
- Landscapers
- Nursery Technicians
- Agricultural Research Technicians

FMT graduates can transaction into undergraduate degree programs in agriculture at both McGill University and Université Laval.

High School Prerequisite
None

English Cégep Offering the Program
Macdonald College

2012 Employment

	related employment:	80
Respondents	unrelated employment:	1
headed for employment: 82	unemployment:	1

Initial Average Salary in 2012: $13.10 per hour

180.A0 Nursing

Program Description

This three-year Nursing program offers clinical experience in a variety of hospitals and community agencies located on the island of Montreal.

Graduates receive the CEGEP diploma following which they are eligible to write the licensing examinations which are administered by the Order of Nurses of Québec for the Canadian Nurses' Association - Testing Service. (These exams are written in the English language).

In accordance with Bill 250, the professional code, persons being admitted to a professional order such as the Order of Nurses of Québec must demonstrate a mastery of both oral and written French comprehension and expression before permanent licensure may be granted. (In addition, the language of the profession will be tested.)

The curriculum is organized so that in each semester the student will focus on different human needs and the nursing behaviours necessary to meet these needs. The complexity of the nursing behaviours required increases as the student moves through the program and so the courses must be taken in the indicated sequence.

The program endeavours to:
1. Assist the student to provide competent professional nursing care to individuals of all ages in the hospital setting.
2. Enable the student to assist the individual, to meet his / her basic needs in a manner which promotes equilibrium.
3. Enable the student to function effectively as a health team member and be accountable for his / her actions.
4. Assist the student to develop an attitude in which he / she sees learning as an ongoing process.
5. Assist the student to recognize the necessity for continuing education in nursing.
6. Foster an environment conductive to student-teacher collaboration in the learning process.
7. Assist the student to develop as an individual.
8. Promote student participation in decision-making and program development in the college community.
9. Prepare the student to nurse in the Quebec community.

High School Prerequisites

Science: EST 4 or SE 4 or Physical Science 436
Chemistry: 5 or 534 (This prerequisite has been lifted until Fall 2018. Until then, students that will not have this prerequesite in high school will have to successfully complete a chemistry make-up course in cégep)

English Cégeps Offering the Program

Champlain (Lennoxville and Saint-Lambert), Dawson, Heritage, John Abbott, Vanier

---

2012 Employment

	related employment: 723
Respondents	unrelated employment: 6
headed for employment: 761	unemployment: 32

Initial Average Salary in 2012: $21.10 per hour

181.A0   Pre-hospital Emergency Care

Program Description
The objective of this program is to offer a solid training to individuals who wish to work as paramedics, in diverse emergency situations.

Paramedics intervene with people of all ages and conditions, who call on pre-hospital emergency care. Their interventions consist of providing primary care of a medical, traumatic, or behavioural nature (often in combination). They are also qualified to respond to other situations such as disaster relief, fires, floods or incidents involving antisocial behaviour. Within the framework of their interventions, paramedics evaluate the clinical condition and determine the action required to prevent the deterioration of the condition. As required, the patient is then transported to the appropriate receiving centre.

As members of a team, paramedics must have excellent communication skills, good judgment, initiative, empathy, composure, as well as the capacity to react quickly and adequately to situations. They will also need to possess clinical judgment skills based on an ability to resolve problems and use critical thinking.

Employment Opportunities
A wide range of career opportunities are offered in emergency medical services such as:

- Centres for First Aid Training Canadian Armed Forces and the Air Reserve
- International Organizations (such as The Canadian Red Cross)
- Industrial settings (administration of safety programs/emergency care)
- Fire and Rescue departments
- Recreational and sports facilities
- Emergency communication
- Medical supply sales

High School Prerequisites
None

English Cégep Offering the Program
John Abbott

2012 Employment

	related employment: 79
Respondents	unrelated employment: 20
headed for employment: 109	unemployment: 10

Initial Average Salary in 2012: $20.30 per hour

190.B0 Forest Technology

Program Description
The objective of this three-year program is to provide a broad Forest Technology program in a three year technical program which is oriented toward installation, conservation, collection, control and supervision, inventory, research, protection and restoration as aspects of forest management.

The forest technologist works generally out in the field. Most of the courses are given in the working environment: the forest. In these courses, students will learn how to manage both private and public forests.

This program will interest you if:

*   You have an interest for the natural environment and would like to manage, conserve and protect the forest environment professionnaly;
*   You enjoy sciences and love using your computer skills;
*   You are capable of working independently and in groups;
*   You have an analytical mind and initiative and you wish to develop leadership skills.

Employment Opportunities
Forest technician may work for a company in various activities ranging from managing the forest environment to planning and executing tasks related to harvesting, the protection of exploited areas, the application of treatments necessary for silviculture in order to populate forests to its natural or superficial state, the conservation of infrastructure and their values, and the protection and conservation of the forests resources;

Forest Technician may work for the government administrative services, specialised firms and as independent worker.

High School Prerequisites
None

English Cégep Offering the Program
Gaspésie et des Îles à Gaspé

2012 Employment

	related employment:	10
Respondents	unrelated employment:	1
headed for employment: 12	unemployment:	1

Initial Average Salary in 2012: $21.80 per hour

210.AB Laboratory Technology: Analytical Chemistry

Program Description
The objective of this three-year program is to provide a broad background in chemistry; to cultivate skills in analysis, synthesis, and operation of modern instruments in preparation for versatility and flexibility in the choice of career.

The program emphasizes chemical analysis and synthesis and offers training in a wide range of laboratory techniques including hands-on experience with modern concepts and instruments such as atomic absorption, x-ray, infra-red, ultraviolet, nuclear magnetic resonance and mass spectrometers, gas and liquid chromatographs, polarographs, and many more.

The amount of time spent in the laboratory clearly indicates the practical orientation of the program. For example, third-year students spend two-thirds of their school hours in the laboratory.

The Laboratory Technology program is accredited by the Chemical Institute of Canada and upon graduating, students are entitled to become members of this order.

Employment Opportunities
The types of jobs occupied by graduates vary. Most are employed in chemical analytical work, whereas others are involved in research and development, technical sales and other service functions where knowledge of chemistry is important. The range of opportunities is wide and depends on personal qualities, interests and ambitions.

Job opportunities are excellent for both male and female chemical technologists.

High School Prerequisites
Mathematics: TS 5 or S 5 or 526
Physics: ST 4 or AST 4 or 534
Chemistry: 5 or 534

English Cégep Offering the Program
Dawson

2012 Employment

	related employment:	27
Respondents	unrelated employment:	1
headed for employment: 30	unemployment:	2

Initial Average Salary in 2012: $17.50 per hour

221.A0 Architectural Technology

Program Description

Architectural Technology is a three-year technical program training students as assistants to architects, contractors or engineers. Graduates of this program can transfer the conceptual design of an architect into working drawings and specifications and can also plan, supervise, and estimate the cost of construction projects.

The Architectural Technology program is oriented towards graduating technologists of high professional calibre capable of being immediately and gainfully integrated into the building industry.

Teachers of the technical courses in the curriculum are practising architects and engineers, all specialized in their respective fields. Close contact is maintained with the building industry through visits to professional offices, construction sites and materials manufacturing plants; work of students in third year is reviewed by practising consultants.

Employment Opportunities

Architectural technologists may find employment in private offices, institutions, corporations, or in the different governmental departments involved in the planning and construction of buildings. Graduates can be employed as:

a) Architects' or engineers' assistants;
b) Sales executives for firms dealing in construction materials and equipment;
c) Contractors' assistants, working in offices or at construction sites, estimating, coordinating, supervising, or planning construction;
d) Municipal, provincial, or federal administrators, assessing permit applications for building projects or inspecting field work to verify workmanship and materials;
e) Evaluators for banks, trust, insurance, or finance companies, assessing the value of building projects submitted for financing and verifying the progress and quality of work;
f) Researchers for government agencies, as well as industrial and insurance companies, developing codes and standards for building materials and assemblies.

High School Prerequisites

Mathematics: TS 4 or S 4 or 436
Science: ST 4 or AST 4 or Physical Science 436

English Cégep Offering the Program

Vanier

2012 Employment

	related employment:	140
Respondents	unrelated employment:	6
headed for employment: 163	unemployment:	17

Initial Average Salary in 2012: $16.70 per hour

221.B0 Civil Engineering Technology

Program Description
Civil Engineering Technology is the practical application of scientific knowledge for the construction of both private developments and public facilities, such as buildings, railways, tunnels, bridges, dams, etc. All students accepted into the Civil Engineering Technology department are in a mandatory co-operative education program with the industry. The program provides the student with exposure to a real work environment where theory learned in the classroom is applied in the field. This is achieved by an eight-month period of on-the-job training which takes place at the end of the second year.

The Civil Engineering Technology department has a well equipped laboratory for the study of aggregates, concrete, soils and asphalt materials. A modern drafting room with parallel rules and tracked drafting machines, is available for student use.

Students receive intensive training in surveying. Modern surveying instruments are used extensively in an active hands-on learning environment. A survey camp is held at the end of the fourth semester to familiarize students with actual field conditions.

The Civil Engineering Technology program is designed to provide professional training for careers in the construction industry. The department's success is reflected in the growing demand for Dawson graduates, in all related fields.

Employment Opportunities
Many opportunities will continue to exist in such fields as surveying, estimating, planning and drafting. Laboratories are in continual need for qualified technologists to inspect and test engineering materials such as soils, concrete and asphalt. The Civil Engineering Technologist with his / her high degree of practical and theoretical knowledge is often employed as an assistant to a professional engineer and is qualified to eventually assume a supervisory position as a field engineer.

High School Prerequisites
Mathematics: TS 5 or S 5 or 526
Science: ST 4 or AST 4 or Physical Science 436

English Cégep Offering the Program
Dawson

2012 Employment

	related employment:	188
Respondents	unrelated employment:	7
headed for employment: 200	unemployment:	5

Initial Average Salary in 2012: $20.20 per hour

221.C0 Building Systems Technology

We live in a technological and scientific world where much of our every-day life depends on machines and the energy sources needed to run them. Not long ago, sources of energy for day-to-day necessities seemed unlimited. Today, however, we are facing an energy crisis. The design, construction and maintenance of clean and healthy environments in buildings, while still practicing energy conservation, is the responsibility of the engineers and the engineering technologists who work in the fields of heating, ventilation, air conditioning, refrigeration, plumbing and fire protection.

Program Description
The students are taught to design heating, ventilation, air conditioning and refrigeration systems. In addition, courses in energy conservation practices and fire protection techniques are given so that the graduate is fully prepared to design and implement systems for a variety of structures from small private homes to complex industrial buildings.

Facilities
The department has a fully equipped engineering design room with drafting tables, reference catalogues and equipment capable of reproducing designs for immediate evaluation.

Our laboratory includes actual / simulated air conditioning and heating systems, including solar, refrigeration units, hydraulic benches, an internal combustion engine as well as instrumentation and control facilities.

Employment Opportunities
Graduates of the Building Systems Technology program are prepared to be employed in a variety of fields. They can be employed as designers of building environmental control systems with architectural and engineering firms, cost estimators in construction and manufacturing companies, supervisors of environmental control equipment, sales representatives and laboratory technicians in research-oriented projects. Excellent job opportunities are available to graduates. According to recent statistics, graduates are employed within one month of graduation.

High School Prerequisites
Mathematics: TS 4 or S 4 or 436
Science: ST 4 or AST 4 or Physical Science 436

English Cégep Offering the Program
Vanier

2012 Employment

	related employment:	67
Respondents	unrelated employment:	3
headed for employment: 77	unemployment:	7

Initial Average Salary in 2012: $19.20 per hour

235.C0 Pharmaceutical Production Technology

Program Description

The objective of this program is to train students to become pharmaceutical production technicians. These future technicians will learn to act autonomously and under supervision of a production manager to carry out the different processes involved in the manufacture of common dosage forms. These include the production of sterile and non-sterile products, tablets and capsules, liquids, ointments and creams, as well as bacterial fermentation and harvest, and the associated inspection and packaging steps.

They will be able to:

- analyse the manufacturing processes of various dosage forms using industry-standard documents;
- organize production areas to follow pre-established standards and norms;
- carry out manufacturing processes for dry forms (tablets, capsules), liquid forms (creams, ointments and liquids), sterile products (eye drops, injectables) and vaccines;
- ensure production control (sampling and tests), proper documentation and process quality;
- identify situations not compliant with Good Manufacturing Practices, document the gaps and produce follow-up reports.

Graduates are generally employed by companies in the pharmaceutical and biotechnology industries. Graduates are equally prepared to work in other regulated industries such as cosmetic, nutraceutical, food & beverage production and bioremediation.

Technicians in pharmaceutical technology will participate in production planning and configure production processes of varied dosage forms. They will also carry out in-process testing and apply corrective measures.

Pharmaceutical production technicians work in multidisciplinary teams regulated by the Good Manufacturing Practices of Health Canada and by CGMP (Current Good Manufacturing Practices) of the US Food and Drug Administration. According to the type of company (innovative or generic), the technician will be supervised by a production supervisor, a plant manager or a production manager.

High School Prerequisites
Mathematics: TS 4 or S 4 or 436

English Cégep Offering the Program
John Abbott

2012 Employment

	related employment:	4
Respondents	unrelated employment:	0
headed for employment: 4	unemployment:	0

Initial Average Salary in 2012: $15 per hour

241.A0 Mechanical Engineering Technology
Manufacturing option
Design option
Automation option

Program Description
Mechanical Engineering Technology is the application of basic science and engineering principles and methods in the area of manufacturing and design. The three-year program offers 3 options enabling students to gain knowledge and technical skills in order that they may pursue a career in the engineering field. The **Manufacturing option** gives students a theoretical and practical knowledge of manufacturing methods and processes. The **Design option** teaches students to apply basic principles in the designing of manufacturing equipment and processes. The **Automation option** prepares graduates to use robotics, logics and microprocessor controlled equipment in automated manufacturing applications. All options have the same course content in the first two years. Specialization begins in the third year. Some selected courses are offered in the evening.

Employment Opportunities
Job opportunities are good. Due to the breadth of training received, graduates can eventually assume supervisory roles with correspondingly higher salaries. Mechanical engineering technologists may be employed by engineering firms to work on the design of new products or new manufacturing processes. They may also be employed by engineers in the area of research of a particular process or machine. Graduates may also find work in associated departments of manufacturing such as drafting, quality control or purchasing and in the areas of machine maintenance and process operation.

Students who wish to continue on to a mechanical engineering program at university may do so; however depending on the university, some remedial courses will normally be required.

High School Prerequisites
Mathematics: TS 4 or S 4 or 526
Physics: 5 or 534

English Cégep Offering the Program
Dawson

2012 Employment

	related employment:	120
Respondents	unrelated employment:	13
headed for employment: 145	unemployment:	12

Initial Average Salary in 2012: $18.20 per hour

241.D0 Industrial Maintenance Mechanics

Program Description
The Industrial Maintenance Mechanics program is a three-year program and offers a solid training in the industrial equipment field from the simplest machines to the largest automated systems. Once graduated, students will find employment in one of the multiple industrial sectors as chemical industries, shipbuilding, mining, food, paper industries.

This program will interest you if:

- You have a particular interest for electronics, hydraulics, pneumatics and computers;
- You desire to install, maintain, repair and improve conventional and automated production systems;
- You wish to create, implant and manage methods of preventive and systematic maintenance of industrial equipment used in production.

Employment Opportunities
All industrial sectors require services from industrial maintenance technicians.

After a few years of practical experience in the maintenance service, the technician generally acquires technological development, personnel training and management functions.

High School Prerequisites
Mathematics: TS 4 or S 4 or 526
Physics: 5 or 534

English Cégep Offering the Program
Gaspésie et des Îles à Gaspé

2012 Employment

	related employment:	27
Respondents	unrelated employment:	1
headed for employment: 31	unemployment:	3

Initial Average Salary in 2012: $21.40 per hour

243.A0 Computerized Systems Technology

Program Description

Graduates from this program accomplish a variety of tasks in businesses having production activities, in technical support and research related to digital systems, mostly in manufacturing firms. They can also work for consulting firms or research and development laboratories.

Digital system technologists will mostly work on microcomputers and computers, software, computer networks, external interfaces, electronic components, printed circuits, pc cards, mechanical products and components, electronic equipment, digital systems and technical documentation. These technologists will often work in multidisciplinary teams to create and develop digital automated systems.

Employment Opportunities

Graduates may work in collaboration with engineers, technicians, operators, assemblers, customers and other people having administrative tasks.

High School Prerequisites

Mathematics: TS 4 or S 4 or 436
Science: EST 4 or SE 4 or Physical Science 436

English Cegep Offering the Program

Vanier

2012 Employment

	related employment:	8
Respondents	unrelated employment:	1
headed for employment: 10	unemployment:	1

Initial Average Salary in 2012: $16.30 per hour

243.B0 Electronics

Employment Opportunities

Audiovisual Specialization: In the entertainment sector, these technologists work as lighting designers, sound technicians and maintenance technicians. They perform as well numerous duties that contribute to the success of a show or an event (installation, operation and disassembly of equipment such as projectors, video-recorders, cameras, etc.). In museums, audiovisual departments of educational institutions, research centres and in other types of institutions, these individuals are considered as "general practitioners" who contribute in completing projects: they design input on technical feasibility, participate in planning work, purchases, equipment installation; they handle the lighting, audio pick up, film takes, editing, etc., and oversee the maintenance of audiovisual equipment. In radio stations, these individuals are operations and on-air maintenance technicians. In television stations and television production companies, these technologists can work in the maintenance department or perform other duties related to the installation, operation and disassembly of equipment, including the solving of various technical problems.

Computers and Networks Specialization: The main duties performed by these technologists are:
For the electronics specialty: the installation, maintenance, technical maintenance, repairs and modification of electronics and computer equipment.
For the computers specialty: the installation of software material, maintenance, technical maintenance, repairs and customer service.
For the networks specialty: the installation, maintenance, technical maintenance and operations of the network and equipment.

Telecommunications Specialization: The main activities and duties of these technologists are the installation and start-up, maintenance, technical maintenance, repair and modification or upgrading of telecommunications systems; technical assistance; quality control during editing work and material assembly, equipment and systems (including calibration); and systems design maintenance.

Telecommunications technologists work on the material, equipment and different systems that transport signals, whatever the means of transportation, for network access operations, communications and telecommunications signal transportation.

High School Prerequisites
Mathematics: TS 4 or S 4 or 436
Science: ST 4 or AST 4 or Physical Science 436

English Cégeps Offering the Program
Dawson, Heritage*

*See "Work-study option", p. 461

2012 Employment

	related employment:	75
Respondents	unrelated employment:	8
headed for employment: 91	unemployment:	8

Initial Average Salary in 2012: $19.80 per hour

243.C0   Industrial Electronics

Program Description
The aim of this program is to train individuals who want to enter the industrial electronics technology profession.

These technologists work in the primary, secondary and tertiary sectors, in the areas of metal processing, forestry and paper, chemistry, plastics, pharmaceutics, food and beverages, the manufacturing of transportation equipment or electrical material, printing, etc. They can also be found in the services sector, such as energy distribution (gas and electricity) and engineering consulting.

The main duties of these technologists are troubleshooting, preventive maintenance and the installation and start up of instruments in control systems. In collaboration with engineers, they also participate in the design or the modification of an automated system or electrical installation. Finally, they are responsible for purchasing material within the limits of an allocated budget.

Industrial electronic technologists play a very crucial role during procedural breakdowns. They have the responsibility to quickly reinstate the operations of defective instruments such as sensors and conditioners, automatic devices and controllers, motors, drive systems and electrical distribution systems, but also broken mechanical elements such as valves and pneumatic and hydraulic cylinders, etc.

The environment of these technologists is made up of distributed and computerized systems as well as industrial programmable control equipment, such as measuring instruments, captors, programmable controllers, electronic controllers, control networks, valves and speed controllers, etc.

This technological environment is in constant evolution.

High School Prerequisite
Mathematics: TS 4 or S 4 or 436
Science: EST 4 or SE 4 or Physical Science 436

English Cégep Offering the Program
Vanier

2012 Employment

	related employment:	132
Respondents	unrelated employment:	12
headed for employment: 150	unemployment:	6

Initial Average Salary in 2012: $22.30 per hour

244.A0 Applied Physics Technology

Program Description

This program combines electronic, mechanical, building, computer, automation and photonic technologies. It provides students with a hands-on approach in which they not only learn about science and technology, but also apply what they are learning. A new addition to the program, Photonics, is a developing field, which includes electro-optics, fiberoptics and imaging systems. Photonics has applications in diverse areas including telecommunications and medical technologies. Courses will be given on the John Abbott Campus and the new Montreal Physics Technology and Photonics Centre, situated at Cégep André-Laurendeau.

Students in Engineering Technologies learn:

- A wide range of modern electronic, mechanical, optical, thermal and robotic engineering subject
- The latest computer skills, both hardware and software
- How to work in teams to achieve technical goals and projects
- To understand the complex technologies using systematic and logical approaches
- To design, build, and repair circuits and machines
- Where industry uses technology, and how to market their skills

Employment opportunities

Graduates of the program who choose to enter the work force immediately upon graduation have excellent career prospects. The program currently boasts a 100% success rate in graduates finding jobs. In addition, there are a significant number of graduates who choose to pursue their studies in university in Electrical, Mechanical, Building, Civil or Computer Engineering.

High School Prerequisites

Mathematics: TS 5 or S 5 or 526
Physics: EST 4 or SE 4 or 534

English Cégep Offering the Program

John Abbott

2012 Employment

	related employment:	3
Respondents	unrelated employment:	2
headed for employment: 6	unemployment:	1

Initial Average Salary in 2012: $18.20 per hour

280.C0 Aircraft Maintenance

Program Description

The program is designed for qualified people, at the technician level, for the variety of jobs available in the Canadian Aerospace Industry. It is expected that graduates will find employment in line maintenance work, equipment servicing and testing, manufacturing support, and the sales field. It is not intended to restrict instruction to line maintenance work alone.

As students come to the program with a high level of interest in the airspace field, one of the main educational goals is to relate this enthusiasm to the kinds of work that are available in the aerospace industries.

Particular emphasis is given to the aircraft maintenance aspects of flying vehicles. Aircraft Maintenance refers to maintenance of airplanes and helicopters. There are three main classifications of specialized personnel required for this work: engineers, technicians, and skilled workmen. This program refers exclusively to the technician level of the specialization. The program is designed to provide students with advanced knowledge and skills required to perform the basic requirements of an Aircraft Maintenance Engineer. The program is accredited by the Department of Transport and, upon completion of nineteen months in the aircraft industry; graduates are qualified to apply for their Aircraft Maintenance Engineer License, Category "M".

Note: L'École nationale d'Aérotechnique of Collège Édouard-Montpetit offers this programme in French and in English.

High School Prerequisites
Mathematics: TS 5 or S 5 or 526
Physics: 5 or 534

Cégep Offering the Program in English
École nationale d'aérotechnique (Édouard-Montpetit)

2012 Employment

	related employment:	39
Respondents	unrelated employment:	5
headed for employment: 50	unemployment:	6

Initial Average Salary in 2012: $17.10 per hour

310.A0   Police Technology

Program Description

Designed for cégep students or to upgrade the training of presently active law enforcement and security personnel, the program covers all the techniques for maintenance of public order, of crime prevention, detection and prosecution.

Based on broad studies in the social sciences, psychology and humanities, the course includes police sciences, medico-legal studies, criminal law and criminal behaviour. It deals with all levels of police work such as methods of investigation and interrogation and offers practical experience in patrol work, traffic control, criminal investigation and auxiliary protective services.

For admission in Police Technology at Ahuntsic, John Abbott and de Maisonneuve, there is an AFFIRMATIVE ACTION PROGRAM. To obtain a questionnaire, please contact your High School or one of these cégeps.

Students who would like to follow police technology courses as complementary courses should get permission from the chairman of the department.

High School Prerequisite
Mathematics: CST 4 or 514

English Cégep Offering the Program
John Abbott

2012 Employment

	related employment:	100
Respondents	unrelated employment:	112
headed for employment: 241	unemployment:	29

Initial Average Salary in 2012: $17 per hour

310.B0 Correctional Intervention

Program Description
Courses in Correctional Intervention give you a sound general education in criminology, penal law, psychology and, perhaps most important, in dealing with people. Student activities and fieldwork play an important part in the program. You are encouraged to participate in community and campus programs connected with your studies to allow you to exercise and develop your skills with the public.

The last semester, or fieldwork period, will involve actual corrections work in the community or in a correctional institution.

Provided you build in the appropriate prerequisites, you can also continue your studies at university in criminology, social work or applied social science.

Employment Opportunities
After completing the three year program, graduates from Correctional Intervention find rewarding and challenging careers within the correctional system.

You may counsel offenders and their families, be a probation or parole officer, or develop programs to help reintegrate convicted offenders into society. Working with juveniles, you may find employment with community programs, detention centres, or as a case worker.

NOTE: A basic knowledge of French is an asset.

High School Prerequisite
None

English Cégep Offering the Program
John Abbott

2012 Employment

	related employment:	68
Respondents	unrelated employment:	28
headed for employment: 98	unemployment:	2

Initial Average Salary in 2012: $17.90 per hour

310.C0   Paralegal Technology

Program Description
Your program of studies does not limit itself to law, it also includes accounting, computer and communication skills that will enhance your entry position into the business world.

You will become familiar with the computer and, in no time at all, you will master WordPerfect, the most widely used software in the industry and become an expert in computer-assisted legal research.

Employment Opportunities
This specialized programme lets you acquire the skills you will need to work with legal professionals and to progress throughout your career in your new position as a paralegal technologist.

Important responsibilities are in store for you in assisting lawyers and notaries. Your duties will include handling confidential files, carrying out legal research, drafting legal documents, assisting at meetings and at court and attending closings.

A wide range of career opportunities awaits the legal assistant in:

Private Law Firms
Corporate Legal Departments
Courthouses
Labour Boards
Rental Boards
Bailiff's Offices
Notarial Offices
Legal Aid Offices
Municipal Registry Offices
Automobile Insurance Board of Québec

High School Prerequisite
Mathematics: CST 4 or 514

English Cégep Offering the Program
O'Sullivan de Montréal

2012 Employment

	related employment: 100
Respondents	unrelated employment: 9
headed for employment: 119	unemployment: 10

Initial Average Salary in 2012: $18.20 per hour

322.A0 Early Childhood Education

Program Description
Early Childhood Education is a three-year program designed for students interested in working with young children under six years of age.

Aims of the Program:
1) Personal growth to help students develop an intellectual and emotional balance indispensable to young children educators.
2) Theoretical background to help students acquire the theoretical background to understand the physical, social, emotional, intellectual and creative needs of young children.
3) Practical skills to help students acquire skills which will enable them to prepare, implement, and evaluate meaningful programs for the ongoing development of young children.

Facilities
The Early Childhood Education Department has a collection of educational materials and equipment for demonstration and use by the students and staff.

An on-campus Laboratory Nursery connected to the Early Childhood Education Department is used by students for some fieldwork placements and observations for various program courses.

All students experience guided field placements in various day-care centres, nurseries and play groups located throughout Montreal.

Employment Opportunities
Graduates of the Early Childhood Education Program will work with infants and young children in group and family settings such as nurseries, day care centres, hospital play groups and community pre-school programs. The work of the graduates will contribute to the optimal physical, emotional, intellectual and social growth of children.

High School Prerequisite
None

English Cégeps Offering the Program
Heritage*, Vanier

2012 Employment

	related employment:	283
Respondents	unrelated employment:	16
headed for employment: 309	unemployment:	10

Initial Average Salary in 2012: $16 per hour

351.A0 Special Care Counselling

Program Description
The Special Care Counselling program is designed to train specialized educators to work with persons with difficulties in adaptation of a physical (motor or sensory), intellectual, social or emotional nature. This work is carried on within the framework of a multidisciplinary rehabilitation team, in a variety of settings - institutions, group home, day-treatment centers, etc.

Aims of the Program
The program is comprised of four types of training:
1) a general formation, aimed at developing intellectual and social maturity
2) a personal formation, aimed at developing social and affective self-awareness
3) a theoretical professional formation, giving the student the necessary basis for professional practice
4) a practical professional formation, equipping the student to practice his / her profession

Employment Opportunities
The Special Care Counselling graduates work with groups of persons who, as a rule, are housed together, in a residential setting, a group home, etc., contributing in a concrete way to achieving rehabilitation or resocialization goals established by the treatment team. This can involve a great variety of tasks: helping with self-care, travel training, animating recreational activities, participating in case conferences, etc.

In Quebec, most employment opportunities are to be found within agencies administered by the Ministry of Social Affairs. Thus government budgets affect the size of the job market quite directly. Graduates of the program are also currently working outside Quebec in a number of provinces and states.

Opportunities for Educational Advancement
Although the Special Care Counselling program is designed to prepare graduates directly for the job market, numerous graduates have successfully redirected their career aspirations by enrolling in Bachelor of Social Work or Bachelor of Education programs in Quebec and Ontario.

High School Prerequisite
None.

English Cégeps Offering the Program
Champlain (Lennoxville), Vanier.

2012 Employment

	related employment:	576
Respondents	unrelated employment:	47
headed for employment: 666	unemployment:	43

Initial Average Salary in 2012: $19.30 per hour

388.A0   Social Service

Program Description
The goal of this three-year program is to prepare students for a variety of career opportunities in the field of human services. The focus is on acquiring a basic understanding of the influence of social structures on human behaviour and on developing skills to intervene and effect change in problem situations.

The objectives are:
- The acquisition of knowledge of the social milieu and the individual in interaction with this milieu.
- The development of social intervention skills.
- The development of a value base and personal maturity in human relationships.

Social service and social science courses provide the basic concepts underpinning the knowledge base in the first few semesters. There is an integrated approach to social service practice at the outset with emphasis on basic skills of intervention with individuals, groups, and communities.

A number of our courses are taught in a community learning laboratory. Here theory and methods are learned through observation, participation, field tasks, role-play and other experimental modes. Active learning, personal responsibility and growth are stressed.

Field placements in the second and third year in social and community agencies give students the opportunity to experience the reality of the work and to develop their skills under supervision.

Mastery of the French language is urged so that graduates can become comfortable in work situations increasingly requiring bilingualism.

Employment Opportunities
Graduates of the program are titled social counsellors or Technicians in Social Service and are eligible to join la Corporation des Conseillers Sociaux du Québec. They are equipped to work in varied settings mostly with adults and families.

Social needs and fields of practice are found in schools, courts, hospitals, clinics, community centers, social agencies, public welfare institutions and citizens' groups.

High School Prerequisite
None

English Cégep Offering the Program
Dawson

2012 Employment

	related employment:	196
Respondents	unrelated employment:	40
headed for employment: 262	unemployment:	26

Initial Average Salary in 2012: $16.80 per hour

391.A0 Community Recreation Leadership Training

Program Description
Community Recreation Leadership Training is an exciting human services career. The major goal of recreation is to help people grow and develop in order that they may realize their full potential as individuals. The opportunity to provide leadership to people in their leisure time in the areas of sports, outdoor education and social-culture activities is both challenging and satisfying. Emphasis is placed on understanding of self and others as these skills are basic to working effectively with people.

Community Recreation Leadership Training emphasizes the importance of the practical application of classroom learning. Through the co-operation of community recreational and other agencies concerned with recreation for their clients, students experience the world of the recreation profession. C.R.L.T. students in their first year are required to become involved in recreation leadership as a volunteer worker, in the second year as a leader of an agency group and in the final year through field work block placement (24 hours a week for a full semester).

Advisory Committee
An advisory committee to C.R.L.T. is made up of community representatives in many fields of recreation. These people are involved in the delivery of recreation services and academic training programs and provide additional expertise to faculty and students.

Field Work Placement
In order to carry out its training program, the C.R.L.T. department maintains co-operative arrangements and affiliations with various colleges as well as voluntary and public recreational organizations in which students are placed for intensive field work internship.

Employment Opportunities
The world of recreation involves the following: private agencies such as the Y.M.C.A., Boy Scouts, Girl Guides, Boys and Girls Clubs; public agencies - municipal, provincial and federal, such as parks, playgrounds, camping grounds, national parks; commercial agencies - health, fitness, racquet clubs, etc.

High School Prerequisite
None

English Cégep Offering the Program
Dawson

2012 Employment

	related employment:	68
Respondents	unrelated employment:	8
headed for employment: 88	unemployment:	12

Initial Average Salary in 2012: $16.20 per hour

393.A0 Information and Library Technologies

Program Description

Information and Library Technologies is a three-year program which prepares graduates to work in libraries, bookstores, archives, and information centers as qualified library technicians.

The course of study introduces the student to some of the chief ways recorded information (documents) is selected, organized, and managed. Specifically, the program includes courses in reference materials, administration, indexing, cataloguing, government documents, periodicals, accounting, public relations, labour relations, computer science, office work, acquisition and circulation of materials, and the operation of audiovisual equipment.

High School Prerequisite
None

English Cégep Offering the Program
John Abbott

2012 Employment

	related employment:	58
Respondents	unrelated employment:	8
headed for employment: 73	unemployment:	7

Initial Average Salary in 2012: $19 per hour

410.B0 Accounting and Management Technology

Program Description

The upgraded *Accounting and Management Technology* program is designed to provide students with an exciting, contemporary education. Focused around a core of accounting courses and incorporating the latest information technology, business graduates will also acquire skills in a wide variety of business areas including marketing, finance, and human resources.

Up-to-date management information and computer courses are not only taught but fully integrated into many courses.

Through one-month stage in industry, students not only get to put into practice what they have learned in their courses, but also have the opportunity to learn about other cultures and work methods. Undoubtedly the revised *Accounting and Management Technology* program provides great challenges and wonderful opportunities for successful students.

Employment Opportunities

Countless employment opportunities await graduates of the *Accounting and Management Technology* program. Students are prepared to enter the work force with great ease and varied professional competencies immediately upon graduation or to venture into business for themselves and become young entrepreneurs. Whatever path they choose, Business Administration graduates are equipped with the skills and business knowledge they need to succeed.

High School Prerequisite

Mathematics: TS 4 or S 4 or 436

Those who want to include mathematics 103 in their collegial program must have mathematics TS 5 or S 5 or 526.

English Cégeps Offering the Program

Champlain (Lennoxville, St-Lawrence), Dawson*, Gaspésie et des Iles à Gaspé, Heritage*, LaSalle College, Vanier.

*See "Work-study option", p. 461

2012 Employment

	related employment:	218
Respondents	unrelated employment:	40
headed for employment: 290	unemployment:	32

Initial Average Salary in 2012: $16.50 per hour

410.D0   Business Management

Program Description
This program trains students in becoming marketing management technicians.

Included in the responsibilities of marketing management technicians are the management of retail stores or the supervision of sales teams in businesses and companies.

Employment Opportunities
Graduates in this field mainly work in retail and/or wholesale stores, companies and business enterprises specializing in the sale of products and services. They can be self-employed or salaried employees in small, medium and large size companies. Retail stores generally hire them as store managers, while wholesalers, industries and specialized businesses will offer them sales team supervisor positions.

The main responsibilities of marketing management technicians focus on managing sales staff, achieving sales objectives, promoting/marketing products and services, buying merchandise and ensuring customer service. In addition to being responsible for a store or sales team, they can also be required to sell products or services themselves.

In performing their jobs, marketing management technicians must demonstrate versatility, initiative and autonomy, and be able to adapt to different work environments. Skills acquired through this program will allow them to use the tools and methods involved in taking sound advantage of business data, information from the current economic situation and legal elements relevant to marketing. These skills will also allow technicians to communicate efficiently in various work situations. Skills related to management process, promotion and international trade will be developed as well.

High School Prerequisite
Mathematics: CST 4 or 436

Those who want to include mathematics 103 in their collegial program must have mathematics TS 5 or S 5 or 526.

English Cégeps Offering the Program
Champlain (Saint-Lambert), Dawson*, John Abbott, LaSalle, O'Sullivan de Montréal, Vanier*

*See "Work-study option", p. 461

2012 Employment

	related employment:	101
Respondents	unrelated employment:	22
headed for employment: 141	unemployment:	18

Initial Average Salary in 2012: $15.60 per hour

411.A0   Medical Records

Program Description
This program provides the student with the skills and knowledge to
effectively manage the health information required for patient care,
administration, research and education. It also offers a unique combination
of medical, computer and business courses.
Emphasis during the program will be on medical records techniques,
medical technology, anatomy and physiology, medical coding,
computerization and statistical analysis.

A medical records technician manages the information contained in the
patient's medical records and ensures the confidentiality of this
information. Depending on the work environment, a medical records
technician's duties may be quite varied. These duties include:
*   Ensuring that all medical records are complete
*   Coding illnesses and treatments
*   Generating statistics from medical records data
*   Applying the access to information Act and the Act respecting health
    services and social services that pertain to all medical records
*   Cooperating with researchers with regards to epidemiological
    studies
*   Representing the institution in courts of law

Employment Opportunities
Graduates of the Medical Records program will work in hospitals, CLSC,
Hospitals centres for long-term care, Polyclinics, Government agencies,
Insurance companies, Medical records consulting firms, coroner's office.

High School Prerequisite
Mathematics: CST 4 or 514

English Cégep Offering the Program
O'Sullivan de Montréal

2012 Employment

	related employment:	70
Respondents	unrelated employment:	7
headed for employment: 84	unemployment:	7

Initial Average Salary in 201 : $18.10 per hour

412.A0 Office System Technology

AA Office Work Coordination
AB Micropublishing and Hypermedia

Program Description

This program provides students with the knowledge and skills necessary for the wording, circulation, classification and filing of business communications and administrative writing on paper as well as on magnetic band.

This program allows students:

-To develop the working capacities, analysis and synthesis capacities so as to intervene with efficiency in all levels of communication as well as in the interdepartmental and public relations of the firm.

-To develop adaptability towards new technologies.

-To carry on administrative assistance duties, that is, planning, organizing and realization of office work whether in a traditional, automated or computerized office.

-To plan, coordinate, supervise the flow of work, and the human and material resources in the office.

The achievement of these objectives implies:
− a sound basic education
− an excellent knowledge of spoken and written mother tongue
− a sufficient knowledge of the spoken and written second language.

Option A: Office Work Coordination

Option B: Micropublishing and Hypermedia

Employment Opportunities

Graduates of this program can be employed in the office as:
Office Technician, Word Processing Technician, Administrative Assistant, Information Transportation Technician, Data Processing Technician, Data Circulation and Filing Technician

High School Prerequisite

None

English Cégeps Offering the Program

Champlain (Saint-Lambert), Gaspésie et des Iles à Gaspé, Heritage*, John Abbott, O'Sullivan de Montréal, O'Sullivan de Québec, Vanier.

*See "Work-study option", p. 461

2012 Employment

	related employment: 149
Respondents	unrelated employment: 11
headed for employment: 167	unemployment: 7

Initial Average Salary in 2012: $18.35 per hour

414.A0 Tourism

Program Description

The program is geared primarily to the needs of agency and transportation company operations. It provides training diverse and varied enough to produce knowledgeable travel and tourism personnel: Courses are grouped into subjects with similar objectives and content: management and business principles, technical and specialized subjects, personal development and communication skills.

This program provides the appropriate tools and techniques that will enable you to accomplish a variety of tasks within the tourism industry: inquire about the customers needs, investigate itineraries and prices, investigate the availability and the suitability of various methods of transportation, draw up itineraries, make hotel and transportation reservations, give information concerning sightseeing and travel with a group as a guide.

Employment Opportunities

The tourism industry offers an ever increasing number of opportunities at municipal, provincial and federal levels, as well as in related industries, such as wholesale and retail travel agencies, ground transport, seaway and airline companies, etc. You will start with a marked advantage but you will still have to prove yourself in a very competitive and technical field.

High School Prerequisite
Mathematics: CST 4 or 514

English Cégeps Offering the Program
Champlain (Saint-Lambert), Heritage*, LaSalle College

*See "Work-study option", p. 461

2012 Employment

	related employment:	62
Respondents	unrelated employment:	16
headed for employment: 80	unemployment:	2

Initial Average Salary in 2012: $14.70 per hour

414.B0   Adventure Tourism Technology

Program Description
The Adventure Tourism Program aims to give you a complete training so that you may become a versatile person able to plan and prepare field trips in natural environments, coordinate and animate activities, teach techniques, interpret your surrondings, intervene in emergency situations, use maps and instrument for orientation, maintain equipment and guide a group in a natural setting, both in English and in a second language.

This program will interest you if:
- You are passionate about the outdoors
- You have initiative, good judgement and good organisational skills
- You wish to learn a second language
- You would like to guide groups in a natural setting

Employment Opportunities
The program aims at training technicians capable of practising their profession in different types of businesses:
- Adventure tourism and ecotourism producers
- Private services (cruises, Native sites, etc.)
- Public services (parks, reserves, ZEC, etc.)
- Integrated services (specialised stores, accommodation establishments, etc.)

High School Prerequisites
None

English Cégep Offering the Program
Gaspésie et des Îles à Gaspé

2012 Employment

	related employment:	n.a.
Respondents	unrelated employment:	n.a.
headed for employment: n.a.	unemployment:	n.a.

Initial Average Salary in 2012: n.a.

420.A0 Computer Science Technology

Program Description

Data Processing concerns computers, and the emphasis is on their use in business applications. Through intensive theoretical and practical work in computer subjects and by taking related courses in business and mathematics, students cover a range of data processing subjects in depth, from simple unit record application programs to the design of random access systems. Extensive programming is done in the major languages using the facilities of one of the largest computer services in Canada, DSIR (Direction des services informatiques aux réseaux) of the Ministry of Education.

The three-year program leads to the Diplôme d'Études Collégiales (DEC). University studies may be pursued following attainment of the DEC, depending on the program and the university.

Students from other technical programs and pre-university students, may take a series of courses. Students intending to take computer science degrees should consult the department for a suitable selection of courses. The program requires extensive work outside of regular lecture and laboratory hours. Assignments usually require more than the allotted hours to complete.

Three options: A: Administrative Data Processing
B: Industrial Data Processing
C: Network Management

Employment Opportunities

The main field of employment is that of computer programming in a business environment, but opportunities exist in government, education, and science. Graduates are usually initially employed as programmers but well-qualified graduates may proceed quickly into the field of systems analysis and design. In general, job opportunities depend on ability. Graduates with high marks in computer courses have little difficulty in being hired. Graduates of this program have proven to be very successful in obtaining employment as programmers and programmer analysts.

High School Prerequisite

Mathematics: TS 5 or S 5 or 526

English Cégeps Offering the Program

Champlain (Lennoxville* & Saint-Lambert) option A, Dawson option A, Gaspésie et des Iles à Gaspé option A, Heritage option A*, John Abbott option A, LaSalle College option C, Vanier option A.

*See "Work-study option", p. 461

2012 Employment

	related employment:	218
Respondents	unrelated employment:	15
headed for employment: 255	unemployment:	22

Initial Average Salary in 2012: $19.60 per hour

430.A0　Hotel Management

Program Description

The hotel management program is designed to provide managerial and administrative education in the operation of hotels, motels or restaurants. Courses are grouped in specific areas to enable students to be familiar with the most up-to-date information available. In general terms, there are four distinct categories of courses: management and administrative skills, technical subjects of both a theoretical and practical nature, personal development and communication techniques.

The different courses will enable students to learn the specific skills in each of the following sectors: planning, organization, personnel, marketing, sales, reception, housekeeping, cooking, purchasing and cost control. They will also learn to accomplish various tasks, among which: registering clients and assigning rooms, sending and receiving messages, handling baggage, providing information, handling and solving complaints, making and confirming room reservations. Students will plan, organize and control, through middle management, the operation of dining rooms and bars, so as to ensure their efficiency and profitability.

Employment Opportunities

Hotel Management offers an ever growing range of opportunities to people who have a natural sense of courtesy and who are interested in working in management in the different services of the lodging, food and hospitality industries. Work can be at the front desk, in the food and beverage departments, in purchasing and control, in the dining room, in the advertising, sales or public relations services, or in accounting. Attractive positions are also available in related support organizations, in the supply areas.

High School Prerequisite
Mathematics: CST 4 or 426

English Cégep Offering the Program
Heritage*, LaSalle College

*See "Work-study option", p. 461

2012 Employment

	related employment:	77
Respondents	unrelated employment:	10
headed for employment: 91	unemployment:	4

Initial Average Salary in 2012:　　　　　　　　　　$15.80 per hour

430.B0 Restaurant Management

Program Description
- Managerial Cooking
- Meal and Beverage Service
- Layout and Management of Kitchens, Dining Rooms and Bars
- Human Resources Management and Training
- Administrating and controlling Costs
- Marketing and Promotion
- Computer Systems
- Learning a Second Language
- Business Internships

Teaching Tools
- Teaching dining room
- Public dining room
- Teaching kitchens (2)
- Production kitchen
- Demonstration kitchen
- Computerized accounting system
- Teaching bar
- Invoicing and cashier system workshop
- Office technology workshop

Learning Experiences
- 8-week internship in a food service company or restaurant (students are encouraged to take part in internships outside Quebec);
- Cooking and service in a dining room in the commercial sector;
- Teaching professionals are active in the food service industry and the restaurant sector and occupy executive positions within their realms of activity.

Employment Opportunities
- Business and commercial cafeterias
- Institutional food services
- Bars and other alcohol sales outlets
- Tourist restaurants and restaurants outside the tourist circuit
- Restaurant chains
- Catering services
- Manufacturers of food products and prepared meals
- Food manufacturers' promotional organizations

High School Prerequisite
Mathematics: CST 4 or 426

English Cégep Offering the Program
LaSalle College

2012 Employment

related employment:	21
Respondents	unrelated employment:	2
headed for employment: 23	unemployment:	0

Initial Average Salary in 2012: $15.10 per hour

551.A0 Professional Music and Song Techniques

Program Description

The Professional Music and Song Techniques program aims to train musicians and vocalists capable of developing in various styles of popular music. These styles include mainly twentieth century music and song produced as entertainment for a mass market. This includes genres like rock, jazz, blues, pop, ethnic, folk, world beat, etc.

The program includes two distinct specialization streams. The first, Composition and Arrangement, prepares the student as an arranger and composer of music and songs. The second, Performance, aims to prepare the student as a music or popular song performer.

The staff at Vanier College consists of top professional musicians, from whom each student receives one hour of individual instruction per week on his or her principal instrument.

Opportunities for performance are extensive. Vanier College is noted for its fine performing organizations including the Vanier College Stage Band and the prize-winning Vanier Jazz Ensemble. These organizations have performed in Boston, Toronto and Winnipeg on radio and television, as well as concerts in the Montreal area.

In addition, there is a wide variety of chamber music groups. These, together with individual performers, are regularly featured in a series of noon-hour concerts at Vanier.

High School Prerequisite
None

English Cégep Offering the Program
Vanier

2012 Employment

	related employment: 9
Respondents	unrelated employment: 6
headed for employment: 19	unemployment: 4

Initial Average Salary in 2012: $14.90 per hour

561.A0   Professional Theatre / Production

Program Description

Professional Theatre / Production is a program designed to prepare talented people for professional employment in theatre, radio, television and film.

The program offers a choice of two options: acting and production. All options require a full Secondary V Diploma or mature students status for admission. In addition, candidates for any of the two options must undergo:

a) Audition and interview for Acting option (see next page).

b) Special interview and testing for the Production option.

The successful candidate in the Production option will follow a demanding curriculum. The student achieves a certain degree of skill, comprehension and appreciation of all the design and technical aspects of theatre: the designing of sets, lighting, costumes and props or the proper execution of those designs. Like the actors, students will be given ample opportunity to practice their skills in workshops and full scale productions. A major aim is for the acting and production programs to complement each other as fully as possible.

The John Abbott College Professional Theatre program is also the only English professional training program in Canada to offer sound training in the business and technical management of theatres. The whole range of the management areas in the theatre is taught and opportunities to implement the training are amply provided.

Each year of the Professional Theatre program is sequential. Each student must pass all given professional theatre courses in his / her year in order to proceed to the next year. Any exceptions made are approved by the Professional Theatre Faculty.

High School Prerequisite
None

English Cégep Offering the Program
John Abbott

2012 Employment

	related employment:	21
Respondents	unrelated employment:	7
headed for employment: 28	unemployment:	0

Initial Average Salary in 2012 : $16.80 per hour

561.C0   Professional Theatre / Acting

Professional Theatre / Acting is a program designed to prepare talented people for professional employment in theatre, radio, television and film.

The program offers a choice of two options: acting and production. All options require a full Secondary V Diploma or mature student status for admission. In addition, candidates for any of the two options must undergo:
a) Audition and interview for Acting option.
b) Special interview and testing for the Production option (see previous page).

The successful candidate for the Acting option embarks on an intense three-year program that is centered on three major areas: voice, movement and interpretative skills. All courses are aimed at developing skills in those three essential areas to the highest possible degree. Ample opportunity is provided for the classroom-developed skills to be furthered in studio-workshops and full-scale drama productions. A major aim is for the Acting and Production programs to complement each other as fully as possible.

Each year of the professional theatre program is sequential. Each student must pass all given professional theatre courses in his / her year in order to proceed to the next year. Any exceptions made are approved by the Professional Theatre Faculty.

High School Prerequisite
None

English Cégeps Offering the Program
Dawson, John Abbott.

2012 Employment

	related employment:	18
Respondents	unrelated employment:	8
headed for employment: 28	unemployment:	2

Initial Average Salary in 2012: $14.80 per hour

570.A0 Graphic Design

Program Description
The program is formulated to train and educate students for entry into the field of visual communication design.

Visual communication design deals with design processes in the field of visual communication. It is concerned with the translation of typography, photography and illustration into visual messages for application in the print and non-printed media. Examples of the print applications are: symbols, logos, layouts of periodicals, magazines, newspapers and advertisements, flyers, handbills. Some of the non-print applications are the titling of films, the production of audio-visual presentations and television graphics.

Employment Opportunities
The graphic designer can expect to find employment in design studios, publishing, television and film industries. The need for visual communication design is also found in the municipal, provincial, federal government, and with the advertising, public relations, sales promotion and printing departments of corporations and institutions.

High School Prerequisite
None

English Cégep Offering the Program
Dawson

2012 Employment

	related employment:	53
Respondents	unrelated employment:	20
headed for employment: 87	unemployment:	14

Initial Average Salary in 2012: $14.80 per hour

570.C0 Industrial Design Techniques

Program Description
This program trains students in creating mass produced products that have maximum appeal to consumers and prepares graduates to work in consumer product industries, design consultant organizations and architectural and design engineering offices.

Admission is preceded by an interview and presentation of a portfolio.

High School Prerequisites
Mathematics: TS 5 or S 5 or 436
Physics: ST 4 or AST 4 or 534

English Cégep Offering the Program
Dawson

2012 Employment

	related employment:	6
Respondents	unrelated employment:	2
headed for employment: 11	unemployment:	3

Initial Average Salary in 2012 : $15.40 per hour

570.D0 Illustration and Design

Program Description

The aim of this program is to train individuals who want to enter the Illustration and Design profession.

The role of Illustration Designers includes the design, planning and make up of specialized spaces or environments (store windows, displays, stands, décor, etc.) for featuring objects or promoting products, services or ideas in a commercial or cultural context.

Within the project that is submitted by a client, Illustration Designers create a concept taking into account the objectives, content to be featured, budget and space. They also define the technical and artistic aspects, for example size and shape layouts and the choice of colours, materials and lighting. The designers complete the production work and manage the space where the work is conducted in conformity with plans and sketches that are approved by the client.

Illustration Designers can be self-employed or work as employees in different settings: department stores or boutiques; companies that specialize in displays; décor accessory production companies; companies specialized in exhibition stand design; companies specialized in organizing events; production companies (film and television); magazine publishing firms; private or public organizations; advertising agencies, museums or other businesses that advertise or present products or services of a commercial or cultural nature.

Employment Opportunities

Positions can be found in the following organizations: advertising agencies, display and exhibit firms, printing plants (art department), television (art department), magazines (art department), film companies (art department), newspapers (art department), publishers (design department), retail stores (art department) and record companies (design department).

High School Prerequisite

None

English Cégep Offering the Program

Dawson

2012 Employment

	related employment:	9
Respondents	unrelated employment:	3
headed for employment: 15	unemployment:	3

Initial Average Salary in 2012: $13 per hour

570.E0　Interior Design

Program Description
The aim of this program is to train individuals to work as interior designers.

Designers are able to create, develop and suggest functional and esthetic interior design concepts for residential, commercial and industrial real estate as well as public institutions. They prepare drawing plans and participate in the coordination of design work and ensure the quality of carrying out a project and conformity to applicable codes.

This program also offers a good basis for continued study in furniture design, industrial design and stage design.

The work done by interior designers is ever increasingly being conducted in a computerized environment. Specialists use word-processing software, electronic spreadsheets as well as computer-assisted drawing software and computer-assisted design for tasks involving design, planning and the fulfillment of plans and specifications. They use the Internet to conduct, among others, research related to finished and raw materials.

Given the position held, as well as the nature and scope of the project, the interior designer communicates with several people, notably clients, architects, engineers, entrepreneurs, business owners, lighting specialists, artists and artisans as well as suppliers of specialized services (upholstering, sewing, furniture, materials and accessories, etc.). Interior designers are also in contact with colleagues such as designers, graphic artists, researchers and technical drawers. The workplace requires the mastery of skills related to communication, teamwork and interpersonal relations.

Employment Opportunities
Interior designers work for interior design companies, real estate promoters, architect firms, furniture stores, decoration centers, kitchen cabinet manufacturers, etc. These specialists can also be self-employed.

High School Prerequisite
None

English Cégep Offering the Program
Dawson

2012 Employment

	related employment:	95
Respondents	unrelated employment:	8
headed for employment: 111	unemployment:	8

Initial Average Salary in 2012: $13.70 per hour

570.F0 Professional Photography

Program Description

The aim of this program is to educate individuals who want to enter the photography profession. As part of their activities, photographers answer requests coming from communications or graphics agencies, the media, industry, business, institutions and individuals. They can also develop personal and artistic photography projects and are often self-employed or freelance workers.

Photographers take photographs in various environments and with numerous types of instruments. Working alone or in teams, they take photographs using natural light or artificial light, inside or outside the studio.

They take portraits, photographs of social events as well as business, industrial, advertising, documentary and art and author report photographs. Photographers evaluate the needs of the clientele most of the time and conduct photography sessions by preparing décor elements, where necessary, and by installing lighting accessories. They then process their photographic material and create their final product. Photographers often manage their photographic archives and oversee their companies' operations.

Photographers work with lighting equipment as well as lighting measurement instruments and image processing software. New technologies play an integral role at work and silver film base is increasingly being replaced by digital photography.

High School Prerequisite
None

English Cégep Offering the Program
Dawson

2012 Employment

	related employment:	16
Respondents	unrelated employment:	8
headed for employment: 25	unemployment:	1

Initial Average Salary in 2012: $16 per hour

571.A0   Fashion Design

Program Description
This program trains students to become specialists in the fashion designing field, as fashion designers, stylists, pattern-makers and pattern-designers. Since a good designer must know the consumers' needs, you will learn how to conduct research in styles and materials, and to evaluate and choose fabrics, textures and colors, as well as patterns for textiles or knitted cloths, according to the trends and needs of the market. You will also learn to create a fashion collection, based on the needs of a selected clientele, to express and illustrate your ideas by fashion sketches or workshops drawings, to create flat patterns and drapings, and to put together sample models.

Employment Opportunities
This program prepares you for employment as designer, stylist, modelist, pattern maker, fashion coordinator or fashion counsellor, fashion specialist in the various media (radio, TV, newspapers, magazines), special counsellor for costumes in movies or theatre, or fashion counsellor in a department store.

High School Prerequisite
None

English Cégep Offering the Program
LaSalle College

2012 Employment

	related employment:	40
Respondents	unrelated employment:	24
headed for employment: 68	unemployment:	4

Initial Average Salary in 2012: $13.20 per hour

571.B0　Apparel Production Management

Program Description

This program is offered to prepare students in a professional manner for the garment industry. This program surveys all the facets of the apparel industry, including the development of product lines, manufacturing, production, quality, material control and personnel procedures.

Combined lectures, lab time, case studies and actual time spent working in various manufacturing plants give students a well rounded background. Upon entering the job market, they will be able to bring with them the necessary skills to become a part of the management team of a company.

Employment Opportunities

If you are the kind of person who enjoys a fast pace and a lot of variety, then fashion production could be for you. Seasons change and the successful manufacturer has to keep pace. Career positions are open in quality control, plant management, production coordination, industrial engineering.

A career in fashion production and management often means a competitive salary. Job security is excellent and opportunities for advancement are good for anyone who displays initiative, drive and reliability.

High School Prerequisite

Mathematics: CST 4 or 426

English Cégep offering the Program

LaSalle College

2012 Employment

	related employment:	n.a.
Respondents	unrelated employment:	n.a.
headed for employment: n.a.	unemployment:	n.a.

Initial Average Salary in 2012:　　　　　　　　　　　　　　n.a.

571.C0 Fashion Marketing

Program Description
This program prepares students for employment in planning, management and control in various sectors of a fashion business.

Students will be prepared to evaluate consumer demand, determine quality and prices, prepare budgets, place orders and control inventory. Decisions concerning decoration of the premises, customer service, use of the various media and advertising / promotion messages will be among their responsibilities. Many guest speakers are invited to come and discuss their experience in the various sectors of fashion distribution, or students will visit different types of establishments, so as to familiarize themselves with the environment in which they will be working.

Senior students, in collaboration with their teachers and experts in the field of fashion, plan and prepare the opening of an important store, based on their research of customers' needs, location and competition.

Employment Opportunities
You can build an interesting career for yourself by becoming sales or department manager, fashion consultant or coordinator (at the manufacturing, distribution or communication levels), buyer, store or branch manager, regional or national manager (or assistant to any of the above positions), and even owner of your own business.

High School Prerequisite
None

English Cégep Offering the Program
LaSalle College

2012 Employment

	related employment:	57
Respondents	unrelated employment:	22
headed for employment: 82	unemployment:	3

Initial Average Salary in 2012: $13.40 per hour

574.B0   3D Animation and Computer Generated Imagery

Program Description

The aim of this program is to educate individuals who want to enter the 3D animation and computer generated imagery profession. These individuals work especially in computer animation studios (short and feature films) and television studios as well as in businesses that specialize in multimedia production, electronic games, postproduction and special effects. They can also be found working in industrial design firms and for software producers as well as in fields as diverse as medicine, geomatics, aeronautics and the fashion design industry.

3D animation and computer generated imagery specialists first of all analyze project characteristics that are submitted to them. They then produce the animation prototype, model the graphic elements (characters, objects and environment), apply textures and colours, set-up the lighting, animate the graphic elements and add the finishing touches to the final version of the animation. They can also create digital visual effects and perform image compositing.

The work of a 3D animation and computer generated imagery specialist includes the development of creativity, visual acuity and precision in work methods, as well as the knowledge of motion and the mastery of traditional and computer production techniques and tools.

High School Prerequisite
None

English Cégep offering the Program
Dawson

2012 Employment

	related employment:	26
Respondents	unrelated employment:	9
headed for employment: 54	unemployment:	19

Initial Average Salary in 2012: $18.30 per hour

Co-op education and work-study programs

The work-study option in technical programs is an educative strategy that combines, in a structured manner, training periods in a college and paid, career-oriented work placements. This is done as part of a program of study that leads to a diploma of college studies.

Students that are registered full-time in a college approved by the Ministère de l'Éducation, des Loisirs et du Sport, may choose the work-study program within their technical training. The work-study program generally includes at least two work sessions in the labour market within the training process. The time spent in the workplace takes up at least 20% of the training. The work-study profile usually extends the length of the training but the number of units related to the program remains the same.

The practical training allows the student to relate theory and practice, to put into application the knowledge acquired in the classroom to an actual work context, by doing work related jobs. The employer has the responsibility to assign tasks that match the trainee's level and to supervise his work as well.

The practical trainings are for a period of 12 to 16 weeks. Since the trainee has the status of a regular worker in Quebec, the work placements are paid. The student in training must comply with the company's regulations and adopt its work conditions and requirements (e.g. schedules, costumes). The work placements can take place in the same company or in different companies.

The practical training helps the student to better define his academic endeavours, by improving his motivation at work and developing his sense of professional responsibilities. Other benefit: the participation to a work-study program increases the chances of the final year student to find a job that is related to his field of study.

Admission requirements

To become admissible, students must in some cases meet certain requirements determined by the college and related to the employer's requirements and the particular learning path. Each program, at each college, has its own pace that corresponds to the academic path and to the work environment of the practical training. Registration fees are usually imposed.

List of programs offering the work-study program*

This list was created from information provided by the colleges.
The complete list of programs offering the work-study program is available
on the Website *Inforoute de la formation professionnelle et technique*,
www.inforoutefpt.org/ate/formation

243.BB Electronics: Computers and Networks
Heritage

410.B0 Accounting and Management Technology
Dawson, Heritage

410.D0 Business Management
Dawson

412.AB Office System Technology: Micropublishing and Hypermedia
Heritage

414.A0 Tourism
Heritage

420.AA Computer Science Technology: Administrative Data Processing
Heritage

430.A0 Hotel Management
Heritage

Bibliography

All information contained in the English section is extracted from the following sources:

Ministère de l'Éducation, du Loisir et du Sport du Québec (online) < http://www.mels.gouv.qc.ca/index_en.asp >

Table of available programs, Admission Fall 2013, SRAM.

Conditions d'admission aux programmes d'études conduisant au diplôme d'études collégiales, Gouvernement du Québec, MELS, Enseignement supérieur, mise à jour août 2011.

Websites and calendars of English Colleges.

Guide pratique des études collégiales 1988, 1989, 1990, 1991, 1992, 1993, 1994, 1995, 1996, 1997, 1998, 1999, 2000, 2001, 2002, 2003, 2004, 2005, 2006, 2007, 2008, 2009, 2010, 2011, 2012 SRAM.

Le marché de l'emploi et les sortants des programmes de formation technique des cégeps du Québec, promotion 2012, SRAM.

(See also Bibliographie, p. 368)

Index of programs offered by English colleges

Pre-university programs

Biological Technologies
111.A0	Dental Hygiene
140.B0	Biomedical Laboratory Technology
141.A0	Respiratory and Anesthesia Technology
142.A0	Diagnostic Imaging
142.C0	Radiation Oncology
144.A0	Physical Rehabilitation
145.A0	Animal Health Technology
145.C0	Environmental and Wildlife Management
152.A0	Farm Management and Technology
180.A0	Nursing
181.A0	Pre-Hospital Emergency Care
190.B0	Forest Technology

Physical Technologies
210.AB	Laboratory Technology: Analytical Chemistry
221.A0	Architectural Technology
221.B0	Civil Engineering Technology
221.C0	Building Systems Technology
235.C0	Pharmaceutical Production Technology
241.A0	Mechanical Engineering Technology
241.D0	Industrial Maintenance Mechanics
243.A0	Digital Systems Technology
243.B0	Electronics
243.C0	Industrial Electronics
244.A0	Applied Physics Technology
280.C0	Aircraft Maintenance

Community Technologies
310.A0	Police Technology
310.B0	Correctional Intervention
310.C0	Paralegal Technology
322.A0	Early Childhood Education
351.A0	Special Care Counselling
388.A0	Social Service
391.A0	Community Recreation Leadership Training
393.A0	Information and Library Technologies

Business Administrative Technologies
410.B0	Accounting and Management Technology
410.D0	Business Management
411.A0	Medical Records
412.A0	Office System Technology
414.A0	Tourism
414.B0	Adventure Tourism Technology
420.A0	Computer Science Technology
430.A0	Hotel Management
430.B0	Restaurant Management

Applied Arts

551.A0.	Professional Music and Song Techniques
561.A0	Professional Theatre / Production
561.C0	Professional Theatre / Acting
570.A0	Graphic Design
570.C0	Industrial Design Techniques
570.D0	Illustration and Design
570.E0	Interior Design
570.F0	Professional Photography
571.A0	Fashion Design
571.B0	Apparel Production Management
571.C0	Fashion Marketing
574.B0	3D Animation and Computer Generated Imagery

Chapters – English section

Chapters of the French section are listed on page 387.